铁路钢轨波磨和车轮多边形磨耗研究

陈光雄　崔晓璐　钱韦吉　莫继良　梅桂明　著

科学出版社

北京

内 容 简 介

本书详细介绍了作者原创的轮轨系统摩擦自激振动引起钢轨波磨的理论和研究成果，发展和完善了钢轨波磨和车轮多边形磨耗理论体系，对传统钢轨波磨理论的局限性进行了深度的评述，指出其存在的问题。全书共16章，在理论上客观重现了小半径曲线内轨出现波磨但外轨无波磨的常见波磨现象，定量地总结出钢轨波磨发生的规律性，揭示了轮轨滑动是钢轨波磨发生的根本原因，提出了由波长固定机理、材料损伤机理和振动相位固定机理组成的更为完整的钢轨波磨理论体系，阐述了钢轨波磨理论模型验证的一般方法和无波磨车轮的概念，最后从车轮波磨的角度研究了高速和地铁列车车轮多边形磨耗的发生机理及其控制措施。

本书提出的轮轨系统摩擦自激振动引起钢轨波磨的理论得到国内外同行研究者的广泛关注和越来越多的应用，本书可供从事钢轨波磨和车轮多边形磨耗问题的研究人员、设计人员和工程技术人员参考。

图书在版编目(CIP)数据

铁路钢轨波磨和车轮多边形磨耗研究 / 陈光雄等著. -- 北京：科学出版社, 2024.12. -- ISBN 978-7-03-080637-6

Ⅰ. U213.4

中国国家版本馆 CIP 数据核字第 2024DL8371 号

责任编辑：华宗琪 郝 聪 / 责任校对：彭 映
责任印制：罗 科 / 封面设计：义和文创

科 学 出 版 社 出版

北京东黄城根北街16号
邮政编码：100717
http://www.sciencep.com

四川煤田地质制图印务有限责任公司 印刷
科学出版社发行 各地新华书店经销

*

2024 年 12 月第 一 版 开本：787×1092 1/16
2024 年 12 月第一次印刷 印张：18
字数：427 000

定价：198.00 元

(如有印装质量问题，我社负责调换)

序

在科学技术高度发达的今天，铁路工业仍存在极少数多年悬而未决的技术难题，其中之一便是著名的钢轨波磨问题。一个多世纪前，人们就注意到钢轨波磨问题并不断开展研究，但迄今为止仍未找到令人满意的主动控制方案。钢轨波磨的研究曾经历两次小高潮。首个研究高潮出现在 20 世纪 90 年代至 21 世纪初，主要由欧洲学者引领，经过深入研究，构建了现代钢轨波磨的基础理论体系，形成了钢轨波磨的主要研究方法。第二次研究高潮自 2010 年开始至今，以中国学者为主力军，西南交通大学、北京交通大学、同济大学等众多研究机构的十多个课题组独立开展了钢轨波磨的研究工作。

西南交通大学陈光雄教授课题组自 2009 年起，对钢轨波磨问题进行了广泛而深入的研究，在国际期刊上发表学术论文 40 余篇，本书汇聚了课题组的主要研究工作和成果。陈光雄教授课题组的研究工作独树一帜，具有两个特色：其一是较强的创新性，提出了轮轨系统摩擦自激振动诱导钢轨波磨的新机理，认为轮轨滑动是引起钢轨波磨的根本原因，并给出了钢轨波磨理论模型的验证策略及验证基准条件；其二是研究内容丰富，涉及面广，课题组系统地总结了钢轨波磨发生的规律性，引入了波磨发生率的概念，为评估现有文献中各类波磨理论模型的正确性提供了重要标尺。本书发展了钢轨波磨理论研究体系，提出钢轨波磨的机理除波长固定机理和材料损伤机理之外，还应包括振动相位固定机理和振动持续激励机理。面对传统波磨理论在解决实际问题时表现出的局限性，作者凭借其学术积淀与研究洞察力，指出传统波磨理论存在的忽视线路曲线半径因素及验证工况缺乏普遍性的问题，是其难以有效解决钢轨波磨问题的重要原因，这一独到见解为后续的钢轨波磨研究提供了宝贵的启示。陈光雄教授提出的轮轨系统摩擦自激振动诱导钢轨波磨的机理得到了国内外研究同行的高度关注和正面引用，成为除传统波磨机理之外较有影响的新机理之一。

尽管世界各国对钢轨波磨问题进行了长达一个多世纪的深入研究，却鲜有专著面世，本书是作者的一个积极的尝试，希望对钢轨波磨问题的最终解决有所裨益。鉴于钢轨波磨问题尚未得到根本性解决，书中所述观点仅为作者个人见解，其正确性尚需时间与实践的检验。我坚信，随着国内外一批又一批学者在钢轨波磨理论与试验研究领域的不断耕耘，定能加速钢轨波磨问题解决的步伐，期待在不久的将来，能够圆满地解决钢轨波磨这一世界性难题。

翟婉明

中国科学院院士、美国国家工程院外籍院士

西南交通大学首席教授

2024 年 10 月 29 日

前　言

世界铁路技术的发展日新月异，并不断取得创新和突破。2024 年底，CR450 动车组样车在北京发布，其试验速度 450km/h，运营速度 400km/h，预计在 2025 年投入使用。我国高速铁路列车集成了世界先进技术，引领着世界高速铁路列车技术的发展方向。

在铁路新技术高速发展的同时，铁路人也被钢轨波磨问题困扰。钢轨波磨是指线路使用一定时间后在钢轨的轨顶与车轮接触面出现的波浪形磨耗。我国过去近十年开行高速列车的经验显示，高速列车的车轮多边形磨耗和钢轨波磨会严重影响高速列车的运行安全，是迫切需要解决的技术难题。对于地铁线路，钢轨波磨问题尤其严重，只要线路曲线半径小于一定数值(在我国为 350～400m)，几乎百分之百会出现钢轨波磨问题，而且没有方法根治。在我国经济高速发展的同时，城市轨道交通(主要是地铁交通)得到了蓬勃发展，但地铁钢轨波磨问题频繁出现，严重困扰着地铁线路运营和维护、车辆制造等部门的管理者和技术人员，在现行的线路和车辆设计规范框架内似乎没有主动控制且经济的解决办法。

早在 1893 年就有文献报道了钢轨波磨，后期许多知名的研究专家，如英国的格拉西(Grassie)博士和我国的金学松教授等，长期探索其发生机理和解决办法。其中，英国的 Grassie 博士作为世界著名的波磨研究专家，每隔几年就发表一篇钢轨波磨研究和治理的综述文章，一直主导着世界钢轨波磨研究和治理的发展方向。

钢轨波磨主要发生在小半径曲线线路，我国自 2003 年所有铁道车辆的车轮改用磨耗型踏面以来，除钢轨支撑刚度较软的减振扣件线路外，普通轨枕线路钢轨波磨的 70%～80%都发生在小半径曲线内轨。虽历经百余年的研究，但小半径曲线内轨的钢轨波磨现在仍然近似百分之百发生，百余年的钢轨波磨研究成果似乎不能降低小半径曲线钢轨波磨发生率(定义为任何一条线路发生钢轨波磨的线路里程除以该线路的总里程)，研究进展及成绩远不及预期。因此，钢轨波磨问题的研究任重而道远，作者相信后续仍然会不断地有新的研究者加入研究队伍。对于钢轨波磨这样的陈年问题，需要研究者在充分认识和理解现有理论的基础上，大胆跳出现有的理论框架，以新的视野、新的知识来进行研究，或许这样才能推动钢轨波磨问题的真正解决。国内外研究钢轨波磨的论文有几百篇，但有关研究专著却鲜见出版。本书对前人的理论和方法只进行简单介绍，重点介绍作者原创的钢轨波磨理论以及研究成果，此外，书中对传统波磨理论的优缺点也有深刻独到的评述。既然钢轨波磨是世界难题，而且现在全世界都没有满意的解决办法，那么问题出现在哪里？需要从哪些方面入手开展研究？本书介绍了作者在这方面独特且较有深度的思考和研究心得，供后续研究者借鉴。作者提出的轮轨系统摩擦自激振动引起钢轨波磨的理论，能够比较客观地解释大部分钢轨波磨现象，对任意干线铁路和地铁线路波磨的预测准确率很高，是继传统波磨理论之后获得同行研究人员关注和实际应用最多的新理论之一。

本书第 1 章、第 2 章、第 5 章、第 9 章、第 11 章、第 14～16 章由陈光雄撰写，第 3 章由钱韦吉撰写，第 6～8 章由崔晓璐撰写，第 4 章由陈光雄、莫继良、梅桂明撰写，第 10 章、第 13 章由陈光雄、梅桂明撰写，第 12 章由陈光雄、莫继良撰写。本书部分内容引用了作者课题组博士和硕士研究生的学位论文，特别是赵晓男博士和康熙博士的学位论文，在此表示感谢。作者十分感谢西南交通大学金学松教授、张卫华教授、朱旻昊教授、刘启跃教授、周仲荣教授、钱林茂教授、欧阳华江教授、吴永芳博士、郑靖研究员、蔡振兵研究员和王文健研究员。特别感谢金学松教授在 2007 年向作者提供了部分宝贵的研究经费，作者才能继续开展摩擦噪声的理论研究工作，进而提出了轮轨系统摩擦自激振动引起钢轨波磨的新理论。同时作者也感谢博士研究生吴波文、朱琪、宋启峰、董丙杰同学，以及硕士研究生闫硕、张胜、王国新等同学的贡献。还有许多老师和学生对作者的研究工作给予了帮助，一并表示感谢！

感谢国家自然科学基金(52175189、51775461、51275429、50875220)对本研究工作的资助！本书出版受西南交通大学研究生教材(专著)经费建设项目专项赞助(项目编号：SWJTU-ZZ2022—009)。作者对钢轨波磨机理研究持续十余年，形成了自己的独到见解，因作者水平及能力有限，书中难免存在疏漏之处，殷切希望广大读者批评指正，也欢迎持不同观点的读者相互探讨。本书中大部分研究模型都是开放的，方便后续研究者重现研究成果，有兴趣的读者请联系本书作者陈光雄教授，联系邮箱：chen_guangx@163.com。

目　　录

第1章　钢轨波磨研究概述

1.1　问题的提出

钢轨波浪形磨耗，简称钢轨波磨（rail corrugation），是指新铺设或者打磨过的钢轨使用一段时间后，在钢轨的工作表面沿钢轨长度方向产生的一种近似波浪形的磨耗。为了解决城市交通拥堵问题，我国的大中型城市都在建设地铁运输系统。由于受到地面建筑物基础的影响，绝大部分地铁线路都存在曲线半径 $R \leqslant 350\text{m}$ 的路段。在这些小半径（$R \leqslant 350\text{m}$）线路路段上的钢轨内轨，几乎百分之百会发生波磨。对于一条新投入使用的地铁线路，波磨出现的时间少则 2~3 个月，多则 1~2 年。钢轨一旦出现波磨，就难以消除，即使将出现波磨的钢轨更换成全新的钢轨，也很快会在原来出现波磨的地方产生新的波磨。波磨会引起严重的轮轨噪声以及地面建筑物的低频振动，造成铁路钢轨扣件弹簧的断裂，影响到乘客的乘坐舒适性。波磨是世界性问题，世界各国的小半径铁路线路都存在或多或少的波磨问题[1-4]。目前，在国内外可用于抑制和消除波磨的方法不多，主要是钢轨打磨法和轨面涂抹摩擦调节剂的方法，其中钢轨打磨法是目前用来控制波磨影响的主要方法，但需要使用价值数千万元的轨道打磨车设备，且打磨过的钢轨轨头轮廓形状变化较大，影响到轮轨接触几何关系和轮轨动力学性能，同时也大大降低了钢轨的使用寿命。该方法既不经济，也不能从根本上消除钢轨的波磨。轨面涂抹摩擦调节剂的方法技术性比较高，不容易保证涂抹质量，容易影响到列车的牵引动力性能和引起环境污染，而且也不能彻底消除钢轨波磨问题。

我国京沪高速铁路自 2011 年 6 月底投入正式运营仅 2 个月就发现线路出现了钢轨波磨，为此铁路有关部门在 2011 年 9~10 月曾组织有关专家进行现场考察和后续研究[5,6]，现在文献中报道较多的是地铁线路发生的钢轨波磨问题，我国各地的地铁线路都或多或少受到钢轨波磨问题的困扰。北京地铁 4 号线自 2009 年 9 月开通运营也仅 2 个月的时间就出现了严重的钢轨波磨。作者在 2010 年 3~5 月对北京地铁 4 号线的钢轨波磨问题进行了实地考察，发现在小半径（$R \leqslant 350\text{m}$）曲线线路上都出现了钢轨波磨。图 1-1 是作者拍摄的钢轨波磨照片，一般小半径曲线钢轨波磨绝大多数发生在曲线内轨（图 1-1(a)），铺设减振扣件的直线区段和曲线区段都发生了严重的钢轨波磨（图 1-1(b)）。北京地铁 4 号线通过地段的地面上有许多重要建筑物，为了尽可能减轻地铁列车通过时振动和噪声对地面重要建筑物的影响，设计部门采用了弹性浮置板轨道、梯形轨枕、普通轨枕、套靴轨枕和减振扣件 5 种轨枕形式，但事与愿违，在各种轨枕形式的线路上都发生了严重的钢轨波磨。一旦线路某个区段发生了钢轨波磨，该处的波磨就很难根治，特别是小半径曲线轨道，即使更换新的钢轨也会很快产生波磨。目前世界各国对钢轨波磨都没有很好的处理办法，主要采用轨道打磨车定期打磨钢轨这种被动的处理方法。经过打磨处理的钢轨一般 2～6 个月后又会出现新的钢轨波磨，而且经过打磨的钢轨工作面轮廓已经严重变形，破坏了轮轨接触匹配关系，因而降低了车辆的运行性能。钢轨波磨容易引起车辆和线路的振动和噪声、牵引力的降低和钢轨损伤，是铁路工业迫切需要解决的技术问题。采用当今世界上最先进的技术建造的京沪高速铁路和北京地铁 4 号线都在开通运营仅 2 个月就出现了钢轨波磨问题，说明钢轨波磨问题还没有得到充分的认识和有效的控制。因此，开展钢轨波磨发生机理和控制方法的研究仍具有重要的理论意义和应用价值。

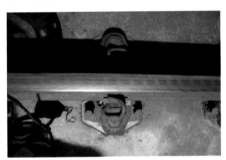

(a) 小半径曲线内轨短波波磨   (b) 直线线路钢轨波磨

图 1-1   北京地铁 4 号线钢轨波磨照片

1.2   钢轨波磨理论

早在 1893 年印度铁路就发现了钢轨波磨问题，后来世界各地的铁路陆续报道了同样的问题。对钢轨波磨的研究大约开始于 20 世纪 20 年代中期，在 1990～2010 年达到高潮。经过几代研究者的努力，建立了现代钢轨波磨的理论体系，主要包括三个方面的内容[1-4]：①钢轨磨损量与轮轨滚动接触摩擦功成正比。②波长固定机理。确定钢轨波磨的波长，主要由轮轨系统共振振动频率决定钢轨波磨的波长。③钢轨损伤机理。确定钢轨工作面波浪形轮廓的产生原因主要是钢轨材料的磨损或者塑性变形。现在，一般认为钢轨波磨的材料损伤来自钢轨材料的磨损，第 4 章将进一步介绍对钢轨波磨现场跟踪调查的结果。

1.2.1   轮轨滚动接触摩擦功

通常认为轮轨滚动接触摩擦功与钢轨磨损量成正比，车辆动力学理论一般都有介绍轮轨滚动接触摩擦功的概念和计算方法，轮轨滚动接触摩擦功按式(1-1)计算：

$$P = F_x \xi_x + F_y \xi_y + M_z \xi_z \qquad (1\text{-}1)$$

式中，P 为轮轨滚动接触摩擦功；F_x 和 F_y 分别为轮轨纵向蠕滑力分量和横向蠕滑力分量(N)；M_z 为轮轨自旋蠕滑力矩(N·m)；ξ_x 和 ξ_y 分别为轮轨纵向蠕滑率和横向蠕滑率；ξ_z 为轮轨自旋蠕滑率。

1.2.2　波长固定机理

1. 钢轨表面粗糙度激励轮轨系统共振振动引起钢轨波磨的机理

波长固定机理(wavelength fixing mechanism)是钢轨波磨理论体系的重要组成部分，也是目前钢轨波磨理论研究的主要内容。钢轨波磨的波长由式(1-2)确定：

$$\lambda = \frac{V}{f} \tag{1-2}$$

式中，λ 为钢轨波磨的波长(m)；V 为车轮前进速度(m/s)；f 为轮轨振动频率(Hz)。

根据轮轨振动产生的方式不同，波长固定机理又分为轮轨系统它激振动引起钢轨波磨机理和轮轨系统自激振动引起钢轨波磨机理。轮轨系统它激振动引起钢轨波磨机理是目前理论研究领域最为活跃的内容，该机理认为钢轨表面粗糙度引起轮轨共振振动，经过接触滤波的作用，滤除了振动频率较高的成分，保留频率较低的成分。频率较低的振动引起轮轨摩擦功的波动，根据钢轨磨损量与轮轨滚动接触摩擦功成正比的关系，以及考虑到每个车轮通过同一地点的相位滞后的情况，这个摩擦功就在钢轨的滚动工作表面留下了与振动频率特征一致的波浪形磨耗，这个波浪形磨耗又作为钢轨新的轨面不平顺，引起后面通过的车轮与钢轨的振动，循环往复，经历了几十万次车轮滚动通过后，就在钢轨滚动工作面上留下了肉眼可见的波浪形轮廓[7-19]。该机理的钢轨表面粗糙度-振动反馈关系如图 1-2 所示。

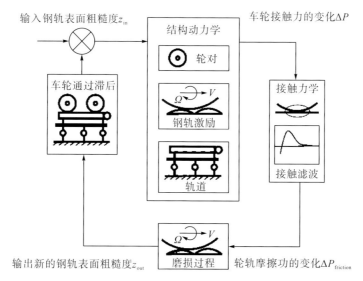

图 1-2　钢轨波磨发展的钢轨表面粗糙度-振动反馈关系

在 1990～2010 年，钢轨波磨波长固定机理的研究大部分基于图 1-3 所示的轮轨系统共振振动模型开展研究工作[7-19]。该模型由一个车轮和一根钢轨以及一系列轨枕组成，钢轨与轨枕之间以及轨枕与路基之间由弹簧和阻尼单元连接，钢轨表面粗糙度的量值在 1μm 左右，钢轨长度一般取 25～36m，钢轨端部约束既可以是固定约束，也可以是球铰约束。

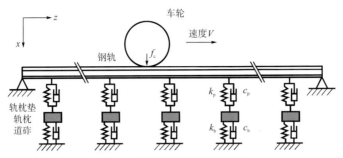

图 1-3　轮轨系统共振振动模型

当钢轨用改进的欧拉-伯努利梁来表示时，钢轨垂向振动方程如下[18, 19]：

$$\rho A\frac{\partial^2 x_r}{\partial t^2}+EI\frac{\partial^4 x_r}{\partial z^4}+\sum_{i=1}^{N_s}\left[c_p\left(\frac{\partial x_r}{\partial t}-\dot{x}_{si}\right)+k_p(x_r-x_{si})\right]\delta(z-z_{si})=f_c\delta(z-z_w) \qquad (1\text{-}3)$$

式中，x_r 为钢轨的垂向位移(m)；x_{si} 为沿轨长方向第 i 个轨枕在坐标 z_{si} 处的垂向位移(m)；N_s 为钢轨扣件的数量；k_p 和 c_p 分别为扣件的刚度(N/m)和阻尼(N·s/m)；f_c 为轮轨接触法向力(N)；δ 为狄拉克函数；z_w 为车轮沿轨长方向的位置坐标(m)。

车轮的运动方程如式(1-4)所示：

$$M_w\ddot{x}_w=W_a-f_c \qquad (1\text{-}4)$$

式中，M_w 为车轮的质量(kg)；$\ddot{x}_w$ 为车轮的垂向运动加速度(m/s^2)；W_a 为通过轴箱作用在车轮上的垂向力(N)；f_c 按式(1-5)计算：

$$f_c=\begin{cases}C_h[x_w-x_r(z_w)-r_w]^{\frac{3}{2}}, & x_w-x_r(z_w)-r_w>0 \\ 0, & x_w-x_r(z_w)-r_w\leqslant 0\end{cases} \qquad (1\text{-}5)$$

式中，C_h 为赫兹常数；x_w 为车轮的垂向位移(m)；$x_r(z_w)$ 为车轮接触点处钢轨的垂向位移(m)；r_w 为轨顶面的粗糙度或者波磨(m)。

轨枕的运动方程由式(1-6)表示：

$$m_s\ddot{x}_{si}+(c_p+c_b)\dot{x}_{si}+(k_p+k_b)x_{si}=c_p\frac{\partial x_r(z_{si})}{\partial t}+k_p x_r(z_{si}),\quad i=1,2,\cdots,N_s \qquad (1\text{-}6)$$

式中，m_s 为轨枕的质量(kg)；k_b 和 c_b 分别为道砟的刚度(N/m)和阻尼(N·s/m)。利用数值方法解答式(1-3)~式(1-6)，可以求解轮轨垂向相互作用力，进而计算钢轨的磨损量。

应用模态法解钢轨振动方程，即

$$x_r(z,t)=\sum_{m=1}^M X_m(z)q_m(t) \qquad (1\text{-}7)$$

式中，

$$X_m(z)=\sqrt{\frac{2}{\rho AL}}\sin\frac{m\pi z}{L} \qquad (1\text{-}8)$$

式中，正交条件如式(1-9)所示：

$$\int_0^L \rho AX_m(z)X_n(z)\mathrm{d}z=\begin{cases}1, & m=n \\ 0, & m\neq n\end{cases} \qquad (1\text{-}9)$$

钢轨和车轮的振动方程可修改为

$$\ddot{q}_n + c_{\mathrm{p}} \sum_{i=1}^{N_{\mathrm{s}}} X_n(z_{\mathrm{s}i}) \sum_{m=1}^{M} X_m(z_{\mathrm{s}i}) \dot{q}_m - c_{\mathrm{p}} \sum_{i=1}^{N_{\mathrm{s}}} X_n(z_{\mathrm{s}i}) \dot{x}_{\mathrm{s}i} + \frac{EI}{\rho A}\left(\frac{n\pi}{L}\right)^4 q_n$$

$$+ k_{\mathrm{p}} \sum_{i=1}^{N_{\mathrm{s}}} X_n(z_{\mathrm{s}i}) \sum_{m=1}^{M} X_m(z_{\mathrm{s}i}) q_m - k_{\mathrm{p}} \sum_{i=1}^{N_{\mathrm{s}}} X_n(z_{\mathrm{s}i}) x_{\mathrm{s}i} = f_{\mathrm{c}} X_n(z_{\mathrm{w}}), \quad n = 1, 2, \cdots, M \tag{1-10}$$

轨枕振动方程可修改为

$$m_{\mathrm{s}} \ddot{x}_{\mathrm{s}i} - c_{\mathrm{p}} \sum_{m=1}^{M} X_m(z_{\mathrm{s}i}) \dot{q}_m + (c_{\mathrm{p}} + c_{\mathrm{b}}) \dot{x}_{\mathrm{s}i} - k_{\mathrm{p}} \sum_{m=1}^{M} X_m(z_{\mathrm{s}i}) q_m$$

$$+ (k_{\mathrm{p}} + k_{\mathrm{b}}) x_{\mathrm{s}i} = 0, \quad i = 1, 2, \cdots, N_{\mathrm{s}} \tag{1-11}$$

用四阶龙格-库塔法解式(1-4)、式(1-5)、式(1-10)、式(1-11)，就可以求得 q_m，代入式(1-7)可以求得钢轨振动响应。

假设轮轨之间的接触变形满足弹性半空间分布，轮轨接触应力满足赫兹接触理论，假设接触斑可以划分为在滚动方向前部的黏着区和在滚动方向后部的滑动区。根据 Carter 理论，纵向切向力分布 $q(x)$ 如图 1-4 所示，图中假设坐标轴原点与接触斑的中心位置重合并且以车轮前进速度 V 向前运动。

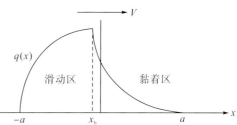

图 1-4 轮轨接触斑纵向切向力的分布

a-接触椭圆的半轴长；x_{b}-黏着区和滑动区的边界

轮轨接触的法向压力分布如下：

$$p(x,t) = \frac{f_{\mathrm{c}}(t)}{\pi a(t) b} \left[1 - \left(\frac{x}{a(t)}\right)^2 \right]^{1/2} \tag{1-12}$$

接触斑的半轴长为

$$a(t) = \left[\frac{4 f_{\mathrm{c}}(t) R_{\mathrm{a}} (1 - \nu^2)}{\pi b E} \right]^{1/2} \tag{1-13}$$

式中，E 为弹性模量($\mathrm{N/m^2}$)；ν 为泊松比；R_{a} 为轮轨接触的等效半径(m)。

磨损仅发生在接触斑的滑动区，黏着区和滑动区的边界为

$$x_{\mathrm{b}}(t) = a(t) - 2 a_{\mathrm{stk}}(t) \tag{1-14}$$

式中，$a_{\mathrm{stk}}(t)$ 为黏着区的半轴长，由式(1-15)给出：

$$a_{\mathrm{stk}}(t) = a(t) \left(1 - \frac{Q}{\mu f_{\mathrm{c}}(t)} \right)^{1/2} \tag{1-15}$$

其中，μ 为摩擦系数；Q 为接触斑的纵向切向力(N)，一般可假设为一个合理的数值或用 SIMPACK 来估算。

在波磨和车辆动力学研究领域，通常认为车轮或者钢轨的磨损量与轮轨滚动接触摩擦功成正比。钢轨的磨损量按式(1-16)计算：

$$W_{\mathrm{t}}(x) = K_{\mathrm{w}} q(x,t) v(t) \Delta t \tag{1-16}$$

式中，$W_{\mathrm{t}}(x)$ 为位置 x 处的钢轨磨损量(m)；K_{w} 为材料磨损常数；$q(x,t)$ 为接触斑切向力分布函数；Δt 为一个小的时间增量(s)；$v(t)$ 为轮轨滑动速度($\mathrm{m/s}$)。

$$v(t) = V \xi_x(t) \tag{1-17}$$

式中，V 为车轮前进速度(m/s)；$\xi_x(t)$ 为轮轨纵向蠕滑率。对于没有自旋滑动的轮轨接触，轮轨纵向蠕滑率可以按式(1-18)计算：

$$\xi_x(t) = \frac{\mu a(t)}{R}\left[1 - \left(1 - \frac{Q}{\mu f_c}\right)^{\frac{1}{2}}\right] \tag{1-18}$$

在钢轨纵向位置 l 的地方，轮轨摩擦功按式(1-19)计算：

$$W_l(x) = K_w q(x,l)v(l)\frac{\Delta l}{V} \tag{1-19}$$

车轮通过 1 次时，钢轨滚动接触面的磨损深度按式(1-20)计算：

$$\Delta r(l) = \frac{W(l)}{\rho} \tag{1-20}$$

式中，$W(l)$ 为位置 l 处的钢轨累积磨损量(m)；ρ 为钢轨的密度(t/m^3)。

磨耗型波磨的形成涉及短期损伤轮轨动力学、接触力学和长期损伤过程，它们相互之间形成了如图1-2所示的正反馈回路。当车轮滚动通过钢轨时，钢轨滚动表面的原始表面粗糙度不平顺引起轮轨振动和相应的磨损，这个磨损与钢轨原始粗糙度不平顺叠加构成了新的钢轨表面粗糙度不平顺，不断循环往复，当车轮通过次数足够大时，就会在钢轨表面产生肉眼可见的波磨。当车轮滚动通过钢轨时，每通过 1 次，就会在钢轨滚动工作面上产生 1 个新的表面轮廓，如式(1-21)所示：

$$r_{n+1}(l) = r_n(l) + N\Delta r_n(l) \tag{1-21}$$

式中，$r_{n+1}(l)$ 为车轮第 $n+1$ 次滚动通过钢轨位置 l 时的表面轮廓(m)；$r_n(l)$ 为车轮第 n 次滚动通过钢轨位置 l 时的表面轮廓(m)；$\Delta r_n(l)$ 为车轮第 n 次滚动通过钢轨位置 l 时的钢轨表面磨损深度(m)。由于车轮每滚动通过 1 次钢轨的磨损深度约为 $10^{-4}\mu m$，为了节约计算时间，式(1-21)引入整数 N，它表示车轮每通过 N 次才计算 1 次钢轨的磨损量。

图1-5显示了在钢轨表面原始粗糙度 $r = 2\sin\frac{2\pi z}{0.05}\mu m$ 激励下车轮通过次数不同时钢轨表面轮廓的变化，当车轮通过 400000 次时，钢轨表面轮廓可以看到明显的钢轨波磨。

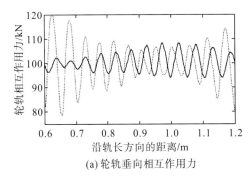 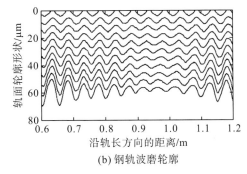

(a)轮轨垂向相互作用力　　　　　　　(b)钢轨波磨轮廓

图1-5　车轮-钢轨相互作用力及钢轨波磨仿真结果[18]

2. 轮轨黏-滑振动引起钢轨波磨的机理

一般情况下，车轮在钢轨上滚动通过时，轮轨之间除沿法向作用的接触力外，还存在沿着轮轨接触切向作用的蠕滑力，轮轨蠕滑力一般情况下不等于摩擦力，只有轮轨处于滑动状态下，轮轨蠕滑力才等于摩擦力，即等于轮轨接触法向力乘以轮轨界面滑动摩擦系数。轮轨滑动是一个学术概念，即当轮轨蠕滑力等于摩擦力时，就认为轮轨出现滑动。通常意义上的车轮制动抱死和机车牵引力矩过大而出现的轮轨滑动也属于这个范畴，但当车轮没有制动或者牵引时，如果车辆通过小半径曲线，则车辆每个转向架导向轮对的内、外轮轨蠕滑力也可能是饱和的，即轮轨蠕滑力的合力等于滑动摩擦力，这种工况是一种重要的轮轨滑动工况，只要线路曲线半径和车辆的定距、固定轴距等参数确定后，轮轨滑动就不可避免。而车轮制动抱死和机车牵引力矩过大引起的轮轨滑动一般是可控的，发生的概率比较低，因为列车牵引和制动计算都需要校核列车在牵引和制动工况下轮轨是否出现滑动，列车牵引和制动规范不允许在牵引和制动工况下出现轮轨滑动，否则必须降低列车牵引加速度或者制动减速度，使轮轨不会出现滑动问题。

　　根据蠕滑力理论，轮轨蠕滑力与轮轨蠕滑率有关，轮轨蠕滑率等于轮轨相对滑动速度除以车轮前进速度。图 1-6 显示了摩擦系数（定义为轮轨蠕滑力除以法向力）相对于轮轨蠕滑率的关系曲线，该曲线经过试验验证，最近车辆动力学领域研究比较活跃的轮轨曲线尖叫噪声的研究学者也大量应用了该曲线。当车轮前进速度保持不变时，轮轨摩擦系数与轮轨之间的相对滑动速度的关系如图 1-7 所示。从图中可以看出，轮轨相对滑动速度在 $0 \sim V_{r0}$ 变化时，轮轨摩擦系数从 0 逐渐增大到最大值 μ_0（对应的相对滑动速度为 V_{r0}）。轮轨相对滑动速度在 $V_{r0} \sim V_r$ 变化时，轮轨总是发生滑动。当轮轨出现滑动时，轮轨之间的蠕滑力等于摩擦力，此时轮轨滑动摩擦力曲线的斜率为负值，这就是摩擦噪声和摩擦自激振动领域很常见的一个技术术语——摩擦系数相对滑动速度关系曲线负斜率。

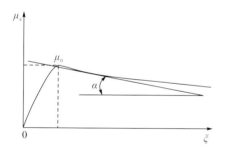
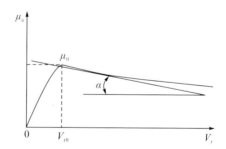

图 1-6　轮轨摩擦系数-蠕滑率关系曲线　　　　　图 1-7　轮轨摩擦系数-相对滑动速度关系曲线

　　考虑到小半径曲线波磨主要发生在曲线内轨，因此假设车辆每个转向架前轮对的外轮踏面与钢轨接触部分固定不动，轮对的内侧车轮在纵向饱和蠕滑力的作用下发生扭转自激振动，振动方程如式（1-22）所示[20-26]：

$$J\ddot{\phi}(t) + C\dot{\phi}(t) + K\phi(t) = F_x r_a \qquad (1-22)$$

式中，J 为内轮和车轴绕其轴线的转动惯量（kg·m²）；$\phi(t)$ 为轮对绕其轴线的扭转振动位移（rad）；C 为扭转振动阻尼（N·ms/rad）；K 为轮对绕其轴线的扭转刚度（N·m/rad）；F_x 为内轮踏面受到的纵向饱和蠕滑力（N）；r_a 为内轮的滚动半径（m）。

　　轮对绕其轴线的扭转刚度按式（1-23）计算：

$$K = \frac{\pi G d^4}{32L} \tag{1-23}$$

式中，G 为车轴材料的剪切弹性模量($\mathrm{Nm/m^2}$)；d 为车轴的直径(m)；L 为轮轴的扭转长度(m)。

当不考虑车轴扭转振动时，车轮纵向蠕滑率按式(1-24)计算：

$$\xi_x = 1 + \frac{a}{R} - \frac{r_a}{r_0} - \left(\frac{a\dot{\Psi}}{V} + \frac{r_a \dot{\beta}}{V} \right) \tag{1-24}$$

式中，a 为内、外轮名义滚动圆横向距离的一半(m)；R 为曲线轨道的半径(m)；r_0 为车轮名义滚动圆半径(m)；$\dot{\Psi}$ 为轮对的摇头角速度(rad/s)；$\dot{\beta}$ 为轮对绕车轴中心线转动的扰动角速度(rad/s)。

关于车轮蠕滑率的定义和蠕滑力理论，详见第2章。一般研究车辆稳态通过曲线时引起的钢轨波磨问题，可以把车轮纵向蠕滑率进一步简化为[22]

$$\xi_x = 1 + \frac{a}{R} - \frac{r_a}{r_0} + \frac{\dot{\phi} r_a}{V} \tag{1-25}$$

代入式(1-22)可得

$$J\ddot{\phi}(t) + C\dot{\phi}(t) + K\phi(t) = f_c \mu(\xi_x) r_a \tag{1-26}$$

式中，f_c 为轮轨接触法向力(N)。由于内轮与钢轨之间的接触角为 $2.0°\sim3.5°$，可以近似认为轮轨接触法向力等于车轮轮重。

某地铁车辆的轮对参数如下：$J=36.95\mathrm{kg \cdot m^2}$，$C=100\mathrm{Nms/rad}$，$K=5.442\times10^6\mathrm{N \cdot m/rad}$，$r_0=0.42\mathrm{m}$，$a=0.7465\mathrm{m}$，$R=300\mathrm{m}$，$V=60\mathrm{km/h}$，$r_a=0.418\mathrm{m}$，$L=1.217\mathrm{m}$，$d=0.17\mathrm{m}$，$f_c=50000\mathrm{N}$，相应的车轮纵向蠕滑率为

$$\xi_x = 1 + \frac{a}{R} - \frac{r_a}{r_0} + \frac{\dot{\phi} r_a}{V} = 0.00725 + 0.02508\dot{\phi} \tag{1-27}$$

轮对扭转自激振动模型如图1-8所示，轮对扭转自激振动的一组仿真结果如图1-9所示。

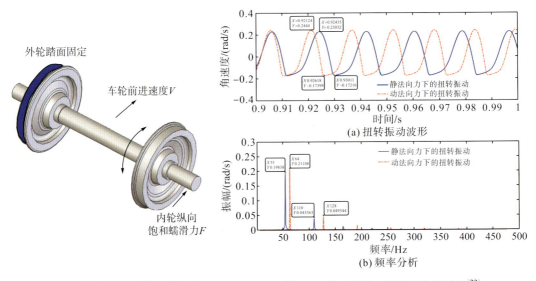

图 1-8　轮对扭转自激振动模型　　　　　　　　图 1-9　轮对扭转自激振动仿真结果[22]

1.2.3　钢轨损伤机理

钢轨损伤机理阐述钢轨波磨是如何形成的，即阐述钢轨滚动工作面的波浪形轮廓的波峰和波谷是如何形成的。一般认为钢轨波磨的损伤机理包括钢轨材料磨损、钢轨的塑性弯曲和塑性流动等几种形式。后来，Grassie 发文认为磨损是钢轨波磨最主要的损伤形式。现在，我国干线铁路的波磨发生率(定义为任意一条线路的波磨累计里程除以该线路的总里程) 为 3%～5%，要在干线铁路上找到波磨不易。但大部分的地铁线路都存在或多或少的小半径曲线(曲线半径小于 350m)线路，这些小半径曲线几乎百分之百会出现钢轨波磨。这个特点使我们比较方便地观察钢轨波磨发生时的材料损伤机理。图 1-10 为成都地铁 6 号线在正式载客运营之前为期 3 个月的空载试运行 2 个月后沙湾-西北桥区段线路内轨波磨初始出现的形式，由图 1-10(a)和 图 1-10(b)可以明显看出曲线内轨存在明显的磨痕，这种磨痕不是个别现象，在整个曲线线路的圆曲线区段内都有发生。图 1-10(c) 和 图 1-10(d)是同一个圆曲线区段两个不同位置的内轨波磨，可以肉眼看出钢轨的波磨，只是波深很小。值得指出的是，在同一曲线的外轨，几乎没有看到图 1-10(a) 和 图 1-10(b)的磨痕，更没有看到图 1-10(c) 和 图 1-10(d)的肉眼可见的波磨。我们对该路段的波磨的形成和发展进行了连续的跟踪观察，有关结果将在第 4 章予以详细介绍。图 1-11 是深圳地铁 1 号线后瑞车站附近的线路内轨磨痕照片，由图 1-11(a)可以看出钢轨存在周期性的磨痕，由图 1-11(b)可以看出钢轨存在肉眼可见的波磨，只是波磨的波深比较小而已。

(a) 曲线内轨的磨痕1

(b) 曲线内轨的磨痕2

(c) 曲线内轨的磨痕3

(d) 曲线内轨的磨痕4

图 1-10　钢轨波磨初始发生时的钢轨波痕照片

(曲线半径 350m，超高 115mm)

(a) 曲线内轨的磨痕　　　　　　　　　　(b) 曲线内轨的波磨

图 1-11　钢轨波磨初始发生时的钢轨波痕照片

（曲线半径 1100m，超高 70mm，行车速度约 70km/h）

图 1-10 和图 1-11 显示，地铁线路的钢轨材料磨损是地铁钢轨波磨最重要的一种材料损伤形式。至于钢轨波磨的另外两种材料损伤形式(钢轨的塑性弯曲和塑性流动)，作者还没有收集到证据，只是在 Grassie 等[1,2]的著作中看到过，这里不进行太多的评述。

1.2.4　轮轨接触滤波

钢轨波磨的波长通常很少小于 30mm，一些学者研究认为这是轮轨接触滤波效应起的作用。轮轨接触滤波指的是轮轨系统的动力学对比接触斑长度短的波长不敏感，即钢轨粗糙度的波长如果小于轮轨接触斑的长度，则该波长的粗糙度不平顺不能激励轮轨系统的振动，因而不能引起波长小于轮轨接触斑长度的钢轨波磨[27,28]。轮轨接触滤波是一个假设，用于解释没有波长小于 30mm 的钢轨波磨的原因。在第 4 章，我们将研究钢轨波磨发生的规律性，其中一个钢轨波磨的规律性是：无论是地铁线路还是干线铁路，只要曲线半径小于 350m，曲线内轨就几乎百分之百会出现波磨。但钢铁厂和炼油厂等厂区铁路小半径曲线大都没有钢轨波磨，如图 1-12 所示。可以用接触滤波效应来解释这个现象，列车通过这条曲线的速度为 7～10km/h，如果列车速度为 10km/h，一般波磨频率为 120～1000Hz，对应波磨的波长为 3～23mm。受接触滤波的影响，波长为 3～23mm 的波磨没有出现。

(a) 铁路小半径曲线照片　　　(b) 曲线内轨(无波磨)　　　(c) 曲线外轨(无波磨)
(曲线半径 R=180m)

图 1-12　某钢铁公司厂区铁路小半径曲线钢轨磨痕照片

1.3　钢轨波磨的控制方法

尽管对钢轨波磨的研究历史已百余年,但对小半径曲线波磨基本上没有可行的主动控制方法。现在常用的钢轨波磨控制方法主要包括钢轨打磨[1,2]、钢轨涂抹摩擦调节剂[29]、改变列车通过速度[30]、钢轨配置调谐质量阻尼器[31]等方法。

钢轨打磨是最常用的方法,它是一种被动控制方法,在波磨的波深达到维护规范规定的数值后,使用轨道打磨车对波磨轨进行打磨。轨道打磨车价格昂贵,一套有 20 磨头的轨道打磨车价格为 3000 万~3500 万元,而且小半径曲线的波磨经过打磨去除后,快的 3~5 个月、慢的 6~12 个月钢轨又会重新出现波磨。反复打磨致使钢轨的使用寿命大大降低,这是钢轨打磨法的又一个缺点。

在钢轨上涂抹摩擦调节剂是另一种被动的波磨控制方法,使用方法是将摩擦调节剂涂抹在将要发生波磨的钢轨滚动工作面上。摩擦调节剂有两个主要功能,一是将轮轨间的摩擦系数控制在 0.35 左右,二是摩擦调节剂可以控制轮轨滑动后摩擦力-蠕滑率曲线的负斜率关系,去除摩擦力-蠕滑率曲线的负斜率。理论和试验实践数据表明,摩擦调节剂可以抑制钢轨波磨的发生,但不能完全去除钢轨波磨。摩擦调节剂的使用不是一次性的,需要根据现场涂抹的摩擦调节剂的流失情况进行维护补充。

改变列车通过速度是有序改变将要产生波磨的轨道上的列车通过速度,使波磨产生的每个同频轮轨振动的磨损相位不同,从而抑制或者消除钢轨波磨。现场试验研究表明,这种波磨控制方法可以延缓波磨的发生时间,但不能根治波磨。对地铁线路来说,通常每两个车站之间的距离为 800~1200m,在如此短的距离调节列车通过速度是不现实的,而且地铁列车的间隔时间为 2~10min,也给改变列车通过速度增加了困难。

钢轨配置调谐质量阻尼器是指在钢轨的轨腰部位安装调谐质量阻尼器,如图 1-13 所示。在安装调谐质量阻尼器之前,需要把出现波磨的钢轨进行打磨,去除干净钢轨工作面上的波磨轮廓,然后安装调谐质量阻尼器。这种波磨控制方法可以有效延缓钢轨波磨的产生,但不能完全消除钢轨波磨。图 1-13 所示的试验段,经过 3~4 年以后,钢轨还是重新出现波磨了。

(a) 调谐质量阻尼器安装简图　　　　　　(b) 调谐质量阻尼器实物照片

图 1-13　某地铁线使用调谐质量阻尼器控制波磨的试验

(R=1100m,　h=50mm,　V=70km/h)

1.4 钢轨波磨理论与研究存在的问题

本书第一作者在 1985 年进入西南交通大学机械工程系车辆动力学专业攻读硕士学位，硕士论文题目是"货车在缓和曲线的脱轨机理研究"[32]，自此以后就一直关注车辆动力学的发展。在 1980～1990 年，车辆脱轨是一个比较难以解决的问题，主要是脱轨系数不能用于精确判断车轮脱轨，脱轨系数和轮重减载率判断脱轨的孰先孰后关系问题，以及用两者中的哪一个指标来衡量车辆的脱轨安全性更好[33]。在 2000 年前后，我国货物列车最高行车速度从 80km/h 提高到 120km/h，曾经短暂发生了多次空载货车在速度为 100～120km/h 时出现直线蛇形运动失稳脱轨问题，如果不解决货车空车高速脱轨问题，几乎不可能实现货物列车的提速。在车辆动力学理论研究领域，对铁路车辆蛇形运动失稳机理研究比较透彻，认为货车三大件转向架侧架的抗菱形刚度不足是导致货车三大件转向架高速蛇形运动失稳脱轨的主要原因，很快在三大件转向架侧架之间应用交叉杆的方法解决了货车空车蛇形运动失稳脱轨问题。现在，最高运行速度达到 100～120km/h 的货车转向架几乎都装备了侧架交叉杆装置。在短短 3～5 年时间里，我国就解决了提速货车空车高速脱轨问题。现在铁路车辆脱轨问题比较少见，主要得益于干线铁路因提速需要把原来的350～500m 的小半径曲线全部改造成 800～1200m 的大半径曲线，当车辆通过大半径曲线时，轮轨蠕滑力没有饱和，轮对两个车轮的横向蠕滑力不足以推动车轮爬轨。而且大半径曲线的超高小了，在车辆进出缓和曲线时由超高顺坡导致转向架导向轮对的轮重减载率变小，这两个因素使货车空车通过大半径曲线时很少出现车轮脱轨。现在的干线铁路在一些关键节点配备了轮重减载率动态检测装置，可以及时发现载货车辆是否出现由于货物偏载而引起的轮重减载率超标的问题，如果发现车辆的轮重减载率超标，必须进行摘车处理，这个措施也进一步减小了车辆脱轨的可能性。现在地铁线路仍然有许多 R=300～350m 的小半径曲线，在这些小半径曲线上的超高 h=110～120mm，与原来干线铁路小半径曲线的参数差不多，但地铁车辆转向架是具有两系弹簧的高性能转向架，转向架在垂直方向的柔度比较大，容易适应车辆进出缓和曲线时因外轨超高顺坡引起的轮重减载。若控制轮对的轮重减载率小于一定数值，则车轮就不会出现脱轨，因此现代的地铁列车在小半径曲线上也极少出现脱轨问题，自然对脱轨问题的研究也很少。

纵观我国近 30～40 年铁路技术的发展，很多铁路技术问题经过 10～20 年的研究基本都可以得以解决。然而，钢轨波磨问题历经了百余年的研究，仍然没有得到根本的解决。欧洲和澳大利亚等的学者在 1990～2010 年开展了大规模的钢轨波磨问题的研究，现在波磨研究的主要理论和方法基本都是从那个时代的研究积攒下来的。近十余年来，我国主要的铁路研究机构都自发开展了钢轨波磨问题的研究。根据作者的不完全统计，现时西南交通大学[34,35]、北京交通大学[36]、同济大学[37]等都有 4～5 个及以上的独立课题组开展波磨问题的研究，上海交通大学[19]、上海工程技术大学[38]、中国铁道科学研究院[39]、武汉理工大学[22]等也有多个课题组独立开展钢轨波磨问题的研究。钢轨波磨问题无疑是当前铁路技术领域最活跃的研究题目之一。

尽管如此，现在我国只要线路曲线半径 $R \leqslant 350\text{m}$，在曲线内轨就几乎百分之百产生波磨，也就是经历百余年的研究，却不能减少小半径曲线的波磨问题。相信每个研究者都会思考这样一个问题：钢轨波磨问题历经百余年的研究但迟迟得不到根本解决的问题出在哪里。早年在作者发表研究论文时，作者就在前言部分增加了几句关于传统波磨理论优缺点的论述，但没有系统性地指出传统波磨理论的优缺点。在本节中，作者将系统介绍对钢轨波磨理论和研究存在问题的个人认识。作者撰写本节的目的就是希望通过揭示传统波磨理论隐藏极深的问题，唤起同行研究者的关注和讨论，去伪存真，进而改进钢轨波磨理论研究的标的，掌握真实的钢轨波磨机理，争取早日快速有效解决困扰百余年的钢轨波磨问题。

在 1.2.2 节介绍的轮轨系统共振引起波磨理论是传统波磨理论的主体内容，类似的研究占到波磨文献的 70%～80%。仔细分析后似乎找不到该理论的瑕疵，如果有瑕疵就是用图 1-4 所示的轮轨纵向切向力分布计算摩擦功的模型略有不足，例如，该模型只考虑纵向蠕滑力的影响，忽视了横向蠕滑力的影响。但这点不会影响该理论的主要结论，有学者在波磨研究中应用 Kalker 的简化蠕滑力理论 FASTSIM 程序和精确蠕滑力理论 CONTACT 程序计算了轮轨摩擦功，这两种轮轨蠕滑力理论同时考虑了轮轨纵向和横向蠕滑力，所得结论与原来的结论并没有本质的差别。该模型不区分内轨和外轨，用于内轨可以预测内轨波磨，用于外轨同样可以预测外轨波磨，但实际的小半径曲线波磨大多数发生在曲线内轨。进一步分析还可以看出，该理论在真实的线路参数输入条件下都能预测钢轨波磨，即用这个理论可以对真实轨道的任何区段预测钢轨波磨，这一点与实际线路波磨为 5%～15% 的发生率(将在第 4 章详细介绍)严重不符。作者认为，导致该理论预测结果与实际线路波磨发生情况严重不符的原因可能是钢轨波磨理论体系除波长固定机理和钢轨损伤机理外，还需要包括波磨振动相位固定机理，这一点将在第 12 章进行更详细深入的研究。

在 1.2.2 节介绍的轮对扭转自激振动引起钢轨波磨理论在钢轨波磨理论研究中是比较小众的理论，已出版的涉及该理论的文献约占全部波磨文献的 20%。该理论模型比较简单，只涉及轮对，可以不包括轨道的影响。该理论模型假设轮轨纵向蠕滑力饱和，这点与实际轮轨接触蠕滑力情况不同。只有当轮对制动力或者牵引力过大导致轮轨滑动时，轮轨纵向蠕滑力才饱和。当车辆通过小半径曲线线路时，车辆每个转向架的导向轮对和从动轮对的纵向蠕滑力都是没有饱和的，只有导向轮对每个车轮的纵向和横向蠕滑力的合力达到饱和状态。因此，简单假设轮轨纵向蠕滑力饱和与实际不符。该理论还假设曲线外轮固定，据此研究曲线内轮的扭转自激振动引起的波磨。同样，也可以假设曲线内轮固定，此时外轮也会产生扭转自激振动，也会导致外轨波磨。实际线路情况是小半径曲线内轨几乎百分之百会发生波磨，但外轨只有 20%～30% 发生波磨，此时模型预测结果与实际线路发生的波磨情况就有很大的不同。该理论预测的波磨频率为 70～130Hz，与实际线路发生的波磨情况不尽相同，实际线路发生的大部分波磨的通过频率为 200～500Hz。

作者从不同的角度多方位对钢轨波磨传统理论基础、钢轨波磨理论模型验证方法和钢轨波磨的规律性等方面进行深度的思考和深入的研究工作，根据认识水平，作者认为当前波磨理论和研究存在以下几个方面的问题与不足：

(1)钢轨波磨发生的规律性问题。单从文献看，极少有研究者定量地总结钢轨波磨发生的规律性，更多看到的是有一部分作者报道小半径曲线波磨的研究工作，另一部分作者报道大半径曲线波磨的研究工作，还有一部分作者报道直线线路钢轨波磨的研究工作，似乎给大家的印象是钢轨波磨的发生没有规律性可言，这个认识水平影响了波磨理论的发展。本书专门在第 4 章定量地介绍钢轨波磨发生的规律性，认为钢轨波磨的发生具有很强的规律性。

(2) 传统钢轨波磨理论忽略了曲线半径的影响，即大部分钢轨波磨的理论模型没有曲线半径这个输入参数。曲线半径是钢轨波磨的第一影响参数，在第 4 章将会看到，在现有的干线铁路和地铁线路设计规范范围内，一根不同厂家生产的新钢轨，如果铺设在曲线半径 $R \leqslant 350\mathrm{m}$ 的干线铁路或者地铁线路的内轨，则这根钢轨几乎百分之百出现波磨；如果这根钢轨铺设在曲线半径大于 650m 的曲线线路的内轨或者直线线路的任意一处，则这根钢轨出现波磨的概率只有 3%～5%或者更低。因而，在传统主流波磨理论中忽略曲线半径的影响，不得不说这是传统钢轨波磨理论的最大缺陷。

(3) 现有的钢轨波磨理论预测波磨的正确率偏低，低于 20%，在第 11 章将进一步研究这个问题。如果一个波磨理论正确，其应该能够在设计阶段在线路参数确定以后就能正确预测任何新设计的线路将在哪里发生波磨，波磨钢轨的长度是多少，也应该能够预测任何一条既有线路在其发生波磨的信息保密的情况下盲预测线路会在哪里发生波磨，以及波磨钢轨的长度是多少。

(4) 钢轨波磨理论模型的验证工况没有普遍性，传统钢轨波磨理论就没有曲线半径这个输入参数，但几乎所有的钢轨波磨理论验证者都选用小半径曲线内轨百分之百发生波磨的工况作为验证工况，对占线路总长度 85%～95%的无波磨的线路没有进行验证，导致通过验证的理论模型存在严重缺陷，用于预测任意线路波磨发生的正确率偏低。也正是由于波磨理论验证方法存在缺陷，几十年来都没有发现传统钢轨波磨理论存在隐藏极深的漏洞，很多模型只能用于波磨发生后的重现，不能用于事前预测，影响了波磨问题的有效解决。

(5) 传统钢轨波磨理论可以预测发生率仅为 5%～15%(极端工况下不大于 30%)的波磨，但对发生率达到 85%～95%的无波磨工况不能根据现有理论推导出真正的原因，导致文献中极少的研究者能够提出改变线路或者车辆的哪些参数可以有效抑制或者消除波磨，这是钢轨波磨问题得不到根本解决的主要原因。根据初步统计，我国干线铁路和地铁线路的波磨发生率分别为 2.89%和 11.89%，说明不需要改变线路和车辆的任何参数，干线铁路就有 97.11%的线路长度是没有波磨的，地铁线路就有 88.11%的线路长度是没有波磨的。因此，只有充分认识任何一条线路有多达 88%～97%的线路长度没有波磨的原因，才能正确认识钢轨波磨的发生机理，才能提出有效解决钢轨波磨的措施。

(6) 现时学术界对钢轨波磨发生机理的认识不全面，把钢轨波磨发生的非必要非充分条件作为钢轨波磨发生的机理，例如，著名的 Pined-Pined 共振机理就是一个波磨发生的非必要非充分条件，因为无论是小半径曲线还是直线，都有着非常接近的 Pined-Pined 共振频率，然而小半径曲线内轨几乎百分之百产生波磨，但直线线路只有不到 5%的线路长度产生波磨，而且大部分波磨的通过频率与轨道的 Pined-Pined 共振频率不同。事件发生的必要条件或者非必要条件不是事件发生的完整机理，事件发生的充分条件才是事件发生的完整机理。找到钢轨波磨发生的充分条件，是钢轨波磨问题的终极研究目标。

　　本节阐述了当前钢轨波磨理论和研究存在的问题与不足,可以部分回答钢轨波磨问题一直没有得到根本解决的原因。前面提到我国 2000 年前后货物列车提速带来的货车空车在速度为 100～120km/h 的高速脱轨问题,仅经过 3～5 年时间就彻底解决了,说明车辆蛇形运动稳定性理论是正确的,对高速货车空车脱轨问题的解决具有现实的指导意义。而钢轨波磨问题虽然历经百余年的研究,但到目前为止我国半径 $R \leqslant 350m$ 的地铁线路和干线铁路仍然百分之百会发生波磨,没有哪怕是 20%～30% 的波磨发生率的下降,因此有理由怀疑现行的钢轨波磨理论和研究工作存在某些不足。当然,作者的认识可能不完全正确甚至是错误的,希望同行研究者提出自己的观点,我们一起提高钢轨波磨机理的认识水平和找到钢轨波磨问题的解决方法。

参 考 文 献

[1] Grassie S L. Rail corrugation: Characteristics, causes, and treatments. Proceedings of the Institution of Mechanical Engineers, Part F: Journal of Rail and Rapid Transit, 2009, 223(6): 581-596.

[2] Grassie S L. Rail Corrugation. Wheel-rail Interface Handbook, Boca Raton: CRC Press, 2009.

[3] Sato Y, Matsumoto A, Knothe K. Review on rail corrugation studies. Wear, 2002, 253(1-2): 130-139.

[4] Oostermeijer K H. Review on short pitch rail corrugation studies. Wear, 2008, 265(9-10): 1231-1237.

[5] 姜子清, 司道林, 李伟, 等. 高速铁路钢轨波磨研究. 中国铁道科学, 2014, 35(4): 9-14.

[6] 王立乾. 高速铁路钢轨波浪型磨耗研究及其防治建议. 石家庄铁道大学学报(自然科学版), 2013, 26(4): 83-86, 90.

[7] Kalousek J, Johnson K L. An investigation of short pitch wheel and rail corrugations on the Vancouver mass transit system. Proceedings of the Institution of Mechanical Engineers, Part F: Journal of Rail and Rapid Transit, 1992, 206(2): 127-135.

[8] Hempelmann K, Knothe K. An extended linear model for the prediction of short pitch corrugation. Wear, 1996, 191(1-2): 161-169.

[9] Nielsen J C O, Lundén R, Johansson A, et al. Train-track interaction and mechanisms of irregular wear on wheel and rail surfaces. Vehicle System Dynamics, 2003, 40(1-3): 3-54.

[10] Gómez J, Vadillo E G, Santamaría J. A comprehensive track model for the improvement of corrugation models. Journal of Sound and Vibration, 2006, 293(3-5): 522-534.

[11] Meehan P A, Daniel W J T, Campey T. Prediction of the growth of wear-type rail corrugation. Wear, 2005, 258(7-8): 1001-1013.

[12] Tassilly E, Vincent N. A linear model for the corrugation of rails. Journal of Sound and Vibration, 1991, 150(1): 25-45.

[13] Muller S. A linear wheel-track model to predict instability and short pitch corrugation. Journal of Sound and Vibration, 1999, 227(5): 899-913.

[14] Igeland A, Ilias H. Rail head corrugation growth predictions based on non-linear high frequency vehicle/track interaction. Wear, 1997, 213(1-2): 90-97.

[15] Sheng X, Thompson D J, Jones C J C, et al. Simulations of roughness initiation and growth on railway rails. Journal of Sound and Vibration, 2006, 293(3-5): 819-829.

[16] Baeza L, Vila P, Xie G, et al. Prediction of rail corrugation using a rotating flexible wheelset coupled with a flexible track model and a non-Hertzian/non-steady contact model. Journal of Sound and Vibration, 2011, 330(18-19): 4493-4507.

［17］Afferrante L, Ciavarella M. Short pitch corrugation of railway tracks with wooden or concrete sleepers: An enigma solved?. Tribology International, 2010, 43（3）：610-622.

［18］Wu T X. Effects on short pitch rail corrugation growth of a rail vibration absorber/damper. Wear, 2011, 271（1-2）：339-348.

［19］Wang Y R, Wu T X. The growth and mitigation of rail corrugation due to vibrational interference between moving wheels and resilient track. Vehicle System Dynamics, 2020, 58（8）：1257-1284.

［20］王平, 刘学毅, 万复光. 轮轴扭转振动与曲线地段钢轨波形磨耗. 西南交通大学学报, 1996, 31（1）：58-62.

［21］谭立成, 俞铁峰. 钢轨波状磨损形成机理的初步试验和理论研究. 中国铁道科学, 1985, 6（1）：28-52.

［22］Liu X G, Wang P. Investigation of the generation mechanism of rail corrugation based on friction induced torsional vibration. Wear, 2021, 468-469: 203593.

［23］Clark R A. Slip-stick vibrations may hold the key to corrugation puzzle. Railway Gazette International, 1984, 140（7）：531-533.

［24］Brockley C A, Ko P L. An investigation of rail corrugation using friction-induced vibration theory. Wear, 1988, 128（1）：99-106.

［25］Suda Y, Hanawa M, Okumura M, et al. Study on rail corrugation in sharp curves of commuter line. Wear, 2002, 253（1-2）：193-198.

［26］Matsumoto A, Sato Y, Ono H, et al. Formation mechanism and countermeasures of rail corrugation on curved track. Wear, 2002, 253（1-2）：178-184.

［27］Bellette P A, Meehan P A, Daniel W J T. Contact induced wear filtering and its influence on corrugation growth. Wear, 2010, 268（11-12）：1320-1328.

［28］Pieringer A, Kropp W, Thompson D J. Investigation of the dynamic contact filter effect in vertical wheel/rail interaction using a 2D and a 3D non-Hertzian contact model. Wear, 2011, 271（1-2）：328-338.

［29］Eadie D T, Santoro M, Oldknow K, et al. Field studies of the effect of friction modifiers on short pitch corrugation generation in curves. Wear, 2008, 265（9-10）：1212-1221.

［30］Meehan P A, Bellette P A, Batten R D, et al. A case study of wear-type rail corrugation prediction and control using speed variation. Journal of Sound and Vibration, 2009, 325（1-2）：85-105.

［31］Qian W J, Huang Z Q, Ouyang H, et al. Numerical investigation of the effects of rail vibration absorbers on wear behaviour of rail surface. Proceedings of the Institution of Mechanical Engineers, Part J: Journal of Engineering Tribology, 2019, 233（3）：424-438.

［32］陈光雄. 货车在小半径线路缓和曲线的脱轨稳定性研究. 成都: 西南交通大学, 1988.

［33］陈光雄, 罗赟. 轮对脱轨判断原理的初步分析. 铁道车辆, 1990, 28（8）：13-18.

［34］Zhai W M, Jin X S, Wen Z F, et al. Wear problems of high-speed wheel/rail systems: Observations, causes, and countermeasures in China. Applied Mechanics Reviews, 2020, 72（6）：060801.

［35］Jin X S, Wen Z F, Zhang W H, et al. Numerical simulation of rail corrugation on a curved track. Computers and Structures, 2005, 83（25-26）：2052-2065.

［36］Wang Y, Xiao H, Nadakatti M M, et al. Mechanism of rail corrugation combined with friction self-excited vibration and wheel-track resonance. Construction and Building Materials, 2023, 400: 132782.

［37］Wang Z Q, Lei Z Y, Zhu J. Study on the formation mechanism of rail corrugation in small radius curves of metro. Journal of Mechanical Science and Technology, 2023, 37（9）：4521-4532.

［38］潘兵, 王安斌, 高晓刚, 等. 轮轨耦合系统横向动态响应特性对钢轨波浪磨耗的影响. 噪声与振动控制, 2020, 40（1）：132-137.

［39］于淼. 高速铁路轨道-车辆系统高频瞬态仿真及波磨机理研究. 北京: 中国铁道科学研究院, 2019.

第2章　轮轨滚动接触蠕滑力及滑动问题

2.1　轮轨接触几何关系

考虑轮对作为刚体时，轮对的自由度包括轮对横移量、轮对摇头角。在直线上，轮对滚动通过轨道时，轮对摇头角比较小。在小半径曲线上，轮对摇头角最大，达到$0.3°\sim0.5°$。轮轨接触几何关系指的是轮对在轨道上滚动接触时车轮与钢轨之间的接触几何参数，主要包括轮轨接触点位置、轮轨接触角、车轮滚动半径、轮对侧滚角等参数。在左右车轮与钢轨保持接触的条件下，轮轨接触几何参数都是轮对横移量的函数。轮轨接触几何关系取决于轮对和轨道的几何参数，我国地铁线路和干线铁路的许多车辆和线路几何参数都是相同的，例如，主干线铁路和地铁线路大多数铺设60kg/m的钢轨，钢轨的轨底坡是1/40，标准轨距是1435mm，车轮轮背内侧距离是1353mm。主干线铁路和地铁线路的轨距分别如表2-1和表2-2所示。标准60kg/m钢轨截面轮廓外形如图2-1所示，地铁车轮踏面轮廓外形如图2-2所示。轮轨接触几何关系可以用于判断钢轨波磨是哪个车轮与钢轨的共振振动引起的。

轮轨接触几何关系计算模型如图2-3所示，部分计算结果如图2-4所示。

表2-1　主干线铁路的轨距

线路曲线半径/m	轨距/mm	线路曲线半径/m	轨距/mm	线路曲线半径/m	轨距/mm
$R \geqslant 350$	1435	$350 > R \geqslant 300$	1440	$R < 300$	1450

表2-2　地铁线路的轨距

线路曲线半径/m	轨距/mm		线路曲线半径/m	轨距/mm		线路曲线半径/m	轨距/mm	
	A型车	B型车		A型车	B型车		A型车	B型车
$R > 200$	1435	1435	$200 \geqslant R > 150$	1445	1440	$150 \geqslant R > 100$	1450	1445

2.2　弹性体赫兹接触理论

当车轮在钢轨上滚动通过时，在车轮载荷的作用下，车轮与钢轨之间的接触区是一个椭圆，椭圆的长轴和短轴尺寸可以根据赫兹接触理论计算。德国赫兹在1882年首先研究了弹性体的接触问题，他做了玻璃间光学干涉的试验，两个轴线成45°的圆柱形玻璃透镜受压后发生弹性变形,针对弹性变形对干涉条纹图像形状的影响提出了接触压力呈椭圆形分布的假设。赫兹在理论研究时进行了如下简化:接触物体被看成弹性无限半空间,接触载荷仅作用在平面上一个小的椭圆区域上,接触物体内在接触区附近的应力分布是高度集中的,并与物体接触区附近的几何尺寸有关。这就要求接触区几何尺寸远小于物体的几何特征尺寸和接触区附近的曲率半径。赫兹在研究中,又假设接触表面是光滑的,无摩擦效应,接触物体表面仅传递法向力。

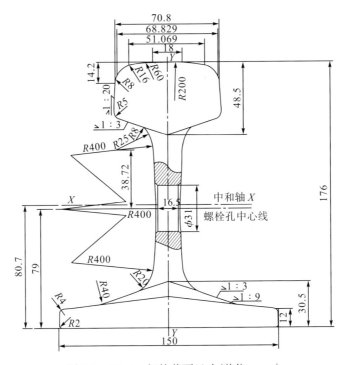

图 2-1　60kg/m 钢轨截面尺寸(单位:mm)

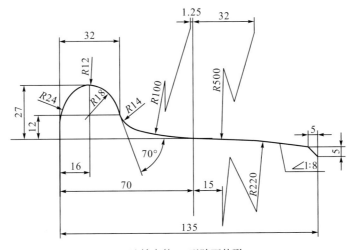

(a) 地铁车轮LM型踏面外形

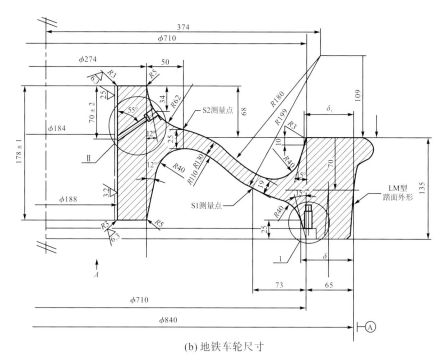

(b) 地铁车轮尺寸

图 2-2　地铁车轮结构及尺寸(单位：mm)

δ、δ_1 指轮辋厚度

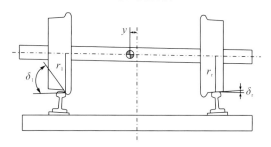

图 2-3　轮轨接触几何关系计算模型

y-轮轨横移量；δ_1、δ_r-外轮和内轮接触角；r_1、r_r-外轮和内轮的滚动半径

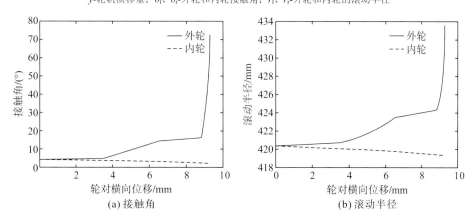

图 2-4　地铁轮轨接触几何关系

(60kg/m 钢轨，LM 型踏面外形，轨距 g=1435mm)

对于图 2-5 的弹性体接触模型，根据赫兹接触理论，可定义为[1,2]

$$A + B = \frac{1}{2}\left(\frac{1}{R_{11}} + \frac{1}{R_{12}} + \frac{1}{R_{21}} + \frac{1}{R_{22}} \right) \tag{2-1}$$

$$B - A = \frac{1}{2}\left[\left(\frac{1}{R_{11}} - \frac{1}{R_{12}} \right)^2 + \left(\frac{1}{R_{21}} - \frac{1}{R_{22}} \right)^2 + 2\left(\frac{1}{R_{11}} - \frac{1}{R_{12}} \right)\left(\frac{1}{R_{21}} - \frac{1}{R_{22}} \right)\cos\alpha \right]^{1/2} \tag{2-2}$$

式中，α 为两个相互接触的弹性体主曲率所对应的主方向之间的夹角。设：

$$\cos\eta = \frac{B - A}{B + A} \tag{2-3}$$

代换后得

$$A = \frac{1}{2}\left(\frac{1}{R_{11}} + \frac{1}{R_{12}} + \frac{1}{R_{21}} + \frac{1}{R_{22}} \right)\sin^2\frac{\eta}{2} \tag{2-4}$$

$$B = \frac{1}{2}\left(\frac{1}{R_{11}} + \frac{1}{R_{12}} + \frac{1}{R_{21}} + \frac{1}{R_{22}} \right)\cos^2\frac{\eta}{2} \tag{2-5}$$

假设弹性体接触法向力为 N，接触区为椭圆，其长轴和短轴长之半分别为

$$a = m\left[\frac{3NG_0}{4(B + A)} \right]^{1/3} \tag{2-6}$$

$$b = n\left[\frac{3NG_0}{4(B + A)} \right]^{1/3} \tag{2-7}$$

式中，m、n 为与 η 有关的椭圆积分值，可以通过查表 2-3 用插值法求得；材料的物理参数 $G_0 = \frac{1 - \nu_1^2}{E_1} + \frac{1 - \nu_2^2}{E_2}$，其中 ν_1、ν_2 分别为相互接触的两个弹性体的泊松比，E_1、E_2 分别为相互接触的两个弹性体的弹性模量 (N/m^2)。

弹性体的赫兹接触面是一个椭圆，因此可以假设在接触面内接触压应力按半椭球形状分布。接触压应力的表达式可写为

$$p_z(x, y) = p_0\left[1 - \left(\frac{x_1}{a} \right)^2 - \left(\frac{x_2}{b} \right)^2 \right]^{1/2} \tag{2-8}$$

在接触面内对式 (2-8) 求积分，计算得到接触法向力为

$$N = \iint p_z(x, y)\mathrm{d}x\mathrm{d}y = \frac{2}{3}\pi a b p_0 \tag{2-9}$$

变换后可以得到

$$p_0 = \frac{3N}{2\pi ab} \tag{2-10}$$

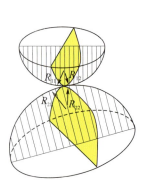

图 2-5 两光滑弹性体接触模型

式中，a、b 为接触椭圆的半轴长 (m)；p_0 为接触椭圆内的最大压应力 (N/m^2)。

表 2-3 *m*、*n* 与 *η* 的关系表

$\eta/(°)$	m	n	$\eta/(°)$	m	n	$\eta/(°)$	m	n
0.5	61.400	0.102	55.0	1.611	0.678	130.0	0.641	1.754
1.0	36.890	0.131	60.0	1.486	0.717	135.0	0.604	1.926
1.5	27.480	0.152	65.0	1.378	0.759	140.0	0.567	2.136
2.0	22.260	0.169	70.0	1.284	0.802	145.0	0.530	2.397
3.0	16.650	0.196	75.0	1.202	0.846	150.0	0.493	2.731
4.0	13.310	0.219	80.0	1.128	0.893	155.0	0.412	3.813
6.0	9.790	0.255	85.0	1.061	0.944	160.0	0.311	6.604
8.0	7.860	0.285	90.0	1.000	1.000	170.0	0.295	7.860
10.0	6.604	0.311	95.0	0.944	1.061	172.0	0.255	9.790
20.0	3.813	0.412	100.0	0.893	1.128	174.0	0.219	13.310
30.0	2.731	0.493	105.0	0.846	1.202	176.0	0.196	16.500
35.0	2.397	0.530	110.0	0.802	1.284	178.0	0.169	22.260
40.0	2.136	0.567	115.0	0.759	1.378	178.5	0.152	27.480
45.0	1.926	0.604	120.0	0.717	1.486	179.0	0.131	36.890
50.0	1.754	0.641	125.0	0.678	1.611	179.5	0.102	61.400

2.3 轮轨接触蠕滑力理论

2.3.1 轮轨蠕滑率的定义

当轮对在直线的钢轨上滚动通过时，由于车轮踏面存在锥度，轮对的质心沿着轨道的横向会产生周期性的蛇形运动和绕轨道平面垂直轴周期性的摇头运动。当轮对在曲线线路的钢轨上滚动通过时，转向架轮对总会产生一定数值的准静态横向位移和摇头角。任一车轮上的轮轨接触点相对于钢轨的轮轨接触点在纵向、横向和垂直于接触平面的回转方向都可能产生相对位移。这种相对位移就称为蠕滑，属于弹性滑动，是介于纯滚动和纯滑动之间的一种中间形式。轮轨接触面称为接触斑，轮轨接触的坐标系如图 2-6 所示，轮轨蠕滑率定义如下[3~5]：

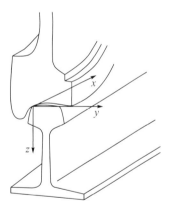

图 2-6 定义蠕滑率的坐标系

(1) 纵向蠕滑率

$$\xi_x = \frac{\text{车轮接触点的纵向速度} - \text{钢轨接触点的纵向速度}}{\text{轮对的名义滚动前进速度}}$$

(2) 横向蠕滑率

$$\xi_y = \frac{\text{车轮接触点的横向速度} - \text{钢轨接触点的横向速度}}{\text{轮对的名义滚动前进速度}}$$

(3) 自旋蠕滑率

$$\xi_{sp} = \frac{\text{车轮绕接触斑法向轴的转动角速度} - \text{钢轨绕接触斑法向轴的转动角速度}}{\text{轮对的名义滚动前进速度}}$$

2.3.2 Kalker 线性蠕滑力理论

Kalker 线性蠕滑力表示如下[4]：

$$
\begin{cases}
F_x = -f_{11}\xi_x \\
F_y = -f_{22}\xi_y - f_{23}\xi_{sp} \\
M_z = -f_{23}\xi_y - f_{33}\xi_{sp}
\end{cases}
\tag{2-11}
$$

式中，F_x、F_y、M_z 分别为作用在车轮上的纵向蠕滑力、横向蠕滑力和自旋蠕滑力矩；f_{11} 为纵向蠕滑系数；f_{22} 为横向蠕滑系数；f_{23} 为横向/自旋蠕滑系数；f_{33} 为自旋蠕滑系数。

$$
\begin{cases}
f_{11} = GabC_{11} \\
f_{22} = GabC_{22} \\
f_{23} = G(ab)^{3/2}C_{23} \\
f_{33} = G(ab)^2 C_{33}
\end{cases}
\tag{2-12}
$$

式中，G 为轮轨材料的剪切弹性模量，G=84000MPa；C_{ij} 为无量纲的 Kalker 系数，与材料的泊松比 ν 和接触椭圆的长短半轴之比 a/b 有关。对于铁路轮轨系统，车轮和钢轨的泊松比 ν=0.29。对于不同的 a/b 的 Kalker 系数如表 2-4 所示。

表 2-4 Kalker 系数 C_{ij} 表

接触斑半轴之比		Kalker 系数 C_{ij}			
		C_{11}	C_{22}	$C_{23}=-C_{32}$	C_{33}
	0.1	1.35	0.98	0.195	3.340
	0.2	1.37	1.01	0.242	1.740
	0.3	1.40	1.06	0.288	1.180
	0.4	1.44	1.11	0.328	0.925
a/b	0.5	1.47	1.18	0.368	0.766
	0.6	1.50	1.22	0.410	0.661
	0.7	1.54	1.28	0.451	0.588
	0.8	1.57	1.32	0.493	0.533
	0.9	1.60	1.39	0.535	0.492
	1.0	1.65	1.43	0.579	0.458
	0.9	1.70	1.49	0.628	0.425
	0.8	1.75	1.56	0.689	0.396
	0.7	1.81	1.65	0.768	0.366
	0.6	1.90	1.76	0.875	0.336
b/a	0.5	2.03	1.93	1.040	0.304
	0.4	2.21	2.15	1.270	0.275
	0.3	2.51	2.54	1.710	0.246
	0.2	3.08	3.26	2.640	0.215
	0.1	4.60	5.15	5.810	0.183

　　Kalker 线性蠕滑力一般只能用于蠕滑率小于 2.0%的情况，例如，车辆在直线线路上惰行通过的情况下就可以应用该理论来研究车辆的蛇形运动稳定性。当轮对通过小半径曲线线路时，轮轨蠕滑率达到或者大于 5.0%，此时轮轨蠕滑力与蠕滑率之间不再是线性关系，蠕滑力接近或者等于滑动摩擦力 μN（μ 为轮轨摩擦系数），例如，计算轮对通过小半径曲线时的轮轨摩擦功时，就必须用非线性蠕滑力理论计算轮轨蠕滑力。

2.3.3　非线性蠕滑力理论

　　常用的非线性蠕滑力理论包括 Kalker 简化理论及其计算程序 FASTSIM、沈氏蠕滑力理论和 Kalker 三维滚动接触精确理论及其计算程序 CONTACT，其中前两种非线性蠕滑力理论比较常用，计算效率也高。在早期的钢轨波磨理论研究中，许多研究者也应用 Carter 蠕滑力理论计算轮轨摩擦功。

1. Carter 蠕滑力理论

　　在 1926 年，Carter 提出了二维有摩擦的滚动接触理论，他根据一对新车轮和钢轨的接触轮廓特点，认为接触椭圆的纵向(滚动方向)半轴长通常比横向半轴长大得多，但当车轮和钢轨使用一段时间后，车轮和钢轨的接触轮廓产生了比较大的变化，接触区的形状可以通过沿轨长方向的二维均匀矩形条来近似。Carter 把车轮简化成一个柱体，把钢轨简化成一块厚板，并且假设车轮的半径相对于轮轨接触斑的周长数值大得多，于是轮轨接触蠕滑力问题可以看成一个无限弹性介质，其边界是一个平面，该平面上存在局部压力分布和切向牵引力。应用弹性半空间理论和假设轮轨接触物体仅存在纵向蠕滑率，在此条件下，典型的纵向切向力分布如图 2-7(a)所示，蠕滑力与蠕滑率的变化关系如图 2-7(b)所示。在图 2-7(a)中，$A'OA$ 代表车轮沿轨向滚动时轮轨接触斑的中心线，A 点为车轮滚动接触的接入点，A' 点为车轮滚动接触的脱离点。曲线 ABA' 为切向力的极限边界，曲线 $ADCA'$ 为实际切向力的边界，$ADCE$ 区域代表黏着区，$CA'E$ 区域代表滑动区。纵向蠕滑系数为[5]

$$f_{11} = \begin{bmatrix} \pi G(\lambda + G) & RNl \\ 2(\lambda + 2G) & RNl \end{bmatrix}^{1/2} \begin{bmatrix} q \\ 1 - (1-q)^{1/2} \end{bmatrix} \tag{2-13}$$

式中，f_{11} 为纵向蠕滑系数；G 为剪切弹性模量；$\lambda = 2Gv/(1-2v)$，其中 v 为泊松比；R 为车轮的半径；N 为接触法向力；l 为接触斑纵向等效长度；q 为接触斑总切向力与纵向切向力的比值，$q = F/F_x$，其中 F 为接触斑总切向力；F_x 为接触斑的纵向切向力。对于只有纵向蠕滑的工况，可得

$$F = F_x \text{ 或者 } q = 1$$

　　对于这个特殊工况，可得纵向蠕滑系数为

$$f_{11} = 291.136(RNl)^{1/2}$$

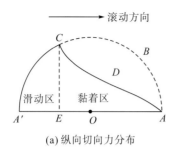 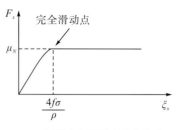

(a) 纵向切向力分布　　　　　(b) 蠕滑力与蠕滑率变化曲线

图 2-7　Carter 蠕滑力理论

2. Kalker 简化蠕滑力理论

1973 年，Kalker 基于线性蠕滑力理论提出了一种快速计算蠕滑力的简化理论，并编制和公开发表了相应的计算机程序 FASTSIM，该理论因计算速度快和蠕滑力计算精度较高等特点在车辆动力学仿真研究中得到了广泛应用。Kalker 在该理论中进行了以下几点假设[6,7]：

(1) 接触斑内任意一点的弹性位移仅与作用在该点的力有关；

(2) 接触点某个方向的位移仅与该方向作用力有关；

(3) 接触点的力与位移之间的关系为线性关系。

这样就将弹性轮轨接触表面的一系列点模拟成一组弹簧，每组包含三个相互垂直的弹簧。用 L_{w1}、L_{w2}、L_{w3} 表示车轮接触点三个方向的柔度系数，用 L_{r1}、L_{r2}、L_{r3} 表示钢轨接触点三个方向的柔度系数。由于假定接触斑内任意一点的弹性位移仅与该点受到的作用力有关，且某方向的弹性位移仅与同方向的受力有关，车轮接触点的位移 (u_{w1},u_{w2},u_{w3}) 与接触表面力 (p_{w1},p_{w2},p_{w3}) 之间的近似关系为

$$u_{wi}=L_{wi}p_{wi},\quad i=1,2,3 \tag{2-14}$$

同样，钢轨接触点的位移 (u_{r1},u_{r2},u_{r3}) 与接触表面力 (p_{r1},p_{r2},p_{r3}) 之间也有类似的关系，即

$$u_{ri}=L_{ri}p_{ri},\quad i=1,2,3 \tag{2-15}$$

车轮和钢轨在接触点的弹性位移差为 $u=u_w-u_r=(L_1 p_{w1},L_2 p_{w2},L_3 p_{w3})$，其中，$L_i=L_{wi}+L_{ri}$。

设 $a(y)=a\sqrt{1-\left(\dfrac{y}{b}\right)^2}$，由简化理论计算出接触面上的切向力分量为

$$\begin{cases} F_x=\displaystyle\int_{-b}^{b}\int_{-a(y)}^{a(y)}p_x(x,y)\mathrm{d}x\mathrm{d}y=\dfrac{-8a^2 b\xi_x}{3L_1} \\[3mm] F_y=\displaystyle\int_{-b}^{b}\int_{-a(y)}^{a(y)}p_y(x,y)\mathrm{d}x\mathrm{d}y=\dfrac{-8a^2 b\xi_y}{3L_2}-\dfrac{\pi a^3 b\xi_{sp}}{4L_2} \end{cases} \tag{2-16}$$

根据 Kalker 线性蠕滑力理论可计算纵向、横向的蠕滑力分量为

$$\begin{cases} F_x=-abGC_{11}\xi_x \\[2mm] F_y=-abGC_{22}\xi_y-(ab)^{3/2}GC_{23}\xi_{sp} \end{cases} \tag{2-17}$$

Kalker 线性蠕滑力理论和 Kalker 简化蠕滑力理论公式中的纵向、横向和自旋蠕滑率各自相等，据此求得三个柔度系数，即

$$\begin{cases} L_1 = \dfrac{8a}{3GC_{11}} \\[3mm] L_2 = \dfrac{8a}{3GC_{22}} \\[3mm] L_3 = \dfrac{\pi a^2}{4G\sqrt{ab}C_{23}} \end{cases} \tag{2-18}$$

对于泊松比 ν=0.25 和不同的 a/b 值，式(2-18)计算的柔度系数如表 2-5 所示。

表 2-5　柔度系数计算值

a/b	L_1Ga	L_2Ga	L_3Ga
0.1	0.806	1.055	0.525
0.3	0.755	0.926	0.602
1.0	0.647	0.727	0.534
1/0.3	0.421	0.416	0.332
1/0.1	0.288	0.208	0.170

基于简化蠕滑力理论，Kalker 编制并公开了计算蠕滑力的快速算法程序 FASTSIM，由于其计算速度快，在车辆动力学仿真中得到了广泛应用。在 Kalker 编制的 FASTSIM 程序中，对简化蠕滑力理论模型中的柔度系数 L_i 进行修正，用采用加权平均方法得到的 L 代替 L_i。

$$L = \frac{L_1|\xi_x| + L_2|\xi_y| + L_3|\xi_{sp}|\sqrt{ab}}{\sqrt{\xi_x^2 + \xi_y^2 + ab\xi_{sp}^2}} \tag{2-19}$$

Kalker 推导得到接触椭圆内法向力的分布为

$$p_z(x,y) = \frac{2N}{\pi ab}\left[1 - \left(\frac{x}{a}\right)^2 - \left(\frac{y}{b}\right)^2\right] \tag{2-20}$$

Kalker 简化蠕滑力理论考虑了切向蠕滑力合力的饱和工况，即饱和蠕滑力等于滑动摩擦。设 $g = \mu p_z$，则对于切向力 (F_x, F_y) 和相对滑动量 (S_x, S_y) 有如下的关系：
当 $(S_x, S_y) = (0,0)$ 得

$$|(F_x, F_y)| \leqslant g \tag{2-21}$$

当 $|(S_x, S_y)| > 0$ 得

$$(F_x, F_y) = -g(S_x, S_y)/|(S_x, S_y)| \tag{2-22}$$

3. 沈氏蠕滑力理论

沈志云院士在 1981 年提出了一种非线性蠕滑力的计算方法[8]，后来被称为沈氏蠕滑力理论。首先，应用 Kalker 线性蠕滑力理论计算轮轨接触斑的纵向和横向蠕滑力并正则化，即

$$\begin{cases} \xi_x^* = \dfrac{GabC_{11}\xi_x}{3\mu N} \\ \xi_y^* = \dfrac{GabC_{22}\xi_y + G(ab)^{1.5}C_{23}\xi_{sp}}{3\mu N} \end{cases} \tag{2-23}$$

显然，正则化的横向蠕滑率 ξ_y^* 包含了自旋蠕滑率的影响。正则化纵向和横向蠕滑率的合成蠕滑率为

$$\xi^* = \sqrt{\xi_x^{*2} + \xi_y^{*2}} = \frac{1}{3\mu N}\sqrt{F_x^2 + F_y^2} = \frac{F_R}{3\mu N} \tag{2-24}$$

式中，F_x 和 F_y 分别为 Kalker 线性蠕滑力理论计算的纵向和横向蠕滑力；$F_R = \sqrt{F_x^2 + F_y^2}$；经过非线性化处理后得

$$F_R' = \begin{cases} \mu N\left[\dfrac{F_R}{\mu N} - \dfrac{1}{3}\left(\dfrac{F_R}{\mu N}\right)^2 + \dfrac{1}{27}\left(\dfrac{F_R}{\mu N}\right)^3\right], & \dfrac{F_R}{3\mu N} \leqslant 1 \\ \mu N, & \dfrac{F_R}{3\mu N} > 1 \end{cases} \tag{2-25}$$

定义缩减因子 $\varepsilon = \dfrac{F_R'}{F_R}$，得到轮轨接触斑作用的非线性纵向蠕滑力、横向蠕滑力和自旋蠕滑力矩如下：

$$\begin{cases} F_{xnl} = \varepsilon F_x \\ F_{ynl} = \varepsilon F_y \\ M_{znl} = \varepsilon M_z \end{cases} \tag{2-26}$$

Kalker 简化蠕滑力理论的计算程序 FASTSIM 和沈氏蠕滑力理论都具有计算速度快的特点，因而在 1990～2000 年车辆动力学仿真中得到了大量的应用。研究显示，FASTSIM 与 Kalker 精确蠕滑力理论的计算程序 CONTACT 的计算结果相比，在纯蠕滑工况下，误差在 5%范围内；在纯自旋蠕滑工况下，误差在 10%范围内；在既有纵向、横向蠕滑又有自旋蠕滑的工况下，误差在 10%范围内[7]。在早期波磨研究中，研究者使用较多的是 Carter 蠕滑力理论，后来也有学者应用 Kalker 简化蠕滑力理论、沈氏蠕滑力理论和 Kalker 精确蠕滑力理论，但无论应用的是哪一种蠕滑力理论，得到的波磨分析结果都没有显著的差别。

2.4 轮轨的滚动与滑动问题

当车辆在钢轨上滚动通过时，每个车轮与钢轨之间的蠕滑力在绝大多数情况下都是比较小的，轮轨只是滚动没有出现滑动。但在几个特殊情况下，当轮轨蠕滑力增大到滑动摩擦力的水平时，轮轨就出现了滑动。由轮轨接触斑纵向、横向蠕滑力的合力等于滑动摩擦力的条件定义轮轨滑动，轮轨滑动与普通摩擦滑动是有所差别的。

无论是 Carter 蠕滑力理论、Kalker 简化蠕滑力理论、沈氏蠕滑力理论，还是 Kalker 精确蠕滑力理论，当蠕滑率大于一定数值后，轮轨切向蠕滑力的合力都趋向饱和状态，即

等于轮轨滑动摩擦力，如图 2-8 所示。轮轨滑动与通常意义的摩擦滑动略有不同，例如，车辆在小半径（R=350m）曲线轨道上通过时，每个转向架导向轮对的摇头角（也叫冲角）Ψ ≈0.3°，以及假设车辆前进速度为 60km/h，此时曲线内轮和外轮相对于静止钢轨的横向滑动速度近似为 $\Delta V = \Psi V$ =0.087m/s。在这个滑动速度下，在内、外轮轨接触斑平面内的纵向、横向蠕滑力的合力达到饱和状态，由于车辆是惰行通过曲线，车轴上并没有附加的制动作用力或者牵引作用力，即没有使车轴抱死的制动作用力或者滑动的牵引作用力，车轮在钢轨上滚动，并没有发生摩擦学意义上的滑动，但车轮受到的纵向、横向蠕滑力的合力等于滑动摩擦力。当车辆在半径为 600m 曲线轨道上通过时，每个转向架导向轮对的摇头角 Ψ ≈0.18°，此时曲线内轮和外轮相对于静止钢轨的横向滑动速度近似为 $\Delta V = \Psi V$ =0.052m/s。在这个滑动速度下，在内、外轮轨接触斑平面内的纵向、横向蠕滑力的合力没有达到饱和状态，即不等于轮轨的滑动摩擦力。如果摩擦学意义上的两个相互接触的物体以相对滑动速度 ΔV =0.052m/s 滑动，则摩擦力等于滑动摩擦力，这是轮轨滚动接触滑动与摩擦学意义上的滑动不同的地方。当轮轨滚动接触时，只要轮轨蠕滑

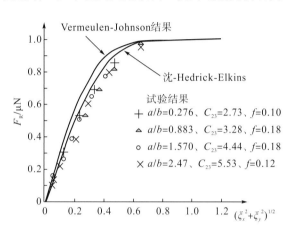

图 2-8 几种蠕滑力理论与试验结果的比较

率大于一定数值，此时即使车轮没有在钢轨上发生滑动，轮轨之间的蠕滑力也有可能等于滑动摩擦力。此外，在列车牵引规程下，轮轨也可能发生滑动，因而列车牵引和制动都需要进行轮轨滑动校核，避免在列车制动和牵引的条件下轮轨出现滑动问题。

2.5 车辆通过曲线线路的轮轨滑动问题

以前受到施工技术的限制，干线铁路存在许多小半径曲线线路，例如，原黔桂线在金城江—贵定区间主要是山区铁路，最小线路曲线半径为 173m，最大坡度为 29‰，列车运行速度只有 21~60km/h。2000 年以后，因货车提速需要，我国曾开展了大规模的小半径曲线线路改造。改造后的黔桂线最小线路曲线半径为 1600m，最大坡度为 13‰，列车运行速度可达 120~160km/h。我国干线铁路既通行货物列车，也通行旅客列车，货物列车转向架固定轴距普遍小于旅客列车转向架固定轴距，因而在曲线上货物列车和旅客列车的轮轨蠕滑力饱和工况有所差别。地铁线路是钢轨波磨发生的重灾区，波磨引起的噪声对乘客的乘坐舒适性影响很大，而且波磨还会引起钢轨扣件的断裂，近期我国学术界对钢轨波磨的研究基本都围绕地铁线路波磨开展工作。我国地铁主要配备 A 型车辆和 B 型车辆，下面就分别对这两种型号的车辆通过不同半径的地铁线路时的轮轨滑动情况进行研究。本书第一作者在 1985~1988 年攻读硕士研究生期间，曾自编过货车和机车静态和动态曲线

通过的仿真程序，但现在学术界很少使用自编程序计算车辆的曲线通过性能，基本都应用商用车辆动力学软件（如 SIMPACK）进行车辆曲线通过仿真，本书介绍应用 SIMPACK 对地铁车辆通过不同半径曲线线路时的轮轨滑动情况的仿真结果。现在更先进的车辆-轨道耦合动力学模型更能反映实际情况[9,10]，值得我们后续开展这方面的研究工作。

2.5.1　SIMPACK 多体动力学软件

SIMPACK 是十分强大的机械/机电系统动力学/运动学仿真分析的多体动力学分析软件包，它是德国 SIMPACK AG 公司的旗舰产品，目前已经在各个行业被广泛使用，如铁路、航空交通领域以及机器人、国防工业、生物运动与仿生等领域。在使用过程中，该软件不仅能够描述和判断烦琐的机械模型的运动状态、每个物体的受力情况和其中每个物体的运动相关参数，还能获得物体在运动过程中的动态效果图。

SIMPACK 软件以多体系统计算动力学为基础，包含汽车模块、铁道专用模块等专业模块以及一些常用的普通模块。通过该软件不仅能够精确地构建机械系统动力学模型，同时系统还可以自发地建立动力学相关方程，然后通过自身的求解模块对系统进行时域分析（采用数值积分的方法求解模型在时域下的位移、速度、加速度等）、频域分析（求解模型的固有频率与固有振型）。同时，不同于其他动力学软件使用的是绝对坐标系，SIMPACK 软件使用的是其特有的相对坐标系对目标系统创建模型，这极大地提高了计算速度，同时还兼具非常高的仿真精度。

完成机械系统的模型创建、添加约束和受力等前处理后，便可以利用 SIMPACK 内置的求解器完成所要求的仿真分析，包括静/动力学分析、道岔动力学分析、车辆-轨道系统参数优化、频域分析、模态分析等，可在 SIMPACK 后处理中用动/静态图的形式输出仿真结果。对于铁道专业模块，其后处理结果包括以下数据：纵向蠕滑力、横向蠕滑力、法向力、横向悬挂力、垂向悬挂力、纵向蠕滑率、横向蠕滑率、车轮抬高量等。

SIMPACK 的 Wheel/Rail 模块是德国宇航中心（Deutsches zentrum für luft-und raumfahrt，DLR）集 20 多年轮轨接触模拟的经验、现代先进的模拟技术及常用模拟工具于一体的技术结晶。它不仅具有丰富的铁道车辆动力学仿真经验，而且自身也在迭代更新，是铁道列车动力学模拟的首选软件[11]。几乎目前所有的铁路车辆动力学问题都可以通过 SIMPACK 仿真解决。Wheel/Rail 模块通常用于轨道车辆多体动力学模型的建立和仿真分析，它提供一系列分析处理轮轨关系的工具，模块系统还将轮轨滚动接触问题的解决拆分为三个分析步骤，即首先确定接触几何关系，其次模拟轮轨约束，最后计算轮轨蠕滑力。本书对轮轨滑动的研究主要应用该模块。

2.5.2　SIMPACK 运动方程建立

通常情况下，在对多体动力学问题进行探究时，选择的参考系都是惯性坐标系。如图 2-9 所示，利用与体坐标系对齐的单位矢量 e_{ix}、e_{iy}、e_{iz} 来定义刚体 P_i 的空间位置。

同时，刚体 P_i 质心的原点坐标 e_{lx}、e_{ly}、e_{lz} 和位移张量 r_i 及旋转矩阵 A_{li} 是根据惯性坐标系定义的。位移张量 r_i、刚体质心坐标和旋转矩阵 A_{li} 通过惯性坐标系确定[11]。

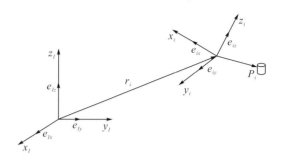

图 2-9   定义刚体空间位置

利用质心的原点坐标来表示物体的位移张量，即

$$r_i = r_{ix/l}e_{lx} + r_{iy/l}e_{ly} + r_{iz/l}e_{lz} \tag{2-27}$$

将其表示为矩阵形式，即

$$r_i = [r_{ix/l} \quad r_{iy/l} \quad r_{iz/l}]^{\mathrm{T}} \tag{2-28}$$

通过欧拉公式、Kardanic 角和 3 个单元旋转向量将旋转矩阵表示为如下形式：

$$
\begin{aligned}
A_{li} &= A_{lk}(\alpha)A_{kj}(\beta)A_{jl}(\gamma) \\
&= \begin{bmatrix}
\cos\beta\cos\gamma & -\cos\beta\sin\gamma & \sin\beta \\
\cos\alpha\sin\gamma + \sin\alpha\sin\beta\cos\gamma & \cos\alpha\cos\gamma - \sin\alpha\sin\beta\sin\gamma & -\sin\alpha\cos\beta \\
\sin\alpha\sin\gamma - \cos\alpha\sin\beta\cos\gamma & \sin\alpha\cos\gamma + \cos\alpha\sin\beta\sin\gamma & \cos\alpha\cos\beta
\end{bmatrix}
\end{aligned} \tag{2-29}
$$

然后，使用 6 行 1 列的位移张量来描述物体各刚体的位移，即

$$Z = [r_{xi} \quad r_{yi} \quad r_{zi} \quad \alpha_i \quad \beta_i \quad \gamma_i]^{\mathrm{T}} \tag{2-30}$$

式 (2-31) 表示将刚体位置的变化分别用位移变化和旋转变化来描述：

$$A_{li} = A_{li}(Z), \quad r_{i/l} = r_{i/l}(Z) \tag{2-31}$$

进而求解出质心的运动速度为

$$V_{i/l} = \frac{\mathrm{d}r_{i/l}}{\mathrm{d}t} = \frac{\partial r_{i/l}}{\partial z}\dot{Z} \tag{2-32}$$

通过雅可比矩阵表示为

$$V_{i/l} = J_{Ci/l}\dot{Z} = \begin{bmatrix}
1 & 0 & 0 & 0 & 0 & 0 \\
0 & 1 & 0 & 0 & 0 & 0 \\
0 & 0 & 1 & 0 & 0 & 0
\end{bmatrix}\begin{bmatrix}
\dot{r}_{xi} \\
\dot{r}_{yi} \\
\dot{r}_{zi} \\
\dot{\alpha}_i \\
\dot{\beta}_i \\
\dot{\gamma}_i
\end{bmatrix} \tag{2-33}$$

使用同样的方法，可计算出刚体 P_i 的加速度、角速度及角加速度。

一般情况下，可以通过拉格朗日方程和牛顿-欧拉方程来推导相关的运动方程，推导步骤如图 2-10 所示。

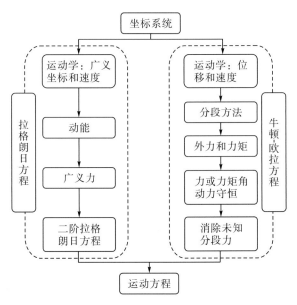

图 2-10 确定多体系统动力学方程

1. 拉格朗日方程

拉格朗日方程通过系统动能 T 先后对系统变量和时间进行微分表示。将 p 个刚体组成的机械系统通过拉格朗日方程表示为

$$\frac{\mathrm{d}}{\mathrm{d}t}\left(\frac{\partial T}{\partial \dot{z}}\right)^{\mathrm{T}} - \left(\frac{\partial T}{\partial z}\right)^{\mathrm{T}} = Q \tag{2-34}$$

式中，z 为刚体位置坐标；$\dot{z}$ 为刚体移动速度；Q 为广义力；T 为系统动能。

$$T = \frac{1}{2}\sum_{i=1}^{p}(v_i^{\mathrm{T}} m_i v_i + \omega_i^{\mathrm{T}} I_i \omega_i) \tag{2-35}$$

广义力的矢量式 Q 可以通过力 F_i 及力矩 M_i 表示：

$$Q = \sum_{i=1}^{p}(J_{Ci}^{\mathrm{T}} F_i + J_{\omega i}^{\mathrm{T}} M_i) \tag{2-36}$$

最后，将多刚体机械系统的多体动力学方程表述为

$$M(z,t)\ddot{z} + G(z,\dot{z},t) = Q(z,\dot{z},t) \tag{2-37}$$

2. 牛顿-欧拉方程

假设刚体的质量为 m，用 $\dot{x}$、$\dot{y}$、$\dot{z}$ 分别表示质心在 x、y、z 方向上的加速度，J 表示惯性矩阵，M 表示力矩。牛顿-欧拉动力学方程比拉格朗日动力学方程更加简便，通过牛顿-欧拉方程表示出机械系统中每个刚体的力和力矩，即

$$\begin{cases} m_i \dot{x}_i = \sum Fx_i \\ m_i \dot{y}_i = \sum Fy_i \\ m_i \dot{z}_i = \sum Fz_i \end{cases} \tag{2-38}$$

$$J_i \ddot{\phi}_i = \sum M_i(F) \tag{2-39}$$

然后，将没有约束情况下的广义力表示为

$$Q(z, \dot{z}, t) = J^{\mathrm{T}}(z, t)^{\mathrm{e}}(z, \dot{z}, t) \tag{2-40}$$

利用达兰贝尔条件将机械系统的高阶参数进行降阶，即

$$J^{\mathrm{T}} Q^Z = 0 \tag{2-41}$$

结合上述公式推导出多体系统动力学方程，表述如下：

$$M(z, t) \ddot{z} + G(z, \dot{z}, t) = Q(z, \dot{z}, t) \tag{2-42}$$

我国现时的干线铁路和地铁线路都采用 60kg/m 钢轨和磨耗型踏面车轮，根据对铁路线路中钢轨波磨发生位置的现场调查，钢轨波磨的高发区域是曲线半径 $R \leqslant 350\text{m}$ 的轨道内股钢轨，几乎百分之百出现周期性肉眼可见的波磨，但同一曲线的外轨同期产生肉眼可见的钢轨波磨的概率小于 20%。一般来说，钢轨波磨很少出现在大半径曲线铁路和直线铁路轨道上。当半径较大的曲线和直线地铁线路采用刚度较软的减振扣件时，发生钢轨波磨的概率大一些，可能达到 20%～30%。借助 SIMPACK 软件建立车辆-轨道系统动力学模型，计算出列车行驶过程中轮轨间的相互作用力以及轮轨接触角，研究两种地铁常用车型在曲线半径为 250～800m 轨道上车轮与钢轨之间的蠕滑力饱和情况。

2.5.3　车辆动力学仿真

车辆动力学研究车辆各个刚体和弹性体的位置、速度和加速度，车辆各个刚体和弹性体之间的相互作用力，以及轮对与钢轨之间的位置和相互作用力。在铁路曲线轨道上，导向轮对与钢轨间的接触模型如图 2-11 所示，该接触模型表示了导向轮对-钢轨系统的接触位置、受力分布以及轨道支撑结构。内轮与内轨间的接触角为 δ_{R}，外轮与外轨间的接触角为 δ_{L}；轮对轴箱的垂向悬挂力分别为作用在左轴箱的 F_{SVL} 和右轴箱的 F_{SVR}，横向悬挂力为作用在左轴箱的 F_{SLL} 和右轴箱的 F_{SLR}；N_{L} 和 N_{R} 分别为作用在外轮与内轮的法向轮轨接触力；F_{L} 和 F_{R} 分别为作用在外轮与内轮的横向蠕滑力。以上参数均可使用 SIMPACK 软件进行车辆动力学仿真得出。

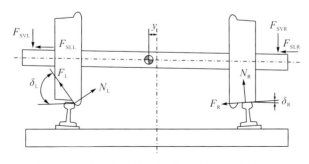

图 2-11　曲线轨道导向轮对-钢轨系统接触模型

2.5.4　车辆-轨道系统的动力学模型

使用 SIMPACK 软件建立多体动力学模型，如图 2-12 所示，该模型不考虑车辆与车辆之间的相互作用，将单个车辆作为建模对象，研究曲线通过时车辆的动力学响应。建立车辆-轨道系统多体动力学模型时做如下假设：

(1)忽略相邻车辆间的相互作用，只分析单个车辆的动力学性能；

(2)不考虑钢轨的弹性变形，弹性支撑用点对点的弹簧和阻尼单元进行模拟；

(3)车辆轮对、转向架构架、车体的弹性变形小，因此将其视为刚体，忽略其弹性变形。

模型主要由七个部分组成，即一个车体、两个转向架构架和四个轮对。轮对与转向架的构架之间采用一系悬挂的连接方式，转向架的构架与车体之间采用二系悬挂的连接方式。模型拓扑图如图 2-13 所示。线路设置为五段，共 400m，即直线段 100m、缓和曲线段 50m、圆曲线段 100m、缓和曲线段 50m、直线段 100m。线路中不考虑轨道不平顺性。车辆的左侧是外轮与外轨侧，右侧是内轮与内轨侧。通过该模型仿真计算得到轮轨接触位置和轮轨间的受力情况，进而分析车辆在曲线轨道运行过程中轮轨间的蠕滑力是否饱和。

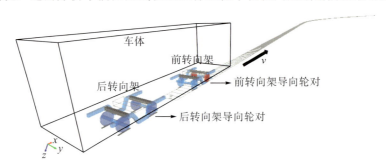

图 2-12　车辆-轨道系统多体动力学模型

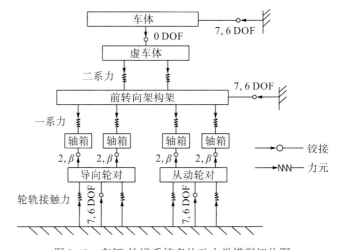

图 2-13　车辆-轨道系统多体动力学模型拓扑图

　　SIMPACK Wheel/Rail 模块可以准确快速地建立动力学模型。在轮轨接触面类型的选择上，考虑磨耗型踏面既能保证车辆运行时的平稳性，又能使轮对具有快速对中能力，有利于车辆曲线通过。本节只研究地铁车辆的动力学仿真，车轮踏面选用 LM 磨耗型踏面，踏面形状如图 2-14 所示；钢轨型面选用 CHN60 钢轨的型面，与 LM 磨耗型踏面配合使用，CHN60 60kg/m 钢轨高 176mm，轨底宽 150mm。标准钢轨型面轮廓形状如图 2-15 所示。名义车轮滚动圆半径为 420mm，轮轨间动摩擦因数为 0.4，轨底坡为 1/40。

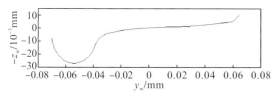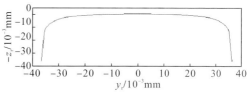

图 2-14　LM 磨耗型踏面轮廓形状　　　　　　图 2-15　CHN60 钢轨型面轮廓形状

　　一般把车宽作为分类依据，将城市轨道交通划分为地铁和轻轨。地铁的常用车宽是 3m 和 2.8m，一般定义为 A 型车和 B 型车，使用 5～8 节编组列车，车辆外形数据如表 2-6 所示。轻轨的常用车宽为 2.6m，一般定义为 C 型车，选用 C 型车的轨道交通线路称为轻轨，采用 2～4 节编组列车；长 19m、宽 2.6m、高 3.8m 的代表车型为上海地铁 5、6、8 号线列车。本章主要分析地铁常用车型(A 型车和 B 型车)在曲线轨道上的动力学结果。车辆-轨道系统动力学模型基本参数如表 2-7 所示。

表 2-6　地铁 A、B 型车辆外形数据

车辆外形数据	标准 A 型车	标准 B 型车
车体长度/m	22.1	19
车体宽度/m	3	2.8
车体高度/m	3.8	3.8
车体定距/m	15.7	12.6
转向架固定轴距/m	2.5	2.2
轴长/m	2	2.635
最大轴重/t	16	14
最高时速/(km/h)	160	100
车辆定员(单节车厢)/人	310	240
代表车型	广州地铁 1、2、8 号线列车，上海地铁 1、2 号线列车，石家庄地铁 1、3 号线列车	杭州地铁 1、2 号线列车，广州地铁 3、7、9、14、21 号线列车，北京地铁列车

表 2-7　车辆-轨道系统动力学模型参数

部件名称	参数名称	A 型车数据	B 型车数据
轮对	轮对质量 m_w/kg	1654	1420
	轮对侧滚转动惯量 I_{wx}/(kg·m²)	726	985
	轮对点头转动惯量 I_{wy}/(kg·m²)	100	120
	轮对摇头转动惯量 I_{wz}/(kg·m²)	726	985
转向架构架	转向架构架质量 m_b/kg	3970	2550
	构架侧滚转动惯量 I_{bx}/(kg·m²)	2058	1050
	构架点头转动惯量 I_{by}/(kg·m²)	2936	1750
	构架摇头转动惯量 I_{bz}/(kg·m²)	4716	1980
车体	车体质量 m_c/kg	23825	21920
	车体侧滚转动惯量 I_{cx}/(kg·m²)	33832	14890
	车体点头转动惯量 I_{cy}/(kg·m²)	528628	617310
	车体摇头转动惯量 I_{cz}/(kg·m²)	506504	617310
一系悬挂	纵向悬挂刚度 K_{px}/(kN/m)	100000	6600
	横向悬挂刚度 K_{py}/(kN/m)	6500	10400
	垂向悬挂刚度 K_{pz}/(kN/m)	1260	1700
	垂向悬挂阻尼 C_{pz}/(N·s/m)	10626	5000
二系悬挂	纵向悬挂刚度 K_{sx}/(kN/m)	2000	300
	横向悬挂刚度 K_{sy}/(kN/m)	2000	300
	垂向悬挂刚度 K_{sz}/(kN/m)	2800	275
	横向悬挂阻尼 C_{sy}/(N·s/m)	2000000	30000
	垂向悬挂阻尼 C_{sz}/(N·s/m)	2000000	30000

2.5.5　车辆通过曲线线路的动力学仿真

当车辆通过目标曲线区域时，使用 SIMPACK 进行动力学仿真能够计算出轮轨间的详细接触情况，导向轮对和从动轮对两端轴箱的受力状况，车轮与钢轨之间的横向、纵向蠕滑力和法向力，并依此分析判断蠕滑力是否处于饱和状态。

在导向轮对-轨道系统中，车轮的滚动圆半径设为 420mm，踏面采用地铁线路中常用的 LM 磨耗型踏面；钢轨使用 60kg/m 钢，钢轨型号为 CNH60 型。轮轨滚动接触，动摩擦系数为 0.4，接触细节如图 2-16 所示。

根据 SIMPACK 仿真分析结果，列车在曲线线路运行过程中，车轮与钢轨的接触位置会随着曲线半径的不同而有所改变，因此轮轨接触角也会发生变化，如图 2-17 所示。由图可以发现,随着轨道曲线半径的增大,内轮与内轨间的接触角变化并不明显,始终在-2°左右小幅增加,而外轮与外轨之间的接触角先大幅减小至 11°左右再逐渐平稳。这是由于随着轨道曲线半径的增大,轮轨间的接触位置发生了变化,内轮与内轨间的接触位置一直在车轮踏面和钢轨轨头之间,而外轮与外轨的接触位置从车轮轮缘与钢轨轨头侧面之间逐渐变化到车轮踏面与钢轨轨头之间。

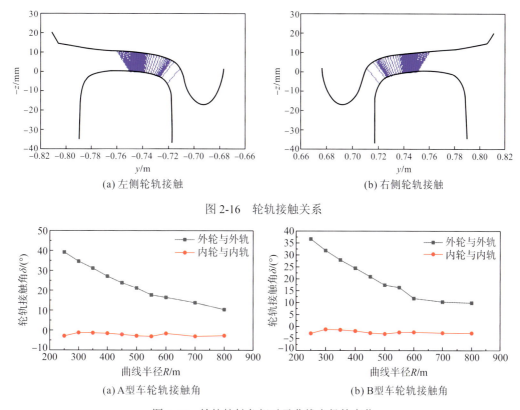

(a) 左侧轮轨接触　　　　　　　　　　(b) 右侧轮轨接触

图 2-16　轮轨接触关系

(a) A 型车轮轨接触角　　　　　　　　(b) B 型车轮轨接触角

图 2-17　轮轨接触角相对于曲线半径的变化

2.5.6　轮轨间的相互作用力

根据 SIMPACK 仿真计算结果,可以确定在不同曲线半径轨道情况下,根据《地铁设计规范》(GB 50157—2013)选取合适的参数,如表 2-8 所示。轨距是车辆行车过程中一个非常关键的参数,由于国内外地铁线路建设需求的不同,轨距也存在差异,国内地铁一般采用 1435mm,但在曲线半径较小的情况下,为了地铁车辆持续安全高效地行驶,会适当增大轨距。

地铁车辆通过曲线时的通过速度、外轨超高与曲线半径的关系为

$$\frac{V^2}{3.6^2} \cdot \frac{1}{R} = g \cdot \frac{h}{S'} \tag{2-43}$$

式中, V 为列车通过速度(km/h); R 为曲线半径(m); h 为外轨超高(mm); S' 为钢轨轨头之间的距离(mm),标准轨头距 S' 取 1500mm。

其中，

$$h = 11.8V^2 / R \qquad\qquad (2\text{-}44)$$

表 2-8   不同曲线半径轨道参数

曲线半径/m	外轨超高/mm	列车速度/(km/h)	曲线半径/m	外轨超高/mm	列车速度/(km/h)
250	120	45	500	100	60
300	120	50	550	90	60
350	120	55	600	70	60
400	120	55	700	60	60
450	100	60	800	50	60

作用在轮对轴箱的垂向和横向悬挂力，即车辆在不同曲线轨道稳态运行状态下悬挂力的均值如图 2-18 和图 2-19 所示。可以发现，A 型车和 B 型车导向轮对内侧轴箱垂向悬挂力的变化趋势与外侧轴箱垂向悬挂力的变化趋势是对称的；A 型车和 B 型车导向轮对内侧轴箱横向悬挂力的变化趋势与外侧轴箱横向悬挂力的变化趋势是相同的。

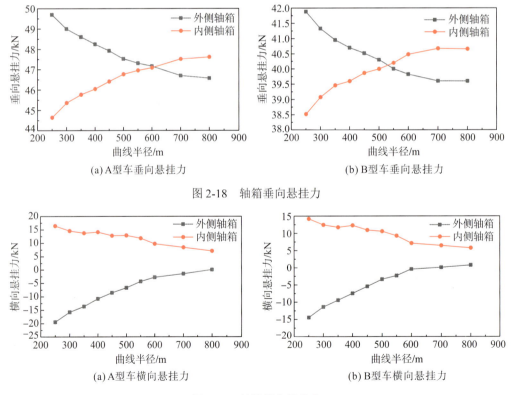

(a) A型车垂向悬挂力   (b) B型车垂向悬挂力

图 2-18   轴箱垂向悬挂力

(a) A型车横向悬挂力   (b) B型车横向悬挂力

图 2-19   轴箱横向悬挂力

当列车在曲线或者直线轨道上通过时，只要轮对质心横向偏离线路中心线一个距离，轮对就总有一个或正或负的摇头角，此时车轮与钢轨间就会产生相对滑动，致使车轮踏面和钢轨的接触斑表面产生切向蠕滑力和自旋蠕滑力矩。蠕滑力的大小取决于蠕滑率的大小,当有不同方向、不同数值的蠕滑率存在时,蠕滑力也会不同。通过 Kalker 简化蠕滑力理论计算轮轨间蠕滑力,比较轮轨接触斑的蠕滑力合力和摩擦力,可以判断该点的蠕滑力是否饱和。接触斑切向蠕滑力的合力等于纵向蠕滑力和横向蠕滑力的合力。摩擦力等于轮轨间法向接触力乘以摩擦系数,摩擦系数设为 0.4。通过 SIMPACK 仿真,可以得到地铁 A、B 型车辆轮轨间的法向接触力 N、横向蠕滑力 F_y、纵向蠕滑力 F_x,如图 2-20~图 2-22所示。车辆内、外轮轨间纵向蠕滑力在数值上近似相等,受力方向相反;横向蠕滑力总

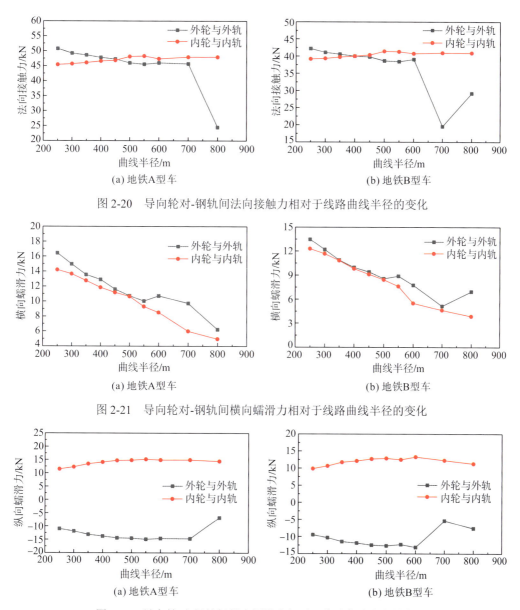

(a) 地铁A型车　　　　　　　　　　(b) 地铁B型车

图 2-20　导向轮对-钢轨间法向接触力相对于线路曲线半径的变化

(a) 地铁A型车　　　　　　　　　　(b) 地铁B型车

图 2-21　导向轮对-钢轨间横向蠕滑力相对于线路曲线半径的变化

(a) 地铁A型车　　　　　　　　　　(b) 地铁B型车

图 2-22　导向轮对-钢轨间纵向蠕滑力相对于线路曲线半径的变化

体上随曲线半径的增大呈减小趋势，横向蠕滑力提供车轮在曲线轨道上的导向力，曲线半径越大，车轮所需的导向力就越小，因此轮轨间横向蠕滑力随曲线半径的增大而减小是符合实际情况的。

通过轮轨接触斑横向蠕滑力和纵向蠕滑力计算出轮轨间的蠕滑力合力 $T_R = \sqrt{T_x^2 + T_y^2}$ 和滑动摩擦力 $F = \mu \cdot N = 0.4N$。图 2-23 和图 2-24 为导向轮对两侧轮轨间的蠕滑力和摩擦力随轨道曲线半径变化的曲线。

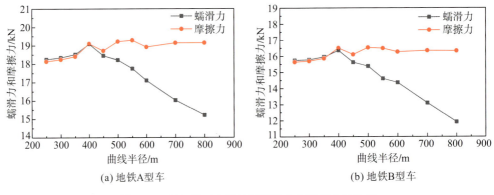

图 2-23　导向轮对内轮轨间蠕滑力和摩擦力的比较

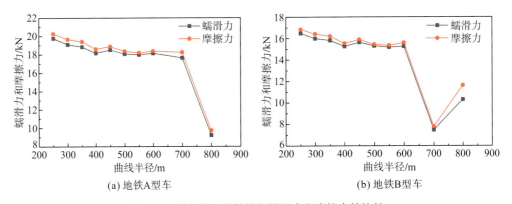

图 2-24　导向轮对外轮轨间蠕滑力和摩擦力的比较

在 250～800m 曲线轨道半径处，内轮轨与外轮轨的蠕滑力饱和系数的变化如图 2-25 所示。引入蠕滑力饱和系数 $S = T_R / F$（蠕滑力与摩擦力的比值），可以更加直观地判断轮轨蠕滑力饱和情况。由于 Kalker 的蠕滑力理论是一个数值理论，据此计算出的蠕滑力是近似值，不是精确值。因此，我们认为车轮与钢轨间蠕滑力达到饱和状态的判定依据是该系数大于 0.95 时轮轨之间的蠕滑力就达到饱和状态。可以发现，地铁 A 型车在曲线轨道半径为 250～450m 时，轮对内轮与内轨上的蠕滑力处于饱和状态，而外轮与外轨在曲线轨道半径为 250～700m 时，蠕滑力处于饱和状态。地铁 B 型车在曲线轨道半径为 250～450m 时，轮对内轮与内轨上的蠕滑力处于饱和状态，外轮与外轨在曲线轨道半径为 250～700m 时，蠕滑力处于饱和状态。线路曲线半径大于 450m 后内轮与内轨间的蠕滑力明显减小，变为不饱和蠕滑力。

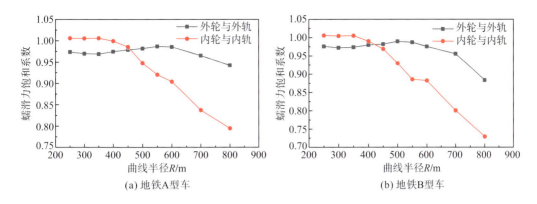

(a) 地铁A型车   (b) 地铁B型车

图 2-25 地铁 A、B 型车辆转向架导向轮对蠕滑力饱和系数

同样，通过 SIMPACK 动力学仿真计算出车辆前转向架从动轮对的受力情况，轮轨法向接触力及轮轨间纵向蠕滑力和横向蠕滑力，以及纵向、横向蠕滑力的合力与摩擦力，计算结果如图 2-26～图 2-30 所示。可以看出，车辆前转向架从动轮对内、外两侧轮轨间蠕滑力和摩擦力相差较大，表明从动轮对内、外两侧轮轨间蠕滑力均不饱和。

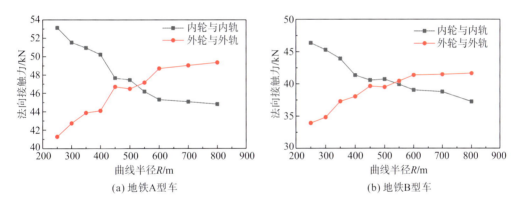

(a) 地铁A型车   (b) 地铁B型车

图 2-26 从动轮对内外轮轨法向接触力相对于线路曲线半径的变化

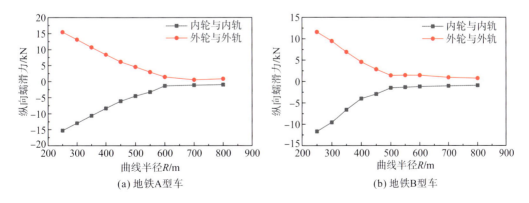

(a) 地铁A型车   (b) 地铁B型车

图 2-27 从动轮对内外轮轨间纵向蠕滑力相对于线路曲线半径的变化

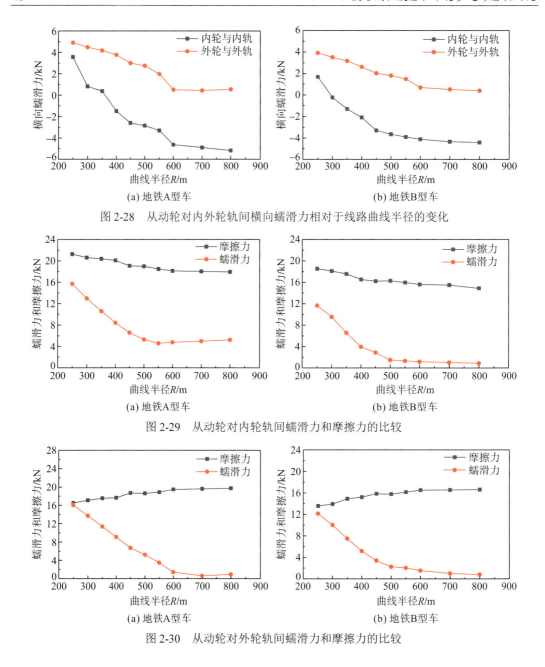

(a) 地铁A型车　　　　　　　　　　(b) 地铁B型车

图 2-28　从动轮对内外轮轨间横向蠕滑力相对于线路曲线半径的变化

(a) 地铁A型车　　　　　　　　　　(b) 地铁B型车

图 2-29　从动轮对内轮轨间蠕滑力和摩擦力的比较

(a) 地铁A型车　　　　　　　　　　(b) 地铁B型车

图 2-30　从动轮对外轮轨间蠕滑力和摩擦力的比较

2.6　牵引或者制动工况下的轮轨滑动问题

　　当车辆惰行通过小半径($R \leqslant 350\text{m}$)曲线时，车辆每个转向架导向轮对的内、外轮蠕滑力都是饱和的，即蠕滑力的合力等于轮轨滑动摩擦力，这是装备普通转向架的铁道车辆的一个动力学固有特性。此外，当车辆处于制动或者牵引状态下时，如果制动减速度或者牵引加速度太大，也会引起轮轨滑动。根据《列车牵引计算　第1部分：机车牵引式列车》(TB/T 1407.1—2018)，对列车制动和牵引工况参数的列车牵引力、制动阻力、列车基本阻力和附加阻力都做了规定,列车的牵引加速度和制动减速度都是根据牵引计算确定的。列车牵引计算都需要校核轮轨滑动,确定的牵引加速度和制动减速度不能导致轮轨滑动,否则需要减小制动减速度或者牵引加速度,直到理论上不会发生制动或者牵引导致的轮轨滑动问题。

　　地铁线路是发生钢轨波磨的重灾区,这里主要讨论地铁列车在牵引和制动工况下的轮轨滑动问题。地铁列车在紧急制动工况下一般都使用闸瓦制动,通过基础制动装置将闸瓦压向车轮踏面或者制动盘,在轮轨接触点产生一个阻碍列车前进的制动摩擦力,从而使地铁列车快速地停下来。地铁列车在正常工况下制动使用的是电制动,电制动就是利用电机的可逆原理将列车上的电动机变为发电机,进而把列车的动能转化为电能使车轮产生反向力矩来制动,如果列车产生的电能被电阻吸收就称为电阻制动,如果列车产生的电能反馈到牵引接触网上就称为再生制动。因为列车在低速时电制动的效率很低,所以现在的地铁列车大多数采用电空联合制动,也就是当列车将要进站制动时先使用电制动减速,直到列车速度下降到 6～8km/h 时再断开电制动,同时启用闸瓦制动使列车平稳停下来。地铁列车牵引力由动车驱动轮的轮周牵引力组成,图 2-31 显示了 6 节车辆编组的整列车牵引力特性曲线,根据列车载客量的不同,列车的牵引力也不同。图 2-32 显示了 6 节车辆编组的整列车电制动力特性曲线,同样列车载客量的不同,列车的电制动力也不同。地铁列车的牵引力不是一成不变的,受钢轨表明空气湿度的影响,干燥的钢轨明显比潮湿的钢轨的牵引力大。显然,图 2-31 和图 2-32 显示的列车牵引力和电制动力不是干燥钢轨的数值,也不是潮湿钢轨的数值,而是一个介于两者之间的折中值。如此,在极端工况下不排除轮轨出现滑动的可能。第 10 章计算了制动力和牵引力对轮轨饱和蠕滑力的影响。

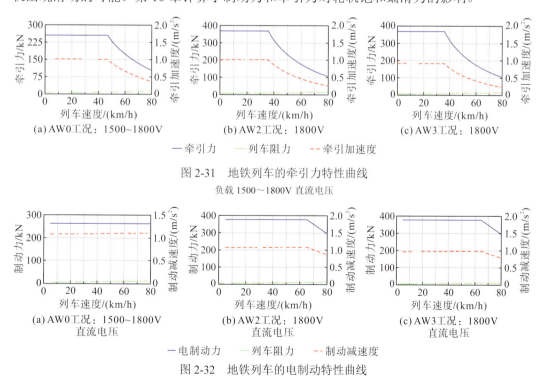

(a) AW0工况：1500～1800V　　(b) AW2工况：1800V　　(c) AW3工况：1800V

—— 牵引力　　⋯⋯ 列车阻力　　‐‐ 牵引加速度

图 2-31　地铁列车的牵引力特性曲线
负载 1500～1800V 直流电压

(a) AW0工况：1500～1800V　　(b) AW2工况：1800V　　(c) AW3工况：1800V
直流电压　　　　　　　　　　直流电压　　　　　　　　　　直流电压

—— 电制动力　　⋯⋯ 列车阻力　　‐‐ 制动减速度

图 2-32　地铁列车的电制动特性曲线

　　我国地铁线路车站与车站之间的距离大多为 800～1500m，列车经过很短时间的牵引加速后就进入制动调速—惰行—牵引—制动等阶段。我国现代的地铁列车都是动力分散式动车组，配备了车辆防滑防空转装置，防滑防空转控制是由牵引系统控制单元完成对牵引电机的控制过程，通过在牵引模式下改变牵引力，在制动模式下改变电制动力，用于在黏着不利的轨道条件下提高列车的加速和减速性能。牵引系统防滑防空转装置具有以下任务：①充分利用轮轨黏着力；②防止牵引时驱动轴的空转以及制动时驱动轴的滑行；③减少车轮和轨道的磨耗。防滑防空转装置连续监控列车速度和驱动轴的旋转速度，如果两者差值大于阈值，则发出信号减小牵引力以满足轮轨黏着力的要求。如果轨道黏着条件变好，摩擦系数变高，则牵引力将按照一定的斜率(可调节)提高到轮轨黏着力。同样，制动时防滑防空转装置也具有防止车轮抱死的功能，最大限度地利用轮轨制动黏着力，这里就有可能在牵引或者制动时处于蠕滑力饱和状态，使轮轨出现滚滑运动。

　　防滑防空转装置有时也会引起车轮擦伤等严重的轮轨滑动问题。这主要归因于防滑防空转装置的工作原理：通过同时检测多个车轴的转速并计算各个车轴的速度，当车轴速度差超过某个阈值时，就认为车轴出现滑动。控制阈值是一个相对量，具有不确定性，容易因设置不当引起车轮的滚滑运动，此时轮轨蠕滑力趋于饱和状态。

参 考 文 献

[1] Johnson K L. Contact Mechanics. Cambridge: Cambridge University Press, 1985.

[2] 任尊松. 车辆系统动力学. 北京: 中国铁道出版社, 2007.

[3] 沈钢. 轨道车辆系统动力学. 北京: 中国铁道出版社, 2014.

[4] 王福天. 车辆动力学. 北京: 中国铁道出版社, 1981.

[5] Garg V K, Dukkipati R V. Dynamics of Railway Vehicle Systems. New York: Academic Press, 1984.

[6] 金学松, 刘启跃. 轮轨摩擦学. 北京: 中国铁道出版社, 2004.

[7] 罗仁, 石怀龙. 铁道车辆系统动力学及其应用. 成都: 西南交通大学出版社, 2017.

[8] Shen Z Y, Hedrick J K, Elkins J A. A comparison of alternative creep force models for rail vehicle dynamic analysis. Vehicle System Dynamics, 1983, 12(1-3): 79-83.

[9] 翟婉明. 车辆—轨道耦合动力学. 4 版. 北京: 科学出版社, 2015.

[10] 张卫华. 高速列车耦合大系统动力学理论与实践. 北京: 科学出版社, 2013.

[11] 缪炳荣, 方向华, 傅秀通. SIMPACK 动力学分析基础教程. 成都: 西南交通大学出版社, 2008.

第3章　摩擦自激振动理论

机械振动按激励类型可以划分为自由振动、强迫振动和自激振动三大类，工程上涉及的振动大部分是自由振动和强迫振动。铁路车辆和轨道的振动问题大部分也是自由振动和强迫振动，涉及自激振动的问题并不多见，但也有一些自激振动的例子，例如，车辆踏面制动和盘形制动尖叫噪声问题，以及车辆通过小半径曲线的轮轨尖叫(也称为啸叫)噪声问题。铁路车辆高速蛇形运动稳定性也是一个自激振动问题，只是这个问题目前解决得比较好，理论比较成熟，而且已经找到可以控制车辆高速蛇形运动失稳问题的有效方法，因此近20年来对铁路车辆高速蛇形运动稳定性理论的进阶研究不多见了,大部分都是应用研究。

自激振动与强迫振动一样也是在自然界和工程中常见的一种振动，常见的自激振动有切削工件时引起的机床振动、飞机机翼由于气流引起的颤振、悬索桥的风致振动、拉提琴时琴弦的振动、摩擦系统由于摩擦引起的振动等。摩擦系统由于摩擦引起的自激振动和噪声是工程振动领域和摩擦学领域一个比较著名的技术问题，也是一个百余年难题，现在无论是高档还是低档小汽车，当其制动时，制动系统也有可能发射制动摩擦噪声。在正常情况下，人的听觉可感受到频率为20～16000Hz(也有学者划分为20～20000Hz)的声音。摩擦噪声通常分为两类，第一类为频率在100～1000Hz的低声强级噪声，称为颤振噪声(打颤声、嘎吱声、呼啸声、振动声)。第二类为频率在1000～18000Hz的高声强级噪声，称为尖叫噪声(拖长的尖叫声、短促的尖叫声)。也有人把频率在1000～18000Hz和声压级超过85dB或83dB的噪声称为尖叫声(短促的尖叫声)。经过百余年的研究，制动摩擦噪声的研究取得了显著的进展。现在的汽车盘形制动系统不是每次制动都会发射尖叫噪声，制动尖叫噪声的发生率为10%～30%。世界各国从事制动尖叫噪声的研究人员和研究机构的数量比钢轨波磨的研究人员和研究机构的数量大得多，研究的技术也比较先进。本书的第一作者和第四作者都曾长期从事摩擦自激振动和噪声问题的研究，第一作者提出的轮轨系统摩擦自激振动引起钢轨波磨和车轮多边形的理论就是基于摩擦自激振动理论提出来的，本书的主要研究工作都是基于这个理论。本章将详细介绍摩擦自激振动的基本理论和分析方法。

3.1　摩擦自激振动机理介绍

强迫振动的激励源通常是可测量的，如公路路面和铁路轨道的高低不平顺。摩擦自激振动的激励源是肉眼看不到仪器也测量不到的，例如，两个物体做干摩擦滑动时，开始时试样的表面都是光滑的，相互滑动一会儿就可能产生摩擦振动和噪声，此时两个物体的摩擦面磨痕形貌并没有明显的波状变化的轮廓。因此，摩擦自激振动的发生机理大多数是一种理论假设，主要用于解释不同的摩擦自激振动现象。衡量某一种自激理论是否正确，主要看其能否科学合理地解释某一种摩擦自激振动现象，最重要的是应用该理论能否有效控制摩擦自激振动的发生。经过百余年的理论和试验研究，世界各国的研究者提出了十多种摩擦自激振动机理，下面对比较常见的 3 种摩擦自激振动理论进行详细的介绍。

3.1.1　黏着-滑动机理（摩擦力-相对滑动速度关系的负斜率机理）

在许多研究中，都把摩擦力-相对滑动速度关系的负斜率机理和黏着-滑动机理归为同一类机理，即摩擦力-相对滑动速度关系的负斜率机理。在以往的研究中，更多提到的是摩擦力-相对滑动速度关系的负斜率机理。黏着-滑动机理的产生原因和物理模型基本与摩擦力-相对滑动速度关系的负斜率机理相同。下面介绍由于摩擦力-相对滑动速度关系的负斜率机理引起的自激振动的原因和物理模型[1]。

在干摩擦或润滑不充分的摩擦工况下，金属滑动摩擦面之间的摩擦力 $F(v_r)$ 与摩擦面之间的相对滑动速度 v_r 之间的关系如图 3-1 所示。图中 F_0 是相对滑动速度为 0 时的最大静摩擦力。当滑动开始时，摩擦力会随着滑动速度的增大而减小。对于有润滑的摩擦，当相对滑动速度增加到一定程度后，形成油膜，摩擦力性质转变为液体的内摩擦，因而摩擦力又会随着相对滑动速度的增大而增大。图中 o-p 区域和 p-q 区域分别为摩擦力的减小特性区域和增大特性区域。

摩擦振动的单自由度模型如图 3-2 所示。图中 m 为振动质量，k 为弹簧刚度，c 为结构阻尼。

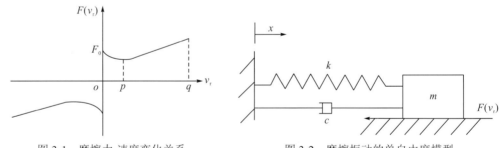

图 3-1　摩擦力-速度变化关系　　　　　　图 3-2　摩擦振动的单自由度模型

用图 3-3 来分析图 3-2 模型的运动规律。假定驱动点处的移动速度 v_0 为常量，且摩擦力在其减小特性区域中变化。此外，还略去结构阻尼 c 的作用。图 3-3(a) 表示质量块的滑动速度的变化规律，图 3-3(b) 表示弹簧恢复力 F_k（图中的实线）与摩擦力 $F(v_r)$（虚线）的变化规律。为方便后续推导，设质量块的位移为 x，速度为 $\dot{x} = v_r$，加速度为 $\ddot{x}$。

(1) oa 段：驱动点以速度 v_0 匀速前进，压缩弹簧，而弹簧恢复力 F_k 也逐渐增大。在此阶段，F_k 小于静摩擦力 F_0，因此质量块不动。即 $\dot{x} = 0$，在此阶段的终点 a 处，$F_k = F_0$。

(2) ab 段：弹簧对质量块的推力 F_k 达到并超过静摩擦力，质量块开始加速运动，质量块速度增大，而这又进一步导致动摩擦力减小。另外，此质量块的运动速度小于驱动点的移动速度 v_0，故弹簧继续被压缩，恢复力 F_k 进一步增大。综上所述，质量块运动速度 $\dot{x}$ 以变加速的方式增大。至 b 点，$\dot{x}$ 达到驱动速度 v_0，这时弹簧停止压缩，弹簧恢复力 F_k 达到其极大值。

（3）bc 段：由于弹簧恢复力 F_k 仍大于当时的摩擦力 F，质量块继续加速运动。但由于 $\dot{x}$ 超过 v_0，弹簧的压缩量开始下降，弹簧恢复力 F_k 也减小（但仍然大于摩擦力 $F(v_r)$），质量块的加速度开始减小，$\dot{x}$ 增大的趋势减缓。与此同时，动摩擦力 F 仍然随着 $\dot{x}$ 的增大而减小。至 c 点，达到 $F_k = F(v_r)$，质量块受到的合力为 0，$\dot{x}$ 达到最大值。

（4）cd 段：由于 $\dot{x}$ 仍大于 v_0，弹簧压缩量及其恢复力均继续减小，弹簧对质量块的推力小于摩擦力，质量块的运动变为减速运动。至 d 点，$\dot{x} = v_0$，弹簧压缩量停止变化，F_k 达到最小值。

（5）de 段：由于 $F_k < F(v_r)$，质量块的速度继续下降，至 e 点，$\dot{x} = 0$，质量块处于静止状态，F 上升到静摩擦力 F_0。另外，在此阶段由于 $\dot{x} < v_0$，弹簧又开始被压缩，F_k 又开始增大。此后，由于驱动点继续匀速前进，而质量块已静止不动，于是又出现和 oa 段同样的情况，摩擦系统又重复同样的循环。

由上述的分析可见，质量块的运动是在速度 v_0 的基础上叠加了一个往复运动，这个往复运动就是自激振动。

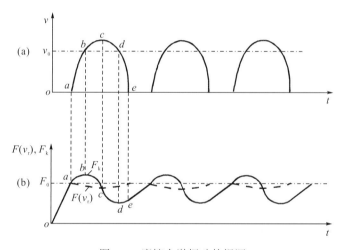

图 3-3　摩擦自激振动的根源

图 3-2 所示振动模型的运动微分方程可表示为

$$m\ddot{x} + c\dot{x} + kx - F_k(v - \dot{x}) = 0 \tag{3-1}$$

当 $\dot{x} \ll v_0$ 时，可将 $F_k(v_0 - \dot{x})$ 用泰勒级数按 $\dot{x}$ 的幂次展开，即

$$F_k(v_0 - \dot{x}) = F_k(v_0) - F_k'(v_0)\dot{x} + F_k''(v_0)\frac{\dot{x}^2}{2!} - F_k'''(v_0)\frac{\dot{x}^3}{3!} + \cdots \tag{3-2}$$

如果振动为微幅振动，式(3-2)中略去 $\dot{x}$ 二次以上各项，代入式(3-1)，得

$$m\ddot{x} + c\dot{x} + F_k'(v_0)\dot{x} - F_k(v_0) + kx = 0 \tag{3-3}$$

略去与振动无关的常数项 $F_k(v_0)$ 后，将式(3-3)改写为

$$m\ddot{x} + [c + F_k'(v_0)]\dot{x} + kx = 0 \tag{3-4}$$

假定摩擦力曲线在某一区域内具有负斜率，其绝对值为 a_1，则式(3-4)可改写为

$$m\ddot{x} + (c - a_1)\dot{x} + kx = 0 \tag{3-5}$$

式(3-5)的解为

$$x = A e^{\frac{a_1 - c}{2m} t} \left(\cos \omega t + \frac{c - a_1}{2m\omega} \sin \omega t \right) \tag{3-6}$$

式中，ω 为圆频率。

$$\omega = \sqrt{\frac{k}{m} - \frac{(c - a_1)^2}{4m^2}} \tag{3-7}$$

式(3-6)的解表示的是一个往复振动，当 $a_1 > c$ 时，表示系统的振动将无限增大，此即摩擦力-相对滑动速度关系的负斜率引起摩擦振动的理论解释。当 $a_1 < c$ 时，式(3-6)表示系统在初始扰动下发生的振动将逐渐减少，直至消失。

实际上，式(3-6)的解并非系统自激振动的解，因为略去了式(3-3)中 $\dot{x}$ 的非线性项的影响，振幅将无限增大。如果计入非线性项的影响，则系统将在初始扰动下发展自激振动振幅，但振幅达到一定数值后，将保持定常振幅的振动。从式(3-6)中可以看出，当摩擦力-相对滑动速度关系的负斜率激发摩擦噪声时并不要求摩擦系数大于某一个数值；而且如果摩擦力-相对滑动速度曲线的斜率为正值，则不可能发生自激振动。

通过对黏着-滑动机理的研究和试验验证，目前已取得如下普遍性的结论：存在一个临界相对滑动速度 v_{cr}，当实际相对滑动速度 $v_r < v_{cr}$ 时，黏着-滑动运动才会发生；当 $v_r > v_{cr}$ 时，黏着-滑动运动消失。Gao 等[2,3]进行了许多理论研究和试验验证，在理论上推导了临界相对滑动速度 v_{cr} 的公式。

3.1.2　自锁-滑动机理

自锁-滑动机理(sprag-slip)是 Spurr 在 1961 年提出的一种摩擦噪声发生机理，它的基本内容是由于接触摩擦面间的自锁作用引起摩擦系统的结构不稳定，从而引发摩擦振动和噪声[1,4]。Spurr 观察到噪声的频率在很大的范围内变化；对一个单一噪声来说，噪声频率的变化同时伴随着摩擦系数的变化；摩擦噪声的发生通常取决于摩擦系数而不是摩擦力，摩擦噪声的发生与迅速波动变化的摩擦系数有关。Spurr 提出的自锁-滑动机理可用图 3-4 的模型来说明如下：

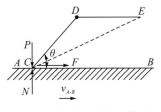

图 3-4　自锁-滑动机理模型

在图 3-4 的模型里，假设平面 A-B 由左向右运动，杆件 C-D 和 D-E 在 D 点用铰链连接。杆件 C-D 与平面 A-B 之间的角度为 θ，在杆件 C-D 的 C 点受到压力 P 的作用，N 为法向力。对 D 点取力矩列出平衡方程：

$$Pl\cos\theta + Fl\sin\theta - Nl\cos\theta = 0 \tag{3-8}$$
$$F = N\mu \tag{3-9}$$

式中，l 为 CD 杆的长度。

消去 N 后得

$$F = \frac{\mu P}{1 - \mu \tan\theta} \tag{3-10}$$

由式(3-10)可以看出，当 $\mu = \cot\theta$ 时，摩擦力变成无限大。此时若 D 点的铰链安装得十分结实，摩擦力将随着 $\cot\theta$ 接近摩擦系数 μ 时变得很大，最终导致摩擦面 *A-B* 被锁住，使摩擦面不能发生相对运动。如果铰链安装在一个柔性的制动片上，杆件 *C-D* 产生变形，角度 θ 发生改变，此时摩擦力不再是无穷大，摩擦面就会出现相对滑动。如此循环往复，摩擦系统将出现黏着(摩擦面锁死)-滑动运动。

3.1.3　模态耦合机理

　　摩擦尖叫噪声发生时既有沿着滑动方向的振动，也有沿着法向方向的振动。根据试验测试，法向振动的频率与切向振动的频率相同(通常称为切向振动与法向振动的耦合)，法向振动的幅值往往大于切向振动的幅值。摩擦系统中的自激振动现象往往发生在两个或者多个自由度的振动耦合，由摩擦系统多方向自由度耦合引起摩擦自激振动的理论称为模态耦合机理[5]。North[6]提出了最简单的 2 自由度模态耦合自激振动模型，可用于阐明摩擦自激振动理论的一般原理。

　　图 3-5 为 North 提出的用于解释模态耦合机理的 2 自由度制动盘摩擦系统模型，该模型忽略闸片的影响。假设制动盘的质量为 M，绕质心的转动惯量为 J，$2h$ 表示制动盘厚度，k_1 表示摩擦材料的总体刚度，制动盘只有垂向轴方向的位移自由度 y 和转动自由度 θ。假设圆盘被夹在两层摩擦材料之间，且每层摩擦材料的长度为 L，则制动盘上的摩擦力 F_1 与 F_2 可表示为

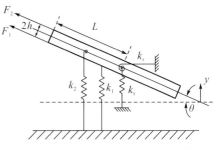

图 3-5　2 自由度制动盘摩擦系统模型

$$F_1 = \mu(k_1 y + N_0) \tag{3-11}$$

$$F_2 = \mu(-k_1 y + N_0) \tag{3-12}$$

　　制动盘的运动方程可写为

$$[M]\ddot{x} + [K][x] = 0 \tag{3-13}$$

式中，

$$[x] = \begin{bmatrix} y \\ \theta \end{bmatrix},\ [M] = \begin{bmatrix} M & 0 \\ 0 & J \end{bmatrix},\ [K] = \begin{bmatrix} k_t + k' & 2\mu N_0 \\ -2\mu h k' & k_r + k'L^2/3 \end{bmatrix} \tag{3-14}$$

其中，$[x]$ 为位移矩阵；$[M]$ 为质量矩阵；$[K]$ 为刚度矩阵；N_0 为摩擦材料垫与制动盘之间的预紧力(静态)，而刚度 k_t 和 k_r 与制动盘有关，且

$$k_2 = \frac{k_1 L^2}{3} \tag{3-15}$$

　　式 (3-13) 的特征方程为

$$(M\lambda^2 + K)\phi = 0 \tag{3-16}$$

　　式 (3-13) 的一般解可以表示为

$$x(t) = \sum \phi_i \exp(\alpha_i + \mathrm{j}\omega_i)t \tag{3-17}$$

式中，t 为时间；ϕ_i 为第 i 个特征向量；$\lambda_i = \alpha_i + \mathrm{j}\omega_i$，为式 (3-13) 的第 i 个特征值，j 为虚

数符号。由式(3-17)可以看出，当复特征值 $\lambda_i = \alpha_i + \mathrm{j}\omega_i$ 出现正实部时，摩擦系统可能会出现不稳定振动现象，即在非常微小的扰动作用下，也可能会出现振幅越来越大的振动。我们称这种振动为摩擦引起的模态耦合自激振动。

式(3-13)所表示的摩擦系统摩擦自激振动发生的条件为

$$\frac{1}{MJ}\left((k_t + k_1)J - \left(k_r + \frac{k_1 L^2}{3} \right)M \right)^2 \leqslant 16\mu^2 h k_1 N_0 \tag{3-18}$$

3.2 摩擦自激振动的有限元建模方法

前面介绍的摩擦自激振动机理都是使用离散质量模型阐述各种摩擦自激振动发生的原理，一般不能用于预测实际摩擦系统自激振动的频率和幅值。摩擦自激振动的频率一般都是或者接近于摩擦副共振频率，有限元方法能够比较精确地模拟弹性系统的共振振动，因此应用有限元方法研究摩擦系统自激振动是近二十年来的主流方法，著名的有限元软件，如 ABAQUS 和 ANSYS 都提供了摩擦系统自激振动分析能力，研究者不需要自己在摩擦系统的质量矩阵、阻尼矩阵和刚度矩阵里添加摩擦力的影响项，而且提供了大型稀疏矩阵特征值的快速计算方法，大大降低了研究者的计算工作量。摩擦自激振动的有限元建模方法的原理主要基于模态耦合引起摩擦自激振动的理论，也可以考虑摩擦力-相对滑动速度负斜率对摩擦自激振动的影响。原始的摩擦自激振动有限元建模方法是在摩擦副的两个接触面划分相同坐标的网格节点，在整个摩擦副两个接触面上形成了若干个坐标值完全相同的节点对，然后在每一个节点对上施加摩擦力的影响项，最后形成摩擦系统的质量矩阵、阻尼矩阵和刚度矩阵，再进行摩擦系统有限元复特征值分析，根据复特征值的实部是正值还是负值来判断摩擦系统是否会发生摩擦自激振动，详见 3.2.1 节的介绍。摩擦系统有限元分析方法经过发展，现在已经不再需要将摩擦副的两个接触面划分坐标值相等的节点对了，而是根据需要任意划分摩擦副两个接触面各自的网格节点，大大方便了研究者的有限元建模工作，而且该建模方法可以输入摩擦力-相对滑动速度负斜率参数，可以研究摩擦力-相对滑动速度负斜率对摩擦系统自激振动的影响，详见 3.2.2 节的介绍。

3.2.1 通过几何耦合方式添加摩擦力作用

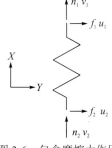

图 3-6   包含摩擦力作用的接触弹簧单元

摩擦自激振动的有限元复特征值分析法最早由 Liles[7] 在 1989 年提出，并将其应用在一个复杂的盘型制动器有限元模型上。他使用连续体单元建立了盘型制动器的各个部件，采用几何耦合的方式将摩擦作用添加到了这个有限元模型中。这种几何耦合方式可以简要表述为使用一个无质量弹簧单元连接接触面上一对坐标完全相同的接触点，通过弹簧力将摩擦作用加入到有限元模型中，如图 3-6 所示。

图中，n_1、n_2 为弹簧单元两端的法向（X 方向）压力；v_1、v_2 为法向位移；f_1、f_2 为切向（Y 方向）压力，即摩擦力；u_1、u_2 为切向位移。这种包含摩擦力作用的接触弹簧单元的单元刚度矩阵可以写成如下形式：

$$\begin{Bmatrix} f_1 \\ n_1 \\ f_2 \\ n_2 \end{Bmatrix} = \begin{bmatrix} 0 & mk_c & 0 & -mk_c \\ 0 & k_c & 0 & -k_c \\ 0 & -mk_c & 0 & mk_c \\ 0 & -k_c & 0 & k_c \end{bmatrix} \begin{Bmatrix} u_1 \\ v_1 \\ u_2 \\ v_2 \end{Bmatrix} \tag{3-19}$$

式中，k_c 为弹簧的刚度系数；m 为弹簧单元两端连接单元的质量。可以看出，这种弹簧的单元刚度矩阵是非对称的。因此，整个摩擦系统的运动方程可以写为

$$[M]\ddot{x} + [C]\dot{x} + [K + K_f]x = 0 \tag{3-20}$$

式中，$[M]$ 为系统的质量矩阵；$[C]$ 为系统的阻尼矩阵；$[K + K_f]$ 为系统的刚度矩阵；x 为系统的节点位移向量；K_f 为由包含摩擦力作用的弹簧单元产生的非对称项。式(3-20)对应的特征方程可以写为

$$([M]\lambda^2 + [C]\lambda + [K + K_f])\phi = 0 \tag{3-21}$$

由于系统的刚度矩阵 $[K + K_f]$ 是非对称的，式(3-21)的特征值有可能出现复数。因此，式(3-20)的通解见式(3-17)。

Liles 提出的这种使用无质量弹簧单元将摩擦力作用加入有限元系统中的方法简单易用。但是，从数学上说，这种方法相当于在两个接触面上添加了一个补偿约束。当弹簧的刚度系数 k_c 为无穷大时，这种接触约束可以被正确地施加。然而，在实际的计算过程中，弹簧的刚度系数 k_c 是有限的，这种情况可能会出现计算精度问题。并且，由于这种几何耦合方法需要为摩擦接触表面的每一对接触节点添加无质量弹簧单元，这也导致了系统刚度矩阵 $[K + K_f]$ 变得臃肿和庞大。另外，当刚度矩阵 $[K + K_f]$ 包含过于庞大的项时，有限元程序中的特征值求解器可能会出现数值上的不稳定。因此，可以说 Liles 提出的这种几何耦合方法对有限元计算是非常不友好的。

3.2.2　通过数学方法添加摩擦力作用

通过数学方法将摩擦力作用添加到系统中的方法最早由 Yuan[8] 在 1996 年提出。目前，这种方法被广泛应用于各种有限元计算软件中，如 ABAQUS。其计算过程简单介绍如下[8]：

设有一个摩擦系统如图 3-7 所示，在这个摩擦系统中，动摩擦系数 μ_i 为相对滑动速度和法向接触压力的线性函数，$\mu_i(v, p) = \mu_0 + \alpha v + \beta N_n$。其中，$\mu_0$ 为静摩擦系数，v 为相对滑动速度，N_n 为法向接触压力，α、β 为常数。主接触面和从接触面分别进行了网格划分，并且两个接触面上所有节点的坐标都是一致的，即每一个主接触面上的节点都能在从接触面上找到一个坐标完全相同的节点，反之亦然。主接触面上的节点称为主节点，从接触面上的节点称为从节点。主接触面和从接触面上坐标相同的两

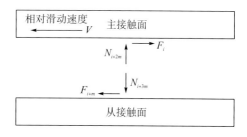

图 3-7　摩擦系统简图

个节点称为一个节点对。每个节点对的坐标设置如下：切向坐标轴的方向和主接触面上节点所受的摩擦力方向一致，法向坐标轴与切向坐标轴垂直，并且指向主接触面内侧，如图3-7所示。设在这个摩擦系统中，主接触面和从接触面一共有 $2m$ 个节点、n 个自由度。作者为了方便对推导过程中的各个变量进行标记，规定系统的前 m 个自由度属于主节点，并且是沿着滑动方向的。$m+1$ 至 $2m$ 个自由度属于从节点，并且也是沿着滑动方向的。$2m+1$ 至 $3m$ 个自由度属于主节点，其方向垂直于滑动方向。同理，$3m+1$ 至 $4m$ 个自由度属于从节点，其方向同样垂直于滑动方向。

一般来说，对包含摩擦作用的接触问题进行特征值分析主要包含如下两个步骤：第一步，找到系统在稳态滑动过程中的平衡位置；第二步，向这个平衡位置施加一个动态扰动，然后进行特征值分析，判断系统的稳定性。当图3-7所示的摩擦系统处于稳态滑动过程中的平衡位置时，可以建立如下平衡方程：

$$\sum_{j=1}^{n}\left[K_{ij}\right]X_j = F_i, \quad i=1,2,\cdots,2m \tag{3-22}$$

$$\sum_{j=1}^{n}\left[K_{ij}\right]X_j = N_i, \quad i=2m+1,2m+2,\cdots,4m \tag{3-23}$$

$$\sum_{j=1}^{n}\left[K_{ij}\right]X_j = P_i, \quad i=4m+1,4m+2,\cdots,n \tag{3-24}$$

$$F_i + F_{i+m} = 0, \quad i=1,2,\cdots,m \tag{3-25}$$

式中，$\left[K_{ij}\right]$ 为系统的总体刚度矩阵；X_j 为节点位移向量；F_i 为主节点和从节点的摩擦力向量；N_i 为主节点和从节点的法向接触力向量；P_i 为节点的外力向量。值得注意的是，由于在滑动过程中没有外力作用于两个接触面之上，前 $4m$ 个方程并不包含外力向量 P_i。假设在滑动过程中，主接触面和从接触面在法向上并不分离，可以建立如下约束方程：

$$N_i + N_{i+m} = 0, \quad i=2m+1,2m+2,\cdots,3m \tag{3-26}$$

$$X_i + X_{i+m} = 0, \quad i=2m+1,2m+2,\cdots,3m \tag{3-27}$$

系统的总体刚度矩阵 $\left[K_{ij}\right]$ 和外力向量 P_i 可以通过有限元方法进行计算。主节点所受摩擦力的方向与切向轴的正方向一致，因此主节点所受摩擦力为正值。同理，主节点所受的法向力也为正值。根据库仑摩擦定律，可以得到如下方程：

$$F_i = \mu_i N_{i+2m}, \quad i=1,2,\cdots,m \tag{3-28}$$

$$\mu_i = \mu_0 + \alpha v_i + (\beta / A_i)N_{i+2m} = \mu_i' + \beta_i N_{i+2m}, \quad i=1,2,\cdots,m \tag{3-29}$$

式中，$\mu_i' = \mu_0 + \alpha v_i$；$\beta_i = \beta / A_i$；$v_i$ 为相对滑动速度；A_i 为主节点法向力对应的作用面积。将式(3-29)代入式(3-28)可以得到

$$F_i = \mu_i' N_{i+2m} + \beta_i N_{i+2m}^2, \quad i=1,2,\cdots,m \tag{3-30}$$

当系统处于稳定位置时，法向力 N 必须要满足式(3-23)，将式(3-23)代入式(3-30)可以得到

$$F_i = \mu_i' \sum_{j=1}^{n} K_{i+2m,j} X_j + \beta_i \left(\sum_{j=1}^{n} K_{i+2m,j} X_j\right)^2, \quad i=1,2,\cdots,m \tag{3-31}$$

将式(3-31)代入式(3-22)可以得到

$$\sum_{j=1}^{n}(K_{ij}-\mu_i'K_{i+2m,j})=\beta_i\left(\sum_{j=1}^{n}K_{i+2m,j}X_j\right)^2, \quad i=1,2,\cdots,m \tag{3-32}$$

由图 3-7 可以看出，对于从接触面上的节点，其所受的法向接触力和摩擦力都为负值。因此，从节点的摩擦力可以计算如下：

$$F_i=\mu_i N_{i+2m}, \quad i=m+1,m+2,\cdots,2m \tag{3-33}$$

$$\mu_i=\mu_0+\alpha v_i-(\beta/A_i)N_{i+2m}=\mu_i'-\beta_iN_{i+2m}, \quad i=m+1,m+2,\cdots,2m \tag{3-34}$$

与主节点一样，从节点也可以建立如下方程：

$$\sum_{j=1}^{n}(K_{ij}-\mu_i'K_{i+2m,j})=-\beta_i\left(\sum_{j=1}^{n}K_{i+2m,j}X_j\right)^2, \quad i=m+1,m+2,\cdots,2m \tag{3-35}$$

如果忽略接触压力对动摩擦系数的作用，即 $\beta_i=0$，$i=1,2,\cdots,m$，式(3-23)、式(3-24)、式(3-32)式(3-35)可以变为线性方程。将这些方程改写为矩阵形式，即

$$[K_{ij}+K_f]X=P+N_i \tag{3-36}$$

式中，P 为非接触面节点的外力向量；K_f 表示摩擦力对系统刚度矩阵的影响，由动摩擦系数 μ_i 和系统的整体刚度矩阵 K_{ij} 通过式(3-32)和式(3-35)计算得出。通过式(3-26)和式(3-27)可以将式(3-36)中的法向接触力向量 N_i 和前 m 个自由度（$x_i,i=1,2,\cdots,m$）系统地消除掉。这样式(3-36)可以高效地通过使用迭代法进行求解。

如果 $\beta_i\neq0$（$i=1,2,\cdots,m$），式(3-32)和式(3-35)由于出现了二次项，将变为非线性方程。然而，式(3-32)和式(3-35)的非线性项仅出现于方程右侧，并且系统的整体刚度矩阵 K_{ij} 和摩擦力作用项 K_f 依然是常量。当通过式(3-26)和式(3-27)将式(3-36)中的法向接触力向量 N_i 消除掉以后，式(3-36)同样可以使用迭代法求解。

通过求解式(3-36)，可以得到系统在稳态滑动平衡位置时的节点位移 X_j，将 X_j 代入式(3-22)和式(3-23)可以求解出系统处于平衡位置时滑动接触面上的摩擦力向量 F_i 和法向接触力向量 N_i。至此，摩擦系统特征值分析的第一步，找到系统在稳态滑动过程中的平衡位置，已经被完成了。接下来，将进行分析的第二步，建立摩擦系统在稳态滑动平衡位置附近的运动方程。此方程的建立过程如下：将式(3-22)~式(3-27)中的 X_j、N_i 和 F_i 替换为 X_j+x_j、$N_i+\Delta N_i$ 和 $F_i+\Delta F_i$，并且加入惯性项和阻尼项。系统在平衡位置附近的运动方程如下：

$$\sum_{j=1}^{n}M_{ij}\ddot{x}_j+\sum_{j=1}^{n}C_{ij}\dot{x}_j+\sum_{j=1}^{n}K_{ij}x_j=\Delta F_i, \quad i=1,2,\cdots,2m \tag{3-37}$$

$$\sum_{j=1}^{n}M_{ij}\ddot{x}_j+\sum_{j=1}^{n}C_{ij}\dot{x}_j+\sum_{j=1}^{n}K_{ij}x_j=\Delta N_i, \quad i=2m+1,2m+2,\cdots,4m \tag{3-38}$$

$$\sum_{j=1}^{n}M_{ij}\ddot{x}_j+\sum_{j=1}^{n}C_{ij}\dot{x}_j+\sum_{j=1}^{n}K_{ij}x_j=0, \quad i=4m+1,4m+2,\cdots,n \tag{3-39}$$

$$\Delta F_i+\Delta F_{i+m}=0, \quad i=1,2,\cdots,m \tag{3-40}$$

$$\Delta N_i+\Delta N_{i+m}=0, \quad i=2m+1,2m+2,\cdots,3m \tag{3-41}$$

$$X_i-X_{i+m}=0, \quad i=2m+1,2m+2,\cdots,3m \tag{3-42}$$

根据库仑摩擦定律，主节点的法向力 N_i 和法向力的动态增量 ΔN_i 以及摩擦力向量 F_i

和摩擦力的动态增量 ΔF_i 可以建立如下等式：

$$F_i + \Delta F_i = \mu_i (N_{i+2m} + \Delta N_{i+2m}), \quad i = 1, 2, \cdots, m \tag{3-43}$$

式中，

$$\begin{aligned} \mu_i &= \mu_0 + \alpha (v_i - \dot{x}_i + \dot{x}_{i+2m}) + (\beta / A_i)(N_{i+2m} + \Delta N_{i+2m}) \\ &= \mu_i' - \alpha (\dot{x}_i - \dot{x}_{i+2m}) + \beta_i (N_{i+2m} + \Delta N_{i+2m}) \end{aligned} \tag{3-44}$$

将式(3-30)和式(3-44)分别代入式(3-43)，可以得到摩擦力的动态增量 ΔF_i 的表达式，即

$$\Delta F_i = (\mu_i' + 2\beta_i N_{i+2m})\Delta N_{i+2m} - \alpha N_{i+2m}(\dot{x}_i - \dot{x}_{i+2m}), \quad i = 1, 2, \cdots, m \tag{3-45}$$

将式(3-38)代入式(3-45)，替换掉法向力的动态增量 ΔN_i，摩擦力的动态增量 ΔF_i 的表达式变为

$$\begin{aligned} &\sum_{j=1}^{n}(\mu_i' + 2N_{i+2m}\beta_i)M_{i+2m,j}\ddot{x}_j + \sum_{j=1}^{n}(\mu_i' + 2N_{i+2m}\beta_i)C_{i+2m,j}\dot{x}_j - \alpha N_{i+2m}(\dot{x}_i - \dot{x}_{1+2m}) \\ &+ \sum_{j=1}^{n}(\mu_i' + 2N_{i+2m}\beta_i)K_{i+2m,j}x_j = \Delta F_i, \quad i = 1, 2, \cdots, m \end{aligned} \tag{3-46}$$

将式(3-46)代入式(3-37)，可以得到主节点在平衡位置附近的运动方程，即

$$\begin{aligned} &\sum_{j=1}^{n}(M_{ij} - (\mu_i' + 2N_{i+2m}\beta_i)M_{i+2m,j})\ddot{x}_j + \sum_{j=1}^{n}(C_{ij} - (\mu_i' + 2N_{i+2m}\beta_i)C_{i+2m,j})\dot{x}_j \\ &+ \alpha N_{i+2m}(\dot{x}_i - \dot{x}_{1+2m}) + \sum_{j=1}^{n}(K_{ij} - (\mu_i' + 2N_{i+2m}\beta_i)K_{i+2m,j})x_j = 0, \quad i = 1, 2, \cdots, m \end{aligned} \tag{3-47}$$

使用同样的推导方法，也可以得到从节点在平衡位置附近的运动方程，即

$$\begin{aligned} &\sum_{j=1}^{n}(M_{ij} - (\mu_i' + 2N_{i+2m}\beta_i)M_{i+2m,j})\ddot{x}_j \\ &+ \sum_{j=1}^{n}(C_{ij} - (\mu_i' + 2N_{i+2m}\beta_i)C_{i+2m,j})\dot{x}_j + \alpha N_{i+2m}(\dot{x}_i - \dot{x}_{1+2m}) \\ &+ \sum_{j=1}^{n}(K_{ij} - (\mu_i' + 2N_{i+2m}\beta_i)K_{i+2m,j})x_j = 0, \quad i = m+1, m+2, \cdots, 2m \end{aligned} \tag{3-48}$$

将式(3-38)、式(3-39)、式(3-47)和式(3-48)写为矩阵形式，就可以得到系统在平衡位置附近总体的运动方程，即

$$[M - M_f]\ddot{x} + [C + C_f + C_\alpha]\dot{x} + [K + K_f]x = \Delta N \tag{3-49}$$

式中，矩阵 $[M_f]$、$[C_f]$、$[C_\alpha]$ 和 $[K_f]$ 代表摩擦力的作用。通过将式(3-41)和式(3-42)代入式(3-49)，可以将法向力的动态增量 ΔN_i 和前 m 个自由度（$x_i, i = 1, 2, \cdots, m$）消除掉。可以将系统在平衡位置附近的运动方程简写为如下形式：

$$[M]\ddot{x} + [C]\dot{x} + [K]x = 0 \tag{3-50}$$

式中，$[M]$、$[C]$、$[K]$ 为非对称矩阵，其大小为 $(n-m) \times (n-m)$。通过对式(3-50)进行特征值分析，就能确定系统在摩擦力作用下的稳定性。式(3-50)对应的特征方程可以写为

$$([M]\lambda^2 + [C]\lambda + [K])\phi = 0 \tag{3-51}$$

由于系统的质量矩阵 $[M]$、阻尼矩阵 $[C]$ 和刚度矩阵 $[K]$ 均为非对称，这使得式(3-51)的特征值有可能出现复数。因此，式(3-51)的通解见式(3-17)。

Yuan[8]提出的这种添加摩擦力作用的数学算法高效且稳定，非常适用于有限元求解。目前已经被广泛应用，成为了一种成熟的摩擦系统复特征值分析法。

3.2.3　摩擦自激振动的分析方法

轮轨系统摩擦自激振动的有限元分析方法目前主要有两种，即复特征值分析(complex eigenvalue analysis)法和瞬时动态分析(dynamic transient analysis)法[9]。复特征值分析法最早由 Liles 于 1989 年应用在大型有限元模型的摩擦噪声预测上。经过多年的发展，复特征值分析法已经成为一种成熟的摩擦噪声有限元预测方法，并且已经有商业有限元软件(如 ABAQUS、ANSYS)专门为这种分析方法开发了分析程序。复特征值分析法一般是将非线性的因素线性化之后再进行分析，这使得它只能在稳态滑动或接近稳态滑动的情况下能获得比较精确的结果，而在非稳态滑动中的非线性因素没有被考虑[10]。瞬时动态分析法最早由 Nagy 于 1994 年应用于汽车制动尖叫噪声的有限元预测模型中。瞬时动态分析法在分析过程中可以充分考虑模型中的非线性因素，能够计算出摩擦噪声产生的时间、振幅、声音强度等参数，得到的分析结果更加贴近实际的试验结果[11,12]。在本节中，作者详细介绍了这两种方法的计算原理及其优缺点，并讨论了如何选择恰当的方法进行摩擦自激振动的有限元分析。

1. 有限元复特征值分析法

复特征值分析法能够在频域上预测系统发生摩擦自激振动时的振动频率及振动模态，在分析过程中，准确地模拟两个接触面之间的摩擦力和滑动接触是非常重要的。ABAQUS允许对两个接触面之间的接触特性进行方便且通用的设置，接触面之间不需要进行网格匹配，两接触面之间的摩擦系数取决于接触压力、相对滑动速度和温度。在进行复特征值分析时，假设两个摩擦接触面之间的相对滑动速度是恒定的，同时假设两个接触面之间的有限元网格保持相对静止。此时，接触面之间的摩擦力对系统的刚度矩阵和阻尼矩阵的影响可按如下步骤进行计算[13,14]。

首先，根据库仑摩擦定律，摩擦力对虚功的贡献可以表达为如下形式：

$$\delta \prod = \int_A \tau_i \delta \gamma_i \mathrm{d}A \tag{3-52}$$

式中，A 为接触面积；$\delta \gamma_i$ 为相对滑动的虚位移；$\tau_i = \mu(\bar{\gamma}, p)pn_i$ 为切应力，其中 $\mu = \mu(\bar{\gamma}, p)$ 为摩擦系数，p 为接触压力，$\bar{\gamma} = \sqrt{\dot{\gamma}_1^2 + \dot{\gamma}_2^2}$ 为等效滑移率，$n_i = \dfrac{\dot{\gamma}_i}{\bar{\dot{\gamma}}}$，$i = 1,2$ 为归一化的滑移方向。

然后，通过摄动法，虚功可以表达为

$$\delta \prod = \int_A \tau_i \delta \gamma_i \mathrm{d}A = \mathrm{d}\delta \prod{}^K + \mathrm{d}\delta \prod{}^{D_-} + \mathrm{d}\delta \prod{}^{D_+} \tag{3-53}$$

式中，第一项为

$$\mathrm{d}\delta \prod{}^K = \int_A \left(\mu + \frac{\partial \mu}{\partial p} p \right) n_i \delta \gamma_i \mathrm{d}p \mathrm{d}A \tag{3-54}$$

该项将在系统的刚度矩阵中产生非对称项,这是使摩擦系统产生模态耦合现象的关键因素。

式(3-53)中的第二项为

$$\mathrm{d}\delta\prod{}^{D_-} = \int_A \frac{\partial\mu}{\partial\dot{\gamma}}pn_in_j\delta\gamma_i\mathrm{d}\dot{\gamma}_j\mathrm{d}A \tag{3-55}$$

当摩擦力与接触面的相对滑动速率相关时,该项才会存在,且作用于系统的阻尼矩阵。在摩擦力-相对滑动速度关系负斜率的条件下,该项将引发系统的不稳定。

式(3-53)中的第三项为

$$\mathrm{d}\delta\prod{}^{D_+} = \int_A \frac{\partial p}{\dot{\gamma}}(\delta_{ij}-n_in_j)\delta\gamma_i\mathrm{d}\dot{\gamma}_j\mathrm{d}A \tag{3-56}$$

该项同样作用于系统的阻尼矩阵,它是由沿垂直于滑动方向的稳定摩擦振动引发的,与接触压力成正比,与滑动速率成反比,可以将摩擦应力与垂直于滑动方向的振动耦合起来。在复特征值分析过程中考虑该项可以减少部分虚假的不稳定模态。

ABAQUS 采用子空间投影法对复特征值问题进行求解,摩擦系统的运动方程可以写为如下形式:

$$[M]\ddot{x}+[C]\dot{x}+[K]x=0 \tag{3-57}$$

式中,$[M]$ 为系统的质量矩阵,该矩阵是正定且对称的;$[C]$ 为系统的阻尼矩阵,该矩阵中包含摩擦引起的阻尼效应以及材料阻尼;$[K]$ 为系统的刚度矩阵,由于摩擦力的作用,该矩阵是非对称的;x 为系统节点的位移向量。式(3-57)对应的特征值方程为

$$(\lambda^2[M]+\lambda[C]+[K])\{\varPhi\}=0 \tag{3-58}$$

式中,λ 为系统的特征值;$\{\varPhi\}$ 为特征向量,由于特征值的提取是在变形条件下进行的,系统的刚度矩阵 $[K]$ 将包含初始应力以及载荷刚度效应,系统的特征值和特征向量均可能为复数。式(3-58)可以通过去除掉阻尼矩阵以及刚度矩阵中的非对称项来实现对称化。在这种条件下,λ 将变成一个纯虚数的特征值,$\lambda=\mathrm{i}\omega$,系统的特征值方程可以改写为

$$(-\omega^2[M]+[K_{\mathrm{s}}])\{\varPhi\}=0 \tag{3-59}$$

该对称的特征值方程可以使用子空间迭代的方法进行求解,用以确定子空间投影法的投影基础。然后,将原质量矩阵 $[M]$、原阻尼矩阵 $[C]$ 和原刚度矩阵 $[K]$ 投影到特征向量的子空间中,即

$$[M^*]=[\varPhi_1,\cdots,\varPhi_N]^{\mathrm{T}}[M][\varPhi_1,\cdots,\varPhi_N] \tag{3-60}$$

$$[C^*]=[\varPhi_1,\cdots,\varPhi_N]^{\mathrm{T}}[C][\varPhi_1,\cdots,\varPhi_N] \tag{3-61}$$

$$[K^*]=[\varPhi_1,\cdots,\varPhi_N]^{\mathrm{T}}[K][\varPhi_1,\cdots,\varPhi_N] \tag{3-62}$$

可以得到简化后的特征方程,即

$$(\lambda^2[M^*]+\lambda[C^*]+[K^*])\{\varPhi^*\}=0 \tag{3-63}$$

该方程的特征值可能为复数,系统运动方程的通解可以写为如下形式:

$$x(t)=\sum_{i=1}^N \varPhi_i\exp(\lambda_it)=\sum_{i=1}^N \varPhi_i\exp[(\alpha_i+\mathrm{j}\omega_i)t] \tag{3-64}$$

式中,t 为时间;$\alpha_i+\mathrm{j}\omega_i=\lambda_i$ 为第 i 阶复特征值。由式(3-64)可以看出,当复特征值中的实部 $\alpha_i>0$ 时,系统出现不稳定的自激振动。在有限元复特征值分析过程中,通常用系统

的等效阻尼比 ζ 衡量自激振动发生的趋势，定义为

$$\zeta = \frac{-2\mathrm{Re}(\lambda)}{|\mathrm{Im}(\lambda)|} \tag{3-65}$$

如果等效阻尼比为负数，则表明此时系统不稳定，可能发生摩擦自激振动，并且该值越小，相应的自激振动越容易发生。

2. 有限元瞬时动态分析法

瞬时动态分析法最早由 Nagy[15] 于 1994 年应用于摩擦自激振动的有限元预测模型中。复特征值分析法存在的很多缺点都可以使用瞬时动态分析法来克服。首先，在瞬时动态分析过程中，当摩擦自激振动产生时，摩擦系统的两个摩擦接触面可以分离，这符合物理规律。其次，瞬时动态分析法可以充分考虑模型中的非线性因素，如材料的性质随时间改变、摩擦过程中滑动速度的改变、作用力的改变等情况。并且，瞬时动态分析法能够模拟出摩擦噪声产生的时间、振幅，声音强度等。但是，瞬时动态分析法也存在一些缺点，如计算耗时过长、在一次计算中不能预测出全部的不稳定频率等。总体来说，瞬时动态分析法具有许多复特征值分析法所不具备的优点，得到的分析结果更加贴近实际的试验结果。而且，在一些必须考虑非线性因素影响的情况下，瞬时动态分析是进行摩擦噪声预测的最佳选择。

1) 有限元瞬时动态分析中的摩擦力计算

本书采用 ABAQUS 有限元分析软件来完成摩擦自激振动的瞬时动态分析。在分析过程中，作者采用一个经典的各向同性的库仑摩擦模型来计算摩擦接触面之间的摩擦力。在瞬时动态分析过程中，第 i 方向上的摩擦力可以写为如下形式[16,17]：

$$\tau_i = k_s \gamma_i^{\mathrm{el}} \tag{3-66}$$

式中，$k_s = \tau_{\mathrm{crit}} / \gamma_{\mathrm{crit}}$ 为当前接触刚度，其中 $\tau_{\mathrm{crit}} = \mu p$ 为临界摩擦力，μ 为摩擦系数，它是接触压力与滑动速度的函数，p 为接触压力，γ_{crit} 为最大容许弹性滑移，它被设置为接触单元平均长度的 0.5%；γ_i^{el} 为第 i 方向上从摩擦力零点开始的切向位移，$i = 1,2$。

由于 τ_{crit} 为接触压力与滑动速度的函数，在分析过程中 k_s 是变化的。在这个摩擦模型中，假设当等效摩擦力 $\tau_{\mathrm{eq}} = \sqrt{\tau_1^2 + \tau_2^2}$ 小于临界摩擦力 τ_{crit} 时，两个摩擦接触面不会发生相对滑动，且接触单元只会发生弹性变形。在这种情况下，摩擦接触面上的相对切向位移可以近似地表示为如下形式：

$$\gamma_i^{\mathrm{el}}(t + \Delta t) = \gamma_i^{\mathrm{el}}(t) + \Delta \gamma_i \tag{3-67}$$

式中，Δt 为时间增量；$\Delta \gamma_i$ 为第 i 方向上的滑移增量。

由于两个摩擦接触面并未发生相对滑动，接触节点间的相对速度为 0。在此条件下，对式(3-66)进行求导，即可获得第 i 方向上的摩擦力的线性化形式：

$$\mathrm{d}\tau_i = k_s \mathrm{d}\gamma_i + (\tau_i / \tau_{\mathrm{crit}})(\mu + p \partial \mu / \partial p)\mathrm{d}p \tag{3-68}$$

不难看出，式(3-68)中的接触压力作用项 $(\tau_i / \tau_{\mathrm{crit}})(\mu + p \partial \mu / \partial p)\mathrm{d}p$ 会作用于系统的刚度矩阵，并使系统的刚度矩阵产生非对称项。

当等效摩擦力 τ_{eq} 大于或等于临界摩擦力 τ_{crit} 时，两个摩擦接触面开始产生相对滑动，

且 $\tau_{eq} = \tau_{crit}$。在此条件下，假设节点的初始弹性滑移为 $\overline{\gamma}_i^{el}$，时间增量结束时的弹性滑移为 γ_i^{el}，节点的滑移增量设置为 $\Delta\gamma_i^{sl}$。根据一致性条件，节点总体的相对滑移量为

$$\Delta\gamma_i = \gamma_i^{el} - \overline{\gamma}_i^{el} + \Delta\gamma_i^{sl} \tag{3-69}$$

摩擦力在时间增量结束时，遵循弹性关系，即

$$\tau_i = k_s\gamma_i^{el} = (\tau_{crit} / \gamma_{crit})\gamma_i^{el} \tag{3-70}$$

并且，在时间增量结束时，可以通过使用向后差分法将滑移增量和摩擦力相互联系起来，即

$$\Delta\gamma_i^{sl} = (\tau_i / \tau_{crit})\Delta\gamma_{eq}^{sl} \tag{3-71}$$

通过式(3-69)~式(3-71)，结合滑动过程中的摩擦力条件 $\tau_{eq} = \tau_{crit}$，可以求解 γ_i^{el}、$\Delta\gamma_i^{sl}$ 和 τ_i。将式(3-69)中的 γ_i^{el} 和 $\Delta\gamma_i^{sl}$ 替换掉，可以得到

$$\Delta\gamma_i = (\tau_i / \tau_{crit})\gamma_{crit} - \overline{\gamma}_i^{el} + (\tau_i / \tau_{crit})\Delta\gamma_{eq}^{sl} \tag{3-72}$$

$$\tau_i = [(\overline{\gamma}_i^{el} + \Delta\gamma_i) / (\gamma_{crit} + \Delta\gamma_{eq}^{sl})]\tau_{crit} \tag{3-73}$$

定义单元第 i 方向上的弹性应变预测量 γ_i^{pr} 为

$$\gamma_i^{pr} = \overline{\gamma}_i^{el} + \Delta\gamma_i \tag{3-74}$$

将式(3-74)代入式(3-73)，摩擦力的表达式可以简化为

$$\tau_i = [\gamma_i^{pr} / (\gamma_{crit} + \Delta\gamma_{eq}^{sl})]\tau_{crit} \tag{3-75}$$

同理，通过临界压力等式，可以得到

$$\Delta\gamma_{eq}^{sl} = \gamma_{eq}^{pr} - \gamma_{crit} \tag{3-76}$$

式中，$\gamma_{eq}^{pr} = \sqrt{(\gamma_1^{pr})^2 + (\gamma_2^{pr})^2}$。

将式(3-76)代入式(3-75)，并定义 $n_i = \gamma_i^{pr} / \gamma_{eq}^{pr}$，即可得到摩擦力在第 i 方向上的最终表达式为

$$\tau_i = n_i\tau_{crit} \tag{3-77}$$

此时，τ_{crit} 可以定义为滑动速率的函数，可以通过 $\dot{\gamma}_{eq}^{sl} = \Delta\gamma_{eq}^{sl} / \Delta t$ 来进行计算。当使用迭代法求解时，摩擦力的表达式必须进行线性化。通过简单的求导过程，可以得到摩擦力的线性化表达式为

$$\begin{aligned}d\tau_i &= (d\gamma_i^{pr} / \gamma_{eq}^{pr})\tau_{crit} - n_in_j(\tau_{crit} / \gamma_{eq}^{pr})d\gamma_j^{pr} + n_id\tau_{crit} \\ &= (\delta_{ij} - n_in_j)(\tau_{crit} / \gamma_{eq}^{pr})d\gamma_j^{pr} + n_i[(\partial\tau_{crit} / \partial p)dp + (\partial\tau_{crit} / \partial\dot{\gamma}_{eq}^{sl})d\dot{\gamma}_{eq}^{sl}]\end{aligned} \tag{3-78}$$

将式(3-78)写为基于等效滑移的表达形式，可以得到

$$d\tau_i = (\delta_{ij} - n_in_j)(\tau_{crit} / \gamma_{eq}^{pr})d\gamma_j + n_i(\mu + p\partial\mu / \partial p)dp + n_in_j(p / \Delta t)(\partial\mu / \partial\dot{\gamma}_{eq})d\gamma_j \tag{3-79}$$

在式(3-79)中，第一项 $(\delta_{ij} - n_in_j)(\tau_{crit} / \gamma_{eq}^{pr})d\gamma_j$ 是由垂直于滑动方向的摩擦力产生的，第三项 $n_in_j(p / \Delta t)(\partial\mu / \partial\dot{\gamma}_{eq})d\gamma_j$ 只有当摩擦系数为滑动速率的函数时才会产生。第一项和第三项都会作用于系统的阻尼矩阵。第二项 $n_i(\mu + p\partial\mu / \partial p)dp$ 会作用于系统的总体刚度矩阵，并使其产生非对称项，这一项也是将摩擦耦合作用添加到有限元模型中的关键项。一般来说，在有限元分析过程中，当系统运动方程中的刚度矩阵出现非对称项时，系统可能

出现不稳定的自激振动。

有限元瞬时动态分析法通过使用时间积分的方法对系统的运动方程进行求解,得到系统在时域上的解。复特征值分析法则是直接求解系统运动方程的特征根,得到系统在频域上的解。从理论上说,瞬时动态分析法和复特征值分析法得到的结果应该是相近的,因为这两种方法求解的系统运动方程是相同的。目前,有限元瞬时动态分析的时间积分方法主要有两种,即显式分析方法(显式时间积分法)和隐式分析方法(隐式时间积分法)。

2)有限元瞬时动态显式分析方法

在显式瞬时动态分析过程中,系统的总体平衡方程是建立在每一个时间增量步的开始时刻的,即 t 时刻,可以写为如下形式:

$$[M_p]\ddot{x}_{(t)} = P_{(t)} - I_{(t)} \tag{3-80}$$

式中,$[M_p]$ 为系统的对角集中质量矩阵,采用这种形式的质量矩阵,可以显著提高显式时间积分的计算速率;$P_{(t)}$ 为系统所受的外力向量;$I_{(t)}$ 为系统的内力向量,$I_{(t)} = [C]\dot{x}_{(t)} + [K]x_{(t)}$,由于摩擦力的作用 $[C]$ 和 $[K]$ 都是非对称的;$\ddot{x}_{(t)}$ 为系统的加速度向量。

在时间积分刚开始时,首先根据系统的初始状态计算系统在初始时刻 t 的节点加速度为

$$\ddot{x}_{(t)} = [M_p]^{-1}\left(P_{(t)} - I_{(t)}\right) \tag{3-81}$$

然后,使用中心差分法对式(3-81)进行显式时间积分,求得系统在 $t + \dfrac{\Delta t}{2}$ 时刻的节点速度和在 $t + \Delta t$ 时刻的节点位移。

$$\dot{x}_{\left(t+\frac{\Delta t}{2}\right)} = \dot{x}_{\left(t-\frac{\Delta t}{2}\right)} + \frac{\Delta t_{(t+\Delta t)} + \Delta t_{(t)}}{2}\ddot{x}_{(t)} \tag{3-82}$$

$$x_{(t+\Delta t)} = x_{(t)} + \Delta t_{(t+\Delta t)}\dot{x}_{\left(t+\frac{\Delta t}{2}\right)} \tag{3-83}$$

式中,$x_{(t+\Delta t)}$ 为系统在 $t + \Delta t$ 时刻的节点位移;$\dot{x}_{\left(t+\frac{\Delta t}{2}\right)}$ 为系统在 $t + \dfrac{\Delta t}{2}$ 时刻的节点速度;Δt 为时间增量;下标 $\left(t + \dfrac{\Delta t}{2}\right)$ 和 $\left(t - \dfrac{\Delta t}{2}\right)$ 代表时间的中间增量。由于中心差分法并不能实现自启动,系统在初始时刻 t 的节点速度与位移都必须进行设定。

在已知节点位移 $x_{(t+\Delta t)}$ 的情况下,可以很容易地计算出单元的应变速率 $\dot{\varepsilon}$,并据此计算出单元的应变增量 $\mathrm{d}\varepsilon$。然后,根据单元的本构方程计算出系统在 $t + \Delta t$ 时刻的应力为

$$\sigma_{(t+\Delta t)} = f\left(\sigma_{(t)}, \mathrm{d}\varepsilon\right) \tag{3-84}$$

根据 $\sigma_{(t+\Delta t)}$ 可以计算出系统在 $t + \Delta t$ 时刻的内力 $I_{(t+\Delta t)}$。最后,将时间 t 设为 $t + \Delta t$,进行下一个时间增量的计算。

由上述分析步骤可以看出,显式瞬时动态分析在计算下一个时间增量时,并不需要判定前一个时间增量的计算结果是否收敛。这是显式瞬时动态分析的一个优点,同时也是一个缺点,优点在于显式瞬时动态分析在计算过程中不存在收敛性问题,缺点在于显式时间

积分方法是条件稳定的。这是由于显式时间积分方法是通过精确的积分计算将系统状态从 t 时刻直接前推到 $t+\Delta t$ 时刻。这种能使时间前推并能精确描述求解问题的时间增量 Δt 是非常短的。也就是说,显式瞬时动态分析中采用的中心差分法是条件稳定的,时间增量 Δt 必须限定在一个范围内,否则会引起显式时间积分方法在数值上的不稳定。ABAQUS/ Explicit 采用系统的最高频率 ω_{max} 来定义时间增量 Δt 的限制条件。无阻尼系统的时间增量限制如下:

$$\Delta t \leqslant \frac{2}{\omega_{max}} \tag{3-85}$$

有阻尼系统的时间增量限制如下:

$$\Delta t \leqslant \frac{2}{\omega_{max}}\left(\sqrt{1+\xi^2}-\xi\right) \tag{3-86}$$

式中,ξ 为最高频率模态的临界阻尼部分。从式(3-85)和式(3-86)中可以看出,显式瞬时动态分析过程中每次积分的时间增量是非常小的,其数量级在一般情况下为 $10^{-8}\sim10^{-7}\text{s}$。这说明即使模拟时间很短,显式瞬时动态分析的计算量也是非常大的。从计算成本上看,显式瞬时动态分析要大于复特征值分析。

3)有限元瞬时动态隐式分析方法

进行摩擦系统瞬时动态分析的时间积分方法主要有两种,即显式时间积分和隐式时间积分,其最大的区别在于求解节点加速度的方式。从显式时间积分方法的介绍中可以看出,显式时间方法可以直接通过节点计算节点加速度,而隐式时间方法通过迭代法求解系统的平衡方程组来获得节点加速度。本书选用的隐式求解器为 ABAQUS/Standard,其计算过程如下[18,19]:

在隐式积分的计算过程中,一个节点所受到的内力 f_J 可以写为节点外力 F_J 减去节点所受的惯性力 $F_i = \rho\ddot{x}$,即

$$f_J = F_J - \rho\ddot{x} \tag{3-87}$$

式中,ρ 为当前节点的材料密度;$\ddot{x}$ 为节点加速度。将式(3-87)改写为虚功方程,即

$$\int_V f_J \cdot \delta v \mathrm{d}V = \int_V F_J \cdot \delta v \mathrm{d}V - \int_V \rho\ddot{x} \cdot \delta v \mathrm{d}V \tag{3-88}$$

可以将式(3-88)中的惯性项改写为更加规则的标准密度 ρ_0 和标准体积 V_0 形式,即

$$F_i = \int_{V_0} \rho_0\ddot{x} \cdot \delta v \mathrm{d}V_0 \tag{3-89}$$

当使用隐式时间积分方法求解系统的动态特性时,系统的平衡方程式建立在每一个时间增量步的结束时刻,即 $t+\Delta t$ 时刻。节点的加速度通过使用隐式积分算子进行计算。一般来说,一个节点的位移向量的插值方程可以写为

$$x = N^N x^N \tag{3-90}$$

式中,x^N 为节点位移变量;N^N 为插值向量,并且 N^N 不是 x^N 的函数。因此,节点加速度的差值方程同样可以写为

$$\ddot{x} = N^N \ddot{x}^N \tag{3-91}$$

将式(3-91)代入式(3-90)可以得到系统惯性向量的表达式:

$$F_{i}^{N} = -\left[\int_{V_{0}} \rho_{0} N^{N} \cdot N^{M} \mathrm{d}V_{0}\right] \ddot{x}^{M} \tag{3-92}$$

式中，$\left[\int_{V_{0}} \rho_{0} N^{N} \cdot N^{M} \mathrm{d}V_{0}\right]$ 为系统的标准质量矩阵(标准密度在标准体积的条件下积分)；$\ddot{x}^{M}$ 为节点加速度向量。系统的平衡方程可以写为

$$M^{NM} \ddot{x}^{M} + I^{N} - P^{N} = 0 \tag{3-93}$$

式中，$M^{NM} = \int_{V_{0}} \rho_{0} N^{N} \cdot N^{M} \mathrm{d}V_{0}$；$I^{N}$ 为系统的内力向量；P^{N} 为系统的外力向量。

将隐式积分算子代入式(3-93)可以得到

$$M^{NM} \ddot{x}^{M}|_{t+\Delta t} + (1+\alpha)(I^{N}|_{t+\Delta t} - P^{N}|_{t+\Delta t}) - \alpha(I^{N}|_{t} - P^{N}|_{t}) + L^{N}|_{t+\Delta t} = 0 \tag{3-94}$$

式中，$(1+\alpha)(I^{N}|_{t+\Delta t} - P^{N}|_{t+\Delta t}) - \alpha(I^{N}|_{t} - P^{N}|_{t})$ 为外力向量在时间增量步开始和结束时的加权平均；$M^{NM} \ddot{x}^{M}|_{t+\Delta t}$ 为时间增量步结束时刻 $t+\Delta t$ 的惯性项；$L^{N}|_{t+\Delta t}$ 为积分过程中由拉格朗日乘子产生的合力(N 个自由度)。通过使用迭代法求解式(3-94)，可以得到系统的节点加速度。

当使用 Newmark 方法进行隐式时间积分时，节点速度和位移的求解方程可以写为

$$x|_{t+\Delta t} = x|_{t} + \Delta t \dot{x}|_{t} + \Delta t^{2}\left[(1/2 - \beta)\ddot{x}|_{t} + \beta \ddot{x}|_{t+\Delta t}\right] \tag{3-95}$$

$$\dot{x}|_{t+\Delta t} = \dot{x}|_{t} + \Delta t\left[(1-\gamma)\ddot{x}|_{t} + \gamma \ddot{x}|_{t+\Delta t}\right] \tag{3-96}$$

式中，$\beta = (1-\alpha^{2})/4$；$\gamma = 1/2 - \alpha$，$-1/3 \leqslant \alpha \leqslant 0$。

根据 $x|_{t+\Delta t}$ 可以很容易地计算出 $I^{N}|_{t+\Delta t}$，将当前时间从 t 修改为 $t+\Delta t$，即可进行下一个时间增量步的计算。

由于隐式时间积分方法是通过直接求解系统的平衡方程组来得到节点在积分增量步结束时的加速度，隐式时间积分方法是无条件稳定的。从理论上说，隐式积分的时间增量 Δt 可以任意选取。然而，在实际选取时间增量时，必须考虑到以下三点：①系统载荷的变化频率；②系统刚度矩阵和阻尼矩阵的复杂程度；③所关心的系统振动频率。由于在摩擦系统的隐式瞬时动态分析过程中，系统的刚度矩阵和阻尼矩阵都是非常复杂的非对称矩阵，在选取积分时间增量时，必须非常谨慎。一般来说，隐式积分的时间增量 Δt 在小于所关心的系统振动周期 T 的 $\frac{1}{10}$（$\Delta t < 1/10 T$）的情况下可以获得比较可信的结果。

4) 比较显式时间积分方法和隐式时间积分方法

对于显式时间积分方法和隐式时间积分方法，都是以所施加的外力 P、单元内力 I 和惯性项的形式定义平衡方程，即

$$M\ddot{x} = P - I \tag{3-97}$$

这两种方法都是通过这个平衡方程来求解节点加速度，并应用同样的单元计算方法求解单元内力。其区别主要有以下几点：

(1)前面已经提到过，这两种方法最大的区别在于求解节点加速度的方式。显式时间积分方法直接通过节点计算节点加速度，并且在显式积分过程中，平衡方程式建立在时间增量步的初始时刻。隐式时间积分方法通过迭代法求解系统的平衡方程组来获得节点加速度，并且在隐式积分过程中，平衡方程式建立在时间增量步的结束时刻。可以说，显式时

间积分方法是一种前推方法，隐式时间积分方法是一种后推方法。

（2）显式时间积分方法是一种条件稳定的积分方法，每一次时间积分的时间增量必须控制在一定范围内。隐式时间积分方法是无条件稳定的，从理论上说可以任意选择每一次时间积分的时间增量。因此，一般来说，隐式时间积分的时间增量要大于显式时间积分的时间增量。

（3）由于在隐式积分过程中，每一次迭代都需要求解大型的线性方程组，隐式时间积分方法在一个时间增量内的计算量要大于显式时间积分方法。并且，这种算法上的区别也造成了隐式时间积分方法在计算过程中对磁盘空间和系统内存的要求要高于显式时间积分方法。由于显式时间积分方法每一次时间积分的时间增量都非常小，显式时间积分方法对计算机运算速度的要求比隐式时间积分方法高。

从上述比较中可以看出，显式时间积分方法和隐式时间积分方法各有优缺点。因此，作者在摩擦自激振动的瞬时动态分析过程中针对不同的求解需求，同时使用了这两种时间积分方法。

3.3   摩擦自激振动理论的试验验证

摩擦自激振动的研究与制动尖叫噪声的研究是分不开的，制动尖叫噪声发生机理的研究往往就是制动摩擦自激振动发生机理的研究，制动尖叫噪声的声学特性的研究并不多见。制动尖叫噪声理论的验证主要是尖叫噪声频率的验证。在本节中，通过对比相同工况下金属往复滑动摩擦系统的自激振动试验结果与有限元分析结果（复特征值分析与瞬时动态分析），验证了摩擦自激振动有限元分析的可靠性。

3.3.1   金属往复滑动摩擦自激振动试验系统简介及试验结果

本书的摩擦自激振动试验在一台立式往复滑动摩擦试验台上进行。试验台的结构如图 3-8 所示。整个试验装置主要由力传感器、被动试件支架、主动试件支架、平试件（主动试件、被动试件）以及作动器五部分组成。力传感器一端被固定在试验台支架上，另一端连接被动试件支架。被动试件通过强力胶粘贴在被动试件支架上。主动试件支架与作动器连接在一起，主动试件通过螺栓夹紧的方式安装在主动试件支架上。主动试件与被动试件之间为平面对平面接触。法向接触压力通过一套滑轮系统施加在被动试件支架背面。一套油压装置为作动器提供动力，使作动器可以按正弦波规律进行上下往复滑动，从而实现主动试件与被动试件之间的摩擦。

主动试件和被动试件的材质均为 45 号钢，无热处理。主动试件的尺寸为 40mm×40mm×40mm，被动试件的尺寸为 10mm×10mm×20mm。在试验之前，试件的接触面经过仔细地打磨和抛光，并放在酒精中进行 20min 的超声波清洗。试件接触面的表面粗糙度 $Ra≈0.25\mu m$。在试验过程中，主动试件往复滑动的频率 f_1 为 1Hz 或 2Hz，法向接触压力 F_n 为 100N，滑动幅值 D_1 为 2mm，循环次数 N_1 为 1～5000 次。两个国产 YD-42 型压电式加速度传感器被分别粘贴在被动试件支架的背面和底部，分别测量系统的法向(X 方向)振动和切向(Y 方向)振动。配合使用的电荷放大器为 YE5852 型，其最大可测量的加速度值为 10000m/s²，工作频率为 1~10kHz。使用一台动态数据采集分析仪对振动加速度传感器的电压信号进行采集和处理。动态数据采集分析仪的采样频率最高为 100kHz，每个通道存储深度为 1MB，实用采样频率为 10kHz。

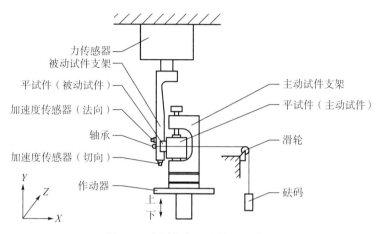

图 3-8　金属往复滑动装置示意图

　　金属往复滑动摩擦自激振动试验结果以及功率谱密度(power spectral density，PSD)分析结果如图 3-9 和图 3-10 所示。在试验过程中，摩擦自激振动会经历出现、稳定、消失三个阶段。图 3-9 与图 3-10 的试验结果均为摩擦自激振动处于稳定阶段的试验结果。其中，图 3-9 的试验工况为 f_1=2Hz、F_n=100N、D_1=2mm、N_1=3000 次。从试验结果可以看出，摩擦自激振动发生在主动试件的上行程中，在主动试件的下行程中没有发生摩擦自激振动。上行程中(0~0.25s)，摩擦自激振动加速度的振幅均方根为 48.27m/s²(法向)和 27.74m/s²(切向)。法向振动频率为 3415.53Hz，切向振动频率为 3386.23Hz。图 3-10 的试验工况为 f_1=1Hz、F_n=100N、D_1=2mm、N_1=3000 次。摩擦自激振动同样只发生在上行程。上行程中(0~0.5s)摩擦自激振动加速度的振幅均方根为 38.56m/s²(法向)和 15.53m/s²(切向)。法向振动频率为 3395.96Hz，切向振动频率为 3425.29Hz。上述法向与切向振动加速度的振幅均方根计算公式为 $x_{rms} = \sqrt{\dfrac{1}{N_1}\sum_{i=1}^{N_1} x_i^2}$ 。

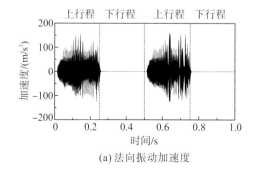

(a) 法向振动加速度

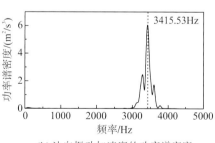

(b) 法向振动加速度的功率谱密度

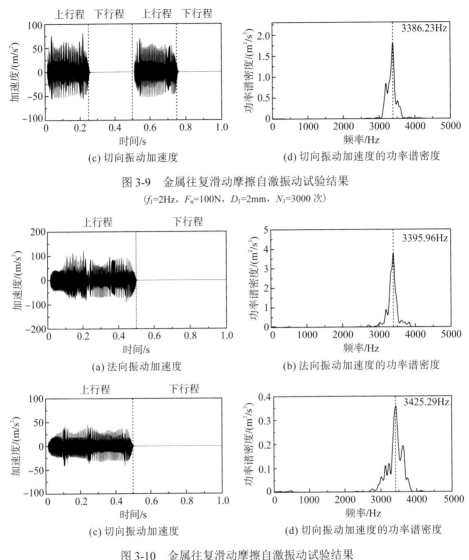

(c) 切向振动加速度　　　　　　　　　　(d) 切向振动加速度的功率谱密度

图 3-9　金属往复滑动摩擦自激振动试验结果

(f_1=2Hz，F_n=100N，D_1=2mm，N_1=3000 次)

(a) 法向振动加速度　　　　　　　　　　(b) 法向振动加速度的功率谱密度

(c) 切向振动加速度　　　　　　　　　　(d) 切向振动加速度的功率谱密度

图 3-10　金属往复滑动摩擦自激振动试验结果

(f_1=1Hz，F_n=100N，D_1=2mm，N_1=3000 次)

3.3.2　金属往复滑动系统的有限元建模

作者根据实测数据和零件图纸，建立了金属往复滑动系统的 1∶1 三维有限元模型，如图 3-11(a) 所示。在模型中，各个部件之间的连接均采用绑定约束，主动试件与被动试件之间为摩擦接触，并假设接触面是绝对平整的。根据实测结果，金属往复滑动系统在试验过程中并不会产生大量的热量。因此，模型并未考虑摩擦热效应。试验系统中被动试件支架、主动试件支架、主动试件和被动试件的材料均为 45 号钢，其材料参数如下：密度 ρ = 7800kg/m³，弹性模量 E = 210000MPa，泊松比 ν = 0.3。金属往复滑动系统有限元模型的边界条件设置如图 3-11(b) 所示。力传感器的顶部为固支边界条件，法向力施加在被动试件支架的背部，其方向为 X 轴正方向。主动试件支架的底部被限制了 X 方向和 Z 方向的自由度。一个速度边界条件被施加在主动试件支架底部的 Y 方向上，其速度幅值随正弦规律变化。模型采用三维六面体连续单元，共有 154618 个单元。在复特征值分析和瞬时动态分析过程中，模型的摩擦接触设置和单元积分方式略有不同，其详细设置将在 3.3.3 节和 3.3.4 节中进行介绍。

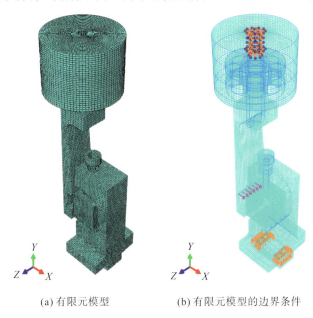

(a) 有限元模型　　　　　　(b) 有限元模型的边界条件

图 3-11　金属往复滑动系统模型

3.3.3　金属往复滑动系统的有限元复特征值分析

摩擦自激振动复特征值分析只能预测摩擦系统在稳态滑动过程中的不稳定振动频率及模态。因此，复特征值在分析过程中，主动试件的滑动方向是不能改变的。为了解决这个问题，作者将主动试件的运动过程分为上行程和下行程两个部分，并分别进行分析。这两个运动过程的区别主要在于主动试件的滑动方向。在上行程中，主动试件以 12.566mm/s 的速度沿着 Y 轴正方向滑动。在下行程中，主动试件以相同的速度沿着 Y 轴负方向滑动，如图 3-12 所示。在复特征值分析中，主动试件与被动试件之间的接触算法为有限滑移结合罚函数法。摩擦算法设为罚函数法。模型的单元类型为 C3D8I（3 维 8 节点连续体完全积分单元），法向接触压力 $F_n=100N$。主动试件的往复滑动条件设置为滑移距离 $D_1=2mm$，滑动频率 $f_1=2Hz$。在此条件下，主动试件的最大瞬时滑移速度约为 12.566mm/s。

1. 上行程分析结果

复特征值分析结果显示，金属往复滑动系统在上行程中可能发生 3 种不同频率的摩擦自激振动。从图 3-13 中可以看出，随着摩擦系数的变化，3 对振动模态发生了耦合：第 8 阶和第 9 阶振动模态（$f_R=2319.6Hz$，$\mu=0.69$）；第 14 阶和第 15 阶振动模态（$f_R=3407.6Hz$，$\mu=0.37$）以及第 34 阶和第 35 阶振动模态（$f_R=8974.7Hz$，$\mu=0.3$）。当摩擦系数 $\mu=0.3$ 时，第 34 阶模态与第 35 阶模态发生了耦合，耦合频率为 8974.7Hz。然而，随着摩擦系数的增大，

当摩擦系数 μ=0.39 时，第 34 阶模态与第 35 阶模态之间的耦合现象消失（f_R=8909.3Hz）。这种现象说明系统在上行程中发生频率为 8974.7Hz 的摩擦自激振动的可能性不大。当摩擦系数 μ=0.37 时，第 14 阶模态与第 15 阶模态发生了耦合，耦合频率为 3407.6Hz。并且，这种耦合现象随着摩擦系数的增大并未消失。这一分析结果显示，当主动试件与被动试件之间的摩擦系数 $\mu \geqslant 0.37$ 时，系统容易发生频率为 3407.6Hz 的摩擦自激振动。当摩擦系数 μ=0.69 时，第 8 阶模态与第 9 阶模态发生了耦合，耦合频率为 2319.6Hz。然而，试验研究表明金属界面之间的干摩擦系数很难达到 0.6 以上。因此，在上行程中，系统很难产生频率为 2319.6Hz 的摩擦自激振动。综上所述，复特征值分析预测系统在上行程阶段容易发生频率为 3407.6Hz 的摩擦自激振动。在相同的工况下（F_n=100N，D_1=1mm，f_1=2Hz），试验实测结果显示系统在上行程中的振动频率为 3415.53Hz（图 3-9（b））。此试验结果与复特征值预测结果非常相近，两者的误差仅为 0.23%。

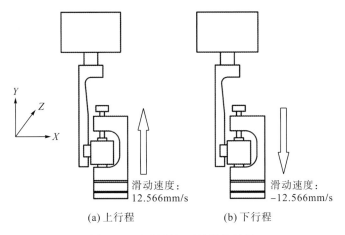

图 3-12　上行程与下行程的区别

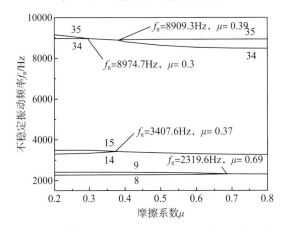

图 3-13　金属往复滑动系统在主动试件上行程中的模态耦合分布

（F_n=100N，v_s=12.566mm/s）

复特征值分析不仅能预测摩擦系统的自激振动频率，还能分析系统的振动模态。金属往复滑动系统在上行程阶段的摩擦自激振动模态如图 3-14 所示，其振动频率为 3407.6Hz。

图 3-14(a)、(b)和(c)分别显示了系统在 X、Y 和 Z 方向的自激振动模态。从图中可以看出，摩擦自激振动同时发生在 X 方向和 Y 方向，即主动试件和被动试件接触力的法向和切向(也可称为系统的法向和切向)。这说明当摩擦自激振动发生时，系统的法向振动和切向振动发生了耦合。

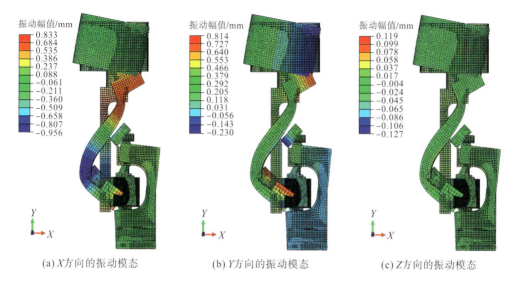

(a) X 方向的振动模态   (b) Y 方向的振动模态   (c) Z 方向的振动模态

图 3-14   频率为 3407.6Hz 的摩擦自激振动模态

2. 下行程分析结果

金属往复滑动系统下行程中的复特征值分析结果如图 3-15 所示。预测结果显示，当摩擦系数 $\mu<0.68$ 时，系统不会发生摩擦自激振动。当摩擦系数 $\mu\geqslant0.68$ 时，第 10 阶模态与第 11 阶模态发生了耦合，耦合频率为 2447.4Hz。然而，这两阶模态的耦合摩擦系数远大于金属界面的实际摩擦系数。因此，金属往复滑动系统在下行程中很难发生摩擦自激振动，这一预测结果与试验结果相符。频率为 2447.4Hz 的摩擦自激振动模态如图 3-16 所示。从图中可以看出，自激振动主要发生在主动试件的紧固螺栓上，并非整个系统发生了不稳定的自激振动。

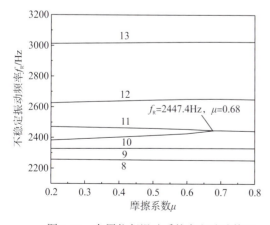

图 3-15   金属往复滑动系统在主动试件下   图 3-16   频率为 2447.4Hz 的摩擦自激振动模态
行程中的模态耦合分布   (F_n=100N, v_s=−12.566mm/s, μ=0.68, f_R=2447.4Hz, ζ=−0.00541)

3.3.4　金属往复滑动系统的有限元瞬时动态分析

　　有限元瞬时动态分析是一种时域分析方法。在分析过程中，作用力及位移、速度边界条件的加载方式对分析结果有很大的影响，选择正确的加载方式能提高分析效率和分析结果的正确率。在瞬时动态分析过程中，金属往复滑动系统的法向力和往复滑动速度的加载曲线如图 3-17 所示。整个加载过程分为两个阶段，即法向力加载阶段和往复滑动速度加载阶段。在第一阶段（$0 \sim t_0$），法向力以恒定的速率增大到预设值 f_0。在第二阶段，法向力保持预设大小，主动试件及其支架开始进行往复滑动，其滑动规律为正弦规律。模型的单元类型为 C3D8R（3 维 8 节点连续体缩减积分单元），这种单元能提高瞬时动态分析过程中节点位移、速度以及加速度的计算精度。主动试件与被动试件的接触算法为有限滑移结合拉格朗日乘数法。摩擦算法为罚函数法。模型的监测节点设置在被动试件支架的背部与底部，其位置与试验过程中加速度传感器的粘贴位置一致。

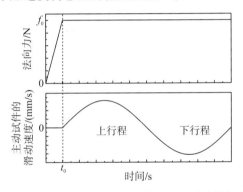

图 3-17　瞬时动态分析过程中法向力与滑动速度的加载曲线

　　作者分别进行了两种工况下的摩擦自激振动瞬时动态分析。第一种工况的瞬时动态分析结果如图 3-18 所示。在分析过程中，主动试件与被动试件的接触法向力 F_n=100N，主动试件的往复滑动频率 f_1=2Hz，往复滑动距离 D_1=2mm，主动试件与被动试件之间的摩擦系数 μ=0.38。主动试件的往复滑动符合正弦规律，如图 3-18(a) 所示。监测点的法向振动加速度和切向振动加速度如图 3-18(b) 和 (d) 所示。对比试验结果（图 3-9(a) 和 (c)）与有限元预测结果（图 3-18(b) 和 (d)），可以发现两者有非常好的一致性。有限元预测结果与试验结果均显示摩擦自激振动只发生在上行程阶段。并且，摩擦自激振动发生和结束的时间也非常一致。此外，由有限元瞬时动态分析结果可以看出，在摩擦自激振动产生的初始阶段，其振动幅值呈指数型增长，这是摩擦自激振动的典型特点。在上行程阶段（$0 \sim 0.25$s），有限元预测振动加速度的振幅均方根为 73.35m/s²（法向）和 22.19m/s²（切向），相同工况下的试验结果为 48.27m/s²（法向）和 27.74m/s²（切向），两者完全处于同一数量级，并且切向振动的振幅均方根误差较小。图 3-18(c) 和 (e) 分别为图 3-18(b) 和 (d) 振动加速度的功率谱密度分析结果。有限元瞬时动态分析预测的振动主要频率为 3281.25Hz。在相同工况下，试验系统的实测法向振动频率为 3415.53Hz（图 3-9(b)），切向振动频率为 3386.23Hz（图 3-9(d)）。瞬时动态预测结果与试验实测结果之间的误差为 3.9%（法向）和 3.1%（切向）。

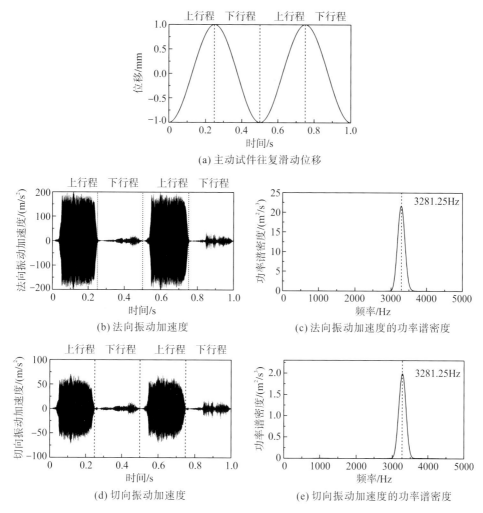

图 3-18　金属往复滑动摩擦自激振动有限元瞬时动态分析结果
(f=2Hz，F_n=100N，D_1=2mm)

　　有限元瞬时动态预测结果中的法向振动与切向振动具有完全相同的振动频率。这一分析结果显示当系统发生摩擦自激振动时，法向振动与切向振动发生了耦合。这一结论与复特征值分析结果是一致的。复特征值分析预测的系统不稳定振动模态(上行程，图 3-14)显示摩擦自激振动同时发生在系统的法向和切向，振动频率为 3407.6Hz。结合复特征值分析结果和瞬时动态分析结果，可以看出系统法向振动和切向振动的耦合现象是产生摩擦自激振动的主要原因。在试验过程中，作者分别采用两个单独的加速度传感器监测系统的法向振动和切向振动。并且，这两个加速度传感器的粘贴位置有较大区别。这种位置上的差别造成了实测法向振动频率与切向振动频率之间存在很小的误差(图 3-9(b) 和(d))。

　　第二种工况(F_n=100N，f_1=1Hz，D_1=2mm，μ=0.38)的瞬时动态分析结果如图 3-19 所示。对比图 3-19(b)与图 3-10(a)以及图 3-19(d)与图 3-10(c)，可以发现瞬时动态预测结果与试验结果在此工况下同样具有非常良好的一致性。在此工况下，试验结果与瞬时动态预测结果同样显示摩擦自激振动发生在上行程阶段。在上行程中(0~0.5s)，有限元预测振动加速度的振幅均方为 50.45m/s²（法向）和 17.55m/s²（切向），试验结果为 38.56m/s²（法向）和 15.53m/s²（切向）。瞬时动态分析得到的法向振动和切向振动频率均为 3349.61Hz（图 3-19（c）和（e）），试验实测结果得到的法向振动频率为 3395.96Hz（图 3-10（b）），切向振动频率为 3425.29Hz（图 3-10（d））。瞬时动态预测结果与试验实测结果之间的误差为 1.4%（法向）和 2.2%（切向）。上述两种工况下的瞬时动态分析结果和试验结果对比情况均表明有限元瞬时动态分析能准确地预测摩擦自激振动的发生和结束时间、振动加速度幅值以及振动频率。

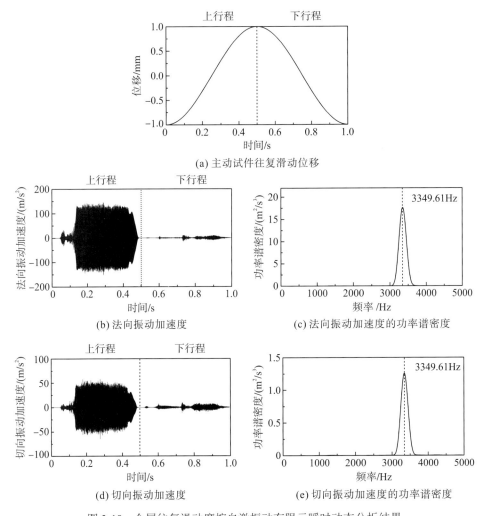

图 3-19　金属往复滑动摩擦自激振动有限元瞬时动态分析结果
（f_1=1Hz，F_n=100N，D_1=2mm）

参 考 文 献

[1] Ibrahim R A. Friction-induced vibration, chatter, squeal, and chaos—part II: Dynamics and modeling. Applied Mechanics Reviews, 1994, 47(7): 227-253.

[2] Gao C, Kuhlmann-Wilsdorf D. On stick-slip and the velocity dependence of friction at low speeds. Journal of Tribology, 1990, 112(2): 354-360.

[3] Gao C, Kuhlmann-Wilsdorf D, Makel D D. The dynamics analysis of stick-slip motion. Wear, 1994, 173(1-2): 1-12.

[4] 陈光雄. 金属往复滑动摩擦噪声的研究. 成都: 西南交通大学, 2002.

[5] Aronov V, D'Souza A F, Kalpakjian S, et al. Interactions among friction, wear, and system stiffness—part 2: Vibrations induced by dry friction. Journal of Tribology, 1984, 106(1): 59-64.

[6] North N R. Disc brake squeal. Proceedings of IMechE, 1976, C38/76: 169-176.

[7] Liles G D. Analysis of disc brake squeal using finite element methods. SAE Technical Paper, Warrendale, 1989: 891150.

[8] Yuan Y. An eigenvalue analysis approach to brake squeal problem. Proceedings of the 29th ISATA Conference Automotive Braking Systems, Florence, 1996.

[9] Ouyang H J, Nack W, Yuan Y B, et al. Numerical analysis of automotive disc brake squeal: a review. International Journal of Vehicle Noise and Vibration, 2005, 1(3/4): 207.

[10] Ibrahim R A. Friction-induced vibration, chatter, squeal, and chaos—part I: Mechanics of contact and friction. Applied Mechanics Reviews, 1994, 47(7): 209-226.

[11] Papinniemi A, Lai J C S, Zhao J Y, et al. Brake squeal: a literature review. Applied Acoustics, 2002, 63(4): 391-400.

[12] Kinkaid N M, O'Reilly O M, Papadopoulos P. Automotive disc brake squeal. Journal of Sound and Vibration, 2003, 267(1): 105-166.

[13] Kung S W, Stelzer G, Belsky V, et al. Brake squeal analysis incorporating contact conditions and other nonlinear effects. SAE Technical Paper, Warrendale, 2003: 2003-01-3343.

[14] Bajer A, Belsky V, Zeng L J. Combining a nonlinear static analysis and complex eigenvalue extraction in brake squeal simulation. SAE Technical Paper, Warrendale, 2003: 2003-01-3349.

[15] Nagy L I, Cheng J, Hu Y K. A new method development to predict brake squeal occurrence. SAE Technical Paper, Warrendale, 1994: 942258.

[16] Chern Y J, Chen F, Swayze J L. Nonlinear brake squeal analysis. SAE Technical Paper, Warrendale, 2002: 2002-01-3138

[17] Kudish I, Covitch M. Contact problems with friction. Proceedings of Numiform, Rotterdam, 1989: 599-606.

[18] Hilber H M, Hughes T J R, Taylor R L. Improved numerical dissipation for time integration algorithms in structural dynamics. Earthquake Engineering and Structural Dynamics, 1977, 5(3): 283-292.

[19] Czekanski A, El-Abbasi N, Meguid S A. Optimal time integration parameters for elastodynamic contact problems. Communications in Numerical Methods in Engineering, 2001, 17(6): 379-384.

第4章　钢轨波磨发生的规律性研究

　　就作者所见，全世界范围内的波磨研究论文很少涉及钢轨波磨的规律性总结[1-4]。钢轨波磨的规律性是钢轨波磨理论研究的基础，如果钢轨波磨理论与钢轨波磨发生的规律性不同，则钢轨波磨理论就不可能成为正确的理论。在本书中，作者提出了钢轨波磨发生率的概念，它指任意一条铁路线路钢轨波磨的累计里程除以该铁路线路的总里程。任意一条铁路线路指具有相对独立可以自成系统运作的具有一定里程的铁路，如北京地铁4号线、成都地铁6号线等，也可以是铁路网络的某一部分，如成渝铁路线、成昆铁路线，或者某个铁路局集团公司管内铁路线等。用钢轨波磨的发生率来描述钢轨波磨的发生情况，对钢轨波磨发生的规律性就可以一目了然。对钢轨波磨发生的规律性的认识是认识迷雾重重的钢轨波磨机理的一把钥匙，也是判断文献中众多钢轨波磨机理正确与否的重要标准。相信很多从事钢轨波磨研究的初研者都渴望获得钢轨波磨规律性的知识，但从目前的文献来看，鲜见钢轨波磨规律性的报道，特别是对钢轨波磨发生规律的定量方面的报道更是少之又少。通读国内外数百篇钢轨波磨文献，发现似乎有钢轨的地方就存在着钢轨波磨，无论是直线线路、大半径曲线线路，还是小半径曲线线路，也无论是在曲线线路的内轨还是外轨，都存在钢轨波磨，似乎钢轨波磨的发生毫无规律性可言。另外，钢轨波磨的现场调研有相当的难度，需要消耗大量的人力和物力。根据作者从某铁路局集团公司调研获得的数据，该铁路局集团公司干线铁路的波磨发生率仅为3%左右。显然，研究者的现场调研如果没有得到铁路部门的配合，则几乎很难找到这些钢轨波磨的发生位置。同样，地铁线路钢轨波磨的现场调研也是困难重重。地铁线路的钢轨波磨发生率一般低于10%，严重的达到15%~20%，极少达到30%，作者参加过多个地区地铁线路钢轨波磨的现场调查，知道现场调查的很多方面。第一，需要获得地铁线路有关管理部门的批准才能下线作业，给地铁波磨现场调研增加了难度；第二，所有地铁线路的现场调查都只能安排在夜间地铁列车停运期间进行，调查工作十分艰苦；第三，每个晚上下线调研一般仅能调研3~4km长度的钢轨波磨情况，一条地铁线路往返里程少则30~40km，多则100~150km，要完成一条全部地铁线路的现场波磨调研少则需要15~20天，多则需要50~75天。因此，对钢轨波磨的现场调研工作既费时也费力，调研的结果也有限，极少有研究者总结钢轨波磨发生的规律性。

　　作者从初研者一路走来，十几年来只要有机会就亲自下线实地调查研究，对铁路局集团公司有关部门进行采访调研，以及结合作者对文献进行的研究和个人思考，作者认为钢轨波磨的发生具有极强的规律性，本章通过现场调研总结其规律性。

　　当然，对钢轨波磨的研究已经百余年，其中钢轨型号、扣件型号、轨枕形式、道砟、车轮踏面轮廓外形、轨底坡、材质等都进行了改进，钢轨波磨发生的规律性也发生了部分变化。这里提出的是针对当前铁路波磨发生的规律性的总结。我国目前有十几个独立课题组在开展钢轨波磨问

题的研究，或许不同的研究者对钢轨波磨的规律性有不同的观点，作者希望更多的研究者公开发表他们自己的见解，通过不断讨论和求证，修正本书作者的结论，最终形成大家的共识。

4.1　地铁线路钢轨波磨初始形成以及发展过程的跟踪调查研究

本节介绍作者对成都地铁 6 号线两个具有代表性区段的钢轨波磨情况进行为期 3 年的跟踪调查研究结果。成都地铁 6 号线全长 68.76km，列车采用 A 型车辆 8 节编组，正线钢轨型号为 60kg/m，轨枕间距为 590mm，于 2020 年 12 月 18 日正式开通载客运营。我国地铁线路正式开通载客运营之前都需要进行为期 3 个月的空载试运行，成都地铁 6 号线在 2020 年 9 月 1 日开始空载试运行。本次钢轨波磨的跟踪调查研究是从 2020 年 7 月 28 日开始的，当天下线选定了钢轨波磨跟踪调查研究的路段，分别选择了曲线半径 $R=350\text{m}$ 和 $R=600\text{m}$ 这两处地方作为钢轨波磨跟踪调查路段。

4.1.1　曲线半径 $R=350\text{m}$ 曲线钢轨波磨初始形成和发展过程的跟踪调查

跟踪调查的 $R=350\text{m}$ 曲线路段位于沙湾站、西北桥站这两个车站之间，包括从沙湾站开往西北桥站方向和从西北桥站开往沙湾站方向，曲线超高 $h=115\text{mm}$，轨距 $g=1435\text{mm}$，曲线长度 $L=651\text{m}$，进、出缓和曲线长度分别为 $L_1=L_2=60\text{m}$，圆曲线长度为 531m，使用浮置板道床[5]。该路段的详细线路结构参数如图 4-1 所示。

图 4-2 显示了 2020 年 7 月 28 日线路空载试运行前到线路现场选择跟踪观测点时拍摄的钢轨照片，可以看出曲线内轨和外轨都有清晰可见的轮轨接触压痕。

图 4-3 显示了 2020 年 11 月拍摄的曲线半径 $R=350\text{m}$ 线路钢轨的磨痕照片，这次的调研时间是该条线路空载试运行约 2.5 个月。由图 4-3(a)可以看出在内轨轨顶面有一条明显的肉眼可见的波磨痕迹，波磨的波长为 28～30mm。在外轨轨距角的位置出现了明显的磨痕，这是车辆通过小半径曲线轮缘与钢轨接触磨耗留下来的磨痕，但此磨痕没有肉眼可见的波磨痕迹。通过比较内、外轨的磨耗，可以看出外轨工作面的磨耗程度明显大于内轨工作面的磨耗程度，这是小半径曲线线路钢轨磨耗的一个普遍现象。值得指出的是，在半径 $R=350\text{m}$ 的线路上、下行区段，波磨出现的特点是类似的。

由图 4-3 可以看出，在地铁线路空载试运行约 2.5 个月后，地铁小半径曲线内轨就出现了肉眼可见的波磨，尽管这个波磨的波谷很浅，但肉眼可以明显分辨出来。调查所见，这个时候这个波磨不是发生在整个曲线线路的圆曲线上，而是首先在圆曲线中间位置附近出现，断断续续，没有连成一片，如图 4-4 所示，出现波磨的累计长度约为 126.3m。这次调研所见，整个曲线的外轨都没有波磨。在内轨其他没有出现肉眼可见波磨的地方，每隔一定的距离就能看到内轨工作面上存在不同程度的擦伤痕迹，如图 4-5 所示。在整个曲线(包括缓和曲线)长度范围内，外轨没有看到类似图 4-5 所示的钢轨工作面擦伤的痕迹。图 4-3 和图 4-5 的钢轨工作面擦伤的痕迹说明地铁钢轨波磨是由材料磨损引起的。值得指出的是，在半径 $R=350\text{m}$ 的线路上、下行区段，波磨出现的特点是类似的。

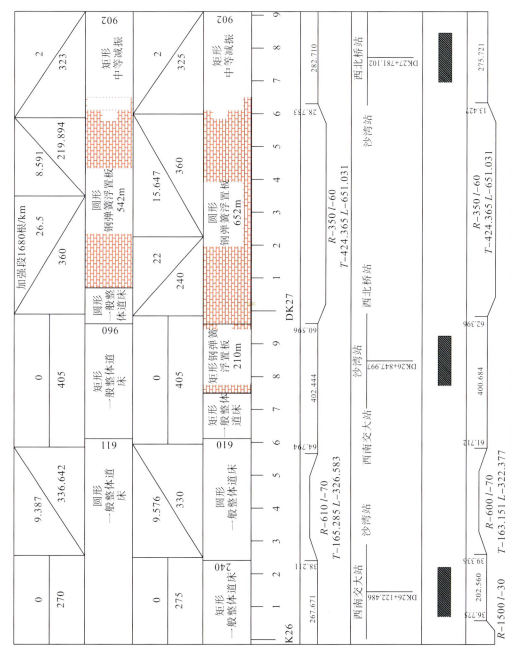

图4-1 成都地铁6号线西南交大站—西北桥站线路结构参数

R指曲线半径(m); T指缓和曲线长度(m); L指曲线长度(m)

(a) 曲线内轨　　　　　　　　　　　　(b) 曲线外轨

图 4-2　半径 R=350m 圆曲线区段内、外轨磨痕照片

(时间：2020 年 7 月 28 日，线路空载试运行前)

(a) 曲线内轨　　　　　　　　　　　　(b) 曲线外轨

图 4-3　半径 R=350m 曲线内、外轨磨痕照片

(时间：线路空载试运行约 2.5 个月正式通车载客运行前)

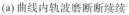
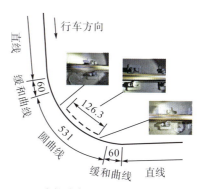

(a) 曲线内轨波磨断断续续　　　　　　(b) 内轨波磨发生位置(单位：m)

图 4-4　2020 年 11 月调研所见钢轨波磨出现的位置

(a) 曲线内轨1　　　　　　　　　　　　(b) 曲线内轨2

(c) 曲线内轨3　　　　　　　　　　　　(d) 曲线内轨4

(e) 曲线内轨5　　　　　　　　　　　　(f) 曲线内轨6

(g) 曲线内轨7　　　　　　　　　　　　(h) 曲线内轨8

图 4-5　半径 R=350m 圆曲线内轨工作面出现的一些明显的擦伤痕迹的照片

(时间：线路空载试运行约 2.5 个月正式通车载客运行前)

　　图 4-6 显示了 2021 年 1 月拍摄的曲线半径 $R=350m$ 的地铁线路钢轨的磨痕照片，这次调研的时间是该条线路正式通车载客运行约 1.5 个月。从图中可以看出在内轨轨顶面有一条明显的肉眼可见的波磨痕迹，波磨的波长为 26～28mm。在外轨轨距角的位置出现了明显的磨痕，但此磨痕没有肉眼可见的波磨痕迹。通过比较内轨和外轨的磨耗，可以看出外轨工作面的磨损程度明显大于内轨工作面的磨损程度。值得指出的是，在半径 $R=350m$ 的线路上、下行区段，波磨出现的特点是类似的。

(a) 曲线内轨1　　　　　　　　　　(b) 曲线外轨　　　　　　　(c) 曲线内轨2

图 4-6　半径 $R=350m$ 曲线内、外轨的磨痕照片
(时间：线路正式通车载客运行约 1.5 个月)

　　这次调研可见，在地铁线路正式通车载客运行 1.5 个月，半径 $R=350m$ 曲线内轨波磨的长度比上次调研时增加了，波磨的累计长度约为 362.2m，波磨的波谷更深了，波磨仍然没有连成一片，还是断断续续。波磨仍然没有遍布整个圆曲线，而是在圆曲线中间位置向两边扩展，如图 4-7 所示。这次调研，我们注意到整个圆曲线的外轨都没有波磨。

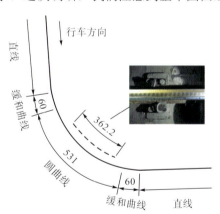

图 4-7　半径 $R=350m$ 钢轨波磨出现的位置(单位：m)
(时间：线路正式通车载客运行约 1.5 个月)

　　图 4-8 显示了 2021 年 5 月拍摄的曲线半径 $R=350m$ 的地铁线路钢轨的磨痕照片，这次调研的时间是该条线路正式通车载客运行约 5 个月。从图中可以看出在内轨轨顶面有一条明显的波磨痕迹，波磨的波长为 28～30mm。在外轨轨距角的位置出现了明显的磨痕，但此磨痕没有肉眼可见的波磨。通过比较内轨和外轨的磨耗，可以看出外轨工作面的磨损程度明显大于内轨工作面的磨损程度。值得指出的是，在半径 $R=350m$ 的线路上、下行区段，波磨出现的特点是类似的。

(a) 曲线内轨1　　　　　　　(b) 曲线外轨1　　　　　　(c) 扣件弹簧元件折断

(d) 曲线内轨2　　　　　　　　　　　　　(e) 曲线外轨2

图 4-8　半径 R=350m 曲线内、外轨的磨痕照片

(时间：线路正式通车载客运行约 5 个月)

图 4-9 显示了 2021 年 10 月拍摄的曲线半径 R=350m 的地铁线路钢轨的磨痕照片，这次调研的时间是该条线路正式通车载客运行约 10 个月。从图中可以看出在内轨轨顶面有一条明显的波磨痕迹，波磨的波长为 28～30mm，在这个时间曲线内轨的波磨已经连成了一片。在外轨轨距角的位置出现了明显的磨痕，但此磨痕没有肉眼可见的波磨。通过比较内、外轨的磨耗，可以看出外轨工作面的磨损程度明显大于内轨工作面的磨损程度。值得指出的是，在半径 R=350m 的线路上、下行区段，波磨出现的特点是类似的。

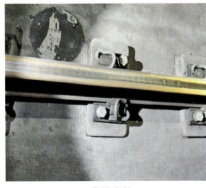

(a) 曲线内轨1　　　　　　　(b) 曲线内轨2　　　　　　　(c) 曲线外轨

图 4-9　半径 R=350m 曲线内、外轨的磨痕照片

(时间：线路正式通车载客运行约 10 个月)

　　图 4-10 显示了 2021 年 11 月拍摄的曲线半径 R=350m 的地铁线路钢轨的磨痕照片,这次调研的时间是该条线路正式通车载客运行约 11 个月。从图中可以看出在内轨轨顶面有一条明显的波磨痕迹,部分波磨的波长为 28～30mm,如图 4-10(a)所示,这种波磨发生在圆曲线中间位置附近;另一部分波磨的波长为 126～132mm,如图 4-10(c)所示,这个波长的波磨发生在靠近曲线出缓和曲线方向的圆曲线上。在这个时间曲线内轨的波磨已经连成了一片。调查发现内轨波磨的波长从 28～30mm 变化到 126～132mm 时有一个过渡段,在过渡段的波磨波谷发生了弱化,即波磨的波峰和波谷变得不明显,如图 4-10(e)所示。在外轨轨距角的位置出现了明显的磨痕,但此磨痕没有肉眼可见的波磨,如图 4-10(b)和(d)所示。通过比较内、外轨的磨耗,可以看出外轨工作面的磨损程度明显大于内轨工作面的磨损程度。值得指出的是,在半径 R=350m 的线路上、下行区段,波磨出现的特点是类似的。

(a) 曲线内轨(有波长为28~30mm的波磨)　　　　　　　　(b) 曲线外轨1(无波磨)

(c) 曲线内轨　　　　(d) 曲线外轨2(无波磨)　　　　(e) 曲线内轨波磨弱化区段
(有波长为126~132mm的波磨)

图 4-10　半径 R=350m 曲线内、外轨的磨痕照片
(时间:线路正式通车载客运行约 11 个月)

　　图 4-11 显示了 2022 年 5 月拍摄的曲线半径 R=350m 的地铁线路钢轨的磨痕照片,这次调研的时间是该条线路正式通车载客运行约 17 个月。从图中可以看出在内轨轨顶面有一条明显的波磨痕迹,部分波磨的波长为 28～30mm,如图 4-11(a)所示,这个波长的波磨发生在圆曲线的中央位置附近;另一部分波磨的波长为 126～132mm,如图 4-11(c)和(e)所示,这种波长的波磨发生在靠近圆缓点的圆曲线上,是在原来波长为 28～30mm 的波磨弱化的基础上出现的新波磨。不同波长的波磨是连成一片的,位于圆曲线的中央位置,

长度约为 480.6m，没有遍布整个圆曲线，距缓圆点或者圆缓点各有约 25m 的圆曲线没有出现波磨。在外轨轨距角的位置出现了明显的磨痕，大部分外轨磨痕没有肉眼可见的波磨痕迹，如图 4-11(b)和(d)所示。但在圆曲线中央位置附近，在外轨踏面接触位置，出现了总长度约 86.4m 的断断续续的外轨波磨，外轨波磨的波长为 45～50mm，如图 4-11(h)和(i)所示。本次线路现场调研发现，当线路正式通车载客运行约 17 个月时，在半径 $R=350$m

(a) 曲线内轨1　(b) 曲线外轨1(无波磨)　(c) 曲线内轨2
(有波长为28~30mm的波磨)　　　　　　　(有波长为126~132mm的波磨)

(d) 曲线外轨2(无波磨)　(e) 曲线内轨3　(f) 曲线外轨3
　　　　　　　(有波长为126~132mm的波磨)

(g) 曲线内轨4　(h) 曲线外轨4　(i) 曲线外轨5
　　　　(有波长为45~50mm的波磨)　(有波长为45~50mm的波磨)

图 4-11　半径 $R=350$m 曲线内、外轨的磨痕照片
(时间：线路正式通车载客运行约 17 个月)

圆曲线的外轨出现了断断续续的外轨波磨。与线路正式通车载客运行约 11 个月时的调研结果相比较，那时圆曲线的外轨没有任何肉眼可见的波磨。根据外轨波磨断断续续没有连成一片的特点，说明外轨波磨出现的时间并不长。值得指出的是，在半径 R=350m 的线路上、下行区段，波磨出现的特点是类似的，此时上、下行曲线外轨都出现了波长相当的外轨波磨，只是外轨波磨的累计长度略有不同。

图 4-12 显示了 2023 年 2 月拍摄的曲线半径 R=350m 的地铁线路钢轨的磨痕照片，这次调研的时间是该条线路正式通车载客运行约 26 个月。从图中可以看出钢轨已经打磨过，在打磨过的内轨轨顶面有一条明显的波磨痕迹，部分波磨的波长为短波波磨，如图 4-12(a) 所示；部分波磨的波长为长波波磨，如图 4-12(b) 所示；外轨无波磨，如图 4-12(c) 所示。作者在这次现场调研中注意到，内轨波磨没有布满整个圆曲线。

(a) 曲线内轨（短波波磨）　　(b) 曲线内轨（长波波磨）　　(c) 曲线外轨（无波磨）

图 4-12　半径 R=350m 曲线内、外轨的磨痕照片
（时间：线路正式通车载客运行约 26 个月）

图 4-13 显示了 2023 年 5 月拍摄的曲线半径 R=350m 的地铁线路钢轨的磨痕照片，这次调研的时间是该条线路正式通车载客运行约 29 个月。从图中可以看出内轨轨顶面有一条明显的波磨痕迹，部分波磨的波长为短波波磨，如图 4-13(a) 所示；部分波磨的波长为长波波磨，如图 4-13(b) 所示；外轨无波磨，如图 4-13(c) 所示。2024 年 2 月的调查结果与此类似。

(a) 曲线内轨（短波波磨）　　(b) 曲线内轨（长波波磨）　　(c) 曲线外轨（无波磨）

图 4-13　半径 R=350m 曲线内、外轨的磨痕照片
（时间：线路正式通车载客运行约 29 个月）

4.1.2 曲线半径 *R*=600m 曲线钢轨波磨初始形成和发展过程的跟踪调查

这次跟踪调查的 *R*=600m 曲线路段位于成都地铁 6 号线西南交大站与沙湾站之间，轨距 *g*=1435mm，从西南交大站开往沙湾站方向的曲线半径 *R*=600m，曲线超高 *h*=70mm；从沙湾站开往西南交大站方向的曲线半径 *R*=610m，曲线超高 *h*=75mm。圆曲线长度为 186m，进、出缓和曲线长度分别为 *L*₁=*L*₂=70m，使用普通的一体式轨枕整体道床。该曲线线路结构参数如图 4-1 所示。

图 4-14 是 2020 年 7 月 28 日选定跟踪调查的 *R*=600m 圆曲线区段时拍摄的曲线内轨照片，可以看出钢轨工作面没有明显的磨痕痕迹。

图 4-14 半径 *R*=600m 圆曲线区段内轨磨痕照片
(时间：线路空载试运行前)

图 4-15 是 2020 年 11 月拍摄的半径 *R*=600m 曲线线路内轨和外轨的磨痕照片，可以看出曲线内轨和外轨的工作面磨痕都没有肉眼可见的波磨，与图 4-3(a)比较可知，有波磨的磨痕与无波磨的磨痕差别十分明显，前者可以肉眼看见钢轨高低不平的波磨，而后者没有肉眼可见的不均匀波磨。而且在 *R*=600m 曲线线路内轨工作面上没有看到如图 4-5 所示的内轨工作面的擦伤痕迹。值得指出的是，在半径 *R*=610m 的线路区段，钢轨工作面的磨痕特点是类似的。

(a) 曲线内轨   (b) 曲线外轨
图 4-15 半径 *R*=600m 曲线的内、外轨磨痕照片
(时间：线路空载试运行约 2.5 个月正式通车载客运行前)

　　图 4-16 是 2021 年 1 月拍摄的半径 R=600m 曲线线路内轨和外轨的磨痕照片，可以看出内轨和外轨的工作面磨痕都没有肉眼可见的波磨。通过比较图 4-15(a)和图 4-16(a)，可见随着通车时间的延长，曲线内轨磨痕的宽度变大了。值得指出的是，在半径 R=610m 的线路区段，钢轨工作面的磨痕特点是类似的。

(a) 曲线内轨　　　　　　　　　　　　　　　　　(b) 曲线外轨

图 4-16　半径 R=600m 曲线的内、外轨磨痕照片
(时间：线路正式通车载客运行约 1.5 个月)

　　图 4-17 是 2021 年 5 月拍摄的半径 R=600m 曲线线路内轨和外轨的磨痕照片，可以看出内轨和外轨的工作面磨痕都没有肉眼可见的波磨。值得指出的是，在半径 R=610m 的线路区段，钢轨工作面的磨痕特点是类似的。

(a) 曲线内轨　　　　　　　　　　　　　　　　　(b) 曲线外轨

图 4-17　半径 R=600m 曲线的内、外轨磨痕照片
(时间：线路正式通车载客运行约 5 个月)

　　图 4-18 是 2021 年 10 月拍摄的半径 R=600m 曲线线路内轨和外轨的磨痕照片，可以看出内轨和外轨的工作面磨痕都没有肉眼可见的波磨，还可以看出内轨磨痕的宽度变大，这可能是外轨轨距角的位置和外轮轮缘磨耗比较大，引起导向轮对横移量变大，这样导致内轮内轨接触点向外轨方向移动，内轨磨痕宽度变大。值得指出的是，在半径 R=610m 的线路区段，钢轨工作面的磨痕特点是类似的。

(a) 曲线内轨　　　　　　　　　　　(b) 曲线外轨

图 4-18　半径 $R=600\text{m}$ 曲线的内、外轨磨痕照片

(时间：线路正式通车载客运行约 10 个月)

　　图 4-19 是 2021 年 11 月拍摄的半径 $R=600\text{m}$ 曲线线路内轨和外轨的磨痕照片，可以看出曲线内轨和外轨工作面的磨痕都没有肉眼可见的波磨，还可以看出内轨磨痕的宽度变大了，这可能是外轨轨距角的位置和外轮轮缘磨耗比较大，引起导向轮对横移量变大，这样内轮和内轨的接触点向外轨方向移动，内轨磨痕宽度变大。通过比较图 4-16(b) 和图 4-18(b)，可见外轨除轨距角位置磨损比较大外，外轨轨顶面磨痕宽度变化也比较明显，说明外轨轨顶面的磨损也比较严重。值得指出的是，在半径 $R=610\text{m}$ 的线路区段，钢轨工作面的磨痕特点是类似的。

(a) 曲线内轨　　　　　　　　　　　(b) 曲线外轨

图 4-19　半径 $R=600\text{m}$ 曲线的内、外轨磨痕照片

(时间：线路正式通车载客运行约 11 个月)

　　图 4-20 是 2022 年 5 月拍摄的半径 $R=600\text{m}$ 曲线线路内轨和外轨的磨痕照片，可以看出曲线内轨工作面的磨痕没有肉眼可见的波磨，如图 4-20(a) 和 (c) 所示；在圆曲线范围内的外轨大部分的磨痕也没有波磨，如图 4-20(b) 所示，但这次现场调研发现外轨局部地方

出现了断断续续的波磨，波磨的波长约为 50mm，外轨波磨的累计长度约为 46.8m。值得指出的是，在半径 R=610m 的线路区段，钢轨工作面的磨痕特点是类似的，但也有一点差别，就是在 R=610m 的线路区段的一个地方，出现了如图 4-20（g）和（h）所示的轻度波磨，该段波磨的长度不长，为 7～8m。

(a) 曲线内轨1（无波磨）　　　(b) 曲线外轨1（无波磨）

(c) 曲线内轨2（无波磨）　　　(d) 曲线外轨2

(e) 曲线外轨3　　　(f) 曲线外轨有无波磨的过渡区域

(g) R=610m曲线内轨波磨   (h) R=610m曲线内轨波磨的另一视角照片

图 4-20　半径 R=600m 和 610m 曲线的内、外轨磨痕照片
（时间：线路正式通车载客运行约 17 个月）

　　图 4-21 是 2023 年 2 月拍摄的半径 R=600m 曲线线路内轨和外轨的磨痕照片，可以看出曲线内轨工作面的磨痕没有肉眼可见的波磨，如图 4-21（a）所示；在圆曲线范围内的外轨大部分的磨痕出现了波磨，如图 4-21（b）所示，波磨的波长约为 50mm，外轨波磨的累计长度约为 84.6m。值得指出的是，在半径 R=610m 的线路区段，钢轨工作面的磨痕特点是类似的，但也有一点差别，就是在 R=610m 的线路区段的一个地方，出现了如图 4-20（g）和（h）所示的内轨轻度波磨，该段波磨的长度不长，为 6～8m。另外，R=610m 的圆曲线线路外轨波磨的长度约是 R=600m 曲线外轨波磨长度的 3 倍。

(a) 曲线内轨（无波磨）   (b) 曲线外轨（有波长约为50mm的波磨）

图 4-21　半径 R=600m 和 610m 曲线的内、外轨磨痕照片
（时间：线路正式通车载客运行约 26 个月）

　　图 4-22 是 2023 年 5 月拍摄的半径 R=600m 曲线线路内轨和外轨的磨痕照片，可以看出曲线内轨工作面的磨痕没有肉眼可见的波磨，如图 4-22（a）所示；在圆曲线范围内的外轨出现了波磨，如图 4-22（b）所示，波磨的波长约为 50mm，外轨波磨的累计长度约为 89.2m。值得指出的是，在半径 R=610m 的线路区段，钢轨工作面的磨痕特点是类似的，但也有一点差别，

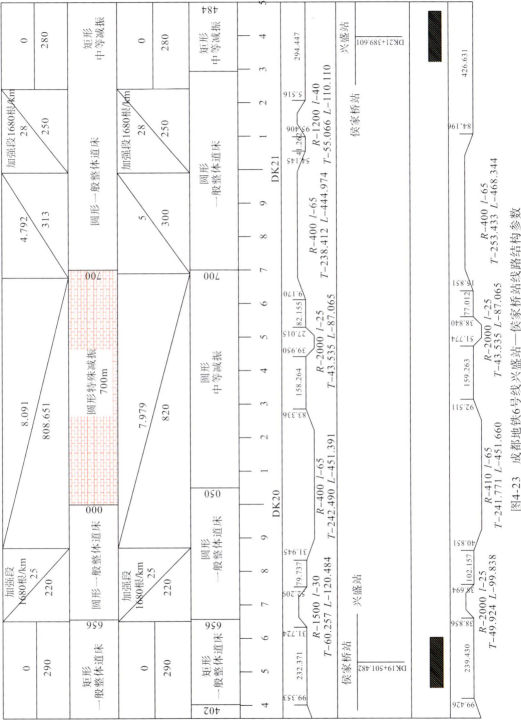

图4-23 成都地铁6号线兴盛站—侯家桥站线路结构参数

就是在 R=610m 的圆曲线区段外轨波磨的长度约为 200m。2024 年 2 月的调查结果与此类似。

（a）曲线内轨（无波磨）　　　　　（b）曲线外轨（有波长约为50mm的波磨）

图 4-22　半径 R=600m 曲线的内、外轨磨痕照片

（时间：线路正式通车载客运行约 29 个月）

4.2　地铁站间 S 形曲线区段钢轨波磨的调查

　　该路段位于成都地铁 6 号线兴盛站与侯家桥站之间,在两站之间有一段 S 形曲线线路,线路结构参数如图 4-23 所示,从兴盛站开往侯家桥站沿着列车前进方向,经过一段直线进入长度 L_1=65m 的缓和曲线,再进入长度 L=315m、半径 R=400m、超高 h=120mm 的圆曲线（S_1 圆曲线）,之后为长度 L_2=65m 的缓和曲线,经过一段长度 L=327m 的直线和 R=2000m 的曲线,再依次进入长度 L_1=65m 的缓和曲线,长度 L=321m、半径 R=400m、超高 h=120mm 的圆曲线（S_2 圆曲线）,长度 L_2=65m 的缓和曲线。从侯家桥站开往兴盛站沿着列车前进方向,经过一段直线进入长度 L_1=65m 的缓和曲线,再进入长度 L=321m、半径 R=410m、超高 h=115mm 的圆曲线（S_3 圆曲线）,之后为长度 L_2=65m 的缓和曲线,经过一段长度 L=323m 的直线和 R=2000m 的曲线,再依次进入长度 L_2=65m 的缓和曲线,长度 L=338m、半径 R=400m、超高 h=120mm 的圆曲线（S_4 圆曲线）,长度 L_2=65m 的缓和曲线。

　　现场调查在 2022 年 5 月进行,调研时间距该线路正式通车载客运行约 17 个月。从兴盛站开往侯家桥站沿着列车前进方向进入 S_1 圆曲线的入缓和曲线区段,在缓和曲线部分距缓圆点为 12～13m 的缓和曲线内轨就出现了钢轨波磨,在缓和曲线部分的外轨无波磨,如图 4-24 所示。现场调研发现,在 S_1 圆曲线的内轨总长度 315m 范围内都出现了波磨,如图 4-25 所示,而且波磨延伸到出缓和曲线 11～12m。钢轨波磨遍布 S_2 圆曲线,且延伸到入缓和曲线和出缓和曲线,如图 4-26 所示。S_2 圆曲线除内轨出现波磨外,外轨也出现了断断续续的波磨,如图 4-27 所示。由图 4-27 可以看出,内轨波磨的波长为 28～32mm,外轨波磨的波长为 48～52mm,内、外轨波磨的波长不同,且内、外轨波磨都发生在车轮踏面与轨顶面的接触带上。调研发现,在 S_1、S_2、S_3、S_4 圆曲线的内轨遍布波磨,且波长

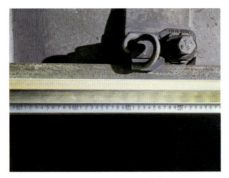 

(a) 缓和曲线内轨波磨　　　　　　　　(b) 缓和曲线外轨无波磨

图 4-24　S_1 圆曲线（R=400m）的入缓和曲线区段内、外轨磨痕照片

（时间：线路正式通车载客运行约 17 个月）

(a) 曲线内轨波磨1　　　(b) 曲线外轨无波磨　　　　(c) 曲线内轨波磨2
　　　　　　　　　　　（轨面无润滑剂）

图 4-25　S_1 圆曲线（R=400m）整体道床圆曲线区段内、外轨磨痕照片

（时间：线路正式通车载客运行约 17 个月）

(a) 曲线内轨波磨　　　　(b) 曲线外轨无波磨（轨面涂润滑剂）

图 4-26　S_2 圆曲线（R=400m）浮置板整体道床区段内、外轨磨痕照片

（时间：线路正式通车载客运行约 17 个月）

 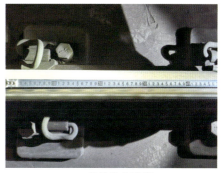

(a) 曲线内轨波磨　　　　　　　　　　(b) 曲线外轨波磨

图 4-27　S_2 圆曲线(R=400m)浮置板整体道床区段内、外轨波磨波长

(时间：线路正式通车载客运行约 17 个月)

都近似相等，为 28～32mm；波磨只在圆曲线的外轨局部区段出现，没有遍布整个外轨，外轨波磨的波长近似相等，为 48～52mm。S_3、S_4 圆曲线的外轨波磨波深比 S_1、S_2 圆曲线的外轨波磨波深略大。图 4-28 和图 4-29 显示了更多的内轨和外轨波磨照片。

(a) 曲线内轨波磨1　　　　　　　　　　(b) 曲线外轨（无波磨）

(c) 曲线内轨波磨2　　　　　　　　　　(d) 曲线外轨波磨

图 4-28　S_3 圆曲线(R=410m)区段内、外轨磨痕照片

(时间：线路正式通车载客运行约 17 个月)

(a) 曲线内轨波磨1

(b) 曲线外轨无波磨1

(c) 曲线内轨波磨2

(d) 曲线外轨波磨2

(e) 曲线外轨波磨3

图 4-29　S_4 圆曲线（R=400m）区段内、外轨磨痕照片
(时间：线路正式通车载客运行约 17 个月后)

4.3　地铁线路 R=500m 曲线钢轨波磨的调查

　　该路段位于成都地铁 6 号线西北桥站与人民北路站之间距西北桥站不远处 R=500m、圆曲线长度 L=68m、超高 h=85mm、缓和曲线长度 L_1=L_2=70m 的曲线。图 4-30 显示了该曲线段钢轨磨痕的形貌，可见地铁列车两个行车方向的内、外轨几乎没有波磨。图 4-31 显示了圆曲线内轨焊接接缝附近的轻微波磨形貌，距线路正式通车载客运营约 29 个月后，钢轨焊接接缝处的波磨仍然比较轻微，且该波磨有自限性，不会沿着钢轨滚动工作面无限扩展。

(a) 西北桥站开往人民北路站　　　(b) 西北桥站开往人民北路站
　　方向曲线内轨　　　　　　　　　方向曲线外轨

(c) 人民北路站开往西北桥站　　　(d) 人民北路站开往西北桥站
　　方向曲线内轨　　　　　　　　　方向曲线外轨

图 4-30　半径 R=500m 曲线内、外轨磨痕照片
(时间：线路正式通车载客运行约 29 个月)

图 4-31　半径 R=500m 曲线内轨波磨照片
(时间：线路正式通车载客运行约 29 个月)

4.4　其他地铁线路钢轨波磨的调查

北京地铁 4 号线全长 50km，首次开通时的通车区间为公益桥西—安河桥北，该线路在多个重要机构的地下通过，为了不影响这些重要机构的日常工作，线路设计部门的设计人员采用了多种新技术，如线路结构就包含了普通短轨枕、套靴轨枕、梯形轨枕、科隆蛋减振扣件、钢弹簧浮置板整体道床等。北京地铁 4 号线自 2009 年 9 月 28 日开通 2 个月时，列车行车噪声声压级比较大，影响乘客的乘坐舒适性。经过地铁管理部门和线路设计人员的现场调研，发现引起列车行车噪声恶化的主要原因是钢轨波磨，随后组织车辆、轨道等研究人员对钢轨波磨进行了现场试验和理论研究。本节介绍的是作者 2010 年 4 月参加北京地铁 4 号线钢轨波磨现场调研时记录的钢轨波磨照片。图中如果只有内轨照片而无外轨照片，则说明外轨无波磨。

图 4-32 是采用科隆蛋减振扣件的地铁线路钢轨磨痕照片，科隆蛋减振扣件的特点是其垂向和横向刚度都比较小，分别为 10～12MN/m 和 6～8MN/m。安装在这种扣件上的钢轨波磨比较严重，如图 4-32 所示。大部分情况是小半径曲线内轨出现波磨，外轨也有少量的波磨，有些外轨波磨是内轨波磨传染过来的波磨。图 4-33 显示了科隆蛋减振扣件上

(a) 曲线内轨波磨　　　　　　　　　　(b) 曲线外轨磨痕

图 4-32　科隆蛋减振扣件线路钢轨磨痕照片

（R=350m，h=120mm）

(a) 曲线内轨波磨　　　　　　　　　　(b) 曲线外轨波磨

图 4-33　科隆蛋减振扣件线路钢轨波磨照片

（R=300m，h=120mm）

的钢轨内、外轨都存在波磨。调查发现,类似图 4-33 的科隆蛋减振扣件曲线内、外轨都出
现严重波磨的地方在北京地铁 4 号线仅此一段。图 4-34 显示了同一条 $R=350$m 圆曲线铺
设不同扣件的线路波磨情况,可见铺设普通短轨枕区段的钢轨波磨是长波波磨,而铺设科
隆蛋减振扣件区段的钢轨波磨是短波波磨。

(a) 科隆蛋减振扣件区段内轨波磨　　　　　　　　　(b) 普通短轨枕区段内轨波磨

图 4-34　同一条圆曲线不同轨枕或者扣件的钢轨波磨照片

($R=350$m, $h=120$mm)

图 4-35 显示了小半径曲线不同扣件对应的钢轨波磨照片,使用的扣件不同,钢轨波磨
的波长也会不同,这些线路对应的内轨出现了波磨,但外轨没有出现波磨。图 4-36 显示了
小半径曲线内轨出现波磨但外轨没有波磨的情况,这种情况比较普遍。图 4-37 显示了
$R=450$m 圆曲线钢轨波磨照片,大部分圆曲线的内轨和外轨没有波磨,如图 4-37(a) 和 (b)
所示,但小部分内轨也出现轻微的波磨,如图 4-37(c) 所示。

(a) DTVII-2 扣件内轨波磨1　　　　　　　　　　(b) DTⅢ-2 扣件内轨波磨1

(c) DTVII-2 扣件内轨波磨2　　　　　　　　　　(d) DTⅢ-2 扣件内轨波磨2

图 4-35　铺设不同扣件的线路钢轨波磨照片

($R=350$m, $h=120$mm)

(a) 内轨波磨

(b) 外轨无波磨

图 4-36　圆曲线钢轨波磨照片
（R=350m，h=120mm）

(a) 内轨无波磨

(b) 外轨无波磨

(c) 内轨轻微波磨

图 4-37　圆曲线钢轨波磨照片
（R=450m，h=90mm）

　　图 4-38 显示了直线轨道钢轨波磨照片，直线轨道一旦出现波磨，多数情况下轨道左、右轨都会出现波长近似相等的波磨，如图 4-38(a)和(b)所示，该直线轨道开始出现波磨的地方位于套靴轨枕向科隆蛋减振扣件改变的地方，沿着列车前进方向，同是直线轨道的铺设套靴轨枕的钢轨没有波磨，但铺设科隆蛋减振扣件的钢轨就出现了肉眼可见的波磨，如图 4-38(c)所示。调查发现，直线轨道出现波磨的地方在北京地铁 4 号线仅此一段。

　　图 4-39 显示了深圳地铁 1 号线后瑞站附近高架桥 R=1100m 曲线轨道上下行方向的钢轨波磨照片，此处曲线轨道内轨出现了波长约为 50mm 的波磨，但外轨没有波磨。图 4-40 显示了某地铁道岔钢轨波磨照片，图 4-41 显示了某地铁线路正式通车载客运行 2 年以后直线区段钢轨接缝处轻微波磨的照片，可以看出车轮经过钢轨接头时的 P2 力共振能引起轻微的波磨，但这种波磨的长度都很短，通车 2 年波磨仅局限在钢轨接头 0.6～0.8m 处。图 4-42 显示了某有轨电车轨道钢轨波磨照片，有轨电车轨道一般为埋入式轨道，地面基础对钢轨的减振阻尼要大一些，但也会出现如图 4-42(a)所示的波磨。

(a) 左轨波磨   (b) 右轨波磨

(c) 波磨出现位置

图 4-38   直线轨道钢轨波磨照片

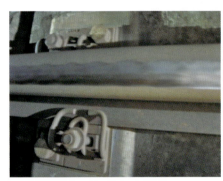

(a) 下行线内轨波磨   (b) 下行线外轨无波磨

(c) 上行线内轨波磨   (d) 上行线外轨无波磨

图 4-39   地铁高架曲线钢轨波磨照片

(R=1100mm，h=40mm)

图 4-40　地铁道岔钢轨波磨照片　　　　　图 4-41　地铁直线线路钢轨接缝处波磨

(a) 钢轨波磨（上坡路段）　　　　　　　(b) 钢轨无波磨（平直路段）

图 4-42　有轨电车钢轨波磨照片

4.5　干线铁路钢轨波磨照片

现在干线铁路的钢轨波磨很少见，这里给出几张干线铁路钢轨波磨照片，如图 4-43 所示。

(a) 内轨波磨　　　　　(b) R=350m曲线外轨波磨　　　　　(c) 高速铁路内轨波磨

图 4-43　干线铁路钢轨波磨照片

4.6 钢轨波磨发生率的调查统计

4.6.1 地铁线路钢轨波磨发生率

阅读文献发现，既有研究小半径曲线线路波磨的，也有研究大半径曲线线路波磨的，也有研究直线线路波磨的，似乎钢轨波磨无处不在，钢轨波磨的发生无规律性可言。作者在研究中提出钢轨波磨发生率的概念，用这个概念可以说明钢轨波磨发生的难易程度，由此揭示钢轨波磨发生的规律性。

本书作者曾参加了多条铁路线路的波磨现场调查。科学研究往往就是这样，当刚开始现场调研时，并不知道应该收集哪些参数，往往遗忘一些有用的信息，例如，作者现场调研时就没有收集线路出现钢轨波磨的累计里程，当需要这个参数时，已经没有机会重新现场调研收集了。Zhang 等[6]先进一步对北京地铁 5 号线钢轨波磨的累计里程进行了系统全面的测量和统计，为我们提供了难能可贵的有用数据。本节使用 Zhang 等[6]发表的统计数据，对地铁钢轨波磨的发生率进行计算分析。

北京地铁 5 号线使用 B 型地铁车辆 6 节编组，全线总里程 53.69km，其中直线线路里程为 37.21km，$R \leqslant 400m$ 的小半径曲线线路里程为 4.18km，$R > 400m$ 的曲线线路里程为 12.3km。全线铺设科隆蛋减振扣件的里程为 20.55km，科隆蛋减振扣件的垂向刚度为 $8 \sim 12MN/m$，铺设科隆蛋减振扣件的轨道比较容易出现钢轨波磨。北京地铁 5 号线还使用了垂向刚度为 $20 \sim 48MN/m$ 的 DTVI2 等扣件，累计里程为 33.14km。北京地铁 5 号线出现钢轨波磨的累计里程 6.41km，其中铺设科隆蛋减振扣件的钢轨出现波磨的里程为 5.16km，铺设 DTVI2 等扣件的钢轨出现波磨的里程为 1.25km。

根据 Zhang 等提供的北京地铁 5 号线的钢轨波磨统计数据可知，该线路钢轨波磨发生率 $\eta_{总} = \dfrac{6.41}{53.69} \times 100\% = 11.94\%$。$R \leqslant 400m$ 的小半径曲线线路的钢轨波磨发生率 $\eta_{小半径曲线} = \dfrac{0.83}{4.18} \times 100\% = 19.86\%$。铺设科隆蛋减振扣件的钢轨容易出现波磨，全线铺设科隆蛋减振扣件的钢轨波磨发生率 $\eta_{科隆蛋减振扣件} = \dfrac{5.16}{20.55} \times 100\% = 25.11\%$。铺设 DTVI2 等垂向刚度较大的普通扣件的钢轨波磨发生率 $\eta_{普通扣件} = \dfrac{1.25}{33.14} \times 100\% = 3.77\%$。值得指出的是，铺设科隆蛋减振扣件的钢轨容易出现波磨，因此容易推断使用非减振扣件的地铁线路的波磨发生率低于 11.94%。

现在的一条地铁线路总里程短则 $40 \sim 60km$，长则 $120 \sim 140km$，要逐站考察和测量该条地铁线路钢轨波磨的工作量很大，手续也很繁杂。近似估计，建议乘坐该地铁列车考察轮轨噪声并根据轮轨噪声的感知情况估计钢轨波磨的里程。当钢轨出现波磨时，地铁列车通过时轮轨噪声声压级比较大，噪声频率也比较高，噪声听起来比较刺耳。当地铁列车通过没有钢轨波磨的路段时，轮轨噪声声压级比较低，噪声听起来不刺耳。作者研究了成都地铁 6 号线西南交大站—西北桥站之间线路的波磨与乘车听到的轮轨噪声之间的相关性，发现在线路正式通车载客运行的第 1 个月内，列车通过出现钢轨波磨的路段，在车厢里听不到明显的波磨引起的轮轨噪声，但在线路正式通车载客运行 2 个月后，列车通过出现钢轨波磨的路段，在车厢里可以听到明显的波磨引起的轮轨噪声。在钢轨出现波磨以后以及在钢轨打磨前，波磨引起的轮轨噪声都是很明显的，在车厢里的乘客可以明显感受到其影响。作者应用这种方法估计了北京、上海、天津、广州和深圳等城市的一些地铁线路的钢轨波磨发生率不会超过 10%。

4.6.2　干线铁路钢轨波磨发生率

截至 2021 年底，我国干线铁路(包括高速铁路)线路的总里程达到 150000km，分属 18 个铁路局集团公司。作者调研了两个铁路局集团公司的波磨发生情况，其中一个铁路局集团公司管内干线铁路线路的总里程为 10257km，其中出现钢轨波磨的累计里程为 280km，钢轨波磨的发生率为 $\eta_{干线1} = \dfrac{280}{10257} \times 100\% = 2.73\%$。另一个铁路局集团公司管内干线铁路线路的总里程为 9035km，其中出现钢轨波磨的累计里程为 109km，钢轨波磨的发生率为 $\eta_{干线2} = \dfrac{109}{9035} \times 100\% = 1.2\%$。某铁路局集团公司管内高速铁路总里程约 4200km，每年出现的波磨约 0.2km。

4.6.1 节统计的地铁线路非减振扣件线路的波磨发生率($\eta_{普通扣件} = 3.77\%$)与干线铁路线路的波磨发生率($\eta_{干线} = 1.2\% \sim 2.73\%$)十分接近，说明一般地铁和干线铁路线路的波磨发生率并没有明显的差别。

4.7　钢轨波磨发生的规律性

根据 4.1～4.6 节钢轨波磨及其发生率的现场调研，可以获得以下三点规律性的认识：

(1)无论是地铁线路还是干线铁路，只要曲线半径 $R \leqslant 350\text{m}$，曲线的内轨就几乎百分之百会产生钢轨波磨。曲线轨道一般由入口缓和曲线、等半径曲线轨道和出口缓和曲线组成。一般情况下至少在部分圆曲线区段会出现钢轨波磨，有相当多的情况是钢轨波磨遍布圆曲线的内轨，并侵入入口缓和曲线和出口缓和曲线。例如，4.2 节所介绍的钢轨波磨就覆盖了 $R=400\text{m}$ 的圆曲线轨道内轨全长，并侵入入口缓和曲线和出口缓和曲线 10～15m。

总之，无论是地铁线路还是干线铁路，只要曲线半径 $R \leqslant 350\text{m}$，曲线内轨就几乎百分之百出现波磨，有时波磨会遍布圆曲线的内轨，有时波磨仅在圆曲线内轨的中间位置出现。因此，曲线半径 $R \leqslant 350\text{m}$ 的干线铁路和地铁线路出现内轨波磨是确定性事件。

(2)无论是地铁线路还是干线铁路，只要曲线半径 $R \geqslant 650\text{m}$(包括直线)，线路的两根钢轨就很少出现波磨。干线铁路的波磨发生率为 1.2%～2.73%，非减振扣件的地铁线路波磨发生率为 3.77%。因此，可以得出结论，如果曲线轨道的半径 $R \geqslant 650\text{m}$，则在曲线轨道

(包括直线轨道)的两根钢轨上很少出现波磨(波磨发生率为3.77%),在这些线路上出现钢轨波磨是不可预测的事件。

对于不同厂家生产出来的任意一根钢轨,如果铺设在半径$R\leqslant350m$的曲线线路的内轨,则该钢轨几乎百分之百出现波磨;如果铺设在半径$R\geqslant650m$的曲线轨道(包括直线轨道)的两根钢轨,则该钢轨的波磨发生率为3%~5%。钢轨波磨的发生率可用图4-44来表示,可见钢轨波磨的发生具有极强的规律性。由图2-23可知轮轨滑动(蠕滑力饱和)对应的曲线半径$R\leqslant500m$,留一定的余量,认为$R\geqslant650m$的曲线轨道(包括直线轨道)上的轮轨蠕滑力不会饱和,因此图4-44的波磨发生率的变化区间为450~650m。

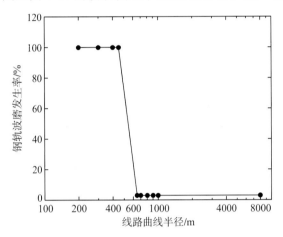

图 4-44   钢轨波磨发生率相对于线路曲线半径的变化

(3)无论是地铁线路还是干线铁路,直线线路上都是左右两根钢轨同时发生波磨,小部分直线线路仅一根钢轨出现波磨而另一根钢轨无波磨的情况。

对钢轨波磨发生规律性的认识是正确认识钢轨波磨产生机理的重要前提,遗憾的是波磨文献对这个问题的论述不多。作者在2016年就指出钢轨波磨的规律性[7],长期以来,作者也一直注意收集这方面国内外同行的调查结论,2021年北京交通大学的学者Yin等[8]报道了半径小于350m的曲线内轨几乎百分之百产生波磨。2021年马天鸽[9]报道了北京地铁线路延长里程788.806km,波磨发生率约为12.2%。2021年刘万莚[10]报道了神朔重载铁路直线地段无钢轨波磨,波磨主要分布在$R\leqslant500m$的曲线地段内轨。颜怡矗[11]报道了广州地铁5号线使用直线电机驱动列车,在曲线半径$R\leqslant400m$的线路均有较明显的钢轨波磨。作者与西班牙和澳大利亚的学者曾书信交流过钢轨波磨的规律性,国外学者反馈的信息是钢轨波磨多发生在小半径曲线轨道,直线轨道的波磨比较少见。总之,同行研究者对钢轨波磨发生规律的总结支撑本章的结论[12]。

参 考 文 献

[1] Grassie S L, Kalousek J. Rail corrugation: Characteristics, causes and treatments. Proceedings of the Institution of Mechanical Engineers, Part F: Journal of Rail and Rapid Transit, 1993, 207(1): 57-68.

［2］ Grassie S L. Wheel-Rail Interface Handbook. Florida: CRC Press, 2009.

［3］ Sato Y, Matsumoto A, Knothe K. Review on rail corrugation studies. Wear, 2002, 253(1-2): 130-139.

［4］ Oostermeijer K H. Review on short pitch rail corrugation studies. Wear, 2008, 265(9-10): 1231-1237.

［5］ Dong B J, Chen G X, Song Q F, et al. Study on long-term tracking of rail corrugation and the influence of parameters. Wear, 2023, 523: 204768.

［6］ Zhang H G, Liu W N, Liu W F, et al. Study on the cause and treatment of rail corrugation for Beijing metro. Wear, 2014, 317(1-2): 120-128.

［7］ Cui X L, Chen G X, Yang H G, et al. Study on rail corrugation of a metro tangential track with Cologne-egg type fasteners. Vehicle System Dynamics, 2016, 54(3): 353-369.

［8］ Yin X X, Wei X K, Zheng H C. Applying system dynamics of discrete supported track to analyze the rail corrugation causation on curved urban railway tracks. Discrete Dynamics in Nature and Society, 2021, 2021(3): 1-21.

［9］ 马天鸽. 北京地铁钢轨波磨现状及防治措施. 运输经理世界, 2021, (19): 18-20.

［10］ 刘万莛. 神朔重载铁路波磨病害产生原因分析. 铁道勘察, 2021, (6): 108-112.

［11］ 颜怡矗. 广州地铁 5 号线小半径曲线钢轨磨耗分析. 城市轨道交通研究, 2011, 14(6): 55-57, 63.

［12］ 关庆华, 张斌, 熊嘉阳, 等. 地铁钢轨波磨的基本特征、形成机理和治理措施综述. 交通运输工程学报, 2021, 21(1): 316-337.

第5章 轮轨系统摩擦自激振动引起钢轨波磨的建模方法研究

　　在钢轨波磨研究领域，研究者建立的钢轨波磨理论模型大都是离散质量模型，车轮用集中质量模拟，钢轨用铁摩辛柯梁或者欧拉-伯努利梁模拟，这种方法难以模拟真实的轮轨接触状态[1-13]。文献中用有限元方法研究波磨的例子并不多见。其实，钢轨波磨实质上是轮轨系统共振振动引起的一种轨面不均匀磨耗，有限元方法模拟共振振动具有计算精度高、建模简洁快速的特点，比较适用于钢轨波磨问题的研究。作者在2007年发表了铁路曲线尖叫噪声研究论文[14]，在这篇文章里，建立了车轮-钢轨系统摩擦耦合自激振动模型，应用复特征值分析法研究了车辆曲线尖叫噪声。作者在曲线尖叫噪声研究中发现频率为300～500Hz的摩擦自激振动理论上与钢轨端部约束、车轮载荷、钢轨轨枕支撑刚度和阻尼、车轮前进速度等参数无关，只与轮轨摩擦系数的数值大小有关，这是轮轨系统摩擦耦合自激振动的典型特点。作者认为这个频段的轮轨系统摩擦自激振动可能与钢轨波磨和车轮多边形磨耗有关，并提出了轮轨系统摩擦耦合自激振动引起钢轨波磨和车轮多边形磨耗的新观点[15,16]。同时期德国学者Kurzeck也提出了类似的轮轨系统摩擦耦合自激振动引起钢轨波磨的观点，但德国学者提出的轮轨系统摩擦自激振动模型仅有3个自由度，且投稿的时间比作者晚6个月[17,18]，因此作者提出的轮轨系统摩擦耦合自激振动引起钢轨波磨和车轮多边形磨耗的理论具有原创性。作者注意到，Kurzeck发表了这2篇轮轨系统摩擦自激振动引起钢轨波磨的论文以后就再也没有发表后续研究成果。作者自1999年起在摩擦自激振动(摩擦尖叫噪声)领域潜心研究了10多年，发表多篇研究论文，提出了摩擦力时滞引起摩擦自激振动的新理论[19,20]，并很早就开展摩擦尖叫噪声的有限元研究[21-23]。基于作者扎实的基础研究工作，作者在2010年首次提出的轮轨系统摩擦自激振动模型是一个比较经典的模型[15]，10多年来作者的课题组一直在这个模型的基础上，根据研究重点的不同开发了其他轮轨系统摩擦自激振动模型，但基本要素和方法并没有太大的改变。作者的课题组及作者培养的博士研究生毕业工作后发表的基于轮轨系统摩擦自激振动引起钢轨波磨和车轮多边形磨耗的科学引文索引(science citation index，SCI)收录论文已经达到40余篇，多篇论文发表在专业期刊 *Journal of Sound and Vibration*、*Wear*、*Vehicle System Dynamics*、*Journal of Rail and Rapid Transit* 上，轮轨系统摩擦自激振动引起钢轨波磨理论是近年来传统波磨理论之外较为流行的钢轨波磨新理论之一，引起了国内外研究同行的密切关注[24-27]。作者注意到，近年来我国多个研究单位的研究人员也开始应用有限元方法来研究钢轨波磨问题[28-30]，由此说明有限元方法作为研究工具用于建立钢轨波磨的理论模型是一种有效的方法。作者建立的钢轨波磨有限元模型与目前国内同行建立的钢轨波磨有限元模型最大的区别在于，前者把摩擦耦合引起的轮轨系统摩擦自激振动作为钢轨波磨的主要原因，后者把线路激励引起的轮轨振动作为钢轨波磨的主要原因。研究的出发点不同，获得的结论也不同。作者希望通过国内外同行的共同努力，找到真实的钢轨波磨机理，并最终有效地解决困扰上百年的钢轨波磨问题。

本章主要介绍作者近 10 年来对轮轨系统摩擦自激振动引起钢轨波磨理论模型的精细研究和仿真结果，供感兴趣的读者研判。

5.1 轮轨系统组成

轮轨系统主要由 2 根钢轨、若干轮对、一系列轨枕、道床和路基组成。车轮与钢轨之间通过轮轨接触连接，钢轨与轨枕之间通过扣件连接，轨枕与道床之间通过弹簧与阻尼单元连接，道床与路基之间通过弹簧与阻尼单元连接。干线普速铁路一般使用有砟道床、一体式轨枕，干线高速铁路一般使用无砟轨道板。现代的地铁线路通常使用无砟轨道板，通常使用二分式短轨枕和一体式长轨枕，常见的扣件有科隆蛋减振扣件，弹条 I、II、III 型扣件，先锋扣件，DTVI2 型扣件，以及双层非线性减振扣件等。

由第 2 章可以看出，当车辆通过小半径曲线时，每个转向架前轮对的轮轨蠕滑力是饱和的，即等于轮轨接触的法向力乘以轮轨摩擦系数。当车辆通过曲线和直线时，每个转向架前轮对相对于线路的位置如图 5-1 所示。当车辆通过曲线时，转向架前轮对的中心向曲线外侧偏移，轮对外轮的轮缘贴靠曲线外轨轨距角位置，如图 5-1(a) 所示。当车辆通过直线时，转向架每个轮对的中心在线路中心线附近做小幅度的蛇形运动，轮对相对于线路的位置如图 5-1(b) 所示。车辆通过曲线时转向架前轮对的外轮接触角较大，为 15°～35°，内轮接触角约为 2.5°。车辆通过直线时转向架每个轮对的轮轨接触角约为 2.5°。

我国地铁轮轨系统如图 5-2 所示，干线铁路轮轨系统如图 5-3 所示。

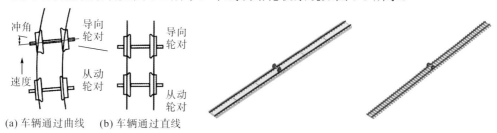

图 5-1　车辆通过曲线和直线时轮对的位置　　图 5-2　地铁轮轨系统　　图 5-3　干线铁路轮轨系统

5.2 轮轨系统摩擦自激振动有限元模型

5.2.1 轮轨系统简化模型

传统波磨理论模型一般由 1 根钢轨、1 个车轮、多个轨枕等组成，后来发展了由 2 根钢轨、1 个轮对和一系列轨枕组成的波磨理论模型。基于传统波磨理论模型的特点，作者最初提出了如图 5-4 所示的轮轨系统摩擦自激振动简化模型，它由 1 个轮对、2 根钢轨组成，可以模拟科隆蛋减振扣件的地铁线路轮轨系统，也可以近似模拟任意一个干线铁路和地铁线路的轮轨系统，尤其适合模拟使用整体式道床的高速铁路和地铁线路的轮轨系统[14,31,32]。图 5-5 显示了该系统的轮轨接触几何关系，该模型的钢轨长度为 36m，取这个数值的原因是当钢轨足够长时，钢轨端部的约束方式对模型的计算结果影响不大。钢轨的端部约束既可以是固定约束，也可以是铰链约束。钢轨支撑的刚度和阻尼由扣件提供，每个扣件处的支撑刚度和阻尼均匀分布于钢轨与轨枕接触面的每一个节点上，因此钢轨接触面和轨枕接触面上的节点坐标应该一一对应，以便在每一个坐标一致的钢轨和轨枕接触对添加弹簧单元和阻尼单元。接触对的弹簧单元和阻尼单元应该沿钢轨垂向、横向和纵向分别设置。模型各部件材料参数如表 5-1 所示，轨道、扣件及载荷参数如表 5-2 所示。

最初建立图 5-4(b) 的轮轨系统摩擦自激振动模型大约耗时半年，用计算机工作站计算 1 组模型数据大约耗时 14 天。现在随着计算机技术的发展，以及大型矩阵特征值计算技术的进步，计算 1 组类似的模型只需要 5～7h。

(a) 实体图　　　　　　　　　　　(b) 网格图

图 5-4　轮轨系统摩擦自激振动简化模型

(a) 科隆蛋减振扣件

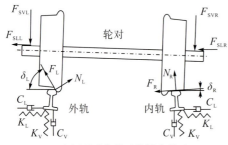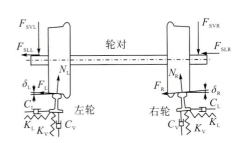

(b) 车辆通过曲线时的导向轮对　　　　　(c) 车辆通过直线时的转向架前、后轮对

图 5-5　车辆通过曲线和直线时的轮轨接触几何关系

表 5-1　模型各部件材料参数

部件	密度/(kg/m³)	弹性模量/GPa	泊松比
轮对	7800	210	0.3
钢轨	7800	210	0.3

表 5-2　轨道、扣件及载荷参数

符号	参数	数值	符号	参数	数值
K_V	扣件垂向刚度/(MN/m)	34.5	F_{SLR}	内侧轴箱横向悬挂力/kN	7.8
C_V	扣件垂向阻尼/(kN·s/m)	9.9	δ_L	外轨与外轮接触角/(°)	36.41
K_L	扣件横向刚度/(MN/m)	11.18	δ_R	内轨与内轮接触角/(°)	1.51
C_L	扣件横向阻尼/(kN·s/m)	1.9	L	钢轨长度/m	36
F_{SVL}	外侧轴箱垂向悬挂力/kN	103.2	d	轨枕间距/mm	625
F_{SLL}	外侧轴箱横向悬挂力/kN	7.8	μ	轮轨摩擦系数	0.4
F_{SVR}	内侧轴箱垂向悬挂力/kN	91.8			

　　图 5-6 显示了轮轨系统摩擦自激振动简化模型预测的典型摩擦自激振动模态,由图 5-6(a)可见该模态振动产生的波磨主要发生在小半径曲线内轨,由图 5-6(b)可见该模态振动产生的波磨发生在直线线路的两根钢轨上。模型预测结果与实际线路波磨发生的位置是一致的, 预测的频率与实际线路波磨发生的频率接近。

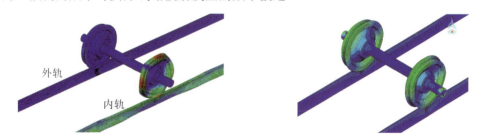

(a)波磨发生在曲线内轨(f=477.57Hz, ξ=−0.0401)　　(b)波磨发生在直线线路的两根钢轨上(f=65.53Hz, ξ=−0.0165)

图 5-6　轮轨系统的摩擦自激振动模态

5.2.2　单轮对-轨道-轨枕系统模型

　　图 5-7 显示了单轮对-轨道-轨枕系统的轮轨接触几何关系,图 5-8 显示了单轮对-轨道-轮轨系统摩擦自激振动模型,该模型由 1 个轮对、2 根钢轨和一系列短轨枕组成,轮对与钢轨通过轮轨接触连接,钢轨与短轨枕通过弹簧与阻尼单元连接,短轨枕与道床通过弹簧与阻尼单元连接[33-40]。车轮为普通地铁 S 形辐板车轮,滚动圆直径为 840mm,采用磨耗型踏面。钢轨型号为 60kg/m,长度为 36m,两端采用固定约束,轨枕间距为 625mm,轨底坡设置为 1/40。车轮和钢轨之间采用面面接触,钢轨和轨枕之间采用弹簧阻尼单元连接,接触界面处网格划分一致,节点对一一对应,采用 PYTHON 脚本文件添加两点弹簧和阻尼。道床与轨枕采用接地弹簧和阻尼连接。两端轴箱悬挂力和接触角的值可通过 SIMPACK

动力学软件仿真计算获得,悬挂力施加到两侧轴端的中心点处,且对此中心点与轴端的回转面设置耦合约束。模型的各部件材料参数如表 5-3 所示,轨道和扣件参数如表 5-4 所示。轮轨系统共有 269796 个单元,单元类型均为八节点六面体线性非协调模式单元 C3D8I。

摩擦自激振动(摩擦噪声)理论已经得到了比较大的发展,在 2003 年 ABAQUS 有限元软件就提供了摩擦自激振动分析能力,研究者不需要自己组装摩擦质量矩阵、摩擦阻尼矩阵和摩擦刚度矩阵,按照 ABAQUS 提供的分析步就可以完成摩擦自激振动的复特征值分析,获得摩擦自激振动的频率分布和模态振型。经过 10 多年的求证分析,作者认为所建立的轮轨系统摩擦自激振动模型的性能已经比较稳定,可以向读者公开重要的模型源码。图 5-8 的单轮对-轨道-轨枕系统摩擦自激振动模型的全部源码大约有 45 万行,读者可扫二维码进行查看。

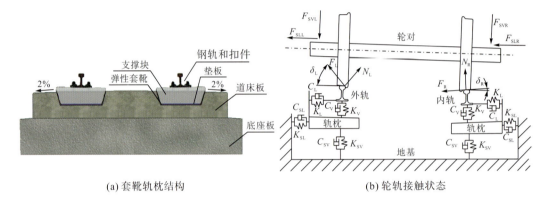

(a) 套靴轨枕结构　　　　　　(b) 轮轨接触状态

图 5-7　车辆通过曲线时的轮轨接触几何关系(无道床)

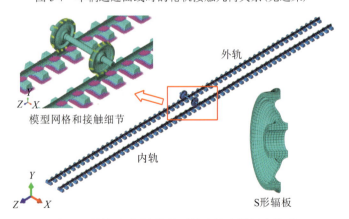

图 5-8　单轮对-轨道-轨枕系统摩擦自激振动模型

表 5-3　模型的各部件材料参数

部件	密度/(kg/m³)	弹性模量/GPa	泊松比
轮对	7800	210	0.3
钢轨	7800	210	0.3
轨枕	2800	39	0.3

表 5-4　模型的轨道、扣件及载荷参数

符号	参数	数值	符号	参数	数值
K_V	扣件垂向刚度/(MN/m)	40.73	F_{SLL}	外侧轴箱横向悬挂力/kN	15.4
C_V	扣件垂向阻尼/(kN·s/m)	9.9	F_{SVR}	内侧轴箱垂向悬挂力/kN	56.5
K_L	扣件横向刚度/(MN/m)	8.79	F_{SLR}	内侧轴箱横向悬挂力/kN	19.3
C_L	扣件横向阻尼/(kN·s/m)	1.9	δ_L	外轨与外轮接触角/(°)	29.8
K_{SV}	地基垂向支撑刚度/(MN/m)	89	δ_R	内轨与内轮接触角/(°)	2.5
C_{SV}	地基垂向支撑阻尼/(kN·s/m)	89.8	L	钢轨长度/m	36
K_{SL}	地基横向支撑刚度/(MN/m)	50	d	轨枕间距/mm	625
C_{SL}	地基横向支撑阻尼/(kN·s/m)	40	μ	轮轨摩擦系数	0.4
F_{SVL}	外侧轴箱垂向悬挂力/kN	62.4			

　　引起钢轨波磨的频率一般为 50～1000Hz，图 5-9 显示了在该频率范围内轮轨系统不稳定振动的模态分布情况，可见该模型只有 2 个不稳定模态，分别为 $f=500.63$Hz、$\xi=-0.0242$ 和 $f=515.45$Hz、$\xi=-0.0091$。

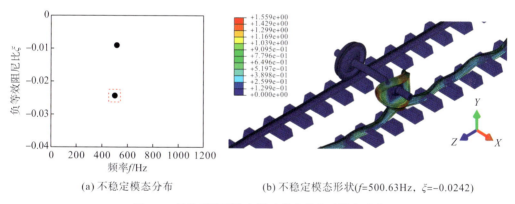

　　(a) 不稳定模态分布　　　　　　　　　(b) 不稳定模态形状($f=500.63$Hz，$\xi=-0.0242$)

图 5-9　轮轨系统不稳定振动模态分布及模态形状

5.2.3　单轮对-轨道-轨道板系统模型

　　图 5-10 显示了单轮对-轨道-轨道板系统的轮轨接触几何关系，图 5-11 显示了单轮对-轨道-轨道板组成的轮轨系统摩擦自激振动模型，该模型由 1 个轮对、2 根钢轨和轨道板组成，轮对与钢轨通过轮轨接触连接，钢轨与轨道板通过弹簧与阻尼单元连接，道床与路基之间通过弹簧与阻尼单元连接[41-45]。车轮为普通地铁 S 形辐板车轮，滚动圆直径为 840mm，采用磨耗型踏面。钢轨型号为 60kg/m，长度为 36m，两端采用固定约束，轨枕间距为625mm，轨底坡设置为 1/40。轨道板的材料属性与轨枕的材料属性一致，如表 5-3 所示。轨道板网格细节如图 5-12(a)所示，纵向尺寸为 5930mm，横向尺寸为 2400mm，垂向尺寸为 260mm，一块轨道板上共设有 18 个轨枕，轨枕间距为 625mm，轨底坡设置为 1/40，

每块轨道板被划分为 9054 个单元，单元类型为 C3D8I。对于轨道板的安装，考虑到热胀冷缩的作用，轨道板相互之间留有 10mm 的间隙，如图 5-12(b) 所示。路基对轨道板的支撑采用弹簧阻尼单元来模拟。钢轨和轨枕之间采用弹簧阻尼单元连接，接触界面处网格划分一致，节点对一一对应，采用 PYTHON 脚本文件添加两点弹簧和阻尼。道床与轨道板之间采用接地弹簧和阻尼连接。两端轴箱悬挂力和接触角的值可通过 SIMPACK 动力学软件获得，悬挂力施加到两侧轴端的中心点处，且对此中心点与轴端的回转面设置耦合约束。模型材料参数如表 5-3 所示，轨道和扣件参数如表 5-4 所示。

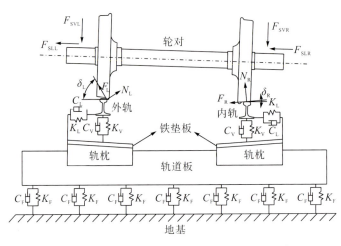

图 5-10　车辆通过曲线时的轮轨接触几何关系

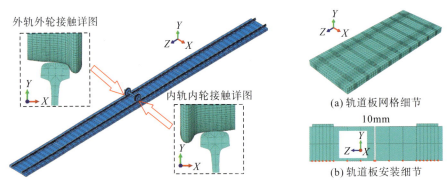

图 5-11　单轮对-轨道-轨道板系统摩擦自激振动模型　　　　图 5-12　轨道板细节图

　　采用弹簧阻尼扣件的整体轨道板模型和普通短轨枕模型，除了轨下支撑结构不同，其余参数均一致，这里就对这两种轨道的钢轨波磨预测结果进行比较。图 5-13 显示了两种轨道模型的摩擦自激振动频率分布，可见均产生了两个不稳定振动频率，轨道板模型主频率 f_1=512.04Hz，等效阻尼比 ξ_1=-0.0288；副频率 f_2=495.72Hz，等效阻尼比 ξ_2=-0.0055，对应的轮轨系统不稳定振动模态如图 5-14 所示。回顾短轨枕模型的计算结果，f_1=500.63Hz，ξ_1=-0.0242；f_2=515.45Hz，ξ_2=-0.0091。从频率的大小来看，两种轨道模型预测的波磨频率均在 500Hz 左右；从主频率的等效阻尼比的大小来看，轨道板的等效阻尼比的绝对值要略大于短轨枕的，说明发生摩擦自激振动的可能性更大。这可能是因为轨道板一共有 $9056 \times 6 = 54336$ 个网格，短轨枕一共有 $600 \times 58 \times 2 = 69600$ 个网格；轨道板模型的网格密度较为分散，短轨枕模型的网格密度相对集中且略大一些，计算结果相对较优。但总体来看两者的预测结果是相近的，说明无论用轨道板还是短轨枕，模拟轨下结构都可以获得近似的预测结果。

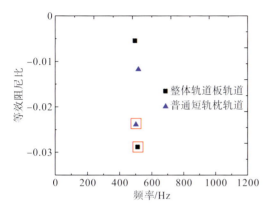

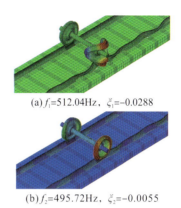

(a) $f_1 = 512.04\mathrm{Hz}$，$\xi_1 = -0.0288$

(b) $f_2 = 495.72\mathrm{Hz}$，$\xi_2 = -0.0055$

图 5-13　两种轨道模型的摩擦自激振动频率分布　　图 5-14　整体轨道板轮轨系统摩擦自激振动模态

5.2.4　单轮对-轨道-浮轨式减振扣件-轨道板系统模型

图 5-15 显示了浮轨式减振扣件实物照片及系统组成，图 5-16 显示了单轮对-轨道-浮轨式减振扣件-轨道板系统轮轨接触几何关系，图 5-17 显示了由单轮对、轨道、浮轨式减振扣件和轨道板组成的轮轨系统摩擦自激振动模型，该模型的钢轨和轨道板均采用有限长度，长约为 46 个轨枕跨度的距离，钢轨轨底坡为 1/40，钢轨型号为 CHN60 钢轨，轨距为 1435mm[45]。钢轨和轨道板两端约束三个方向的平移自由度，轮对放置在钢轨中间，即跨中位置，这样可以防止两端不对称对计算结果产生影响。轮对名义滚动圆半径为 420mm，踏面为磨耗型踏面。模型中建立了浮轨式减振扣件的实体结构，浮轨式减振扣件由支撑在轨腰的橡胶块支承块、侧板、挡板、锁紧块、铁垫板、绝缘底座、螺栓和弹条等部件组成。橡胶块支承块支撑在轨腰和侧板之间，侧板通过挡板和锁紧块固定在铁垫板之上，铁垫板通过螺栓和弹条等连接到轨枕或者轨道板上。为了简化模型，有限元模型中的浮轨式扣件系统仅包括了橡胶块支承块、侧板。橡胶块支承块与轨腰接触，摩擦系数为 0.75。侧板与橡胶块支承块固定在一起，与轨道板相连接。轮轨间的摩擦系数为 0.45。模型中，导向轮对以上部分的质量通过在一系悬挂力来模拟。本章所研究的轨道为浮置轨道板，轨道板下为橡胶减振垫，有限元模型中采用均匀分布在轨道板底部有限元节点上的弹簧单元和阻尼单元来代替。采用三维非协调实体单元(C3D8I)为各部件划分网格。模型共包括 629617 个实体单元、9963 个弹簧单元、9963 个阻尼单元和 897020 个节点。经过网格收敛性计算，设置这样的网格密度既能保证计算结果的精确性，又不会产生过大的计算量。模型中采用线弹性材料模型，相关参数如表 5-5 所示。

(a) 实物照片

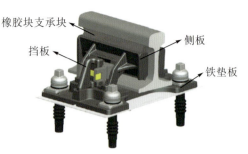

(b) 系统组成

图 5-15　浮轨式减振扣件

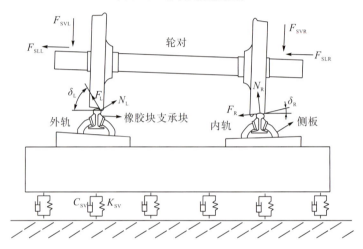

图 5-16　单轮对-轨道-浮轨式减振扣件-轨道板系统轮轨接触几何关系

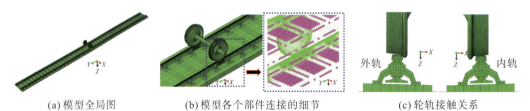

(a) 模型全局图　　　　(b) 模型各个部件连接的细节　　　　(c) 轮轨接触关系

图 5-17　单轮对-轨道-浮轨式减振扣件-轨道板系统有限元模型

表 5-5　模型中各种材料的物理参数

部件	密度 $\rho/(\mathrm{kg/m^3})$	弹性模量 E/MPa	泊松比	阻尼系数
轮对	7800	210000	0.3	
钢轨	7800	210000	0.3	
轨道板	2400	32400	0.24	
侧板	7800	200000	0.3	
橡胶垫	900	20	0.4	0.00001

图 5-18(a)显示了导向轮对通过浮轨式减振扣件轨道时轮对-轨道系统摩擦自激振动频率分布。为了减小计算量，将复特征值分析的频率范围限定在 0～800Hz。由图可知，轮对在通过该曲线轨道时，系统发生了摩擦自激振动，共有 8 个摩擦自激振动，其中频率约为 320Hz 的摩擦自激振动的等效阻尼比最小，约为−0.0157，为最可能发生的摩擦自激振动。由该频率的摩擦自激振动导致的波磨波长约为 52.2mm。图 5-18(b)显示了该频率摩擦自激振动的振型。由图可知，频率为 319.15Hz 的摩擦自激振动主要发生在内轨和轮对内轮上，而外轨几乎未见明显的变形，可见由该频率的摩擦自激振动导致的钢轨波磨将出现在内轨上，其导致的波磨波长和发生位置与实际十分吻合。

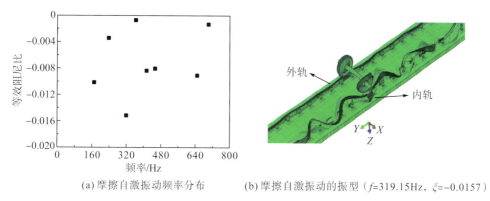

(a)摩擦自激振动频率分布　　　　(b)摩擦自激振动的振型（f=319.15Hz，ξ=−0.0157）

图 5-18　导向轮对通过浮轨式减振扣件轨道时轮对-轨道系统摩擦自激振动频率分布及振型

5.2.5　单轮对-轨道-梯形轨枕系统模型

图 5-19 显示了梯形轨枕线路的实物照片，梯形轨枕(纵梁式轨枕)由减振垫、2 根预应力混凝土纵梁及其联结杆件、横纵向限位件组成。小半径曲线的梯形轨枕线路也会出现钢轨波磨，因此研究梯形轨枕线路的钢轨波磨问题是有积极意义的。图 5-20 显示了单轮对-轨道-梯形轨枕系统摩擦自激振动模型，该模型的钢轨长 36m，钢轨轨底坡为 1/40，钢轨型号为 CHN60 钢轨，轨距为 1435mm[46]。钢轨两端约束三个方向的平移自由度，轮对放置在钢轨中间，即跨中位置，这样可以防止两端不对称对计算结果产生影响。轮对名义滚动圆半径为 420mm，踏面为磨耗型踏面。采用三维非协调实体单元(C3D8I)为各部件划分

图 5-19　梯形轨枕线路实物照片

网格。模型共包括 629617 个实体单元、9963 个弹簧单元、9963 个阻尼单元和 897020 个节点。经过网格收敛性计算，设置这样的网格密度既能保证计算结果的精确性，又不会产生过大的计算量。模型中采用线弹性材料模型，模型相关参数如表 5-4 和表 5-5 所示。图 5-21 显示了轮轨系统摩擦自激振动的频率分布和其中一个的摩擦自激振动的振型。

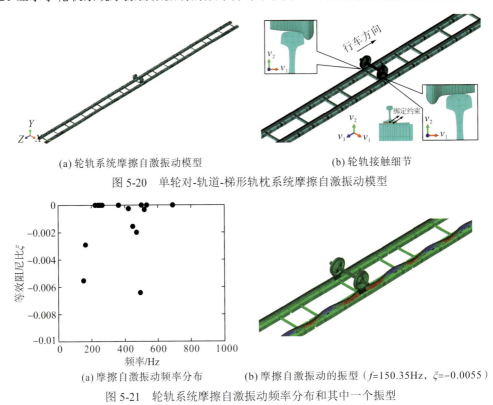

(a) 轮轨系统摩擦自激振动模型   (b) 轮轨接触细节

图 5-20　单轮对-轨道-梯形轨枕系统摩擦自激振动模型

(a) 摩擦自激振动频率分布   (b) 摩擦自激振动的振型（f=150.35Hz，ξ=−0.0055）

图 5-21　轮轨系统摩擦自激振动频率分布和其中一个振型

5.3　轮轨系统摩擦自激振动模型的精细研究

5.3.1　多轮对-轨道系统摩擦自激振动模型

　　传统波磨理论的经典模型一般都由 1 个车轮、1 根钢轨和一系列短轨枕组成，Wu 等[47] 研究了多轮对通过轨道时的振动干涉现象，认为多轮对通过时的振动干涉现象可能会引起钢轨波磨。读者也许对由多个轮对和轨道组成的轮轨系统摩擦自激振动与单个轮对和轨道组成的轮轨系统摩擦自激振动是否有明显的差别感兴趣。本节就对多轮对轮轨系统的摩擦自激振动问题进行研究。图 5-22 显示了由 4 根轮对、2 根钢轨和一系列短轨枕组成的轮轨系统摩擦自激振动模型，当车辆通过 R=350m 曲线线路时，该模型的第 1、3 根轮对的轮轨蠕滑力是饱和的，第 2、4 根轮对的轮轨蠕滑力是不饱和的。模型材料参数如表 5-3 所示，轨道和扣件参数如表 5-4 所示。第 2、4 根轮对的外轨接触角 δ_{2L}=3.2°、内轨接触角 δ_{2R}=2.4°。

(a) 轮轨系统摩擦自激振动模型　　　　　(b) 轮轨接触细节

图 5-22　四轮对-轨道系统摩擦自激振动模型

图 5-23(a)显示了四轮对-轨道系统摩擦自激振动的频率分布，图 5-23(b)显示了四轮对-轨道系统发生趋势最大的一个摩擦自激振动的模态形状。与单轮对-轨道系统的摩擦自激振动(图 5-9)比较，四轮对-轨道系统摩擦自激振动多了一个 531.42Hz 的不稳定振动，但四轮对-轨道系统的建模和仿真计算比单轮对-轨道系统的建模和仿真计算难度大，一般的研究分析采用单轮对-轨道系统模型就足够精确了。

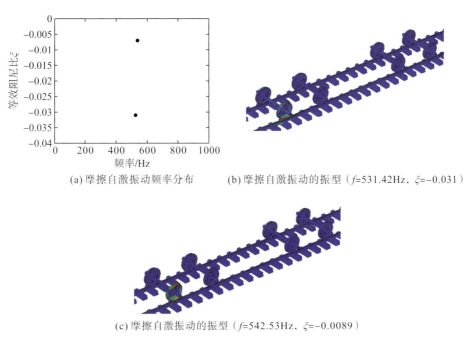

(a) 摩擦自激振动频率分布　　(b) 摩擦自激振动的振型（f=531.42Hz，ξ=-0.031）

(c) 摩擦自激振动的振型（f=542.53Hz，ξ=-0.0089）

图 5-23　轮轨系统摩擦自激振动频率分布和振动模态

5.3.2　轮对-轨道系统摩擦自激振动模型的约束问题

摩擦自激振动理论的发展与摩擦尖叫噪声的研究密切相关。摩擦尖叫噪声是一种以法向(垂直滑动方向)振动与切向(沿滑动方向)振动耦合(即两者的振动频率相同)为特征的特殊振动发射的噪声。最常见的摩擦尖叫噪声是汽车盘形制动噪声，它是由制动盘和闸片组成的摩擦系统在制动过程中发出的一种尖锐刺耳的噪声。在汽车制动过程中，制动盘随车轮一起做减速转动，如果没有摩擦尖叫噪声，则盘形制动系统附近的噪声强度可能比本底噪声高 1～3dB(A)。如果出现摩擦尖叫噪声，则盘形制动系统附近的噪声强度可能比本底噪声高 10～40dB(A)，这个强烈的噪声就是由制动盘和闸片系统的摩擦自激振动发射的。摩擦自激振动是一种弹性振动，具有振幅小、频率高的特点，而且这种振动与制动盘的减速转动没有太大的关系，主要与制动盘和闸片之间的摩擦系数有关，正在发出摩擦尖叫噪声的摩擦系统，只要在摩擦面之间加入润滑油即可瞬间消除摩擦尖叫噪声。几十年来摩擦尖叫噪声的研究基本集中于摩擦尖叫振动发生机理，很少有学者研究摩擦尖叫振动的声振耦合问题。摩擦自激振动是摩擦系统在刚体自由度运动基础上的弹性自由度振动，因此在摩擦尖叫振动研究模型中，一般都把制动盘与车轴结合面设置为固定约束，闸片的约束则根据闸片的实际结构连接方式设置相应的约束。铁路轮轨系统摩擦自激振动模型的约束可以参考盘形制动尖叫噪声理论模型的约束关系来设置，作者通常设置轮对两个轴端的位移约束 $X=0$、$Y=0$、$\varphi_X=0$，轮对垂向(Z 轴方向)因与钢轨的接触约束而设置为自由约束，如图 5-24 所示。如果只设置单一轴端的 $X=0$、$Y=0$、$\varphi_X=0$ 三个方向的约束，轮轨系统摩擦自激振动模型的仿真结果与两个轴端都设置 $X=0$、$Y=0$、$\varphi_X=0$ 三个方向约束的轮轨系统摩擦自激振动模型的仿真结果有一定的差别，若两个轴端只设置 $X=0$、$Y=0$ 两个方向的约束，则模型在计算轮轨接触力时会出现错误。此外，钢轨端部设置固定约束，或是铰接约束，或是自由约束，对轮轨系统摩擦自激振动的预测结果没有实质性的差别。图 5-25 显示了不同约束关系的轮轨系统摩擦自激振动模型的计算结果，可见不同的轮轨约束关系对轮轨系统摩擦自激振动的影响比较小。

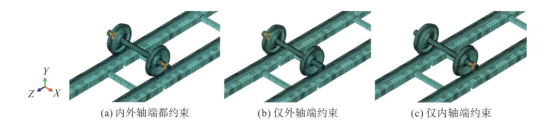

(a) 内外轴端都约束   (b) 仅外轴端约束   (c) 仅内轴端约束

图 5-24　轮轨系统摩擦自激振动模型的边界条件

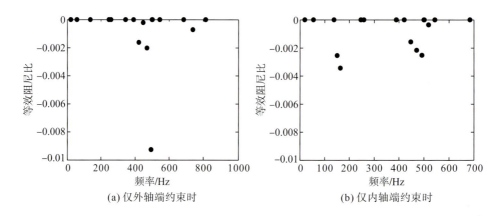

(a) 仅外轴端约束时   (b) 仅内轴端约束时

图 5-25　不同约束关系的轮轨系统摩擦自激振动频率分布

5.3.3　轮对-轨道系统摩擦自激振动模型中扣件的模拟方法研究

由 5.2 节的模型计算出来的摩擦自激振动频率一般都在 500Hz 左右，但实际波磨的频率为 50～1000Hz，显然模型预测结果与实际波磨存在一定的差别。传统波磨理论一般认为低频(50～150Hz)长波长波磨由车轴的一阶扭转自激振动引起，中高频(150～1000Hz)短波长波磨是钢轨工作面粗糙度不平顺引起轮轨系统共振振动所致。传统波磨理论已经经历了 30～40 年的研究和应用，但对波磨的抑制效果十分有限。传统波磨理论甚至无法满意地解释常见的钢轨波磨现象，例如，为何小半径曲线内轨几乎百分之百产生波磨，但外轨却很少出现波磨，并且即使出现波磨，其波长与内轨波磨的波长在大多数情况下并不相同；为何直线线路的波磨绝大多数都是两根钢轨同时出现，而且波长相当。作者公开提出轮轨系统摩擦自激振动引起钢轨波磨的机理以来，一直在求证该机理的适用性。在研究初期，作者采用传统波磨理论的方法用弹簧阻尼对模拟扣件系统，这种建模方法得到的轮轨系统摩擦自激振动频率多在 500Hz 左右，无法解释低频长波长波磨现象。作者认为轮轨系统扣件的模拟对轮轨系统摩擦自激振动有影响，随后开展了多年的扣件系统模拟方法的研究[46,48-50]。Oregui 等[51]在研究中发现，在钢轨模型中采用实体单元模拟扣件系统，仿真结果更接近现场锤击试验结果。Oregui 在模拟锤击试验时，提出了两种用实体单元模拟轨下垫板替代扣件系统的方法：轨下垫板上表面与钢轨下表面以及轨下垫板下表面与轨枕上表面之间均采用绑定约束连接、轨下垫板上表面与钢轨下表面采用接触连接、轨下垫板下表面与轨枕上表面采用绑定约束连接。受 Oregui 等研究结果的启发，作者建立了 4 种扣件有限元模型。第 1 种扣件模型采用传统的弹簧和阻尼对模拟扣件系统，在钢轨与轨枕的接触面上的所有节点都用无长度的弹簧和阻尼对将钢轨和轨枕连接起来，连接细节如图 5-26 所示。其中，K_V 和 K_L 分别代表扣件系统的垂向刚度和横向刚度，C_V 和 C_L 分别代表扣件系统的垂向阻尼和横向阻尼。

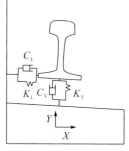

图 5-26　弹簧阻尼对扣件连接详图

在第 2 种扣件模型中，轨下垫板上、下表面分别与钢轨下表面和轨枕上表面通过有限元的绑定约束连接，其接触细节如图 5-27(a)所示，钢轨与轨下垫板，轨下垫板与轨枕之间的黄色填充部分表示绑定约束。第 3 种扣件模型轨下垫板下表面与轨枕上表面采用绑定约束连接，轨下垫板上表面与钢轨下表面通过定义接触连接，在接触属性中定义摩擦属性，完成接触面间摩擦副的设置，图 5-27(b)、(c)中用红色区域表示的为接触连接。此外，由于使用接触连接，钢轨只受到了来自轮对的力，并没有受到扣件扣压力，那么钢轨在 Y 方向上的自由度就没有被限制，与实际情况不符。因此，需要在模型中引入弹簧来模拟螺栓和弹条，其接触细节如图 5-27(b)、(c)所示。在每一个轨枕上方对应钢轨的两侧分别添加两个弹簧，同一侧的两个弹簧在钢轨纵向上的距离为 d_c，该距离代表每一个轨枕上方钢轨所受到的两个扣压力的作用点之间的距离。钢轨两侧的弹簧距离为 d_g。在图 5-27(b)中，最上方的 T 点与其在竖直方向投影在轨枕上的 S 点在 X、Y、Z

三个方向上耦合,同时与其在钢轨上的投影点 Q 在 X 方向上耦合。通过 T 点和 S 点建立刚度为 K_t 的弹簧,对该弹簧施加一个 Y 方向上的位移从而模拟扣件扣压力。第 4 种扣件模型为实体单元上、下表面分别与钢轨下表面和轨枕上表面通过接触连接,其接触细节如图 5-27(c) 所示,红色填充部分表示接触连接。为方便表述,后面将以弹簧阻尼对扣件模型、实体单元绑定扣件模型、实体单元绑定接触扣件模型、实体单元接触扣件模型分别指代第 1~4 种扣件模型。

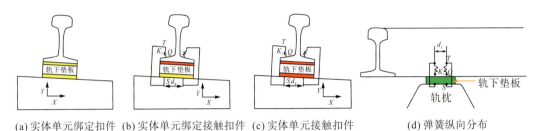

(a) 实体单元绑定扣件 (b) 实体单元绑定接触扣件 (c) 实体单元接触扣件   (d) 弹簧纵向分布

图 5-27　扣件模型

在轮轨系统摩擦自激振动模型中分别应用以上 4 种扣件模型,建立轮轨系统摩擦自激振动模型,如图 5-28~图 5-31 所示。其中,图 5-28 是应用了弹簧阻尼对扣件的轮轨系统摩擦自激振动模型,图 5-29 是应用了实体单元绑定扣件的轮轨系统摩擦自激振动模型,图 5-30 是应用了实体单元绑定接触扣件的轮轨系统摩擦自激振动模型,图 5-31 是应用了实体单元接触扣件的轮轨系统摩擦自激振动模型。

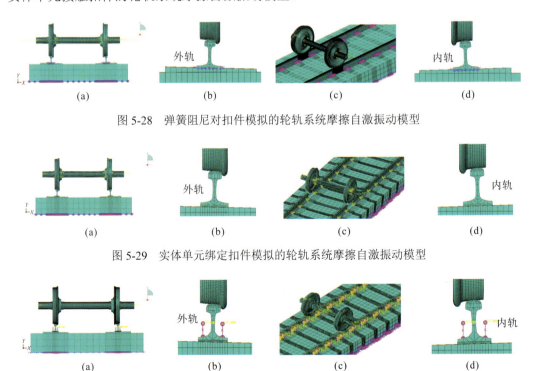

(a)　　　　　　　(b)　　　　　　　(c)　　　　　　　(d)

图 5-28　弹簧阻尼对扣件模拟的轮轨系统摩擦自激振动模型

(a)　　　　　　　(b)　　　　　　　(c)　　　　　　　(d)

图 5-29　实体单元绑定扣件模拟的轮轨系统摩擦自激振动模型

(a)　　　　　　　(b)　　　　　　　(c)　　　　　　　(d)

图 5-30　实体单元绑定接触扣件模拟的轮轨系统摩擦自激振动模型

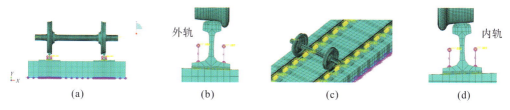

图 5-31　实体单元接触扣件模拟的轮轨系统摩擦自激振动模型

在 4 种轮轨系统有限元模型中，曲线半径均取 350m，列车通过曲线段平均速度为 55km/h，车轮名义滚动圆半径为 420mm，车轮踏面为磨耗型踏面，钢轨型号为 60kg/m。选取轨道长度为 36m，轨枕间距为 625mm，轨底坡为 1/40，车轮与钢轨间的摩擦系数为 0.4。由 SIMPACK 动力学仿真软件计算得到导向轮对外轮所受垂向悬挂力 $F_{SVL} = 55.4\text{kN}$、横向悬挂力 $F_{SLL} = 2.5\text{kN}$。导向轮对内轮所受垂向悬挂力 $F_{SVL} = 47.3\text{kN}$、横向悬挂力 $F_{SLL} = 2.6\text{kN}$。内轮与内轨接触角 $\delta_R = 2.32°$，外轮与外轨接触角 $\delta_L = 32.0°$。扣件采用 DTVI2 型扣件，其垂向支撑刚度和阻尼分别为 40.73MN/m 和 9898.70N·s/m，横向支撑刚度和阻尼分别为 8.79MN/m 和 9898.70N·s/m。通过计算可得到实体单元的等效弹性模量为 75.8MPa。在实体单元绑定接触扣件模型和实体单元接触扣件模型中，加入的弹簧刚度为 $8×10^5\text{N/m}$，在 T 点施加的 Y 方向的位移 $\Delta L = -12.5\text{mm}$ 用来模拟扣件弹条的预紧力，弹簧的纵向间距 $d_c = 72\text{mm}$，钢轨两侧的弹簧距离 $d_g = 100\text{mm}$。实体单元和钢轨以及轨枕之间的摩擦系数设置为 0.75。其他材料参数如表 5-6 所示。

表 5-6　轮轨系统有限元模型材料性能参数

部件	密度/(kg/m³)	弹性模量/Pa	泊松比
轮对	7800	$2.1×10^{11}$	0.3
钢轨	7790	$2.059×10^{11}$	0.3
轨枕	2400	$1.9×10^{11}$	0.3
轨下垫板	1.32	$7.6×10^7$	0.45

图 5-32(a) 显示了弹簧阻尼对扣件模型预测的不稳定摩擦自激振动发生趋势，可以看出在 0～1000Hz 只有 1 个摩擦自激振动。图 5-32(b) 显示了实体单元绑定扣件模型预测的不稳定摩擦自激振动发生趋势，可以看出在 0～1000Hz 有 6 个摩擦自激振动。图 5-32(c) 显示了实体单元绑定接触扣件模型预测的不稳定摩擦自激振动发生趋势，可以看出在 0～1000Hz 有 2 个摩擦自激振动。图 5-32(d) 显示了实体单元接触扣件模型预测的不稳定摩擦自激振动发生趋势，可以看出在 0～1000Hz 有 2 个摩擦自激振动。

图 5-33(a) 为图 5-32(a) 显示的摩擦自激振动对应的振型，图 5-33(b) 为图 5-32(b) 显示的最大可能发生的摩擦自激振动对应的振型，图 5-33(c) 为图 5-32(c) 显示的最大可能发生的摩擦自激振动对应的振型，图 5-33(d) 为图 5-32(d) 显示的最大可能发生的摩擦自激振动对应的振型，可以看出轮轨系统摩擦自激振动主要发生在内轨，即钢轨波磨主要发生在内轨。

干线铁路和地铁线路扣件类型比较多，各种类型扣件的结构有一定的差异，当更精细模拟地铁扣件时，可以考虑扣件铁垫板的影响，图 5-34 显示了 DTVI2 型扣件的详细结构图，图 5-35 显示了地铁线路四种扣件轮轨系统摩擦自激振动模型，图 5-36 显示了模型计算获得的轮轨系统摩擦自激振动频率分布。轨枕垫板的材料是一种工业橡胶，其弹性模量为 10.5～300MPa，将不同的弹性模量输入扣件实体模型中，可以预测到频率为 42～800Hz 的轮轨系统摩擦自激振动，基本包括了波磨可能出现的频率范围。用轮轨系统摩擦自激振动引起波磨的理论可以预测低频长波长波磨，而且能比较精确地预测到小半径曲线内轨发生波磨，预测结果部分与传统的车轴扭转自激振动引起低频波磨的理论类似，不同的是车轴扭转自激振动引起低频波磨的理论不能客观说明波磨发生在小半径曲线的内轨，该理论预测的波磨既可能发生在小半径曲线的内轨，也可能发生在外轨。

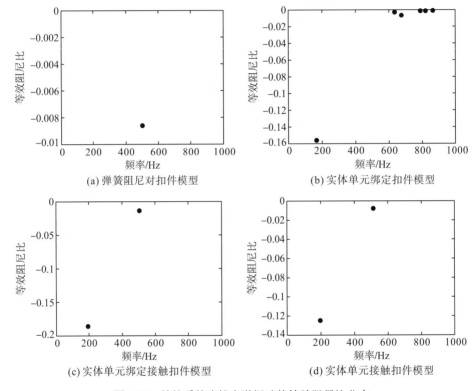

(a) 弹簧阻尼对扣件模型　　(b) 实体单元绑定扣件模型
(c) 实体单元绑定接触扣件模型　　(d) 实体单元接触扣件模型

图 5-32　轮轨系统摩擦自激振动的等效阻尼比分布

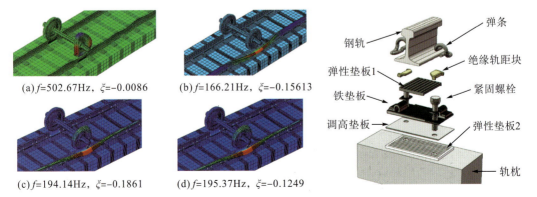

(a) f=502.67Hz, ξ=−0.0086　　(b) f=166.21Hz, ξ=−0.15613
(c) f=194.14Hz, ξ=−0.1861　　(d) f=195.37Hz, ξ=−0.1249

图 5-33　轮轨系统摩擦自激振动的振型　　图 5-34　地铁 DTVI2 型扣件实物图片

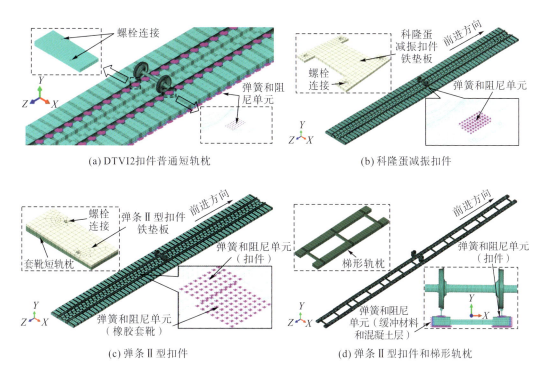

(a) DTVI2扣件普通短轨枕

(b) 科隆蛋减振扣件

(c) 弹条Ⅱ型扣件

(d) 弹条Ⅱ型扣件和梯形轨枕

图 5-35　地铁线路四种扣件轮轨系统摩擦自激振动模型

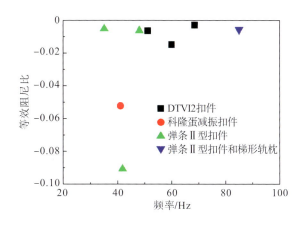

图 5-36　地铁线路四种扣件轮轨系统摩擦自激振动频率分布

5.3.4　轮对纵向位置对钢轨波磨频率的影响

　　为了评估轮对在轨枕上方或者轨枕中间位置处轮轨系统摩擦自激振动的发生趋势，分别研究了这两种情况下轮轨系统的摩擦自激振动发生趋势，有限元模型如图 5-37 所示，车轮位于不同纵向位置处系统的不稳定振动分布如图 5-38 所示。从图中可以看出，当轮对位于轨枕上方和位于轨枕中间位置时，轮轨系统摩擦自激振动的频率基本不变。

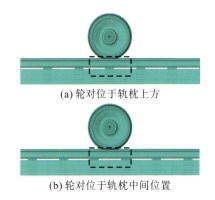

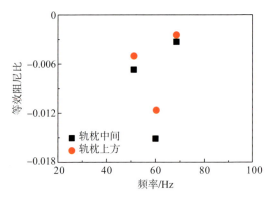

图 5-37　轮对在线路不同纵向位置处的
轮轨系统摩擦自激振动模型

图 5-38　不同轮对纵向位置的
不稳定振动分布

5.3.5　钢轨用实际曲线模拟的轮轨系统摩擦自激振动研究

传统波磨理论用铁摩辛柯梁或者欧拉-伯努利梁模拟钢轨，因此极少考虑钢轨实际曲线半径对模型仿真结果的影响。作者课题组所建立的大量轮轨系统摩擦自激振动模型也很少考虑曲线半径对轮轨摩擦自激动的影响。这里建立一个车辆通过 $R=350\mathrm{m}$ 曲线时由导向轮对组成的轮轨系统摩擦自激振动模型，研究钢轨曲线模型和直线模型对轮轨系统摩擦自激振动的影响。图 5-39 显示了由曲线钢轨和直线钢轨组成的轮轨系统摩擦自激振动模型，图 5-40、图 5-41 分别显示了由曲线钢轨和直线钢轨组成的轮轨系统摩擦自激振动模型的频率分布和

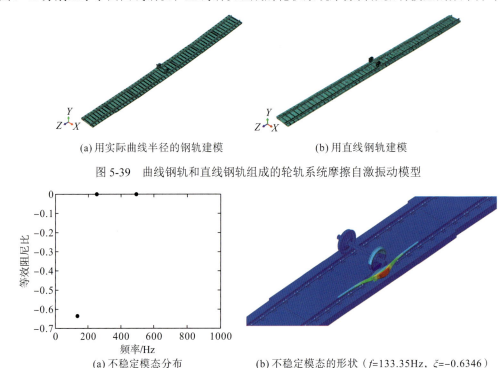

(a) 用实际曲线半径的钢轨建模　　　　　　　　(b) 用直线钢轨建模

图 5-39　曲线钢轨和直线钢轨组成的轮轨系统摩擦自激振动模型

(a) 不稳定模态分布　　　　　　　　(b) 不稳定模态的形状（$f=133.35\mathrm{Hz}$，$\xi=-0.6346$）

图 5-40　曲线钢轨组成的轮轨系统摩擦自激振动模型预测结果

振型，可以看出由曲线钢轨和直线钢轨组成的轮轨系统摩擦自激振动模型的频率分布和振型基本相同，即轮轨系统摩擦自激振动模型中用直线钢轨代替曲线钢轨建模是可行的。

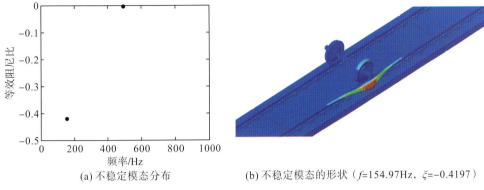

(a) 不稳定模态分布　　　　　　　　(b) 不稳定模态的形状（f=154.97Hz，ξ=−0.4197）

图 5-41　直线钢轨组成的轮轨系统摩擦自激振动模型预测结果

参 考 文 献

[1] Robles R, Correa N, Vadillo E G, et al. Comprehensive efficient vertical and lateral track dynamic model to study the evolution of rail corrugation in sharp curves. Journal of Sound and Vibration, 2023, 545: 117448.

[2] Wang Y R, Wu T X. The growth and mitigation of rail corrugation due to vibrational interference between moving wheels and resilient track. Vehicle System Dynamics, 2020, 58(8): 1257-1284.

[3] Kalousek J, Johnson K L. An investigation of short pitch wheel and rail corrugations on the Vancouver mass transit system. Proceedings of the Institution of Mechanical Engineers, Part F: Journal of Rail and Rapid Transit, 1992, 206(2): 127-135.

[4] Hempelmann K, Knothe K. An extended linear model for the prediction of short pitch corrugation. Wear, 1996, 191(1-2): 161-169.

[5] Tassilly E, Vincent N. A linear model for the corrugation of rails. Journal of Sound and Vibration, 1991, 150(1): 25-45.

[6] Igeland A, Ilias H. Rail head corrugation growth predictions based on non-linear high frequency vehicle/ track interaction. Wear, 1997, 213(1-2): 90-97.

[7] Muller S. A linear wheel-track model to predict instability and short pitch corrugation. Journal of Sound and Vibration, 1999, 227(5): 899-913.

[8] Torstensson P T, Nielsen J C O. Simulation of dynamic vehicle-track interaction on small radius curves. Vehicle System Dynamics, 2011, 49(11): 1711-1732.

[9] Meehan P A, Bellette P A, Batten R D, et al. A case study of wear-type rail corrugation prediction and control using speed variation. Journal of Sound and Vibration, 2009, 325(1-2): 85-105.

[10] Gómez J, Vadillo E G, Santamaría J. A comprehensive track model for the improvement of corrugation models. Journal of Sound and Vibration, 2006, 293(3-5): 522-534.

[11] Wu T X, Thompson D J. An investigation into rail corrugation due to micro-slip under multiple wheel/rail interactions. Wear, 2005, 258(7-8): 1115-1125.

[12] Baeza L, Vila P, Xie G, et al. Prediction of rail corrugation using a rotating flexible wheelset coupled with a flexible track model and a non-Hertzian/non-steady contact model. Journal of Sound and Vibration, 2011, 330(18-19): 4493-4507.

[13] Afferrante L, Ciavarella M. Short pitch corrugation of railway tracks with wooden or concrete sleepers: An enigma solved?. Tribology International, 2010, 43(3): 610-622.

[14] Chen G X, Xiao J B, Liu Q Y, et al. Complex eigenvalue analysis of railway curve squeal. Noise and Vibration Mitigation for Rail Transportation Systems, Berlin, 2008: 433-439.

[15] Chen G X, Zhou Z R, Ouyang H, et al. A finite element study on rail corrugation based on saturated creep force-induced self-excited vibration of a wheelset-track system. Journal of Sound and Vibration, 2010, 329(22): 4643-4655.

[16] 陈光雄, 金学松, 邬平波, 等. 车轮多边形磨耗机理的有限元研究. 铁道学报, 2011, 33(1): 14-18.

[17] Kurzeck B. Combined friction induced oscillations of wheelset and track during the curving of metros and their influence on corrugation. Wear, 2011, 271(1-2): 299-310.

[18] Kurzeck B, Hecht M. Dynamic simulation of friction-induced vibrations in a light railway bogie while curving compared with measurement results. Vehicle System Dynamics, 2010, 48(sup1): 121-138.

[19] Chen G X, Zhou Z R. A self-excited vibration model based on special elastic vibration modes of friction systems and time delays between the normal and friction forces: A new mechanism for squealing noise. Wear, 2007, 262(9-10): 1123-1139.

[20] Chen G X, Liu Q Y, Jin X S, et al. Stability analysis of a squealing vibration model with time delay. Journal of Sound and Vibration, 2008, 311(1-2): 516-536.

[21] 陈光雄, 周仲荣. 摩擦噪声有限元预测. 机械工程学报, 2007, 43(6): 164-168.

[22] 文武. 铁路车辆盘形制动噪声的有限元复特征值分析. 成都: 西南交通大学, 2007.

[23] 何宏高. 轮轨曲线尖叫噪声的有限元研究. 成都: 西南交通大学, 2009.

[24] Beshbichi O E, Wan C, Bruni S, et al. Complex eigenvalue analysis and parameters analysis to investigate the formation of railhead corrugation in sharp curves. Wear, 2020, 450-451: 203150.

[25] Fourie D, Fröhling R, Heyns S. Railhead corrugation resulting from mode-coupling instability in the presence of veering modes. Tribology International, 2020, 152: 106499.

[26] 肖宏, 陈鑫, 赵越. 基于摩擦自激理论的单侧钢轨波磨机理分析. 西南交通大学学报, 2022, 57(1): 83-89, 119, 90.

[27] Wang Z Q, Lei Z Y. Analysis of influence factors of rail corrugation in small radius curve track. Mechanical Sciences, 2021, 12(1): 31-40.

[28] Liu X G, Tang Y H, Wang P, et al. Forming process model of rail corrugation based on friction induced torsional vibration determined by vertical dynamics. Wear, 2022, 502-503: 204396.

[29] Ma C Z, Gao L, Xin T, et al. The dynamic resonance under multiple flexible wheelset-rail interactions and its influence on rail corrugation for high-speed railway. Journal of Sound and Vibration, 2021, 498: 115968.

[30] Li W, Zhou Z J, Zhao X, et al. Formation mechanism of short-pitch rail corrugation on metro tangent tracks with resilient fasteners. Vehicle System Dynamics, 2023, 61(6): 1524-1547.

[31] 王国新. 基于轮对-轨道模型的曲线尖叫噪声的有限元研究. 成都: 西南交通大学, 2010.

[32] 肖祥龙. 基于轮对-钢轨-轨枕系统摩擦自激振动引起的直线轨道钢轨波磨研究. 成都: 西南交通大学, 2012.

[33] 钱吉吉. 铁路轮轨和弓网系统摩擦自激振动瞬态动力学研究. 成都: 西南交通大学, 2014.

[34] 吴杰. 轨枕弹簧刚度和阻尼对钢轨波磨的影响研究. 成都: 西南交通大学, 2015.

[35] 杨宏光. 小半径曲线轨道支撑形式过渡段钢轨波磨现象的数值仿真. 成都: 西南交通大学, 2016.

[36] 崔晓璐. 地铁线路钢轨波磨现象发生机理研究. 成都: 西南交通大学, 2017.

[37] 刘春阳. 一系悬挂和扣件参数对钢轨波磨影响的仿真分析. 成都: 西南交通大学, 2018.

［38］闫硕. 小曲线半径轨道钢轨波磨产生机理及抑制措施研究. 成都: 西南交通大学, 2018.

［39］张喻涵. 轨道参数与辐板形状对小半径曲线钢轨波磨的影响研究. 成都: 西南交通大学, 2019.

［40］张胜. 铁路小半径曲线钢轨波磨预测模型及波磨抑制方法的研究. 成都: 西南交通大学, 2019.

［41］陈晓丽. 地铁线路曲线半径与钢轨波磨的相关性研究. 成都: 西南交通大学, 2020.

［42］夏晨光. 小半径曲线钢轨波磨抑制措施的研究. 成都: 西南交通大学, 2020.

［43］杨普淼. 几种钢轨波磨主动控制技术的研究. 成都: 西南交通大学, 2021.

［44］张银仙. 地铁小半径曲线波磨抑制方法及模型优化研究. 成都: 西南交通大学, 2021.

［45］吴波文. 制动对车轮多边形磨耗和钢轨波磨影响的研究. 成都: 西南交通大学, 2020.

［46］康熙. 轮对偏心引起铁路车轮非圆化的形成机制及其影响研究. 成都: 西南交通大学, 2022.

［47］Wu T X, Thompson D J. An investigation into rail corrugation due to micro-slip under multiple wheel/rail interactions. Wear, 2005, 258(7-8): 1115-1125.

［48］赵江伟. 摩擦自激振动导致地铁小半径曲线钢轨波磨有限元分析及模型研究. 成都: 西南交通大学, 2018.

［49］朱琪. 轨道交通轮轨和制动系统摩擦自激振动现象研究. 成都: 西南交通大学, 2021.

［50］何俊华. 基于摩擦自激振动理论的长波长钢轨波磨建模方法的研究. 成都: 西南交通大学, 2023.

［51］Oregui M, Li Z, Dollevoet R. An investigation into the modeling of railway fastening. International Journal of Mechanical Sciences. 2015, 92: 1-11.

第6章 小半径曲线钢轨波磨发生机理的研究

6.1 小半径曲线钢轨波磨典型问题

根据钢轨波磨的现场调研和相关研究综述可知,地铁线路上的小半径曲线轨道地段是钢轨波磨的高发区段,在小半径曲线轨道上存在着地铁线路中最为典型的一种钢轨波磨现象,即在小半径曲线轨道的内轨上基本百分之百出现钢轨波磨,但同一轨道的外轨上则极少出现钢轨波磨[1-3](见第4章的附图)。对于地铁线路上这种最为普遍的钢轨波磨现象,目前仍未能对其产生机理进行较为合理的解释。本章主要基于轮轨系统摩擦自激振动导致钢轨波磨的理论模型,开展小半径曲线轨道内轨有波磨外轨无波磨的机理研究,并且探究轮轨间摩擦负斜率对钢轨波磨的影响研究[4,5]。

本章以北京地铁套靴短轨枕支撑小半径曲线内轨处的钢轨波磨为例,其中套靴短轨枕作为地铁线路无砟轨道中比较典型的一种减振支撑结构,通过在轨枕和道床之间加入橡胶套靴以实现减振缓冲作用,该轨道结构又被称为弹性短轨枕轨道,广泛应用于我国的地铁线路中[6,7]。在北京地铁4号线的现场调查中发现,钢轨波磨通常发生在小半径曲线轨道的内轨上,特别是在马家堡站到北京南站套靴短轨枕整体道床区段发现了严重的钢轨波磨现象,该处位于距火车南站200m且曲线半径为350m的内轨上。在2010年4月1日凌晨,通过测量发现该处钢轨波磨的显著波长约为50mm。其后,通过对钢轨波磨进行打磨处理,此时该区段的钢轨表面没有明显的波状磨损,如图6-1所示。

图 6-1 马家堡站—北京南站套靴短轨枕轨道内轨打磨后的表面状态

4月22日,通过继续对该区段进行钢轨波磨的跟踪测量,发现内轨表面再次出现了明显的钢轨波磨。采用轮轨粗糙度光学检测系统(optical detection system,ODS)分别对外轨和内轨的表面轮廓进行了不平顺测量,其测量结果如图6-2所示。测点分别选取了距轨道内侧 20mm、30mm 和 40mm 的三个不同位置，这样可以较为全面地获得钢轨表面的不平顺分布情况。可以发现，在外轨表面几乎没有波磨，而在内轨表面出现了明显的波磨，其显著波长约为 31mm。

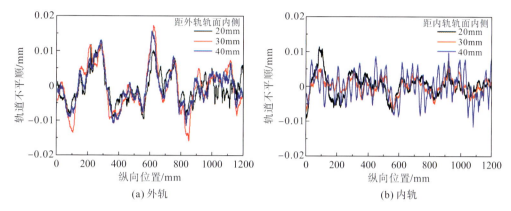

图 6-2 半径 R=350m 曲线轨道外轨和内轨的表面不平顺分布

与此同时，在该区段安装了加速度传感器测量列车通过时钢轨和轨枕的振动响应。加速度传感器分别安装在该曲线轨道外轨和内轨套靴轨枕上方的轨头外侧、前后两轨枕跨中位置上方的轨头外侧，以及外轨和内轨的套靴轨枕上方，如图 6-3 所示。采用 4507-C 加速度传感器测量了钢轨的垂向振动加速度，该传感器的最大测量加速度为 20000m/s²，测量的频率为 0.1～6000Hz；采用 4518 加速度传感器测量了轨枕的垂向振动加速度，该传感器的最大测量加速度为 5000m/s²，测量频率为 1～20000Hz。振动信号的采样频率均为 16384Hz。为保证列车的正常安全运行，轨道振动测试的数据采集系统用尼龙绳捆绑在隧道旁边的消防水管上，距轨道位置较远，如图 6-4 所示。在测试过程中，测试人员则位于车站站台上进行操作。

(a) 外轨   (b) 内轨

图 6-3 加速度传感器的安装位置   图 6-4 数据采集系统的安装位置

通过加速度传感器可以测得列车通过不同测点时垂向振动加速度的时间历程信号，图 6-5 为轨枕上方轨头处的垂向振动加速度变化情况，图 6-6 为前后轨枕跨中位置上方轨头处的垂向振动加速度变化情况，图 6-7 为套靴轨枕上方的垂向振动加速度变化情况。可以发现，当轮对通过轨头或轨枕上方的相应测点时，垂向振动加速度具有明显波动。并且，无论测试位置位于轨枕上方的轨头外侧、前后轨枕跨中位置上方的轨头外侧，还是套靴轨枕上方，内轨上垂向振动加速度的振幅均都明显大于外轨上垂向振动加速度的振幅。特别是当测点位于钢轨上时，外轨和内轨上垂向振动加速度的振幅差距更为明显，由此可以证明在该小半径曲线轨道上轮轨间的不稳定振动主要发生在内轨上。

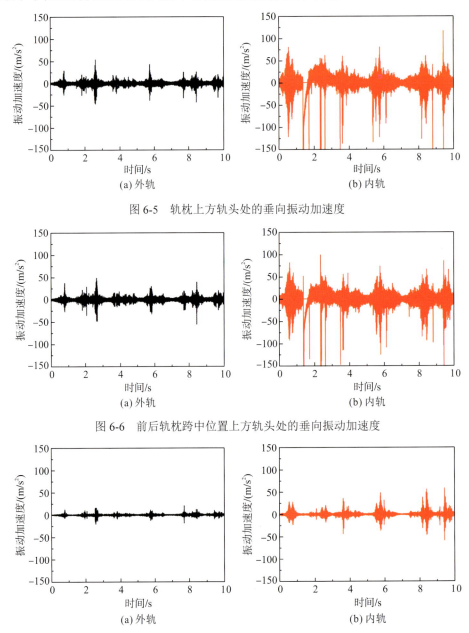

图 6-5　轨枕上方轨头处的垂向振动加速度

图 6-6　前后轨枕跨中位置上方轨头处的垂向振动加速度

图 6-7　套靴轨枕上方的垂向振动加速度

　　为进一步验证轮轨系统摩擦耦合自激振动与钢轨波磨之间的关系，这里对图 6-5～图 6-7 中不同测点位置的垂向振动加速度进行功率谱密度分析，由此可以提取出不同测点处垂向振动加速度的主要频率。图 6-8 显示了轨枕上方轨头处垂向振动加速度的功率谱密度分析结果，在外轨上垂向振动加速度的主要频率为 82Hz，在内轨上垂向振动加速度的主要频率为 75Hz、149Hz 和 299Hz。图 6-9 显示了前后轨枕跨中位置上方轨头处垂向振动加速度的功率谱密度分析结果，在外轨上垂向振动加速度的主要频率为 79Hz 和 203Hz，在内轨上垂向振动加速度的主要频率为 75Hz、145Hz 和 299Hz。图 6-10 显示了轨枕上方垂向振动加速度的功率谱密度分析结果，在外轨上垂向振动加速度的主要频率为 78Hz 和 428Hz，在内轨上垂向振动加速度的主要频率为 297Hz 和 616Hz。

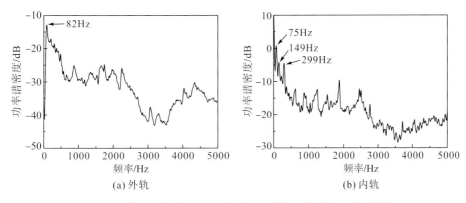

图 6-8　轨枕上方轨头处垂向振动加速度的功率谱密度分析结果

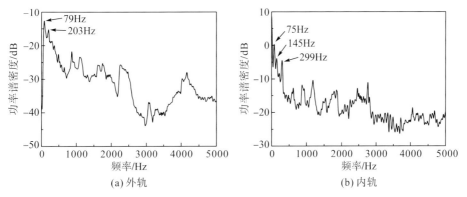

图 6-9　前后轨枕跨中位置上方轨头处垂向振动加速度的功率谱密度分析结果

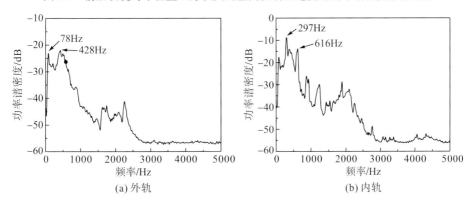

图 6-10　套靴轨枕上方垂向振动加速度的功率谱密度分析结果

　　综上所述，在该套靴短轨枕支撑轨道钢轨波磨的高发区段，在外轨的不同测点处均有主要频率约为 80Hz 的振动发生；而在内轨的不同测点处均有主要频率约为 300Hz 的振动发生。钢轨波磨波长、振动频率和列车运行速度的关系式如式 (6-1) 所示，列车通过该区间时的平均运行速度约为 60km/h，当内轨上垂向振动加速度主要频率约为 300Hz 时，其对应的波磨波长约为 50mm，这与在最初现场测试中观测得到该区段内轨上波磨的波长一致。

$$\lambda = \frac{v}{f} \tag{6-1}$$

6.2 小半径曲线内轨波磨、外轨无波磨的机理研究

6.2.1 小半径曲线轨道轮轨系统的仿真模型

通常而言，当车辆通过小半径曲线轨道时，导向轮对上外轮和内轮与钢轨间的蠕滑力均趋于饱和状态，即此时车轮处于滚滑状态，车轮与钢轨间具有明显的相对滑移[1]。然而，从动轮对上两个车轮与钢轨间的蠕滑力不一定趋于饱和状态，并且结合第 2 章中车辆-轨道系统的动力学仿真可以初步确定在曲线半径为 350m 的小半径曲线轨道，轮轨间的蠕滑力趋于摩擦力，这意味着轮轨间的蠕滑力趋于饱和状态。根据轮轨系统摩擦自激振动导致钢轨波磨的观点可知，当轮轨间的蠕滑力趋于饱和状态时，容易引发摩擦自激振动，从而导致钢轨波磨的产生[1-3]。因此，本节主要研究小半径曲线轨道上导向轮对与钢轨间的摩擦自激振动情况。

在套靴短轨枕支撑的小半径曲线轨道上，导向轮对与钢轨间的接触模型如图 6-11 所示，根据该接触模型，可以了解到轮轨系统的接触位置、受力分布以及轨道支撑结构的相关细节。对于轮轨系统的接触位置，假设轮轨间的接触为单点接触，则外轮与外轨间的接触点位于车轮轮缘和钢轨轨头侧面之间，其间的接触角为 δ_L；而内轮与内轨间的接触点位于车轮踏面和钢轨轨头之间，其间的接触角为 δ_R。对于轮轨系统的受力分布，轮对两端轴箱处受到了由于车辆上部载荷作用的垂向悬挂力 F_{SVL}、F_{SVR} 和横向悬挂力 F_{SLL}、F_{SLR}。当车轮从轨道上滚过时，轮轨间分别产生了法向接触力 N_L、N_R 和蠕滑力 F_L、F_R。对于套靴

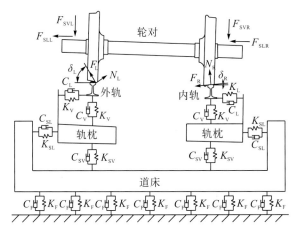

图 6-11 套靴短轨枕支撑小半径曲线轨道导向轮对-钢轨系统的接触模型

短轨枕支撑结构，在钢轨和轨枕之间采用弹条Ⅱ型分开式扣件连接，该扣件采用弹簧和阻尼单元进行模拟，其垂向支撑刚度和阻尼分别为 K_V 和 C_V，横向支撑刚度和阻尼分别为 K_L 和 C_L。道床对轨枕的支撑刚度和阻尼同样采用弹簧和阻尼单元进行模拟，其垂向支撑刚度和阻尼分别为 K_{SV} 和 C_{SV}，横向支撑刚度分别为 K_{SL} 和 C_{SL}。地基对道床的支撑刚度和阻尼也同样采用弹簧和阻尼单元进行模拟，其垂向支撑刚度和阻尼分别为 K_F 和 C_F。

　　根据套靴短轨枕支撑小半径曲线轨道导向轮对-钢轨系统的接触模型，充分考虑套靴短轨枕和道床的支撑刚度和阻尼效应，利用 ABAQUS 建立了套靴短轨枕支撑小半径曲线轨道导向轮对-钢轨系统的有限元模型。如图 6-12(a)所示，该模型主要包括三部分，分别为一个导向轮对、两条钢轨和由一系列轨枕和道床组成的轨道支撑结构，其材料参数取值如表 6-1 所示。在轮对结构中，车轮的滚动圆直径为 840mm，踏面为地铁线路中常用的磨耗型踏面，使用该踏面的车轮很少出现两点接触现象，因此轮轨间的接触可以假设为单点接触。在钢轨结构中，钢轨型号为 60kg/m，其两端采用固定约束。轨道的曲线半径为 350m，轨距设置为 1440mm。由于建立该有限元模型采用平行于钢轨的局部坐标系，轨底坡和外轨超高的影响可以忽略不计。通过 SIMPACK 建立的车辆系统动力学模型可以计算得到导向轮对通过相应曲线轨道时的横移量和摇头角，从而可以确定该轮对在有限元模型中的具体接触位置。在轮轨接触时，轮轨间的动摩擦系数设置为 0.4，其接触细节如图 6-12(b)所示，分别对车轮与钢轨的接触区间进行网格细化。在轨道支撑结构中，在钢

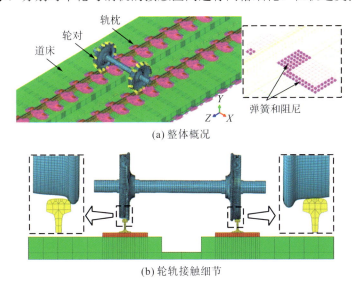

(a) 整体概况

(b) 轮轨接触细节

图 6-12　套靴短轨枕支撑小半径曲线轨道导向轮对-钢轨系统的有限元模型

表 6-1　套靴短轨枕支撑小半径曲线轨道导向轮对-钢轨系统有限元模型的材料参数

部件	密度/(kg/m³)	弹性模量/Pa	泊松比
轮对	7800	2.1×10^{11}	0.3
钢轨	7790	2.059×10^{11}	0.3
轨枕	2800	1.9×10^{11}	0.3
道床	2400	3.25×10^{11}	0.24

轨和轨枕之间，采用弹条Ⅱ型分开式扣件连接，前后扣件的间距设置为 625mm，如图 6-12(a)所示，该扣件主要通过弹簧和阻尼单元进行模拟。由于钢轨底部和轨枕顶部的节点两两对应，采用 PYTHON 脚本语言将扣件的刚度和阻尼采用了点对点的方式分布到钢轨和轨枕接触面的每个节点对上。弹条Ⅱ型分开式扣件的垂向支撑刚度和阻尼分别设置为 18.28MN/m 和 6361.29N·s/m，横向支撑刚度和阻尼分别设置为 9MN/m 和 1830.22N·s/m。同样，道床对轨枕的支撑刚度和阻尼也是采用了相同的方式分布在道床与轨枕接触面的每个节点对上，其垂向支撑刚度和横向支撑刚度分别设置为 60MN/m 和 30MN/m。然而，在地基对道床的支撑中，则是将支撑刚度和阻尼采用接地弹簧和阻尼的方式分布到道床底面的节点上，其垂向支撑刚度和阻尼分别设置为 170MN/m 和 3.1×10^5N·s/m。这些轨道结构的相关参数主要参考了金学松团队的试验测试数据[6,7]。

6.2.2　轮轨系统稳定性分析

复特征值分析可以预测轮轨系统在频域范围内自激振动的振动模态。在分析过程中，假设钢轨表面是绝对平滑的，仅在轮对两端添加了大小恒定的垂向和横向悬挂力，无其他任何外在激励，此时在轮轨间饱和蠕滑力作用下的轮轨系统产生的不稳定振动为摩擦自激振动。由于导致钢轨波磨的不稳定振动通常发生在 50～1200Hz 的频率区段，本节通过复特征值分析提取了相应频段的负等效阻尼比，其分布情况如图 6-13 所示，可以发现在该频率范围内主要存在三个不稳定振动，其等效阻尼比分别为-0.01455、-0.0011 和-0.0032。由于等效阻尼比越小，相应的不稳定振动越容易发生。此时系统的最小等效阻尼比为 -0.01455，对应的不稳定振动频率为 315.12Hz，这意味着此时轮轨系统的不稳定振动最容易发生，其振动模态如图 6-14 所示。可以发现，该套靴短轨枕支撑小半径曲线轨道轮轨系统的不稳定振动主要发生在导向轮对的内轮和相应的内轨上。由此可以说明，在轮轨间饱和蠕滑力的作用下，轮轨系统的摩擦自激振动主要发生在导向轮对的内轮和内轨上，这意味着该区段的钢轨波磨主要发生在内轨上。当列车以 60km/h 的速度通过该区段时，对应波磨的波长约为 52.89mm，该预测结果与地铁线路上的现场实测结果近乎一致，首次客观重现了小半径曲线波磨主要发生在内轨的典型现象。

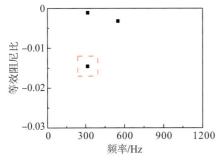

图 6-13　套靴短轨枕支撑小半径曲线轨道
轮轨系统的等效阻尼比分布

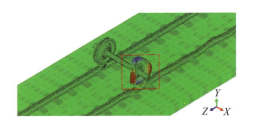

图 6-14　套靴短轨枕支撑小半径曲线轨道
轮轨系统的不稳定振动模态
(f_R=315.12Hz，ξ=-0.01455)

6.2.3　轮轨系统动态响应分析

瞬时动态分析则可以预测轮轨系统在时域范围内自激振动的动态响应。并且，在数值仿真中采用瞬时动态分析法能够更充分地考虑轮轨系统不稳定振动中的非线性因素，预测得到的结果与实际工况更为贴近。在瞬时动态分析的过程中，轮对通过曲线轨道时的初始运动参数设置如下：轮对的运行速度设置为 60km/h，转动速度设置为 39.68rad/s（车轮的滚动圆直径为 840mm）。在轮对的运行过程中，轮轨间的动摩擦系数设置为 0.4。通过瞬时动态分析，图 6-15 显示了当导向轮对通过该曲线轨道时车轮与钢轨间法向接触力的变化情况，其大小为车轮与钢轨接触区域内所有节点法向压力的总和，可以发现内轨上轮轨间法向接触力和外轨上轮轨间法向接触力存在明显差异。在受力大小方面，内轨上轮轨间法向接触力的均值明显大于外轨上轮轨间法向接触力的均值。这是由于导向轮对在小半径曲线轨道上内外车轮与钢轨间的接触状态具有明显差异，在小半径曲线轨道上外轮与外轨间的接触点位于车轮轮缘和钢轨轨头侧面之间，内轮与内轨间的接触点位于车轮踏面和钢轨轨头之间。在振动幅度方面，内轨上轮轨间法向接触力的振幅也明显大于外轨上轮轨间法向接触力的振幅。由此可以推断出，轮轨间的饱和蠕滑力会导致轮轨间法向接触力的变化，从而导致轮轨系统发生摩擦自激振动，并且在该小半径曲线轨道上，轮轨系统的摩擦自激振动主要发生在内轨上。

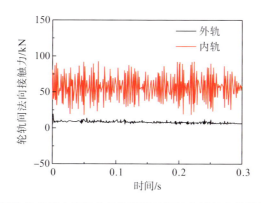

图 6-15　套靴短轨枕支撑小半径曲线轨道轮轨间法向接触力的变化情况（$\mu = 0.4$）

为进一步确定在该曲线轨道上轮轨系统摩擦自激振动的主要振动频率，分别对外轨和内轨上轮轨间法向接触力进行功率谱密度分析，其分析结果如图 6-16 所示，可以发现外轨上轮轨间法向接触力的主要振动频率为 313.48Hz，内轨上轮轨间法向接触力的主要振动频率为 307.62Hz。在外轨和内轨上预测得到的主要不稳定振动频率非常相似，因此当轮对通过该曲线轨道时，轮轨间法向接触力的主要振动频率约为 310Hz。通过对比可以发现，瞬时动态分析预测得到的结果与复特征值分析预测得到的结果近乎一致。当列车以 60km/h 的平均速度通过该区段时，导致波磨的波长约为 54mm。

为进一步验证在轮轨饱和蠕滑力的作用下会导致轮轨系统发生摩擦自激振动，本节对比研究了当轮轨间有摩擦和无摩擦时的不稳定振动情况。当轮轨间的动摩擦系数为 0 时，轮轨间法向接触力的变化情况如图 6-17 所示。当轮轨间的动摩擦系数设置为 0 时，轮轨间不存在摩擦作用，此时轮轨间不存在蠕滑力的作用。对比图 6-15 中轮轨间的动摩擦系数设置为 0.4 时轮轨间法向接触力的变化情况，可以发现当轮轨间动摩擦系数 0 时，轮轨间法向接触力几乎没有明显的波动，这意味着没有摩擦自激振动发生。因此，当轮轨间存在摩擦作用时，在轮轨间饱和蠕滑力的作用下，轮轨间法向接触力会产生明显波动，意味着轮轨系统摩擦自激振动的发生。

由于提取得到的车轮与钢轨间法向接触力的大小是车轮与钢轨接触区域内所有节点法向压力的总和，为进一步研究轮对通过曲线轨道各个节点时的动态响应，本节研究了当轮对通过该曲线轨道各个测点时钢轨表面垂向振动加速度的变化情况。此时测点选取了轮对通过区间轨枕上方钢轨轨头的中心点，共选取了 10 组测点，将外轨和内轨轨面对称位置的测点设置为同一组，其具体分布如图 6-18 所示。通过瞬时动态分析，可以得到轮对通过钢轨表面各个测点时垂向振动加速度的变化情况，如图 6-19 所示。可以发现，当轮对通过相应测点时，该位置垂向振动加速度的振幅明显增大，这意味着轮轨系统摩擦自激振动的发生。并且，同一组测点在内轨表面垂向振动加速度的振幅明显大于外轨表面垂向振动加速度的振幅，这进一步证明了轮轨系统摩擦自激振动主要发生在内轨上。

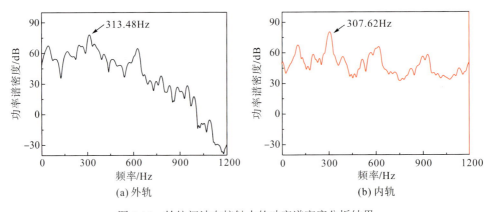

(a) 外轨   (b) 内轨

图 6-16　轮轨间法向接触力的功率谱密度分析结果

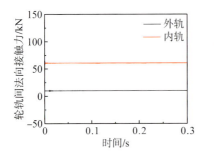

图 6-17　套靴短轨枕小半径曲线轨道轮轨间
法向接触力的变化情况（$\mu=0$）

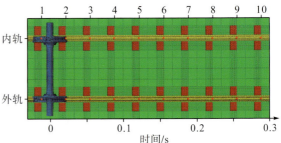

图 6-18　钢轨表面测点的分布情况

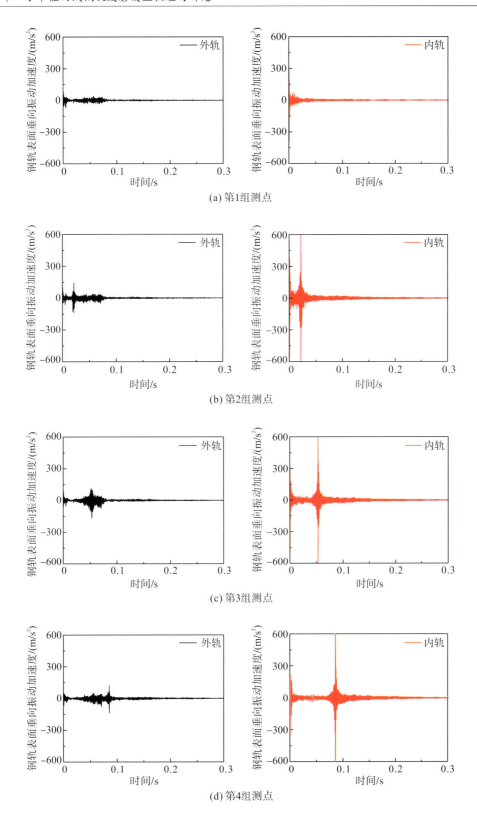

(a) 第1组测点

(b) 第2组测点

(c) 第3组测点

(d) 第4组测点

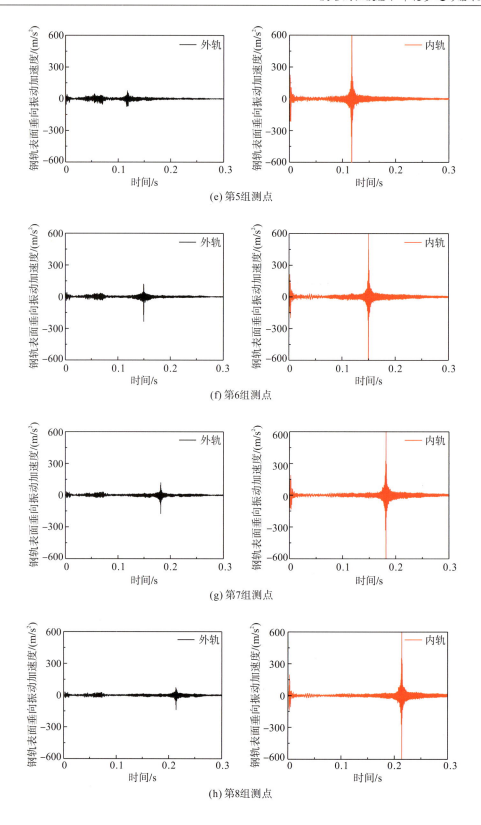

(e) 第5组测点

(f) 第6组测点

(g) 第7组测点

(h) 第8组测点

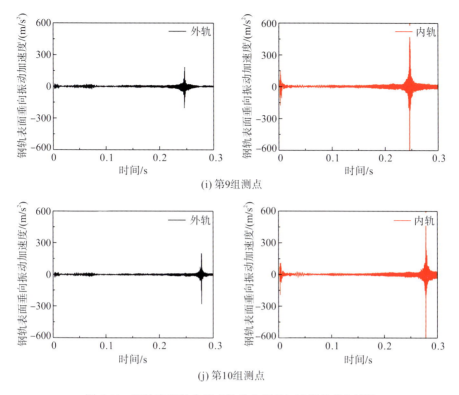

图 6-19　钢轨表面各个测点处垂向振动加速度的变化情况

6.2.4　摩擦自激振动导致钢轨波磨理论模型的验证

在本章的研究中,通过现场调研测试了套靴短轨枕支撑小半径曲线轨道上的钢轨波磨特性、钢轨表面不平顺以及列车通过该区间时钢轨和轨枕的动态响应,通过数值模拟研究了该曲线轨道上轮轨系统摩擦自激振动的振动模态和动态响应。综合采用复特征值分析和瞬时动态分析两种方法有助于全面认识地铁线路套靴短轨枕支撑小半径曲线轨道上钢轨波磨的形成机理,进一步验证了轮轨系统摩擦自激振动导致钢轨波磨的理论模型。

在现场测试中,通过分析如图 6-2 所示的沿轨道方向外轨和内轨的表面不平顺分布情况可以发现,在外轨表面几乎没有明显的波磨,而在内轨表面出现了波长为 31mm 的短波波磨。同时,根据现场测试得到的垂向振动加速度的功率谱密度分析结果(图 6-8~图 6-10),可以发现在外轨和内轨的不同测点处,存在多个主要的不稳定振动频率。其中,在该区段外轨的不同测点处,均有主要频率约为 80Hz 的振动发生。在该区段内轨的不同测点处,均有主要频率约为 300Hz 的振动发生。然而,这些钢轨表面不同测点处垂向振动加速度的主要振动频率和当列车通过波长为 31mm 的波磨区段时轮轨间相互作用导致的主要振动频率不一致,当列车的运行速度为 55~60km/h 时,对应波长为 31mm 波磨的振动频率应该为 492.8~537.6Hz。在 2010 年 4 月 1 日的初始测量中,作者发现在该区段内轨表面出现了明显波长约为 50mm 的钢轨波磨,而在外轨表面并没有出现波磨。由于当时没有采用具体的测量工具来对钢轨表面不平顺进行测量,仅采用了尺子对波磨的波长进行了大致测量，因此这里的波长为估算值。当列车的运行速度为 55～60km/h 时，对应波长为 50mm 波磨的振动频率为 305.6～333.3Hz。因此，可以推测出只有内轨上振动频率约为 300Hz 的振动才会引起钢轨波磨的发生。

根据前期的研究可知，轮轨间的振动可能会导致钢轨波磨的产生[8-10]。但是，在本章的研究中发现，并不是轨道上所有频率对应的轮轨振动均会导致钢轨波磨的产生。根据作者的前期调研发现，当列车通过地铁线路时，存在确定性和随机性的轨道不平顺，这些钢轨表面的不平顺将刺激轮轨系统产生相应的振动。而轮轨间大部分振动并不能导致钢轨波磨的产生，这是由于当列车通过地铁线路时引发的大部分轮轨间的振动均为随机振动。这些随机振动可能会导致钢轨表面的任意考察点的随机磨损，但不能引发钢轨波磨的产生。然而，轮轨系统摩擦自激振动是一种具有确定性振动频率的振动，受到轮轨系统自身结构和单一轨道不平顺的影响就会诱导和加剧振动。当轮对每一次通过该轨道的不平顺区间时，轮轨系统的摩擦自激振动将导致钢轨表面任意考察点磨损的增加，当多个车轮通过时，轮轨间的摩擦自激振动将导致该考察点磨损的加剧，进而当大量列车通过后，该区间的钢轨表面将会形成钢轨波磨。

同时，通过现场测试得到的钢轨和轨枕上方的垂向振动加速度变化情况如图 6-5～图 6-7 所示，均显示了当列车通过该套靴短轨枕曲线轨道时内轨上垂向振动加速度的振幅明显大于外轨上垂向振动加速度的振幅。通过数值仿真得到的轮轨间法向接触力的变化（图 6-17）和钢轨表面各个测点处垂向振动加速度的变化情况（图 6-19），均显示了当列车通过该小半径曲线轨道区间时，内轨上振动加速度的振幅明显大于外轨上振动加速度的振幅。因此，基于轮轨系统摩擦自激振动理论模型采用数值仿真预测得到的轮轨系统的不稳定振动现象与现场测试列车通过时的振动现象基本一致。同时，根据提取现场测试垂向振动加速度的功率谱密度分析结果（图 6-8～图 6-10），可以发现导致该区段钢轨波磨的主要频率约为 300Hz，这与数值仿真中复特征值分析预测得到的轮轨系统摩擦自激振动的主要频率（图 6-13）和瞬时动态分析预测得到的轮轨系统摩擦自激振动的主要频率（图 6-16）近乎一致。因此，在该套靴短轨枕支撑的小半径曲线轨道上，轮轨系统的摩擦自激振动主要发生在小半径曲线的内轨上，其主要的不稳定振动频率约为 300Hz，该频率对应着引起该区段钢轨波磨的主要振动频率。因此，综合现场测试和数值仿真均验证了套靴短轨枕支撑小半径曲线轨道上的钢轨波磨主要是由轮轨系统的摩擦自激振动导致的。

参 考 文 献

[1] Chen G X, Zhou Z R, Ouyang H, et al. A finite element study on rail corrugation based on saturated creep force-induced self-excited vibration of a wheelset-track system. Journal of Sound and Vibration, 2010, 329(22): 4643-4655.

[2] Mei G M, Chen G X, Yan S, et al. Study on a heuristic wheelset structure without rail corrugation on sharply curved tracks. Shock and Vibration, 2021, 2021(15): 1-14.

[3] 陈光雄. 钢轨波磨预测模型验证工况的研究. 西南交通大学学报, 2022, 57(5): 1017-1023, 1054.

[4] Cui X L, Chen G X, Zhao J W, et al. Field investigation and numerical study of the rail corrugation caused by frictional self-excited vibration. Wear, 2017, 376-377: 1919-1929.

［5］肖祥龙, 陈光雄, 莫继良, 等. 摩擦调节剂抑制钢轨波磨的机理研究. 振动与冲击, 2013, 32(8): 166-170.

［6］李霞. 地铁钢轨波磨形成机理研究. 成都: 西南交通大学, 2012.

［7］李霞, 李伟, 吴磊, 等. 套靴轨枕轨道钢轨波磨初步研究. 铁道学报, 2014, 36(11): 80-85.

［8］Zhai W M, Jin X S, Wen Z F, et al. Wear problems of high-speed wheel/rail systems: Observations, causes, and countermeasures in China. Applied Mechanics Reviews, 2020, 72(6): 060801.

［9］Grassie S L. Rail irregularities, corrugation and acoustic roughness: Characteristics, significance and effects of reprofiling. Proceedings of the Institution of Mechanical Engineers Part F: Journal of Rail and Rapid Transit, 2012, 226(5): 542-557.

［10］金学松, 李霞, 李伟, 等. 铁路钢轨浪形磨损研究进展. 西南交通大学学报, 2016, 51(2): 264-273.

第7章 科隆蛋减振扣件直线线路钢轨波磨研究

7.1 科隆蛋减振扣件的直线线路钢轨波磨问题

为了减小列车和轨道系统的振动噪声，在地铁线路中采取了多种控制措施，其中减振扣件的使用效果显著，明显地减小了地铁线路上的振动噪声，目前较为普遍使用的减振扣件包括 Vangurd 扣件、Lord 扣件、GJ-III扣件、浮轨扣件以及科隆蛋减振扣件。其中，科隆蛋减振扣件是一种典型的无轨枕扣件，主要利用椭圆形承轨板与底座之间硫化橡胶的剪切变形获得弹性支撑，从而起到减振效果，一般可以取得 5～7dB 的减振效果。尽管科隆蛋减振扣件起到了一定的减振作用，但是在地铁线路上使用科隆蛋减振扣件后，反而出现了较为严重的钢轨波磨现象。钢轨波磨不仅发生在小半径曲线轨道上，而且在直线轨道上也成片出现[1]。根据现场调研发现，采用科隆蛋减振扣件的曲线半径为 350m 的小半径曲线轨道上的钢轨波磨现象如图 7-1(a)所示，钢轨波磨主要发生在小半径曲线轨道的内轨上；直线轨道上的钢轨波磨现象如图 7-1(b)所示，钢轨波磨在两条钢轨上均有发生。其中，小半径曲线轨道一直是钢轨波磨的高发区段，但是直线线路上的钢轨波磨现象较为特殊，因此本节着重研究科隆蛋减振扣件直线线路上的钢轨波磨问题。然而，值得注意的是，并不是所有采用科隆蛋减振扣件的直线轨道上均发生了严重的钢轨波磨问题，图 7-1(c)中科隆蛋减振扣件直线轨道的两条钢轨上并没有波磨产生。

(a) 小半径曲线轨道　　　　　(b) 直线轨道（有波磨）　　　　　(c) 直线轨道（无波磨）

图 7-1　科隆蛋减振扣件轨道的钢轨波磨现象

对于科隆蛋减振扣件轨道上的钢轨波磨现象，研究人员对其开展了相关研究。Saurenman 等[2]通过对巴特地铁科隆蛋减振扣件地段钢轨波磨的长期现场测试研究了此类钢轨波磨问题；金学松团队[3, 4]以北京地铁科隆蛋减振扣件轨道的钢轨波磨问题为研究对象，综合现场调查、跟踪测试、理论建模等多个方面探究了其成因和发展；刘维宁团队[5-7]采用现场测试和室内试验相结合的方法探究了科隆蛋减振扣件轨道钢轨波磨的成因和治理措施；王平团队[8]开展了科隆蛋减振扣件轨道的钢轨波磨高发区段的理论分析和现场试验，提出了采用阻尼减振器抑制此类钢轨波磨的方法。雷震宇团队[9-11]全面探究了小半径曲线科隆蛋减振扣件区段钢轨波磨的产生机理、发展特性及其对车轨系统的影响。作者团队[12,13]综合研究了直线和小半径曲线科隆蛋减振扣件区段钢轨波磨的成因及吸振器对其的抑制效果。综合关于科隆蛋减振扣件支撑轨道钢轨波磨的研究综述，许多研究人员认为科隆蛋减振扣件的垂向支撑刚度较低是导致科隆蛋减振扣件地段出现严重钢轨波磨的主要原因。根据试验测试结果[14]，科隆蛋减振扣件的垂向和横向刚度分别为 12.07MN/m 和 7.58MN/m，垂向和横向阻尼分别为 1361.12N·s/m 和 974.27N·s/m。其中，与普通短轨枕配套的 DTVI2 扣件的垂向刚度约为科隆蛋减振扣件垂向刚度的 4 倍。相应地，针对科隆蛋减振扣件地段钢轨波磨问题的治理，研究人员从改变扣件垂向支撑刚度的角度提出了采用垂向支撑刚度较高的扣件替换科隆蛋减振扣件的方法来抑制钢轨波磨问题。在现场实际线路中，有关单位在对科隆蛋减振扣件直线轨道上的钢轨波磨进行打磨后，采用 DTVI2 扣件替换科隆蛋减振扣件的方法来改善钢轨的抗波磨能力，经过长期跟踪测试发现在该直线轨道上原来发生严重波磨的地段再也没有出现过钢轨波磨问题。

7.2　科隆蛋减振扣件直线线路钢轨波磨发生机理研究

7.2.1　科隆蛋减振扣件的轮轨系统仿真模型

当列车在直线轨道或曲线轨道上运行时，车轮与钢轨间的接触状态具有明显差异，特别是导向轮对的车轮与钢轨间的接触状态，在科隆蛋减振扣件直线轨道和小半径曲线轨道上导向轮对的车轮与钢轨间的接触模型如图 7-2 所示。

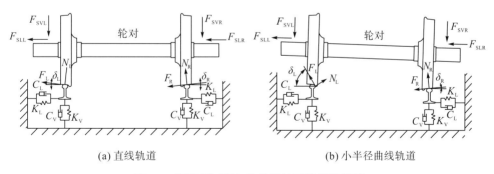

(a) 直线轨道　　　　　　　　　　　(b) 小半径曲线轨道

图 7-2　科隆蛋减振扣件的轮轨系统接触模型

图 7-2(a) 显示了在科隆蛋减振扣件的直线轨道上，导向轮对左右两侧车轮与钢轨间的接触点均位于车轮踏面和钢轨轨头之间，左右两侧的接触角分别为 δ_L 和 δ_R。图 7-2(b) 显示了在科隆蛋减振扣件的小半径曲线轨道上，导向轮对左侧(外侧)车轮与钢轨间的接触点位于车轮轮缘与钢轨轨头侧面之间，接触角为 δ_L；右侧(内侧)车轮与钢轨间的接触点位于车

轮踏面和钢轨轨头之间，接触角为 δ_R。轮对两端受到了由车辆上部载荷作用的垂向悬挂力 F_{SVL}、F_{SVR} 和横向悬挂力 F_{SLL}、F_{SLR}。当轮对从轨道上通过时，左右两侧轮轨间分别产生了法向接触力 N_L 和 N_R 以及蠕滑力 F_L 和 F_R。在科隆蛋减振扣件支撑轨道结构中，由于科隆蛋减振扣件是一种无轨枕且直接安装在整体道床上的轨道支撑结构，在该模型中忽略了轨枕的影响，其垂向支撑刚度和阻尼分别为 K_V 和 C_V，横向支撑刚度和阻尼分别为 K_L 和 C_L。

根据科隆蛋减振扣件的轮轨系统接触模型，结合实际几何参数，利用 ABAQUS 分别建立了科隆蛋减振扣件直线轨道和小半径曲线轨道的多轮对-钢轨系统的有限元模型，如图 7-3 所示。该模型由三部分组成，包括轮对、钢轨和一系列模拟扣件的弹簧和阻尼单元，相关的材料参数如表 7-1 所示。对于模型中的 4 个轮对，轮对 1 和轮对 3 是导向轮对，轮对 2 和轮对 4 是从动轮对。车轮的滚动圆直径为 840mm，其踏面为 LM 型磨耗型踏面。对于轮轨接触，轮轨间的动摩擦系数设置为 0.4，车轮与钢轨的具体接触位置可根据相应线路条件下的车辆-轨道系统的 SIMPACK 动力学仿真分析确定。在直线轨道上，轮对与钢轨间的接触细节如图 7-3(c) 所示，左右两侧车轮与钢轨间的接触点均位于车轮踏面和钢轨轨头之间。在小半径曲线轨道上，导向轮对与钢轨间的接触细节如图 7-3(d) 所示，导向轮对左侧(外侧)车轮与钢轨间的接触点位于车轮轮缘与钢轨轨头侧面之间；右侧(内侧)车轮与钢轨间的接触点位于车轮踏面和钢轨轨头之间。对于科隆蛋减振扣件支撑的轨道结构，扣件间距设为 650mm。由于科隆蛋减振扣件主要由硫化橡胶制成，其平均密度约为 1320kg/m^3[15]，体积相对于轮对和轨道较小，单个科隆蛋减振扣件的质量远小于轮对和轨道的质量。因此，在多轮对-钢轨系统有限元模型的构建中忽略了科隆蛋减振扣件质量的影响，采用无质量的弹簧和阻尼单元分布在扣件与轨道接触面的节点对上来模拟科隆蛋减振扣件对钢轨的支撑作用，具体细节如图 7-3(b) 所示。科隆蛋减振扣件的垂向和横向刚度分别设置为 12.07MN/m 和 7.58MN/m，垂向和横向阻尼分别设置为 1361.12N·s/m 和 974.27N·s/m[14]。

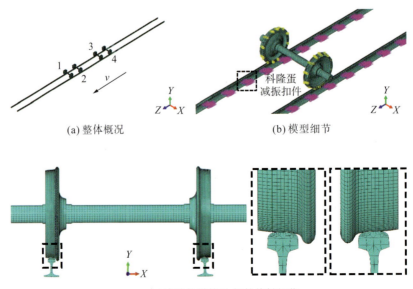

(a) 整体概况　　　　　　　　　　　　　　　(b) 模型细节

(c) 直线轨道轮对-钢轨接触细节

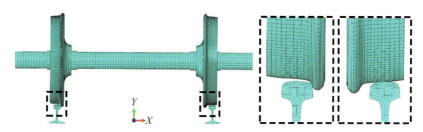

(d) 小半径曲线轨道导向轮对-钢轨接触细节

图 7-3　科隆蛋减振扣件多轮对-钢轨系统的有限元模型

表 7-1　多轮对-钢轨系统有限元模型的材料参数

部件	密度/(kg/m³)	弹性模量/Pa	泊松比
轮对	7800	2.1×10^{11}	0.3
钢轨	7790	2.059×10^{11}	0.3

在科隆蛋减振扣件多轮对-钢轨系统的有限元模型中，仅在各个轮对两端施加了垂向和横向悬挂力，具体数值可以采用 SIMPACK 的车辆-轨道系统动力学仿真模拟计算得出。通过车辆-轨道系统的动力学分析，列车在直线轨道和曲线轨道稳定区间通过时各个轮对两端所受的垂向和横向悬挂力如表 7-2 所示。在直线轨道上，各个轮对与钢轨间的接触状态基本一致，因此假设各个轮对上受到的悬挂力一致，且只受到了垂向悬挂力的作用。在曲线轨道上，各个轮对与钢轨间的接触状态不一致，因此各个轮对上受到的悬挂力也存在差异。

表 7-2　轮对悬挂力设置

	直线轨道	曲线轨道			
	轮对	轮对 1	轮对 2	轮对 3	轮对 4
F_{SVL}/N	38952	42683	41839	42688	41757
F_{SLL}/N	0	6350	1443	1738	2952
F_{SVR}/N	38952	35635	36619	35759	36500
F_{SLR}/N	0	6315	1478	1686	2917

7.2.2　轮轨间蠕滑力分析

现场调研中科隆蛋减振扣件直线线路上的钢轨波磨主要位于距出站口为 60～70m 的位置，列车通过该区间的平均运行速度约为 40km/h。根据轮轨系统摩擦自激振动导致钢轨波磨的理论模型，轮轨间蠕滑力的饱和状态是判断轮轨系统摩擦自激振动的一个重要影响因素。为判断该直线轨道区间轮轨间蠕滑力的饱和状态，需推断列车在该区间是否处于牵引或制动状态。通常而言，当列车处于牵引或制动状态时，轮轨间的蠕滑力有趋于饱和状态的可能[16,17]。通过牵引计算可以初步确定列车的运行状态及蠕滑力的饱和情况。

首先，地铁列车在出站时处于牵引状态，此时列车主要受到基本阻力和牵引力。地铁列车的基本阻力主要根据式(7-1)计算得出

$$w_0 = 2.7551 + 0.014v + 0.00075v^2 \tag{7-1}$$

式中，w_0 为地铁列车单位重量下的基本阻力(N/kN)；v 为列车的平均运行速度(km/h)。当列车的平均运行速度为 40km/h 时，列车单位重量下的基本阻力为 4.5151N/kN。

然后，考虑列车的运动方程，即

$$Ma = \mu mg - Mgw_0 \tag{7-2}$$

式中，M 为列车的总质量，包括所有车辆和乘客的质量；a 为列车的加速度；μ 为列车的黏着系数；m 为动车组的载客总质量；g 为重力加速度。

根据北京地铁四号线上地铁车辆的相关参数[18]，该列车主要包括三节动车，一节具有通信设备的拖车和两节不具有通信设备的拖车。其中，单个动车的质量约为 35000kg，具有通信设备的单个拖车的质量约为 30000kg，不具有通信设备的单个拖车的质量约为 28000kg。同时，根据我国地铁车辆的牵引计算规程，动车的最大载客量为 310 人次，拖车的最大载客量为 290 人次，假设每位乘客的重量约为 60kg。因此，动车组的载客总质量为

$$m = 3 \times 35000 + 3 \times 310 \times 60 = 160800 \text{kg} \tag{7-3}$$

列车的总质量为

$$\begin{aligned} M &= 30000 + 2 \times 35000 + 28000 + 35000 + 28000 + 3 \times 310 \times 60 + 3 \times 290 \times 60 \\ &= 299000 \text{kg} \end{aligned} \tag{7-4}$$

当列车的速度为 0～40km/h 时，加速度通常大于或等于 0.83m/s²[18]。因此根据式(7-2)，列车的黏着系数可以计算得到

$$\begin{aligned} \mu &= (Ma + Mgw_0)/mg \\ &= (299000 \times 0.83 + 299 \times 9.8 \times 4.5151)/(160800 \times 9.8) = 0.1659 \end{aligned} \tag{7-5}$$

在我国地铁线路上列车黏着系数的建议值为 0.1625～0.17，列车在该直线轨道区间运行时的计算黏着系数(0.1659)处于该建议值区间的较高值。此外，由于在实际工况中轮轨间的摩擦问题是一个非常复杂的物理问题，轮轨间的摩擦系数受到多种因素的影响，如灰尘、空气湿度、钢轨擦伤、钢轨锈蚀以及钢轨表面油渍水膜等因素。由于轮轨间摩擦系数的变化范围较大，随着轮轨间摩擦系数的降低，列车的黏着系数也会相应降低。因此，列车在该工况下会出现部分车轮的打滑现象，即此时轮轨间接触斑的黏着区遍布整个接触斑，轮轨间的蠕滑力达到或趋于饱和状态。

综合以上计算结果，可以合理假设当列车在科隆蛋减振扣件直线轨道上牵引加速时，轮轨间的蠕滑力可能达到或趋于饱和状态。

7.2.3 轮轨系统稳定性分析

根据现场调研可知，地铁线路上的钢轨波磨很少在直线轨道上发生。但是当列车处于牵引状态时，轮轨间的蠕滑力就有趋于饱和状态的可能，当轮轨间的蠕滑力趋于饱和状态时，容易引发轮轨系统的摩擦自激振动[16,17]。因此，本节基于轮轨系统摩擦自激振动理论

采用复特征值分析法开展科隆蛋减振扣件直线轨道轮轨系统的稳定性分析。

科隆蛋减振扣件直线轨道上轮轨系统负等效阻尼比的分布情况如图 7-4 所示,可以发现在 0～1200Hz 区段主要存在 7 组负等效阻尼比(图中有叠加区域)。其中,最小负等效阻尼比为-0.00119,对应的不稳定振动频率为 291.76Hz,并且最小负等效阻尼比要远小于其他负等效阻尼比,这意味着此时轮轨系统的不稳定振动最容易发生。其对应的振动模态如图 7-5 所示,可以发现该科隆蛋减振扣件直线轨道轮轨系统的不稳定振动主要发生在两根钢轨上。并且,结合现场实测图 7-1(b)得到科隆蛋减振扣件直线轨道上 40～50mm 波长的波磨,当列车的平均运行速度为 40km/h 时,诱导钢轨波磨的不稳定振动频率为 222～278Hz。科隆蛋减振扣件直线轨道上轮轨系统的不稳定振动频率与诱导钢轨波磨的不稳定振动频率非常接近,并且不稳定振动的发生位置与现场钢轨波磨的发生位置接近。

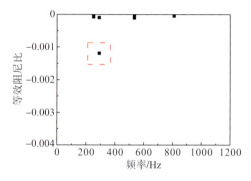 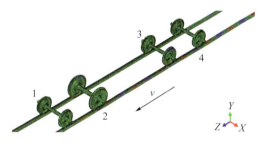

图 7-4　科隆蛋减振扣件直线轨道轮轨系统 　　图 7-5　科隆蛋减振扣件直线轨道轮轨系统
　　　　的负等效阻尼比分布　　　　　　　　　　　　　的不稳定振动模态
　　　　　　　　　　　　　　　　　　　　　　　　(f_R=291.76Hz, ξ=-0.00119)

7.2.4　轮轨系统动态响应分析

为进一步验证以上结论,本节采用瞬时动态分析法研究科隆蛋减振扣件直线轨道轮轨系统的动态响应。考虑到计算时间成本和计算工作量,由于直线轨道上各个轮对的接触位置和受力情况近乎一致,在瞬时动态分析中,仅选用了导向轮对-钢轨系统的有限元模型进行数值仿真。

在瞬时动态分析过程中,轮对通过该直线轨道的初始运动参数设置如下:轮对的运行速度设置为 40km/h,轮轨间的动摩擦系数设置为 0.4,为保证轮轨系统在运行过程中产生的振动为摩擦自激振动,仅在轮对两端施加恒定的悬挂力,没有施加任何外部激励。图 7-6 显示了轮对通过该直线轨道时左右钢轨表面整体垂向振动加速度的变化情况,可以发现在直线轨道上,左右钢轨表面整体垂向振动加速度的变化情况近乎一致。为进一步研究钢轨表面整体垂向振动加速度的主要振动频率,对左侧钢轨表面整体垂向振动加速度进行功率谱密度分析,图 7-7 显示了左侧钢轨表面整体垂向振动加速度的功率谱密度分析结果,可以发现主要不稳定振动频率为 302.27Hz,这与复特征值分析法预测得到的轮轨系统的主要不稳定振动频率 291.76Hz 非常接近。

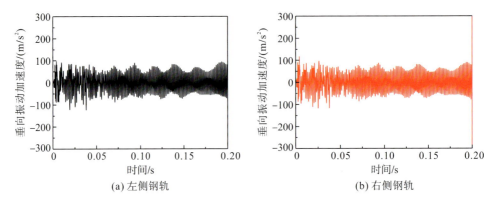

(a) 左侧钢轨　　　　　　　　　(b) 右侧钢轨

图 7-6　科隆蛋减振扣件直线轨道钢轨表面垂向振动加速度的变化情况

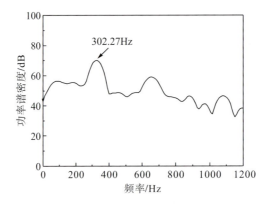

图 7-7　左侧钢轨表面垂向振动加速度的功率谱密度分析结果

根据科隆蛋减振扣件直线轨道轮轨系统的稳定性分析和动态响应分析，综合采用复特征值分析法和瞬时动态分析法分别从频域和时域的角度研究了轮轨系统的摩擦自激振动，可以发现两者预测得到的结果近乎一致，轮轨系统摩擦自激振动的频率均约为 290Hz，该振动频率与现场实测波磨波长对应的振动频率近乎一致。因此，可以说明当列车在科隆蛋减振扣件直线轨道处于牵引状态时，轮轨间的蠕滑力有可能达到或趋于饱和状态，此时轮轨间的饱和蠕滑力导致轮轨系统摩擦自激振动的发生，从而造成在该轨道区间的两根钢轨上产生波长为 40～50mm 的波磨。但是，当轮轨间的蠕滑力不饱和时则没有不稳定振动发生，这可以用来解释图 7-1(c)中科隆蛋减振扣件直线轨道上没有波磨时的情况。根据现场调研可知，在图 7-1(c)的轨道区间，列车的平均运行速度为 60～70km/h，结合列车的牵引力-速度曲线可知，轮轨间的蠕滑力在这种情况下是不饱和的。

7.3　科隆蛋减振扣件的小半径曲线轨道钢轨波磨发生机理研究

本节拓展研究科隆蛋减振扣件小半径曲线轨道上的钢轨波磨机理，根据现场调研得到图 7-1(a)中曲线半径为 350m 的小半径曲线轨道上的钢轨波磨现象，钢轨波磨主要发生在小半径曲线的内轨上。通常而言，地铁车辆在小半径曲线轨道通过时，其导向轮对与钢轨间的蠕滑力趋于饱和状态[19,20]。基于轮轨系统摩擦自激振动理论，在科隆蛋减振扣件小半径曲线轨道钢轨波磨的研究中，同样采用复特征值分析法和瞬时动态分析法研究科隆蛋减振扣件支撑小半径曲线轨道轮轨系统的稳定性和动态响应。

首先，通过复特征值分析，在科隆蛋减振扣件支撑的曲线半径为 350m 的轨道上轮轨系统的负等效阻尼比分布情况如图 7-8 所示，可以发现在该频率范围内主要存在 20 组负等效阻尼比。此时负等效阻尼比的数量非常多，这意味着在科隆蛋减振扣件小半径曲线轨道上的轮轨系统非常不稳定。其中，最小负等效阻尼比为-0.05327，对应的不稳定振动频率为 499.36Hz，其振动模态如图 7-9 所示，可以发现在该科隆蛋减振扣件小半径曲线轨道轮轨系统的不稳定振动主要发生在该曲线轨道的内轨和后转向架导向轮对的内轮上。并且，结合现场实测图 7-1(a)得到科隆蛋减振扣件小半径曲线轨道上 40~50mm 波长的波磨，当列车的平均运行速度为 70km/h 时，诱导钢轨波磨的不稳定振动频率为 389~486Hz。科隆蛋减振扣件小半径曲线轨道上轮轨系统的不稳定振动频率与诱导钢轨波磨的不稳定振动频率非常接近，并且不稳定振动的发生位置与现场钢轨波磨的发生位置接近。

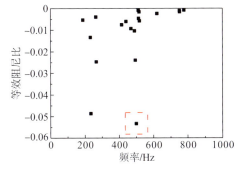

图 7-8　科隆蛋减振扣件小半径曲线轨道轮轨
系统的负等效阻尼比分布

图 7-9　科隆蛋减振扣件小半径曲线轨道轮轨
系统的不稳定振动模态
(f_R=499.36Hz，ξ=-0.05327)

在瞬时动态分析过程中，轮对通过该曲线半径为 350m 的轨道的初始运动参数设置如下：轮对的运行速度设置为 70km/h，轮轨间的动摩擦系数设置为 0.4。图 7-10 显示了轮对通过该小半径曲线轨道时钢轨表面垂向振动加速度的变化情况，可以发现在内轨表面垂向振动加速度的振幅明显大于外轨表面垂向振动加速度的振幅，这意味着在该小半径曲线轨道上轮轨系统的振动响应主要发生在内轨表面。为进一步研究钢轨表面垂向振动加速度的主要振动频率，分别对外轨和内轨表面垂向振动加速度进行了功率谱密度分析，图 7-11 显示了外轨和内轨表面垂向振动加速度的功率谱密度分析结果，可以发现外轨表面振动加速度的主要频率为 501.87Hz，内轨表面振动加速度的主要频率为 498.05Hz，这与复特征值分析预测得到的轮轨系统的主要不稳定振动频率 499.36Hz 非常接近。

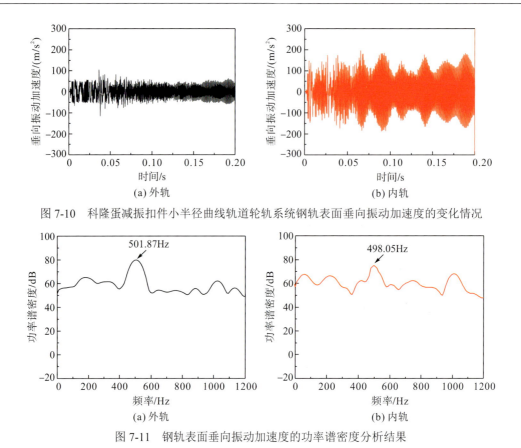

图 7-10　科隆蛋减振扣件小半径曲线轨道轮轨系统钢轨表面垂向振动加速度的变化情况

图 7-11　钢轨表面垂向振动加速度的功率谱密度分析结果

　　根据科隆蛋减振扣件小半径曲线轨道轮轨系统的稳定性分析和动态响应分析,综合采用复特征值分析法和瞬时动态分析法分别从频域和时域的角度研究了轮轨系统摩擦自激振动的情况,可以发现两者预测得到的结果近乎一致,轮轨系统摩擦自激振动的频率均约为 500Hz,该振动频率与现场实测波磨波长对应的振动频率近乎一致。因此,可以说明当列车在科隆蛋减振扣件小半径曲线轨道时,导向轮对与钢轨间的蠕滑力达到或趋于饱和状态,轮轨间的饱和蠕滑力导致轮轨系统的摩擦自激振动主要发生在内轨上,从而造成在该轨道内轨上产生波长为 40~50mm 的波磨。

7.4　扣件刚度对钢轨波磨的影响研究

　　根据现场调研及前期的文献综述可知,地铁线路上的钢轨波磨大多发生在小半径曲线轨道上,在直线轨道上却很少发生,但是在科隆蛋减振扣件支撑的小半径曲线轨道和直线轨道上均出现了严重的钢轨波磨问题。对于科隆蛋减振扣件轨道上的钢轨波磨问题,许多研究人员认为其主要原因是科隆蛋减振扣件的垂向支撑刚度较低。因此,在实际现场中通过对科隆蛋减振扣件直线轨道上的钢轨波磨进行打磨去除后,采用 DTVI2 扣件替换了科隆蛋减振扣件,在该直线轨道上钢轨波磨不再出现。为了能够较为合理地解释该现象,本节采用 DTVI2 扣件参数替换轮轨系统有限元模型中的科隆蛋减振扣件参数,着重研究扣件刚度对直线线路和小半径曲线线路钢轨波磨的影响。

根据前期的试验测试结果[14]，DTVI2 扣件的垂向和横向支撑刚度分别设置为 40.73MN/m 和 8.79MN/m，垂向和横向阻尼分别设置为 6361.29N·s/m 和 1927.96N·s/m。同时，科隆蛋减振扣件的垂向和横向支撑刚度分别设置为 12.07MN/m 和 7.58MN/m，垂向和横向阻尼分别设置为 1361.12N·s/m 和 974.27N·s/m。对比科隆蛋减振扣件和 DTVI2 扣件的相关参数可以发现，DTVI2 扣件的支撑刚度和阻尼均大于科隆蛋减振扣件的支撑刚度和阻尼，其中 DTVI2 扣件的垂向支撑刚度约为科隆蛋减振扣件垂向支撑刚度的 3 倍。

采用直线轨道多轮对-钢轨系统的有限元模型，将原本科隆蛋减振扣件的刚度值和阻尼值替换为 DTVI2 扣件的刚度值和阻尼值，并采用复特征值分析法研究轮轨系统的不稳定振动情况。图 7-12 显示了 DTVI2 扣件支撑直线轨道轮轨系统负等效阻尼比的分布情况，可以发现此时轮轨系统没有不稳定振动发生，由此可以解释采用 DTVI2 扣件替换科隆蛋减振扣件后，直线轨道上钢轨波磨消失的主要原因。

为进一步研究扣件刚度对直线轨道上钢轨波磨的影响情况，本节研究了不同扣件支撑刚度和阻尼参数组合时直线轨道上轮轨系统的摩擦自激振动特性，第一种组合为扣件的垂向和横向支撑刚度分别设置为 32MN/m 和 16MN/m，垂向和横向阻尼分别设置为 1361.12N·s/m 和 974.27N·s/m；第二种组合为扣件的垂向和横向支撑刚度分别设置为 50MN/m 和 25MN/m，垂向和横向阻尼分别设置为 1361.12N·s/m 和 974.27N·s/m。采用复特征值分析法得到不同轨道支撑刚度和阻尼参数组合时直线轨道上轮轨系统的负等效阻尼比分布情况，如图 7-13 所示。可以发现，当轨道支撑结构中扣件的垂向支撑刚度大于 32MN/m 时，没有负等效阻尼比出现，意味着轮轨系统没有发生不稳定振动。综合图 7-12 和图 7-13 的分析结果，可以总结轨道支撑结构中扣件的垂向支撑刚度对直线轨道上的钢轨波磨有着明显的影响。

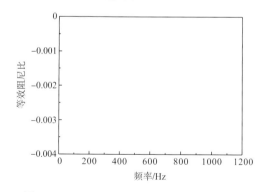

图 7-12　DTVI2 扣件支撑直线轨道轮轨系统
的负等效阻尼比分布

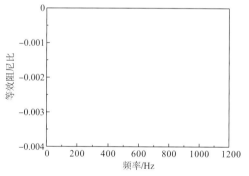

图 7-13　其他扣件支撑直线轨道轮轨系统
的负等效阻尼比分布
(K_V=32MN/m，K_L=16MN/m，C_V=1361.12N·s/m，
C_L=974.27N·s/m 和 K_V=50MN/m，K_L=25MN/m，
C_V=1361.12N·s/m，C_L=974.27N·s/m)

同样，在小半径曲线轨道轮轨系统的有限元模型中，采用 DTVI2 扣件的刚度值和阻尼值替换科隆蛋减振扣件的刚度值和阻尼值，并采用复特征值分析法研究轮轨系统的不稳

定振动情况。图 7-14 显示了 DTVI2 扣件支撑小半径曲线线轨道轮轨系统负等效阻尼比的分布情况，可以发现此时仍存在许多的负等效阻尼比，这意味着在该小半径曲线轨道上，采用 DTVI2 扣件替换科隆蛋减振扣件后，轮轨系统仍有不稳定振动发生。因此，在小半径曲线轨道上，通过增加轨道的支撑刚度和阻尼并不能有效抑制钢轨波磨的形成和发展。

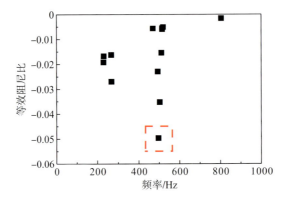

图 7-14   DTVI2 扣件支撑小半径曲线轨道轮轨系统负等效阻尼比的分布

参 考 文 献

[1] Cui X L, Chen G X, Yang H G, et al. Study on rail corrugation of a metro tangential track with Cologne-egg type fasteners. Vehicle System Dynamics, 2016, 54(3): 353-369.

[2] Saurenman H, Phillips J. In-service tests of the effectiveness of vibration control measures on the BART rail transit system. Journal of Sound and Vibration, 2006, 293(35): 888-900.

[3] 金学松, 李霞, 李伟, 等. 铁路钢轨波浪形磨损研究进展. 西南交通大学学报, 2016, 51(2): 264-273.

[4] Li W, Wang H Y, Wen Z F, et al. An investigation into the mechanism of metro rail corrugation using experimental and theoretical methods. Proceeding of the Institution of Mechanical Engineers, Part F: Journal of Rail and Rapid Transit, 2016, 230(4): 1025-1039.

[5] 刘维宁, 任静, 刘卫丰, 等. 北京地铁钢轨波磨测试分析. 都市快轨交通, 2011, 24(3): 6-9.

[6] 张厚贵, 刘维宁, 吴宗臻, 等. 地铁剪切型减振扣件地段钢轨波磨成因与治理措施. 中国铁道科学, 2014, 35(4): 22-28.

[7] Zhang H G, Liu W N, Liu W F, et al. Study on the cause and treatment of rail corrugation for Beijing metro. Wear, 2014, 317(1-2): 120-128.

[8] Zhao C Y, Wang P, Sheng X, et al. Theoretical simulation and experimental investigation of a rail damper to minimize short-pitch rail corrugation. Mathematical Problems in Engineering, 2017, 2017(4): 1-14.

[9] Wang Z Q, Lei Z Y. Rail corrugation characteristics in small radius curve section of Cologne-egg fasteners. Journal of Mechanical Science and Technology, 2020, 34(11): 4499-4511.

[10] 王志强, 雷震宇. 科隆蛋扣件段钢轨波磨产生机理及发展特性. 振动. 测试与诊断, 2021, 41(4): 688-694, 829.

[11] 雷震宇, 徐瑶, 王志强, 等. 科隆蛋扣件钢轨波磨演化对车轨系统的影响. 机械强度, 2021, 43(1): 163-167.

[12] 崔晓璐, 钱韦吉, 张青, 等. 直线线路科隆蛋扣件地段钢轨波磨成因的理论研究. 振动与冲击, 2016, 35(13): 114-118, 152.

[13] Xu J, Cui X L, Ding H H, et al. Optimization of vibration absorbers for the suppression of rail corrugation in the sharp curved section with Cologne-egg fasteners. Vehicle System Dynamics, 2024, 62(2): 395-410.

［14］ 李霞. 地铁钢轨波磨形成机理研究. 成都: 西南交通大学, 2012.

［15］ 朱江南. 高速客运专线轨下橡胶垫板的设计研究. 长沙: 中南大学, 2013.

［16］ 崔晓璐, 尹越, 包鹏羽, 等. 山地城市地铁制动/轨道结构参数对钢轨波磨的影响. 表面技术, 2023, 52(1): 103-111.

［17］ Wu B W, Chen G X, Kang X, et al. Study on the origin of rail corrugation at a long downhill braking section based on friction-excited oscillation. Tribology Transactions, 2020, 63(3): 439-452.

［18］ 马云双, 刘玉文. 北京地铁 4 号线地铁车辆. 机车电传动, 2010, (4): 43-48.

［19］ Chen G X, Zhou Z R, Ouyang H, et al. A finite element study on rail corrugation based on saturated creep force-induced self-excited vibration of a wheelset-track system. Journal of Sound and Vibration, 2010, 329(22): 4643-4655.

［20］ Mei G M, Chen G X, Yan S, et al. Study on a heuristic wheelset structure without rail corrugation on sharply curved tracks. Shock and Vibration, 2021, 2021(15): 1-14.

第8章　分段铺设普通短轨枕和科隆蛋减振扣件的 小半径曲线线路钢轨波磨波长突变的机理研究

8.1　分段铺设的轨道支撑结构变化时钢轨 波磨特征描述

地铁线路因不同减振要求采用了多种不同类型的轨道支撑结构，主要包括普通短轨枕、套靴短轨枕、科隆蛋减振扣件、梯形短轨枕和浮置板轨道等。因轨道支撑结构的差异导致同一地铁线路存在不同轨道支撑结构分段铺设的变化区间[1-3]。前期着重研究了单一轨道支撑结构区段的钢轨波磨现象[4-8]，本章则针对现场调研发现的分段铺设普通短轨枕和科隆蛋减振扣件的小半径曲线线路内轨处的钢轨波磨异常现象展开研究[9]。

根据北京地铁的现场调研发现，在曲线半径为 350m 的同一曲线轨道上先使用了科隆蛋减振扣件，然后改用普通短轨枕支撑结构，然而在科隆蛋减振扣件支撑区间钢轨波磨的波长与普通短轨枕支撑区间钢轨波磨的波长具有明显差别，如图 8-1 所示。可以看出，当列车从科隆蛋减振扣件支撑区间向普通短轨枕支撑区间运行时，在科隆蛋减振扣件支撑区间和普通短轨枕支撑区间均出现了较为严重的钢轨波磨现象，其中科隆蛋减振扣件支撑区间钢轨波磨的主要波长为 40~50mm，而在普通短轨枕支撑区间钢轨波磨的主要波长为90~120mm。在前期的研究中发现，当小半径曲线轨道仅由科隆蛋减振扣件或普通短轨枕支撑时，相应轨道上钢轨波磨的波长非常接近[7,10]，均为 40~50mm。关于地铁线路分段铺设区段钢轨波磨波长突变的这一特殊现象如何产生、为什么与单一轨道支撑结构区段的钢轨波磨存在差异的一系列问题，本章将基于轮轨系统摩擦自激振动理论探究分段铺设普通短轨枕和科隆蛋减振扣件的小半径曲线线路钢轨波磨波长突变的机理[9]。

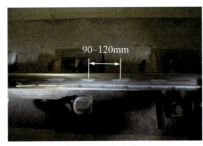
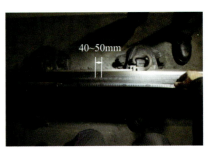

(a) 普通短轨枕支撑区间　　　　　　　　(b) 科隆蛋减振扣件支撑区间

图 8-1　分段铺设的轨道支撑结构变化时钢轨波磨特征

8.2　分段铺设的轨道支撑结构变化时钢轨波磨预测模型

8.2.1　分段铺设的轨道支撑结构变化时轮轨接触模型

结合现场调研中分段铺设普通短轨枕和科隆蛋减振扣件的小半径曲线线路，当列车通过曲线轨道时，车辆中前后转向架中导向轮对和从动轮对与钢轨间的接触状态具有明显差别，并且科隆蛋减振扣件和普通短轨枕支撑结构同样具有明显差别。其中，科隆蛋减振扣件轨道支撑结构区间和普通短轨枕轨道支撑结构区间导向轮对和从动轮对的轮轨接触模型如图 8-2 所示，该图显示了不同轨道支撑结构区间不同轮对的接触状态、受力分布和轨道支撑结构[7,10]。对于轮轨接触位置，图 8-2(a)、(c)分别显示了普通短轨枕和科隆蛋减振扣件支撑小半径曲线轨道上导向轮对的接触位置，可以发现外轨上的接触点位于车轮轮缘和钢轨轨头侧面之间，内轨上的接触点位于车轮踏面和钢轨轨头之间。图 8-2(b)、(d)分别显示了普通短轨枕和科隆蛋减振扣件支撑小半径曲线轨道上从动轮对的接触位置，可以发现外轨和内轨上的接触点均位于车轮踏面和钢轨轨头顶部之间。对于轮轨系统的受力分布，轮对两端受到了由于车辆上部载荷作用的垂向悬挂力 F_{SVL}、F_{SVR} 和横向悬挂力 F_{SLL}、F_{SLR}。当轮对从轨道上通过时，轮轨间分别产生了法向接触力 N_L、N_R 和蠕滑力 F_L、F_R。图 8-2(a)、(b)为普通短轨枕支撑结构，在钢轨和轨枕之间采用 DTVI2 扣件连接，该扣件采用弹簧和阻尼单元进行模拟，其垂向支撑刚度和阻尼分别为 K_V 和 C_V，横向支撑刚度和阻尼分别为 K_L 和 C_L，普通短轨枕和道床的整体支撑刚度和阻尼采用弹簧和阻尼单元进行模拟，其垂向支撑刚度和阻尼分别为 K_{SV} 和 C_{SV}，横向支撑刚度和阻尼分别为 K_{SL} 和 C_{SL}。图 8-2(c)、(d)为科隆蛋减振扣件支撑结构，在钢轨和轨枕之间采用科隆蛋减振扣件连接，该扣件采用弹簧和阻尼单元进行模拟，其垂向支撑刚度和阻尼分别为 K_{RV} 和 C_{RV}，横向支撑刚度和阻尼分别为 K_{RL} 和 C_{RL}。由于科隆蛋减振扣件是一种无轨枕的且直接安装在整体道床上的轨道支撑结构，在该模型中忽略了轨枕的影响。

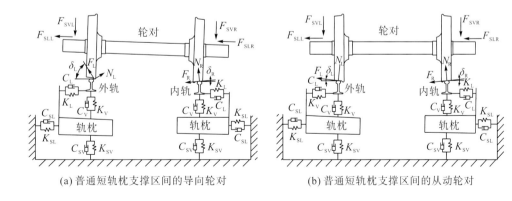

(a) 普通短轨枕支撑区间的导向轮对　　　　　　(b) 普通短轨枕支撑区间的从动轮对

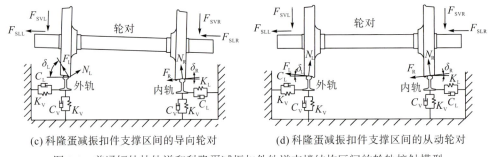

(c) 科隆蛋减振扣件支撑区间的导向轮对　　　　(d) 科隆蛋减振扣件支撑区间的从动轮对

图 8-2　普通短轨枕轨道和科隆蛋减振扣件轨道支撑结构区间的轮轨接触模型

8.2.2　分段铺设的轨道支撑结构变化时轮轨系统仿真模型

根据分段铺设的轨道支撑结构变化时小半径曲线轨道上导向轮对和从动轮对各个车轮与钢轨的接触模型，结合实际轮轨的几何参数，建立了分段铺设轨道支撑结构变化时科隆蛋减振扣件和普通短轨枕支撑曲线半径为 350m 轨道多轮对-钢轨系统的有限元模型，如图 8-3 所示。四个轮对在该曲线轨道的位置如图 8-3(a) 所示，前转向架的两个轮对位于普通短轨枕支撑区间，后转向架的两个轮对位于科隆蛋减振扣件支撑区间。前、后转向架的距离为 7280mm，同一转向架前后轮对的距离为 2200mm。其中，轮对 1 和轮对 3 是导向轮对，其接触细节如图 8-3(b) 所示，轮对 2 和轮对 4 是从动轮对，其接触细节如图 8-3(c) 所示。

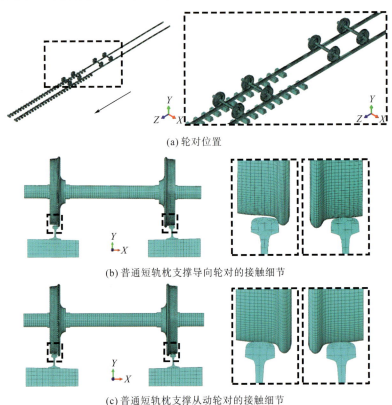

(a) 轮对位置

(b) 普通短轨枕支撑导向轮对的接触细节

(c) 普通短轨枕支撑从动轮对的接触细节

图 8-3　多轮对-钢轨系统的有限元模型

　　在普通短轨枕支撑区间，轨枕主要由混凝土制成，其间距为 625mm。钢轨和轨枕由一系列点对点的弹簧和阻尼单元分布在钢轨和轨枕接触面的每个节点上来模拟 DTVI2 扣件，在轨枕和地基之间采用接地弹簧和阻尼单元分布在轨枕底部的每个节点上来模拟道床和地基的联合支撑刚度和阻尼，弹簧和阻尼单元的分布细节如图 8-4(a) 所示。在科隆蛋减振扣件支撑区间，科隆蛋减振扣件主要由橡胶制成，其间距为 625mm，由于科隆蛋减振扣件是一种无轨枕的且直接安装在整体道床上的轨道支撑结构，在钢轨和地面之间采用一系列接地弹簧和阻尼单元来模拟科隆蛋减振扣件，弹簧和阻尼单元的分布细节如图 8-4(b) 所示。

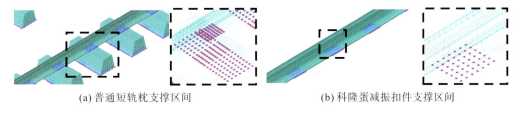

(a) 普通短轨枕支撑区间　　　　　　　　(b) 科隆蛋减振扣件支撑区间

图 8-4　弹簧和阻尼单元分布细节

8.3　分段铺设的轨道支撑结构变化时钢轨波磨预测结果分析

8.3.1　轮轨系统稳定性分析

　　结合现场调研，车辆通过分段铺设不同轨道支撑结构的曲线时，单个车辆前后转向架中各个轮对的位置可能存在如下三种工况：①前转向架的两个轮对位于普通短轨枕支撑区间，后转向架的两个轮对位于科隆蛋减振扣件支撑区间；②前、后转向架的四个轮对均位于科隆蛋减振扣件支撑区间；③前、后转向架的四个轮对均位于普通短轨枕支撑区间。为全面研究车辆通过该曲线段时的轮轨系统摩擦自激振动特性，本节采用复特征值分析法分别开展多轮对-钢轨系统在上述三种工况时的轮轨系统稳定性分析，研究相应的不稳定振动频率和振动模态。

　　首先，在工况①时，后转向架的两个轮对位于科隆蛋减振扣件支撑区间时，可以发现在 0～1200Hz 区段主要存在 8 组负等效阻尼比，如图 8-5 所示(图中有覆盖区域)。其中，存在两个较小的负等效阻尼比，即−0.03145 和−0.04004，分别对应的不稳定振动频率为 201.73Hz 和 422.43Hz，这意味着此时轮轨系统的不稳定振动较容易发生。当振动频率为 201.73Hz 时轮轨系统的不稳定振动模态如图 8-6(a) 所示，该不稳定振动主要发生在内轨上，并且在普通短轨枕支撑区间导向轮对内轮上的变形非常明显。根据现场测试可知，列车通过该区间时的平均速度约为 70km/h，则相应波磨的波长约为 96.38mm。当振动频率为 422.43Hz 时轮轨系统的不稳定振动模态如图 8-6(b) 所示，该不稳定振动主要发生在内轨上，并且在科隆蛋减振扣件支撑区间导向轮对内轮上的变形非常明显，此时相应波磨的波长约为 46.03mm。通过以上数值模拟可以发现，在该小半径曲线分段铺设轨道支撑结构过渡段时科隆蛋减振扣件支撑区间上钢轨波磨的波长与普通短轨枕支撑区间上钢轨波磨的波长具有明显差异，该结论与地铁线路上实测得到的分段铺设轨道支撑结构变化区段钢轨波磨的波长近乎一致。

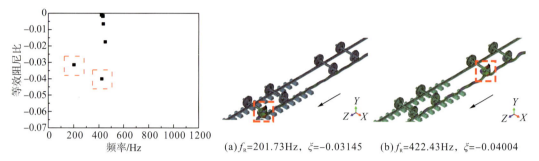

(a) f_R=201.73Hz，ξ=−0.03145   (b) f_R=422.43Hz，ξ=−0.04004

图 8-5 分段铺设的轨道支撑结构变化时轮轨 系统的负等效阻尼比分布（工况①）

图 8-6 分段铺设的轨道支撑结构变化时轮轨 系统的不稳定振动模态（工况①）

　　为进一步了解列车通过分段铺设轨道支撑结构变化曲线时的科隆蛋减振扣件和普通短轨枕支撑区间的钢轨波磨情况，这里分别研究了当单个车辆前、后转向架的四个轮对均位于科隆蛋减振扣件支撑区间和均位于普通短轨枕支撑区间时轮轨系统摩擦自激振动的发生情况，即工况②和工况③。轮轨系统的负等效阻尼比分布情况和不稳定振动模态情况如图 8-7 所示。

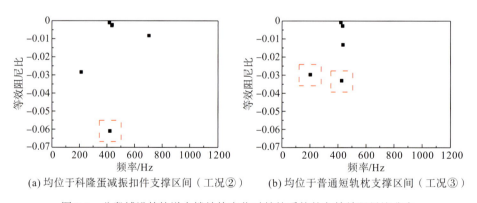

(a) 均位于科隆蛋减振扣件支撑区间（工况②）　　　(b) 均位于普通短轨枕支撑区间（工况③）

图 8-7 分段铺设的轨道支撑结构变化时轮轨系统的负等效阻尼比分布

　　在图 8-7(a) 中，当四个轮对均位于科隆蛋减振扣件支撑区间时，最小负等效阻尼比为 −0.06099，相应的不稳定振动频率为 420.96Hz，其对应的不稳定振动模态如图 8-8 所示。可以发现，此时轮轨系统的不稳定振动主要发生在科隆蛋减振扣件支撑区间的内轨上，并且在两个转向架导向轮对的内轮上均有明显的不稳定振动发生，因此在科隆蛋减振扣件支撑区间轮轨系统的主要不稳定振动频率为 420.96Hz。这与工况①中(图 8-6(b)) 轮轨系统的主要不稳定振动频率 422.43Hz 接近，并且不稳定振动均发生在科隆蛋减振扣件支撑区间的内轨上，且在导向轮对的内轮上变形明显。

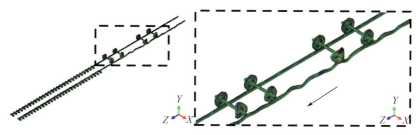

图 8-8　分段铺设的轨道支撑结构变化时轮轨系统的不稳定振动模态（工况②）

在图 8-7(b)中，当四个轮对均位于普通短轨枕支撑区间时，存在两个较小的负等效阻尼比，分别为-0.0297 和-0.0332，其对应的不稳定振动频率分别为 201.86Hz 和 425.81Hz，这意味着轮轨系统的不稳定振动更容易在这两个频率时发生。当频率为 201.86Hz 时轮轨系统的不稳定振动模态如图 8-9(a)所示，可以发现此时轮轨系统的不稳定振动主要发生在普通短轨枕支撑区间内轨和前转向架导向轮对的内轮上；当频率为 425.81Hz 时轮轨系统的不稳定振动模态如图 8-9(b)所示，可以发现此时轮轨系统的不稳定振动主要发生在普通短轨枕支撑区间内轨和后转向架导向轮对的内轮上。进而，结合图 8-6，在该分段铺设轨道支撑结构变化时（工况①），轮对在普通短轨枕支撑区间轮轨系统的主要不稳定振动频率为 201.73Hz，在科隆蛋减振扣件支撑区间轮轨系统的主要不稳定振动频率为 422.43Hz。然而，当四个轮对均位于该过渡段的普通短轨枕支撑区间时，即工况③时，不稳定振动频率为 201.86Hz 和 425.81Hz。那么在该普通短轨枕支撑区间这两个频率的不稳定振动哪一个最可能发生？作者认为应该考虑车辆通过曲线的整体不稳定振动的发生情况来判断，列车通过该分段铺设轨道支撑结构变化的曲线时，先经过单一科隆蛋减振扣件支撑区间，然后通过普通短轨枕支撑区间，其后再通过单一普通短轨枕支撑区间。根据图 8-6(a)显示的结果，我们知道当车辆的前转向架轮对位于普通短轨枕支撑区间而后转向架轮对位于科隆蛋减振扣件支撑区间时，在普通短轨枕支撑区间发生的是频率为 201.73Hz 的不稳定振动，

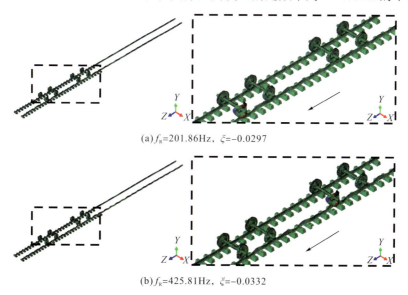

(a) f_R=201.86Hz，ξ=-0.0297

(b) f_R=425.81Hz，ξ=-0.0332

图 8-9　分段铺设的轨道支撑结构变化时轮轨系统的不稳定振动模态（工况③）

因而当后转向架轮对位于普通短轨枕支撑区间时前转向架的导向轮对内轮和内轨将仍然发生频率为201.86Hz的不稳定振动，后转向架导向轮对将发生201.86Hz的不稳定振动，如图8-9(a)所示。如果后转向架导向轮对发生频率为425.81Hz的不稳定振动，则前转向架导向轮对也将发生频率为425.81Hz的不稳定振动，如图8-9(b)所示。这意味着前转向架导向轮对的不稳定振动频率由原来的201.86Hz跳跃到425.81Hz，这种频率跳跃是难以发生的。因此，作者判断当车辆通过分段铺设轨道支撑结构变化时单一的普通短轨枕支撑区间时车辆前、后转向架的导向轮对均发生了201.86Hz的不稳定振动，导致该分段铺设轨道支撑结构变化的普通短轨枕支撑区间的钢轨出现波长为90～100mm的波磨。

综上所述，当车辆通过分段铺设的轨道支撑结构变化的小半径曲线时，在科隆蛋减振扣件支撑区间的主要不稳定振动频率明显不同于在普通短轨枕支撑区间的主要不稳定振动频率，在科隆蛋减振扣件支撑区间轮轨系统的主要不稳定振动频率约为422Hz，而在普通短轨枕支撑区间轮轨系统的主要不稳定振动频率约为201Hz。因此，当列车以70km/h的速度通过该曲线段时，在科隆蛋减振扣件支撑区间钢轨波磨的波长为40～50mm，而在普通短轨枕支撑区间钢轨波磨的波长为90～100mm。这与现场调研发现的分段铺设轨道支撑结构变化时的钢轨波磨特征一致，由此可以在一定程度上解释分段铺设轨道支撑结构变化时钢轨波磨波长突变的这一特殊现象。

8.3.2 轮轨系统动态响应分析

为进一步探究分段铺设轨道支撑结构变化时轮轨系统的动态响应，本节采用瞬时动态分析法研究当列车从小半径曲线轨道的科隆蛋减振扣件支撑区间向普通短轨枕支撑区间运行时轮轨系统的动态响应。考虑到计算时间成本和计算占用内存等因素，仅选用了导向轮对-钢轨系统的有限元模型进行瞬时动态分析。轮对的初始运行速度设置为70km/h，转动速度设置为46.29rad/s。图8-10显示了轮对在该小半径曲线轨道从科隆蛋减振扣件支撑区间向普通短轨枕支撑区间运行时钢轨表面垂向振动加速度的变化情况，可以发现内轨表面垂向振动加速度的振幅明显大于外轨表面垂向振动加速度的振幅，这进一步说明了在小半径曲线轨道上钢轨波磨主要发生在内轨上。

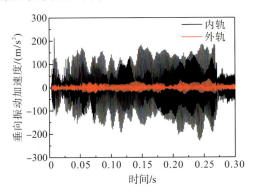

图8-10　分段铺设的轨道支撑结构变化时钢轨表面垂向振动加速度的变化情况

　　进而，采用功率谱密度分析法分别提取了轮对通过该分段铺设轨道支撑结构变化时外轨和内轨垂向振动加速度的主要频率，如图 8-11 所示。图 8-11(a)显示了外轨垂向振动加速度的主要振动频率，可以发现此时存在两个主要不稳定振动频率，分别为 210.94Hz 和 410.16Hz。图 8-11(b)显示了内轨垂向振动加速度的主要振动频率，可以发现此时也存在两个主要不稳定振动频率，分别为 205.08Hz 和 416.02Hz。并且，外轨表面的主要不稳定振动频率和内轨表面的主要不稳定振动频率非常相近，同时通过瞬时动态分析法预测得到的主要不稳定振动频率和通过复特征值分析法预测得到的主要不稳定振动频率近乎一致，这进一步说明了车辆通过该分段铺设轨道支撑结构变化时小半径曲线区段发生不同频率的不稳定振动。并且，轮轨系统的主要不稳定振动均发生在该小半径曲线轨道的内轨上。

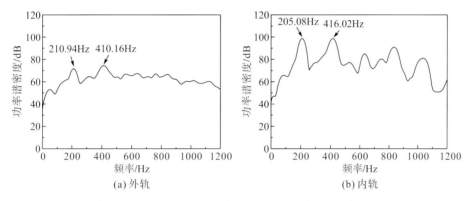

图 8-11　钢轨表面垂向振动加速度的功率谱密度分析结果

　　综合以上轮轨系统的稳定性分析和动态响应分析，可以初步总结在分段铺设轨道支撑结构变化时小半径曲线区段的钢轨波磨波长突变的这一特殊现象的产生，主要是由于车辆通过分段铺设轨道支撑结构变化时的曲线时产生的轮轨系统摩擦自激振动频率在科隆蛋减振扣件支撑区间约为 422Hz，在普通短轨枕支撑区间约为 201Hz，从而诱导科隆蛋减振扣件支撑区间波长为 40～50mm 的钢轨波磨，普通短轨枕支撑区间波长为 90～100mm 的钢轨波磨。本章采用轮轨系统摩擦自激振动模型成功重现了车辆通过分段铺设轨道支撑结构变化时小半径曲线区段钢轨波磨的发生情况，通过对实际线路上发生的复杂钢轨波磨现象的成功重现，反之验证轮轨系统摩擦自激振动导致钢轨波磨的观点的正确性。

参 考 文 献

[1] Ling L, Li W, Shang H X, et al. Experimental and numerical investigation of the effect of rail corrugation on the behaviour of rail fastenings. Vehicle System Dynamics, 2014, 52(9): 1211-1231.

[2] 李霞. 地铁钢轨波磨形成机理研究. 成都: 西南交通大学, 2012.

[3] Li W, Wang H Y, Wen Z F, et al. An investigation into the mechanism of metro rail corrugation using experimental and theoretical methods. Proceedings of the Institution of Mechanical Engineers, Part F: Journal of Rail and Rapid Transit, 2016, 230(4): 1025-1039.

［4］ 王誉蓉, 吴天行. 高弹扣件轨道车轮间振动波的反射对钢轨短波长波磨的影响. 振动与冲击, 2020, 39(6): 29-36.

［5］ 王志强, 雷震宇. 科隆蛋扣件段钢轨波磨产生机理及发展特性. 振动. 测试与诊断, 2021, 41(4): 688-694, 829.

［6］ 李霞, 李伟, 吴磊, 等. 套靴轨枕轨道钢轨波磨初步研究. 铁道学报, 2014, 36(11): 80-85.

［7］ Cui X L, Chen G X, Yang H G, et al. Study on rail corrugation of a metro tangential track with Cologne-egg type fasteners. Vehicle System Dynamics, 2016, 54(3): 353-369.

［8］ 吴波文, 陈光雄, 赵晓男, 等. 地铁先锋扣件地段钢轨波磨成因. 西南交通大学学报, 2020, 55(3): 650-657.

［9］ Cui X L, Chen G X, Yang H J, et al. A case study of rail corrugation phenomenon based on the viewpoint of friction-induced oscillation of a wheelset-track system. Journal of Vibroengineering, 2017, 19(6): 4516-4530.

［10］ Cui X L, Chen G X, Yang H G, et al. Effect of the wheel/rail contact angle and the direction of the saturated creep force on rail corrugation. Wear, 2015, 330-331: 554-562.

第9章 曲线外轨波磨产生机理研究

认识钢轨波磨发生的规律性是探析钢轨波磨发生机理的必要前提,钢轨波磨发生的规律性只能从实际线路发生的波磨规律来总结。作者自 2020 年 7 月迄今对成都地铁 6 号线西南交大站至西北桥站、侯家桥站至兴盛站区段的钢轨进行了近三年时间的跟踪观察,获得了地铁线路钢轨波磨发生规律性的第一手资料。从跟踪观察结果可以明显看出,线路内轨波磨和外轨波磨发生的时间和空间都有较大的区别,其发生的机理应该存在差别,值得进一步研究。文献针对外轨波磨的研究并不多见[1],本章介绍基于外轨波磨发生规律的跟踪观察结果开展外轨波磨发生机理的理论研究工作。

9.1 曲线外轨波磨发展过程的直接观察和分析

9.1.1 曲线外轨波磨发展过程的直接观察

图 9-1~图 9-13 显示了作者近三年时间跟踪观察成都地铁 6 号线西南交大站至西北桥站区间钢轨磨痕轮廓的演变过程。可以看出,在线路正式载客运行的 11 个月内,半径 $R=350m$、$R=600m$ 和 $R=610m$ 的曲线外轨都没有波磨。在线路正式载客运行 11~17 个月内,$R=350m$、$R=600m$ 和 $R=610m$ 的曲线外轨出现了断断续续的比较轻微的波磨,如图 9-7~图 9-13 所示。作者乘坐地铁 6 号线经过兴盛站至侯家桥站区段时发现轮轨波磨噪声比较严重,于是在 2022 年 5 月对该区段的钢轨波磨情况进行了现场调研,发现在 $R=400m$、$R=410m$ 曲线内轨出现了遍布整个圆曲线的短波波磨,同时外轨也出现了断断续续的波磨。跟踪观察点 $R=350m$、$R=600m$ 和 $R=610m$ 的曲线外轨波磨与临时观察点 $R=400m$、$R=410m$ 的曲线外轨波磨都是在同一个时间点发现,这是一个十分有趣的问题,后续将进行更深入的分析。

9.1.2 曲线外轨波磨的特征分析

1. 曲线内、外轨波磨发生的时间差别

9.1.1 节介绍了成都地铁 6 号线 $R=350m$、$R=400m$、$R=410m$、$R=600m$ 和 $R=610m$ 曲线线路内、外轨波磨的跟踪观察记录,可以看到该线路自 2020 年 12 月 18 日正式开通载客运行至 2021 年 11 月,在正式通车载客运行 11 个月的时间内,半径 $R=350m$ 的圆曲线线路内轨几乎百分之百出现肉眼可见的波磨,但外轨无肉眼可见的波磨。

(a) *R*=600 m曲线内轨　　　　　　　　(b) *R*=600m曲线外轨

(c) *R*=350m曲线内轨　　　　　　　　(d) *R*=350m曲线外轨

图 9-1　2020 年 11 月列车空载试运行 2.5 个月曲线钢轨磨痕形貌

(a) *R*=600m曲线内轨　　　　　　　　(b) *R*=600m曲线外轨

(c) *R*=350m曲线内轨　　　　　　　　(d) *R*=350m曲线外轨

图 9-2　2021 年 2 月列车载客运行 2 个月曲线钢轨磨痕形貌

(a) R=600m曲线内轨　　　　　　　　(b) R=600m曲线外轨

(c) R=350m曲线内轨　　　　　　　　(d) R=350m曲线外轨

图 9-3　2021 年 5 月列车载客运行 5 个月曲线钢轨磨痕形貌

(a) R=600m曲线内轨　(b) R=600m曲线外轨　(c) R=350m曲线内轨　(d) R=350m曲线外轨

图 9-4　2021 年 10 月列车载客运行 10 个月曲线钢轨磨痕形貌

(a) R=600m曲线内轨　(b) R=600m曲线外轨　(c) R=350m曲线内轨　(d) R=350m曲线外轨

图 9-5　2021 年 11 月列车载客运行 11 个月曲线钢轨磨痕形貌

(a) 曲线内轨1　　　　　　　　(b) 曲线外轨1　　　　　　　(c) 曲线内轨2

(d) 曲线外轨2　　　　　　　(e) 曲线外轨3　　　　　　　(f) 曲线外轨4

图 9-6　2022 年 5 月列车载客运行 17 个月 R=350m 曲线钢轨磨痕形貌

(a) R=400m曲线内轨1　　　　　　　　(b) R=400m曲线外轨1

(c) R=400m曲线内轨2　　　　　　　　(d) R=400m曲线外轨2

(c) 曲线内轨2　　　　　　　　　　　　　(d) 曲线外轨2

图 9-10　2023 年 2 月列车载客运行 26 个月 R=350m 曲线钢轨磨痕形貌

(a) 曲线内轨　　　　　　　(b) 曲线外轨1　　　　　　　(c) 曲线外轨2

(d) 曲线外轨3　　　　　　　(e) 曲线外轨4　　　　　　　(f) 曲线外轨5

图 9-11　2023 年 5 月列车载客运行 29 个月 R=610m 曲线钢轨磨痕形貌

(a) 曲线内轨1　　　(b) 曲线外轨1　　　(c) 曲线内轨2　　　(d) 曲线外轨2

图 9-12　2023 年 5 月列车载客运行 29 个月 R=600m 曲线钢轨磨痕形貌

(a) 曲线内轨　　　　　　　　　　(b) 曲线外轨

图 9-13　2023 年 5 月列车载客运行 29 个月 R=350m 曲线钢轨磨痕形貌

作者在第 4 章详细介绍了近三年时间对钢轨的现场跟踪观察结果,指出钢轨波磨发生的规律性是很明显的,例如,R=350m 和 R=400m 曲线线路的内轨百分之百发生了波磨,其中 R=350m 曲线内轨在为期 3 个月的列车空载试运行期间的第 2.5 个月就可以看到肉眼可见的钢轨波磨,而 R=600m(含 R=610m)曲线的内轨近三年时间很少出现波磨,只是在个别地点出现了局部(长度为 6～8m)的轻微波磨。值得注意的是,在线路正式载客运行 11 个月的时间内,R=350m、R=600m(含 R=610m)曲线外轨一直没有钢轨波磨,但在正式载客运行 11～17 个月的时间内,R=350m、R=400m、R=600m(含 R=610m)曲线的外轨都同时出现了明显的断断续续的外轨波磨。考虑到地铁 6 号线正式通车前 3 个月列车空载试运行 2.5 个月就看到了 R=350m 曲线内轨波磨的事实,可以说 R=350m 曲线内轨波磨比外轨波磨发生的时间提前了约 1 年,这是内轨波磨和外轨波磨发生时间的显著差别。

2. 曲线内、外轨波磨发生的空间差别

2022 年 5 月在线路现场调研时发现 R=350m、R=400m、R=410m、R=600m、R=610m 曲线出现了少量的外轨波磨。2023 年 2 月在线路现场调研时发现 R=610m 曲线外轨波磨仍然没有布满整个曲线外轨,2023 年 5 月再次到现场调研时才发现 R=610m 曲线外轨波磨已经布满整个曲线外轨,外轨波磨的长度约为 300m。但 R=600m 曲线外轨波磨长度仅是 R=610m 曲线外轨波磨长度的 1/3,大约为 100m。曲线外轨波磨发生的位置如图 9-14 所示。注意到一个现象,R=350m、R=400m 曲线内轨波磨在地铁线路往返方向出现的长度基本相同,但 R=600m 曲线外轨波磨在地铁线路往返方向出现的长度相差较大,从沙湾站往西南交大站方向的曲线半径 R=610m,外轨波磨长度约为 300m;而从西南交大站往沙湾站方向的曲线半径 R=600m,外轨波磨长度约为 100m。另一个需要注意的特征是,外轨波磨发生的位置不在外轨轨距角的位置,而是在外轨轨顶略靠轨距角的位置,实际波磨发生位置的照片如图 9-6～图 9-13 所示,内、外轨波磨发生的位置示意图如图 9-15 所示,可见内轨波磨发生在轨顶接触点附近,接触角约为 2.5°;外轨波磨的位置比内轨波磨的位置更靠近钢轨的轨距角,因此外轨波磨发生点的接触角比内轨波磨发生点的接触角略大。内轨波磨和外轨波磨的另一个显著特点是同一个曲线线路内、外轨波磨两者的波长明显不同,外轨波磨的波长约为 50mm,而内轨波磨的短波波长 30mm,长波波长为 160～300mm。

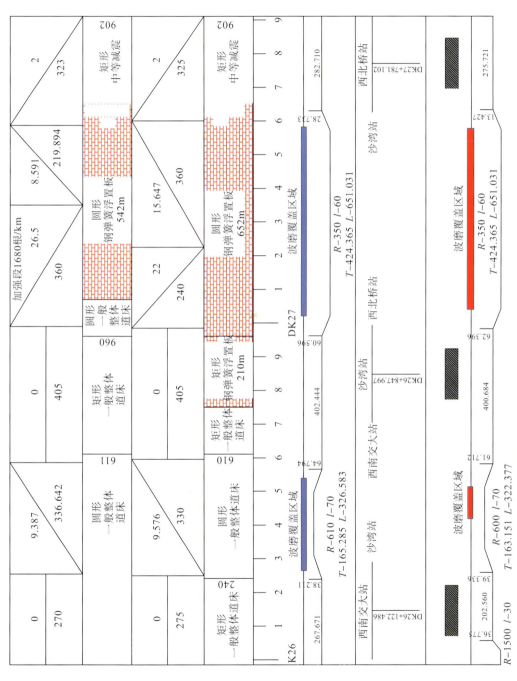

图9-14　西南交大站至西北桥站区段线路详图和波磨发生的位置

根据外轨波磨发生的位置，需要推断是转向架的哪一个轮对与钢轨的接触点引起外轨波磨。如果是转向架从动轮对(即前进方向的后轮对)引起外轨波磨，该轮对外轮与钢轨接触点的位置有可能在外轨轨顶略偏向轨距角一侧的位置。但如果是转向架从动轮对引起外轨波磨，那为什么这个位置的波磨不同于内轨波磨，在线路空车试运行阶段就发生，而是比内轨波磨发生的时间晚了 1 年左右，而且同一地点往返方向的曲线出现外轨波磨的钢轨长度明显不同？基于这两点差别，我们认为外轨波磨不应该是转向架从动轮对与外轨的接触副的相互作用引起的。注意到一个明显的事实，就是从线路建成投入运营的那一天起，随着运营时间的增加，$R=350m$、$R=600m$、$R=610m$ 的曲线外轨和内轨的磨痕横向尺寸逐步增大，如图 9-1～图 9-13 所示。内轨磨痕的横向尺寸逐步扩大的原因是导向轮对的外轮轮缘逐步磨耗以后，导向轮对外轮与外轨、内轮与内轨的接触点都发生了改变，因而外轨的接触带和内轨的接触带逐步扩大。根据外轨波磨发生于线路正常运营 1 年这个特点，我们认为导向轮对的外轮与外轨随着运营时间的增加，外轮与外轨逐步被磨耗，磨耗之后外轮与外轨发生两点接触[2,3]，其中的一个接触点位于轨距角的位置，另一个接触点位于外轨轨顶偏靠轨距角附近的某个位置，如图 9-16 所示。

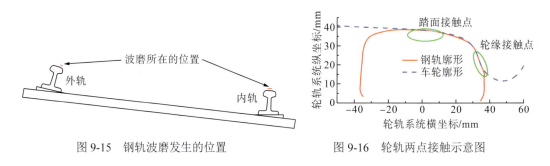

图 9-15　钢轨波磨发生的位置　　　　　　图 9-16　轮轨两点接触示意图

9.2　曲线外轨波磨的理论研究

9.2.1　曲线外轨波磨理论模型

图 9-17 显示了实测的钢轨和车轮踏面磨损后的轮廓，钢轨型号为 60NU75V，使用 UM 车辆动力学软件可以仿真外轨两点接触的蠕滑力饱和情况，结果显示外轮两个接触点的蠕滑力是饱和的[4]，使用钢轨和车轮踏面的实测轮廓建立钢轨和轮对的实体模型，然后输入有限元软件，建立轮轨系统摩擦自激振动模型，如图 9-18 所示，该模型包括 2 条钢轨、1 根导向轮对、58 根长轨枕和 116 个轨枕垫。使用 C3D8I 连续体单元来生成网格。整个组件包括 498210 个单元和 643924 个节点。道床和长轨枕通过接地弹簧和阻尼器连接。使用"连接"约束来模拟轨枕和轨枕垫之间的连接。使用库仑摩擦模型和有限滑动算法对轨道和轨道垫之间的接触进行建模。轨道和轨枕垫之间的摩擦系数设定为 0.75。通过定义弹簧的预压缩位移来模拟扣件施加在钢轨上的预载荷，如图 9-18(b)所示。表 9-1 列出了曲线轮轨系统摩擦自激振动模型的特征参数。

表 9-1　轮轨系统摩擦自激振动模型的主要参数

位置	参数	数值
路基	垂向支撑刚度 K_{SV}/(MN/m)	89
	垂向支撑阻尼 C_{SV}/(N·s/m)	89800
	横向支撑刚度 K_{SL}/(MN/m)	50
	横向支撑阻尼 C_{SL}/(N·s/m)	40000
轮轨材料	密度 ρ/(kg/m³)	7800
	泊松比 ν	0.3
	弹性模量 E/MPa	210000
轨枕垫	密度 ρ_r/(kg/m³)	1190
	泊松比 ν_r	0.45
	弹性模量 E_r/MPa	12
轨枕	密度 ρ_s/(kg/m³)	2400
	泊松比 ν_s	0.15
	弹性模量 E_s/MPa	36000

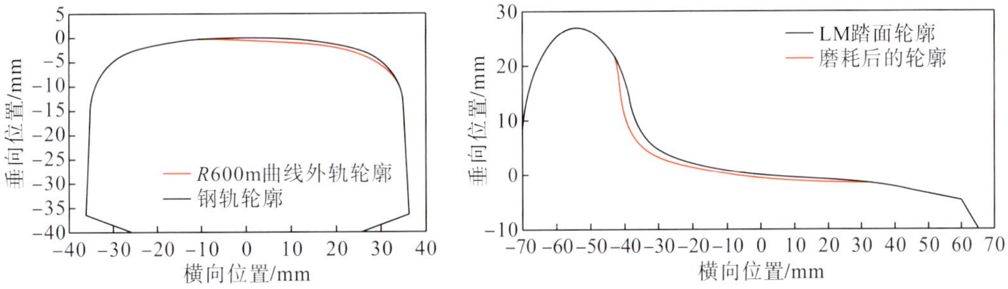

(a) 钢轨轨头轮廓　　　(b) 车轮踏面轮廓

图 9-17　钢轨轨头和车轮踏面磨损前后的轮廓

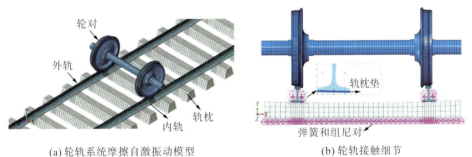

(a) 轮轨系统摩擦自激振动模型　　　(b) 轮轨接触细节

图 9-18　轮轨系统摩擦自激振动模型

9.2.2　仿真结果

图 9-19、图 9-20 显示了磨耗的轮对与钢轨的接触点位置，可以清晰地看到磨耗后的外轮和外轨出现了两点接触，而内轮与内轨仍然维持一点接触[4,5]。

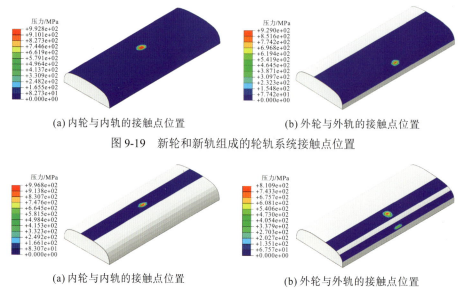

(a) 内轮与内轨的接触点位置   (b) 外轮与外轨的接触点位置

图 9-19　新轮和新轨组成的轮轨系统接触点位置

(a) 内轮与内轨的接触点位置   (b) 外轮与外轨的接触点位置

图 9-20　磨耗车轮与磨耗钢轨组成的轮轨系统接触点位置[4,5]

图 9-21 显示了轮轨系统摩擦自激振动的频率分布和对应的振型，可以看出外轨和外轮出现了频率为 270Hz 的摩擦自激振动，根据作者提出的轮轨系统摩擦自激振动引起钢轨波磨的观点，我们可以推断这个轮轨系统摩擦自激振动引起了外轨的波磨。

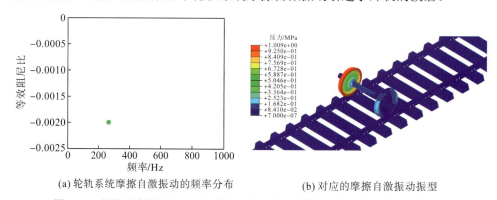

(a) 轮轨系统摩擦自激振动的频率分布   (b) 对应的摩擦自激振动振型

图 9-21　外轨两点接触状态下的轮轨系统摩擦自激振动频率分布及相应的振型

参 考 文 献

[1] Cui X L, Huang B, Du Z X, et al. Study on the mechanism of the abnormal phenomenon of rail corrugation in the curve interval of a mountain city metro. Tribology Transactions, 2020, 63(6): 996-1007.

[2] 张卫华. 机车车辆动态模拟. 北京: 中国铁道出版社, 2006.

[3] 任尊松. 轮轨多点接触计算方法研究. 铁道学报, 2011, 33(1): 25-30.

[4] 宋启峰. 地铁线路曲线钢轨波磨形成机理及其对 ω 型弹条的影响研究. 成都: 西南交通大学, 2024.

[5] Song Q F, Chen G X, Dong B J, et al. Study on the formation mechanism for high rail corrugation. Tribology Transactions, 2024, 67(1): 141-156.

第10章 轮轨滑动——钢轨波磨发生的主要根源兼论大半径曲线和直线线路的钢轨波磨机理

作者在第 4 章总结了钢轨波磨发生的规律性，指出无论是干线铁路还是地铁线路，只要曲线半径 $R \leqslant 350\text{m}$，曲线内轨就几乎百分之百出现波磨，即钢轨波磨的发生是确定性事件；但线路的曲线半径 $R \geqslant 650\text{m}$ 的大半径曲线和直线线路上钢轨波磨的发生率都比较低，干线大半径曲线和直线线路上钢轨波磨的发生率低于 3%，地铁非科隆蛋减振扣件的大半径曲线和直线线路上钢轨波磨的发生率低于 8%，即无论是主干线铁路还是地铁线路，波磨的发生都具有不可预测性。尽管在地铁线路和干线铁路上大半径曲线和直线线路上钢轨波磨发生的数量都不多，但或多或少都存在一些，因而对其发生机理和控制方法的研究仍然具有学术意义和应用价值。考虑到大半径曲线和直线线路钢轨波磨发生率与小半径曲线线路钢轨波磨发生率明显不同，作者在这里专门撰写一章来研究其产生的机理及控制方法。

科学研究方法包括归纳法和演绎法，百余年的波磨研究多采用归纳法，就是每个研究者都提出一个不同的波磨模型和机理，文献报道的波磨预测模型有数十种，每个模型都可转述出一种波磨机理，相应的钢轨波磨机理也有多种不同的说法。总的来说，波磨研究的进展是难以令人满意的，因为到目前为止，除钢轨打磨这个被动控制方法外还没有更好的波磨主动控制方法。我国近年来地铁和轻轨铁路得到了飞速的发展，地铁和轻轨铁路的总里程稳居世界第一位。地铁和轻轨铁路的钢轨波磨问题比干线铁路严重得多，大部分乘坐过地铁列车或者轻轨列车的读者都会感受到列车未走多远就能听到尖锐的轮轨噪声，这种尖锐的轮轨噪声绝大部分是钢轨波磨引起轮轨系统的振动所发射的噪声。作者在撰写本书时，就有西南交通大学、北京交通大学、同济大学、铁道科学研究院、上海交通大学、上海工程技术大学、武汉理工大学等多个研究机构，多达十几个独立课题组在开展波磨问题的研究，说明钢轨波磨问题没有得到很好的解决，也说明钢轨波磨问题迫切需要解决。

作者在本章应用演绎法研究大半径曲线和直线线路的钢轨波磨问题，既然 $R \leqslant 350\text{m}$ 曲线内轨百分之百发生波磨的原因是轮轨滑动，应用演绎法我们认为轮轨滑动也是引起大半径曲线和直线线路钢轨波磨的根本原因，希望能够获得对大半径曲线和直线线路钢轨波磨发生机理的新认识。通过本章的研究，作者提出轮轨摩擦学意义的滑动(即轮轨蠕滑力饱和)是钢轨波磨发生的主要根源，没有轮轨滑动就不会出现钢轨波磨；把不可预测的大半径曲线和直线线路上钢轨波磨变为可预测的，即大半径曲线和直线线路上钢轨波磨发生的位置就是列车牵引或者制动不当引起轮轨滑动所在的位置，消除轮轨滑动就可以消除大半径曲线和直线线路上的钢轨波磨。

10.1 大半径曲线和直线线路的轮轨蠕滑力饱和状态

10.1.1 车辆惰行通过大半径曲线和直线线路时轮轨蠕滑力饱和系数的变化

本节应用动力学仿真软件 SIMPACK 研究地铁车辆通过大半径曲线和直线线路时轮轨蠕滑力的演变规律。需要指出的是，本计算不考虑地铁线路的不平顺对轮轨蠕滑力的影响，因为线路不平顺一般不影响车辆通过曲线时轮轨蠕滑力的趋势性变化，通常只影响轮轨蠕滑力在趋势性变化曲线附近的波动幅度，在车辆通过曲线时的轮轨蠕滑力趋势性变化曲线中就可以足够精确地判断轮轨蠕滑力是否饱和。车辆的基本参数如表 2-6 和表 2-7 所示。图 10-1～图 10-3 分别显示了地铁 A 型车通过 R=600m、R=1100m 和 R=2000m 曲线线路时轮轨蠕滑力的变化趋势，可以看出，当线路曲线半径大于或者等于 600m 时，车辆转向架的每个车轮的蠕滑力饱和系数都小于 0.95，即轮轨蠕滑力没有饱和。而且，曲线半径越大，车辆转向架的每个车轮的蠕滑力饱和系数越小，即车辆转向架每个车轮的蠕滑力随着曲线半径的增大就越不容易饱和。图 10-4 显示了车辆惰行通过直线线路时轮轨蠕滑力饱和系数的变化规律，可见无论轨道是否存在不平顺输入，车辆转向架的每个车轮的轮轨蠕滑力饱和系数都远小于 0.95，即在直线线路上车辆转向架每个车轮的轮轨蠕滑力没有饱和。

图 10-5 显示了一组地铁列车在两个车站之间正常运行时列车速度和受电弓电流随行车距离的变化，图中电流值为正值的部分是列车的牵引工况，电流值为负值的部分是列车的电制动工况，电流值为零或者近似为零的部分是列车的惰行工况。从受电弓电流的变化可以明显看出，列车在运行过程中一半左右的时间是惰行工况。在惰行工况下，地铁车辆转向架的每一个车轮的轮轨蠕滑力都没有饱和，在此条件下列车惰行通过的大半径曲线或者直线是没有钢轨波磨的。

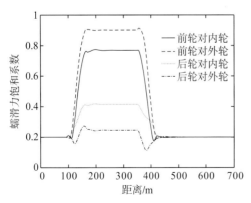

图 10-1 地铁 A 型车以 V=60km/h 惰行通过曲线时轮轨蠕滑力饱和系数变化
（半径 R=600m，超高 h=70mm，缓和曲线长度 L=70m）

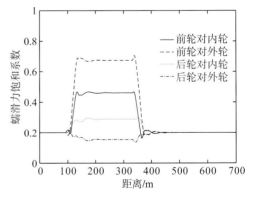

图 10-2 地铁 A 型车以 V=70km/h 惰行通过曲线时轮轨蠕滑力饱和系数变化
（半径 R=1100m，超高 h=50mm，缓和曲线长度 L=40m）

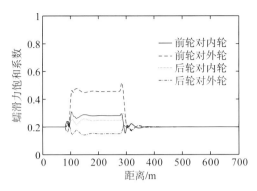

图 10-3　地铁 A 型车以 V=80km/h 惰行通过曲线时轮轨蠕滑力饱和系数变化

(半径 R=2000m，超高 h=40mm，缓和曲线长度 L=25m)

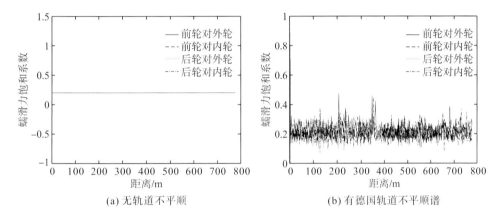

(a) 无轨道不平顺　　　　　　　　　　(b) 有德国轨道不平顺谱

图 10-4　地铁 A 型车以 V=80km/h 惰行通过直线时轮轨蠕滑力饱和系数变化

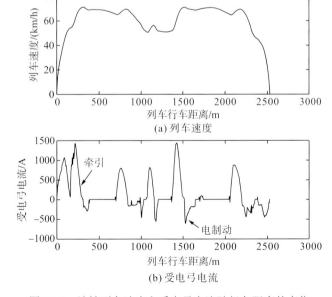

(a) 列车速度

(b) 受电弓电流

图 10-5　地铁列车速度和受电弓电流随行车距离的变化

10.1.2 车辆在制动工况下通过大半径曲线和直线线路时轮轨蠕滑力饱和系数的变化

世界各国的列车可分为动力集中式列车和动力分散式列车,动力集中式列车是指列车的动力来源集中在机车转向架车轴上的电动机,动力分散式列车是指列车的动力来源于分布在多个车辆转向架车轴上的电动机。过去的列车多是动力集中式列车,现代高速列车和地铁列车都是动力分散式列车。动力分散式列车的牵引力和制动力的利用率比较合理,对轨道的相互作用力较小,是先进的列车牵引动力制式。现代高速列车和地铁列车的制动一般由摩擦制动和动力制动组成,摩擦制动指的是通过车轮踏面与闸瓦,或者制动盘与闸片的摩擦,将列车的动能转变为热能,然后消散到大气中去;动力制动指的是制动时将牵引电机转变为发电机,将列车的动能转变为电能,所产生的电能通过电阻消耗(称为电阻制动)或者反馈到电网(称为再生制动)。我国的高速列车和地铁列车目前的制动力都来源于轮轨之间的黏着力,制动力的大小受轮轨黏着的限制,在极端制动工况下,轮轨蠕滑力是有可能达到饱和状态的。

高速列车和地铁列车的制动系统主要由相互独立的空气制动系统和动力制动系统两大部分组成,具有空电制动复合、再生制动优先、再生制动不足时空气制动补充的总体功能。空电制动复合指的是空气制动与电制动(电阻制动或者再生制动)的混合控制,制动计算机按照事先设定的设计原则进行制动力的协调计算、分配,不需要司机对电制动进行单独操控。再生制动优先指的是在该模式下,每节车辆的制动控制装置一旦接收到制动指令,会首先让牵引控制装置产生电制动力,然后根据反馈回来的电制动力的大小,决定是否使用空气制动以及确定空气制动力的大小。再生制动不足指的是在电制动中,电制动力受接触网供电电压和列车速度高低的影响有可能使电制动力不足,此时就需要由计算机控制及时补充空气制动力,使列车按设定的减速度制动降速。我国的地铁列车由电制动向空气制动转换的列车速度为5~8km/h。由图10-5受电弓电流的变化可以明显看出,列车在运行过程中不定时施行电制动以便调节列车的运行速度。

地铁动车每个牵引电机的额定功率为180~220kW,一般动车生产厂家都会给出动车牵引力和电制动力曲线。在缺少实际动车牵引力和电制动力性能曲线时,可根据每根动车轴的牵引电机功率估算每根动车轴的牵引力,即[1]

$$F_k = \frac{3.6 N_d \eta_c}{V_q} \qquad (10\text{-}1)$$

式中,F_k 为每根动车轴的牵引力(kN);N_d 为每根动车轴的牵引电机额定功率(kW);η_c 为牵引电机和齿轮箱的机械传动效率,一般取0.965;V_q 为电制动力曲线上对应恒功率起始点的速度(km/h)。电制动力由牵引控制装置实现,牵引控制计算机控制轮对的转差率实现电机功率和制动力的转换,可以认为电制动力与牵引力水平相当,即动车轴的电制动力近似等于其牵引力。图10-6显示了一组地铁列车生产厂家给出的4动2拖6节编组的地铁A型车电制动力特性曲线,在AW3负载DC 1650V电压下的列车电制动力为370kN,分配到每根电机轴的电制动力为23.125kN,换算到每根车轴的驱动力矩为23125×0.42=9712.5N·m。

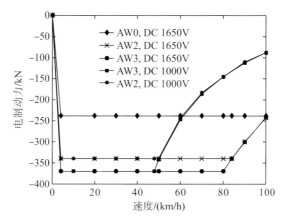

图 10-6 　地铁 A 型车电制动力特性曲线

利用 SIMPACK 软件研究地铁 A 型车在制动工况下通过半径 $R=600\text{m}$、$R=1100\text{m}$、$R=2000\text{m}$ 曲线和直线时轮轨蠕滑力饱和系数的变化规律，将电制动力矩 9712.5N·m 施加到每根动车轴上，然后进行车辆的曲线通过仿真，研究转向架每个车轮的蠕滑力饱和系数。图 10-7、图 10-8 显示了不同轮轨摩擦系数时地铁 A 型车在 AW3 负载时前转向架每个车轮蠕滑力饱和系数的变化规律。

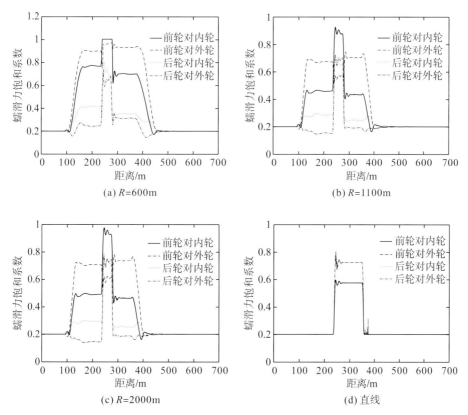

图 10-7 　制动工况下车辆通过不同半径曲线时轮轨蠕滑力饱和系数的变化

（AW3 工况，车体质量 $W=38425\text{kg}$，轮轨摩擦系数 $\mu=0.3$）

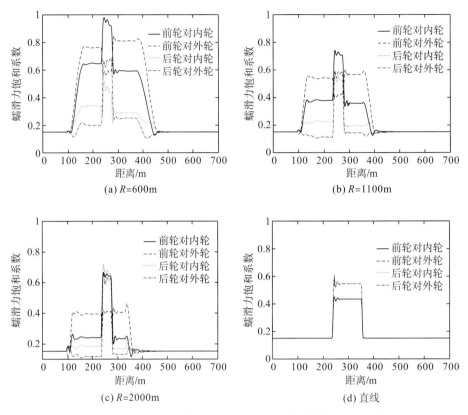

图 10-8   制动工况下车辆通过不同半径曲线时轮轨蠕滑力饱和系数的变化
（AW3 工况，车体质量 W=38425kg，轮轨摩擦系数 μ=0.4）

由图 10-7(a)、图 10-8(a)可以看出，在施加电制动力矩后，转向架导向轮对内轮的蠕滑力饱和系数接近 0.95，即转向架导向轮对内轮蠕滑力是饱和的。通过比较图 10-7(a)和图 10-8(a)可以看出，摩擦系数越大轮轨蠕滑力就越不容易饱和。经过计算，当曲线半径 R=600m、摩擦系数 μ=0.3、制动力矩在 3000～9712.5N·m 变化时，导向轮对的内轮与钢轨之间的蠕滑力饱和系数大于 0.95，即车辆每个转向架导向轮对的内轮与钢轨之间的蠕滑力近似等于摩擦力。一般情况下，当车辆通过直线轨道时，无论车辆是空车还是重车，无论车辆是否制动，车辆每个车轮的蠕滑力都不饱和。但如果车辆是空车或者轻载，轮轨摩擦系数约为 0.3，且电制动级位比较高，则电制动时轮轨蠕滑力也可能达到饱和状态。

10.1.3   车辆在牵引工况下通过大半径曲线和直线线路时轮轨蠕滑力饱和系数的变化

图 10-9 显示了一组地铁列车生产厂家给出的 4 动 2 拖 6 节编组的地铁 A 型车牵引力特性曲线，在 AW3 负载 DC 1500V 电压下的列车牵引力为 403kN，分配到每根电机轴的牵引力为 25.1875kN，换算到每根车轴的牵引力矩为 25187.5×0.42=10578.75N·m。

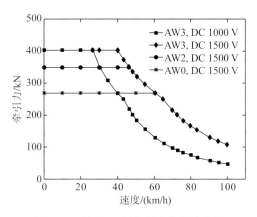

图 10-9　地铁 A 型车牵引力特性曲线

利用 SIMPACK 软件研究地铁 A 型车在牵引状态下通过半径 R=350m、R=600m、R=1100m、R=2000m 曲线和直线时轮轨蠕滑力饱和系数的变化规律,将牵引力矩 5000N·m 施加到每根动车轴上,然后进行车辆的曲线通过仿真,研究转向架每个车轮的蠕滑力饱和系数。图 10-10 显示了一组地铁 A 型车在 AW3 负载时前转向架每个车轮的蠕滑力饱和系数的变化规律,由图 10-10(a) 可以看出,当施加牵引力矩后,在牵引区段转向架导向轮对内轮的蠕滑力饱和系数下降,大约为 0.835,即在牵引区段转向架导向轮对内轮蠕滑力是不饱和的。

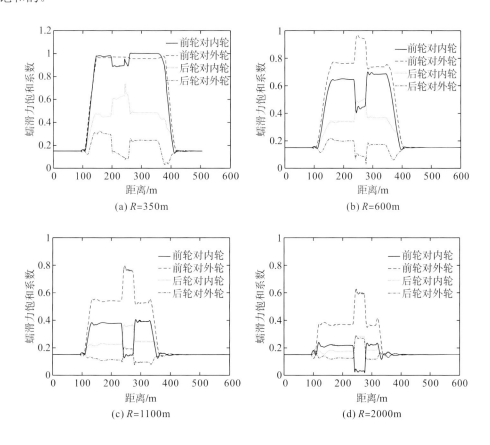

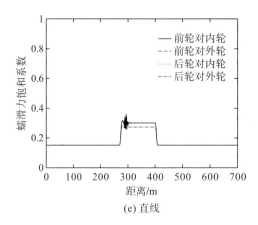

图 10-10　牵引工况下车辆通过不同半径曲线时轮轨蠕滑力饱和系数的变化

（AW3 工况，车体质量 W=38425kg，轮轨摩擦系数 μ=0.4，牵引力矩 T=5000N·m）

10.2　轮轨滑动——钢轨波磨发生的主要根源

　　Grassie 和 Kalousek 早在 1993 年就指出，车辆簧下质量对弹性轨道的激励是最一般的钢轨波磨波长固定机理[2]。Grassie 和 Kalousek 的这个研究结论揭示了轮轨系统的共振振动是最一般的钢轨波磨波长固定机理，实际上传统波磨理论——钢轨粗糙度引起轮轨系统振动导致波磨和车轮纵向饱和蠕滑力-蠕滑率负斜率导致轮轴扭转自激振动引起波磨这两个波磨理论的本质都是轮轨系统共振振动导致钢轨波磨。然而，轮轨系统的共振振动是由钢轨工作表面微米量级的粗糙度不平顺激励引起的，还是具有力-蠕滑率曲线负斜率关系的轮轨纵向蠕滑力导致车轴扭转自激振动引起的，学术界并没有明确的结论。在钢轨波磨文献中，有 70%～80%的研究认为钢轨工作表面微米量级的粗糙度不平顺激励轮轨系统的共振振动引起钢轨波磨，只有 20%～30%的研究认为具有力-蠕滑率曲线负斜率关系的轮轨纵向蠕滑力导致车轴扭转自激振动引起钢轨波磨，可见绝大部分的研究者认为钢轨工作表面微米量级的粗糙度不平顺激励轮轨系统的共振振动引起钢轨波磨。作者在第 1 章指出，传统钢轨波磨理论存在比较大的缺陷，致使这两个理论在提出近 30～40 年来钢轨波磨仍然没有得到根本的解决，例如，半径 R≤350m 的曲线线路内轨，迄今为止还是几乎百分之百产生波磨，虽然研究了百余年，但其钢轨波磨发生率甚至没有 20%～30%的下降。作者在第 6～9 章的研究揭示轮轨摩擦学意义的滑动(即轮轨蠕滑力等于轮轨摩擦力)能引起轮轨系统的模态耦合共振振动，从而引起钢轨波磨。作者全面深入分析了小半径曲线内轨波磨发生率近乎百分之百，但大半径曲线和直线钢轨波磨的发生率只有 5%～8%的原因后，认为小半径曲线每个车辆转向架导向轮对的轮轨蠕滑力饱和是小半径曲线轮轨蠕滑力的固有特性，这个固有特性是小半径曲线几乎百分之百产生钢轨波磨的主要原因。由图 4-5 可以看出，新钢轨使用 2.5 个月后，就在 R=350m 曲线内轨产生大量的钢轨擦伤，这是轮轨滑动的标志性产物；而在大半径曲线和直线线路上轮轨蠕滑力只有在极端工况下才能出现轮轨蠕滑力饱和状态，即大半径曲线和直线线路轮轨蠕滑力不饱和是大半径曲线和直线线路轮轨蠕滑力的固有特性,这个固有特性是大半径曲线和直线线路上钢轨波磨极少发生的原因。从图 4-44 实际铁路线路钢轨波磨发生率的统计结果来看,钢轨波磨发生率出现极速下降的曲线线路半径($R=450\sim600\text{m}$)对应了轮轨蠕滑力饱和与否的分界点(图 2-23),因此作者根据科学研究的演绎法,提出轮轨滑动是铁路线路钢轨波磨发生的主要根源,没有轮轨滑动,就不会有轮轨系统的摩擦自激振动,因而就没有钢轨波磨。

10.2.1　小半径曲线钢轨波磨问题

4.1.1 节介绍了对成都地铁 6 号线曲线半径 $R=350\text{m}$ 曲线钢轨波磨初始形成和发展过程的跟踪调查,结果显示小半径($R=350\text{m}$)曲线的内轨(不包括缓和曲线)大部分区段出现钢轨波磨,但在圆曲线上靠近出缓和曲线的地方钢轨波磨逐渐消失,原来的钢轨波磨随着通车时间的增加,不再继续发展,而是逐渐淡化,如图 10-11 所示。这个区段对应列车爬坡,车辆的电机处于牵引状态,根据图 10-10(a)可知,在牵引状态下转向架导向轮对的内轮与内轨之间的蠕滑力是不饱和的,在这种状态下钢轨波磨将不再发展。原来出现的钢轨波磨可能是列车空载试运行期间产生并遗留下来的,因为在列车空载试运行期间列车牵引力不大的情况下,转向架导向轮对的轮轨蠕滑力还是饱和的,这个饱和轮轨蠕滑力引起了钢轨波磨,但正式载客运行时,列车在上坡段需要较大的牵引力来牵引列车前行,这时转向架导向轮对的轮轨蠕滑力就不饱和了,而且列车通过时车轮都会引起钢轨的磨损,这个磨损使得原来的波磨轮廓越来越浅,如图 10-11 所示。类似图 10-11 的钢轨波磨逐渐浅化消失的情况,我们认为在该曲线区段车辆是牵引前行的,由图 10-10(a)可以看出,牵引工况下转向架导向轮对的内轮与内轨之间的蠕滑力没有饱和,这时钢轨波磨就不会继续发展,随着车辆通过数量的增加,车轮引起钢轨的均匀磨耗就会把原来形成的波磨逐渐磨耗掉,就出现了图 10-11 所示的钢轨波磨轮廓越来越浅的情况。

图 10-11　$R=350\text{m}$ 曲线内轨波磨淡化

10.2.2　大半径曲线和直线线路钢轨波磨问题

1. 大半径曲线和直线线路钢轨波磨发生率低的原因

干线大半径曲线和直线线路的钢轨波磨比较少见,我们乘坐火车在干线铁路上行驶几百公里都很难听到类似地铁钢轨波磨引起的那种尖锐的轮轨噪声,但乘坐地铁列车行驶 $30\sim40\text{km}$,总能或多或少感受到大半径曲线或直线线路由于钢轨波磨引起的尖锐的轮轨噪声,说明地铁大半径曲线和直线线路的钢轨波磨时有发生,只不过是这种波磨的里程比较短,只在大半径曲线或者直线线路的局部地段发生。

　　根据作者对铁路现场大半径曲线和直线线路钢轨波磨现象的调查,对于磨耗型踏面外形的现代轮轨系统,大半径曲线钢轨波磨大部分发生在曲线线路的内轨,小部分发生在曲线线路的外轨;在直线线路上的钢轨波磨一般在轨道的两根钢轨上都会出现,而且两根钢轨波磨的波长相当。

　　干线铁路和地铁线路的大半径曲线和直线线路的波磨发生率仅为5%～8%,考虑到统计样本的偏差,波磨发生率放大一倍也仅有10%～16%,似乎大半径曲线和直线线路的波磨具有不可预测性。当然,如果真正掌握了大半径曲线和直线线路的波磨发生机理,则可以把大半径曲线和直线线路波磨的不可预测性变为可预测性,这正是本章主要的研究内容。

　　第4章的研究已经得出结论:当线路的曲线半径$R \leqslant 350\text{m}$时,曲线内轨几乎百分之百出现波磨。根据第2章的研究,当曲线半径$R \leqslant 350\text{m}$时,无论是A型地铁车辆还是B型地铁车辆,其每个转向架导向轮对的外轮轨和内轮轨蠕滑力都是饱和的,第6～9章研究结果显示,轮轨饱和蠕滑力能够引起轮轨系统摩擦自激振动,进而引起钢轨波磨。作者认为,大半径曲线和直线线路的轮轨饱和蠕滑力也是引起大半径曲线和直线线路钢轨波磨的主要原因。根据第2章的研究可知,一般情况下铁道车辆在大半径曲线和直线线路上滚动通过时车辆每个转向架的每根车轴的轮轨蠕滑力是不饱和的,因而没有轮轨系统摩擦自激振动发生,这就是大部分的大半径曲线和直线线路没有钢轨波磨的原因。

2. 地铁大半径曲线和直线线路钢轨波磨大多数发生在最高速度区段的原因

　　前面曾经提到,一般在30～40km长的地铁线路上总会遇到一些大半径曲线和直线线路的钢轨波磨问题。Zhang等[3]对北京地铁5号线钢轨波磨的统计结果表明,地铁大半径曲线和直线线路上的钢轨波磨多发生在列车速度接近最高运行速度的区段。作者通过乘坐地铁列车考察地铁大半径曲线和直线线路钢轨波磨发生位置的调研结果也是如此。

　　对于地铁大半径曲线和直线线路上钢轨波磨多发生在列车速度接近最高运行速度区段的原因,作者归结于地铁列车制动调速控制不当引起轮轨滑动。现代地铁列车高速时的制动基本上都使用再生制动,就是将牵引电机转变为发电机,所发电力反馈到接触网,如图10-6所示。地铁列车的再生制动减速度一般为1.0m/s^2,因减速度比较大,制动引起的轮轨蠕滑力也比较大,容易引起轮轨滑动。现代的地铁列车普遍装备了防滑防空转装置,这种装置可以最大限度地利用轮轨蠕滑力。但由于防滑防空转装置判断轮轨滑动的指标是一个相对值,并非绝对值,控制阈值取值不当时就有可能导致轮轨摩擦学意义的滑动,即轮轨蠕滑力的合力等于滑动摩擦力。当然,这种滑动工况不会经常发生,大部分情况下列车再生制动不会引起轮轨滑动,只有极个别情况下才发生再生制动滑动,如图10-7和图10-8所示。这就解释了地铁大半径曲线和直线线路上钢轨波磨多发生在列车速度接近最高运行速度区段的原因,也解释了大半径曲线和直线线路上很少发生钢轨波磨的原因。

　　如果轮轨出现滑动,发生轮轨滑动的车轮和钢轨组成的摩擦副就可能发生摩擦自激振动,进而引起钢轨波磨。图10-12显示了地铁轮对内轮和内轨组成的摩擦副在饱和蠕滑力作用下的摩擦自激振动(不稳定振动)频率分布,可以看出内轮-内轨摩擦副在饱和蠕滑力作用下完全有可能发生摩擦自激振动,进而引起钢轨波磨。图中有多个不稳定振动频率,至于实际上哪一个频率的不稳定振动会发生，取决于原始激励的频率和能量。一般来说，摩擦系统不稳定振动的频率是图中不稳定振动频率的某一个。从轮轨系统不稳定振动的模态形状可以看出，不稳定振动发生在内轮和内轨，也就是波磨发生在内轨。在 4.1.2 节，介绍了对成都地铁 6 号线曲线半径 R=610m 曲线钢轨波磨初始形成和发展过程的跟踪调查，结果显示在线路正式通车 11 个月时，半径 R=610m 曲线的内、外钢轨完全没有波磨。但在线路正式通车 17 个月时，作者的现场调查显示在 R=610m 圆曲线内轨出现了比较轻微的波磨，波磨长度有 6～8m，如图 4-20 (g) 所示。在线路正式通车 2.5 年时，我们对这个位置的波磨进行了跟踪调查，发现这个位置的波磨没有向钢轨长度方向发展的趋势，推测这个位置的波磨是列车电制动力引起轮轨蠕滑力饱和所致的，如图 10-7 (a) 和图 10-8 (a) 所示。电制动时间比较短，如图 10-5 所示，符合地铁现场波磨长度较短的特征。这种大半径曲线内轨出现波磨的现象明显与小半径曲线内轨出现波磨的现象不同，小半径 (R≤350m) 曲线内轨的波磨在线路列车空载试运行 2 个多月就形成了肉眼可见的波磨，如图 4-3 所示。正式通车 4～6 个月后波磨就遍布整个圆曲线，这种波磨快速发展的原因是在整个圆曲线区段，每一趟列车的车辆转向架导向轮对的轮轨蠕滑力都饱和，即等于滑动摩擦力。在这种工况下，每趟列车车辆的轮轨自激振动都发生，因此波磨将不断发展。而在大半径曲线或者直线区段，车辆转向架的每个车轮和钢轨之间的蠕滑力大多数情况下是不饱和的，即不等于滑动摩擦力。只有少量满足某种条件的列车通过时轮轨蠕滑力才达到饱和状态，因此在大半径曲线或者直线上大部分区段没有钢轨波磨，只有制动力过大引起轮轨蠕滑力饱和的局部地方才会产生钢轨波磨。作者长达三年的跟踪调查结果显示，R=610m 圆曲线内轨出现长度为 6～8m 的波磨，但对应站间另一方向 R=600m 圆曲线内轨就没有出现波磨。在沙湾—西北桥站间往返方向 R=350m 圆曲线内轨都出现了类似的波磨，说明波磨与轮轨滑动关系密切。

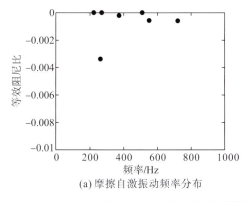
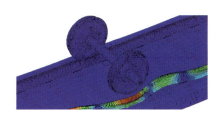

(a) 摩擦自激振动频率分布　　　　(b) 摩擦自激振动模态 (f=262.5Hz, ξ=−0.0034)

图 10-12　内轮和内轨间蠕滑力饱和引起的摩擦自激振动

3. 地铁大半径曲线和直线线路钢轨波磨比干线铁路钢轨波磨多见的原因

一般在长 30～40km 的地铁线路上总会遇到一些大半径曲线和直线线路的钢轨波磨问题，但在长 100～200km 干线铁路上却很难发现钢轨波磨。《铁路线路设计规范》(TB 10098 —2017)、《铁路轨道设计规范》(2023 年局部修订)(TB 10082—2017)、《机车车辆车轮

轮缘踏面外形》(TB/T 449—2016)、《高速铁路设计规范》(2024 年局部修订)(TB 10621
—2014)、《城际铁路设计规范》(TB 10623—2014)、《地铁设计规范》(GB 50157—2013)
对干线铁路和地铁线路的轨道和车辆的主要构件的规定都是大同小异,例如,干线铁路和
地铁线路的标准轨距都是 1435mm,都采用 60kg/m 钢轨、1∶40 轨底坡、540～635mm 的
轨枕间距、相同的车轮轮缘踏面外形。不同的地方多指向干线铁路的轮轨相互作用力比地
铁线路的轮轨相互作用力大。到 2022 年底,我国干线铁路总里程约 155000km,其中高速
铁路里程 42000km,普速铁路里程约 113000km。我国城市轨道交通运营总里程达到
10291.95km,其中地铁约 8012.85km。普速铁路大部分都是有砟轨道,地铁线路全是无砟
轨道,无砟轨道的轨道不平顺数值比有砟轨道小。到 2020 年底,我国干线铁路车辆的数
量为货车 912735 辆、铁路客车 76033 辆、铁路机车 21865 台,其中绝大部分货车装备了
三大件转向架,仅铁路客车和机车装备了二系悬挂转向架。地铁车辆全部装备二系悬挂转
向架,三大件转向架的轮轨相互作用力比二系悬挂转向架的轮轨相互作用力大。干线铁路
货车和客车的轴重都是 21t,有的货车轴重达到 25t,地铁线路的车辆轴重分别为 16t(A 型
车辆)和 14t(B 型车辆),干线铁路车辆的轴重普遍比地铁车辆的轴重大 5～7t。在干线普
速铁路的大部分区段,列车运营速度为 100～250km/h,高速铁路列车运营速度更是达到
250～350km/h,很多铁路货运列车的运行速度达到 120km/h。在大部分地铁线路,列车运
营速度为 60～80km/h,少部分地铁列车的运营速度达到 120～160km/h。从有砟轨道和无
砟轨道、车辆转向架性能、车辆轴重、列车运营速度等方面看,都是干线铁路的轮轨相互
作用力比地铁线路的轮轨相互作用力大,但干线铁路钢轨波磨的发生率却明显比地铁线路
钢轨波磨发生率低,说明钢轨波磨与一般动力学意义的轮轨相互作用力关系不大。

作者在深度研究了干线铁路和地铁线路钢轨波磨发生率孰大孰小的关系后,认为轮轨
滑动是引起钢轨波磨的根源。显然,轮轨在摩擦学意义上的滑动与轨道是有砟轨道还是无
砟轨道、车辆转向架是一系悬挂还是二系悬挂、车辆轴重大小、列车运营速度高低等都关
系不大,主要与线路曲线半径、列车牵引加速度和制动减速度的大小有关。在第 2 章,研
究了轮轨滑动的可能工况,明确了在半径 $R \leqslant 350\text{m}$ 的曲线线路,无论是地铁车辆还是干
线铁路客车、货车,其每个转向架的导向轮对的内、外轮轨蠕滑力都达到饱和状态,即轮
轨蠕滑力的合力等于滑动摩擦力,这是铁路车辆曲线通过的固有特性,因此在一般的轮轨
摩擦系数条件下,半径 $R \leqslant 350\text{m}$ 的铁路曲线线路内轨-车轮组成的系统摩擦自激振动在理
论上是必然发生的,也就是钢轨波磨是确定性发生的事件。

第 2 章的分析也显示,在半径 $R \geqslant 650\text{m}$ 的曲线线路或者直线线路上,一般情况下不
会出现轮轨滑动,即轮轨蠕滑力的合力小于滑动摩擦力,因而不会引起轮轨系统摩擦自激
振动,也就是一般情况下半径 $R \geqslant 650\text{m}$ 的曲线线路或者直线线路不会出现钢轨波磨。进
一步的分析显示,无论是干线铁路还是地铁线路,在极端情况下,也可能出现轮轨滑动。
高速铁路和地铁线路的车辆都普遍装备了防滑防空转装置,这种装置就是用来防止轮轨滑
动的,说明高速铁路和地铁线路车辆如果不装备这种装置,则轮轨滑动是很容易发生的。
如果没有轮轨滑动,就不会在高速铁路车辆和地下铁路车辆上普遍装备防滑防空转装置,
毕竟增加一种设备,车辆制造成本和维护成本都要提高,列车的故障率也会提高。本书作
者在研究了防滑防空转装置的原理和构造后,认为地铁列车装备的防滑防空转装置也是地

铁线路大半径曲线和直线线路钢轨波磨发生率高于干线铁路大半径曲线和直线线路钢轨波磨发生率的原因之一。

地铁线路大半径曲线和直线线路上轮轨滑动的可能性高于干线铁路大半径曲线和直线线路上轮轨滑动的可能性。由于地铁线路每两个站之间的距离多为 800～1500m，地铁列车在站间运行时需要频繁牵引和制动，如图 10-5 所示。地铁列车的牵引加速度如下：当列车速度为 0～36km/h 时，加速度≥1.0m/s²；当列车速度为 0～80km/h 时，加速度≥0.6m/s²。地铁列车再生制动的加速度为-0.5～-1.0m/s²。干线铁路每两个车站之间的距离为 5～10km，因此干线铁路列车的牵引和制动加速度都比地铁线路的小，一般牵引加速度为 0.3～1.0m/s²，制动加速度为-0.30～-0.5m/s²。当地铁列车高速调速制动时，一般只使用再生制动，把牵引电机转化成发电机，利用牵引轴的轮轨蠕滑力实现制动减速。当列车速度低于 5km/h 时才转换成空气制动。干线普速列车(高速列车和动车组除外)高速调速制动只能应用空气制动，制动时列车每个车辆的每个车轴都会产生制动力。需要注意的是，当地铁列车高速电制动时，制动力仅由动车轴产生，一般 A 型车 6 辆编组的列车有 4 辆动车 2 辆拖车，电制动力只由动车的 16 根动轴轮对提供，而干线普速列车制动时所有车辆的每根车轴都会产生制动力。如果地铁列车和干线普速列车的制动加速度相同，则因地铁列车制动轴少，每根制动轴上作用的制动力就比干线普速列车的每个车轴上作用的制动力大，说明地铁列车高速调速制动的轮轴制动力相对于干线普速列车的轮轴制动力更容易达到蠕滑力饱和状态。另外，地铁车辆的每一个车轴都装备了防滑防空转装置，这种装置能使轮轴制动力尽可能接近最大摩擦力。然而由于在防滑防空转装置中轮轨滑动判据阈值是一个相对量，其值具有不确定性，当滑动判据阈值设置不当时，这种防滑防空转装置反而使轮轨蠕滑力容易达到饱和状态。干线普速列车没有装备防滑防空转装置，加之干线列车的制动减速度比地铁列车低，因此干线普速列车在大半径曲线和直线线路上不容易出现轮轨滑动。没有轮轨滑动，就没有轮轨系统的摩擦耦合自激振动及其引起的钢轨波磨，这就是地铁在大半径曲线和直线线路上钢轨波磨比干线铁路钢轨波磨多见的原因。

10.3 轮轨滑动作为钢轨波磨发生的根源的初步验证

10.3.1 直线电机驱动地铁列车线路的波磨问题调查

本章提出了轮轨滑动作为钢轨波磨发生的根源，可以解释为什么小半径($R \leqslant 350m$)曲线内轨几乎百分之百发生波磨，也可以解释大半径曲线和直线线路只有局部区段出现钢轨波磨的现象。作者这里以直线电机驱动的地铁线路作为例子验证作者结论的正确性。直线电机驱动列车的轨距仍然是 1435mm，车辆尺寸和电机驱动列车的车辆尺寸基本相同。北京地铁首都机场线从东直门站到 3 号航站楼运营里程为 52.3km。该线路的列车为直线电机驱动的 4 辆编组列车，列车的牵引力和电制动力是直线电机的转子和定子之间的电磁力，非轮轨黏着力。这种列车在牵引加速时始终使用直线电机的定子和转子之间的电磁力驱动列车前进，制动时大多数时间使用直线电机的定子和转子之间的电磁制动力，优先使用电制动，不足的电制动力由空气制动补充。由于直线电机是典型的非黏着驱动方式，直线电机车辆的电制动不受轮轨黏着系数的影响。当列车速度小于 10km/h 时，由于电磁制动力不足才切换成空气制动，空气制动时的制动力是轮轨黏着力。图 10-13 和图 10-14 是地铁直线电机照片，车辆轮对只承担车体传来的垂向力。北京地铁首都机场线的线路曲线半径都比较大，轮轴没有牵引力和电制动力的作用，车辆通过曲线时轮轨切向力就很小，在列车运行过程中轮轨蠕滑力不可能饱和，因此直线电机驱动列车在钢轨上滚动通过时，轮轨系统不会发生摩擦自激振动，因而就不会出现波磨。该线路只有 1 处在东直门地铁站附近有 1 段曲线半径 R=160m 的小半径曲线，但列车在这条小半径曲线上运行时速度已经很低了，受到接触滤波的影响是不会产生波磨的。北京地铁首都机场线于 2008 年 7 月开通，据报道该线路运行 10 年仍然没有发现异常钢轨波磨[4]，作者也于 2023 年 3 月通过乘坐该线列车的方式进行现场考察，全线没有听到钢轨波磨发出的尖锐的轮轨噪声，基本可以认为全线没有波磨。当然，如果线路曲线半径 $R\leqslant350m$，则车辆通过曲线时转向架导向轮对的蠕滑力仍然处于饱和状态，则在这些曲线区段，钢轨波磨必然会出现。广州地铁 4 号线和 5 号线是较早使用直线电机驱动列车的地铁线路，由于存在 $R\leqslant350m$ 的小半径曲线，在这些小半径曲线上仍然会出现钢轨波磨[5]。

反观地铁大半径曲线和直线线路，经常存在钢轨波磨的情况。成都地铁 10 号线全长 37.98km，往返线路全长 75.96km，于 2017 年 9 月开通运营，从正式开通运营的 1~2 年时间内，搭乘该线列车可以发现存在多处大半径曲线钢轨波磨的情况。

(a) 最小曲线半径路段位置　　　　(b) 线路（转子）

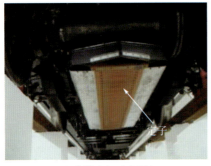 

(c) 直线电机（定子）　　　　(d) 磁轨制动器

图 10-13　北京地铁首都机场线直线电机驱动的地铁系统照片

(a) 直线电机驱动的地铁车辆

(b) 直线电机（定子）

(c) 制动单元

(d) 转子

图 10-14　广州地铁 4 号线直线电机驱动的地铁系统照片

10.3.2　普通地铁线路大半径曲线波磨控制的例子

深圳地铁 3 号线塘坑至横岗区间，上行线 K31+050～K31+550 区段，线路坡度为 29‰，列车运行方向下坡段，曲线半径 700m，超高 119mm，处于圆曲线地段。钢轨出现不正常轨面波磨，列车经过该地段时出现上下剧烈跳动，并产生尖锐的运行噪声[6]。调查发现该段钢轨波磨的波长约为 65mm，波磨深度随列车运行持续发展，当达到一定程度后加速劣变，同时导致该区段钢轨内侧部分弹条频繁不定点折断，存在列车运行安全隐患，对运营服务形象带来社会负面影响。

通过现场调查发现，如图 10-15 所示，列车自动驾驶(automatic train operation，ATO)模式下运行的列车从横岗站发车后，运行至 K32+200 位置时，已加速至 85km/h，持续运行到 K31+550 处后，列车为了抵消由于长大下坡地段的重力加速作用，开始电制动，并且速度由 85km/h 逐渐降至 65km/h。也就是在列车运行至 K31+550 处开始出现轨轮间的尖锐噪声，持续时间约 8s。根据此现象，可从该处的轨道几何状态及列车牵引运行两个方面进行原因分析。

（1）轨道几何状态。该区段为坡度达 29‰的长大下坡道，经检测轨道的几何状态，轨距、水平、高低、轨向等均在正常范围内，并无导致行车条件恶劣的明显变化。因此，基本可以排除由于轨道几何状态的异常造成钢轨不正常波磨和列车运行异响。

（2）列车牵引运行。根据系统设计，塘坑至横岗站区间上行线 K31+450～K31+550 处对应的信号系统轨道区段编号为 T32330 计轴区段，其安全限速为 85km/h，且相邻下一计轴区段 T32328 安全限速为 70km/h，两区段之间的速度差为 15km/h。列车运行至 K32+200 位置时，速度已加至 85km/h，为达到相邻下一计轴区段 T32328 入口（K31+050）限速 70km/h 要求，及抵消坡度达 29‰的重力加速作用，在列车接近 T32328 计轴区段入口之前，必须施加较大的电制动力。因此，为满足调速要求，所有 ATO 模式运行的列车在该地段均需施加较长时间的电制动。

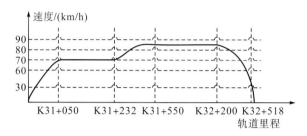

图 10-15　横岗—塘坑列车速度曲线图

研究人员通过分析，认为电制动引起的轮轨滑动是引起钢轨波磨的主要原因，因此采取措施调整列车在 ATO 模式下运行的速度曲线，将 T32330 计轴区段限速由 85km/h 调整为 70km/h，与下一计轴区段 T32328 限速 70km/h 保持一致，避免列车在 K31+050～K31+550 处长大下坡的曲线地段发生制动。通过技术修正，取消了该路段的电制动。采取取消该路段电制动措施后，对该区段钢轨重新打磨，运行一段时间后经检测未发现波磨劣变情况，波磨产生的尖锐噪声问题得到了解决。这个例子的波磨仿真分析参见文献[7]。

参 考 文 献

[1] 王月明. 城市轨道交通列车制动. 北京: 科学出版社, 2014.

[2] Grassie S L. Rail corrugation: Characteristics, causes, and treatments. Proceedings of the Institution of Mechanical Engineers, Part F: Journal of Rail and Rapid Transit, 2009, 223(6): 581-596.

[3] Zhang H G, Liu W N, Liu W F, et al. Study on the cause and treatment of rail corrugation for Beijing metro. Wear, 2014, 317(1-2): 120-128.

[4] 郭泽阔, 张金, 李猛, 等. 直线电机运载系统在首都机场线的应用效果及评价分析. 都市快轨交通, 2019, 32(1): 30-37.

[5] 颜怡矗. 广州地铁 5 号线小半径曲线钢轨磨耗分析. 城市轨道交通研究, 2011, 14(6): 55-57, 63.

[6] 刘石清. 地铁线路钢轨异常波磨的分析与解决措施. 铁道通信信号, 2014, 50(5): 18-19.

[7] 宋启峰. 地铁线路曲线钢轨波磨形成机理及其对ω型弹条的影响研究. 成都: 西南交通大学, 2024.

第 11 章　钢轨波磨理论模型验证方法的研究

通过数值仿真模拟某一个物理现象的发生和发展规律进而认识该现象的发生机理是最常用的科学研究方法。著名的车辆动力学仿真软件 SIMPACK 可以用来模拟车辆在线路上通过时的车辆和轨道动力学。国内外学术界对钢轨波磨机理的研究通常采用数值仿真模拟。从地铁线路试通车的时间算起，短短 2～3 个月就能在小半径曲线内轨产生肉眼可见的钢轨波磨，如 4.1.1 节所介绍的半径 R=350m 曲线内轨波磨。铁路线路的钢轨波磨随着车辆通过量的增加而逐渐产生并显现出来，钢轨滚动工作面从出厂的原始不平顺轮廓到产生波浪形轮廓，其内在因素的相互作用和演变规律无法用肉眼看出来，也不能用仪器测量出来，但波磨轮廓能测量出来，这时就需要从已知的知识出发，建立钢轨波磨理论模型，通过数值方法把波磨形成和发展的过程仿真出来，进而认识波磨的产生机理。判断一个理论模型正确与否，就需要对该模型进行验证，即将某现象的理论模型预测结果与该现象实际发生的情况进行比较，如果两者的误差在可接受的范围内，则认为该理论模型是正确的，否则该理论模型就存在较大的缺陷。钢轨波磨的理论研究已经有 100 多年的历史，现代的钢轨波磨理论形成于 1990～2000 年，波磨的理论模型也有数十种之多，学术界对现代波磨理论的验证就一直没有停止过。现代波磨理论的建立和研究已经有 30 余年，著名的波磨研究专家 Grassie 认为各种钢轨波磨的发生机理已经得到很好的认识[1]，但钢轨波磨问题仍然得不到很好的解决，例如，很常见的小半径曲线线路钢轨波磨几乎会百分之百产生。现代主流的钢轨波磨理论模型认为，钢轨的工作面粗糙度导致轮轨系统共振振动引起钢轨波磨，但该模型中没有曲线半径这个输入参数，研究者却宣称模型通过了验证[2-5]。在第 4 章，作者提到无论国内哪个厂家生产的钢轨，如果铺设为半径 $R \leqslant 350\text{m}$ 曲线的内轨，则该钢轨几乎百分之百产生波磨；但如果铺设为大半径曲线或者直线线路的钢轨，则该钢轨发生波磨的概率小于 8%。很显然，没有曲线半径作为输入参数的波磨理论模型不能可靠地预测钢轨波磨的发生。但为何过去从事钢轨波磨理论模型验证工作的研究者都声称他们的理论模型通过了验证？作者认为过去波磨理论研究领域的研究人员在验证波磨理论模型时选取的验证工况不具有普适性，导致通过验证的理论模型用来预测实际线路发生波磨的准确率极低[6-8]。现在的钢轨波磨理论模型验证方法的缺陷是导致现代钢轨波磨研究了 30～40 年但一直没有得到满意解决的主要原因之一。这个不合理的波磨理论模型验证方法给人一个假象，就是现代的钢轨波磨理论是无瑕疵的，致使 30～40 年来的波磨理论研究基本都是基于现代波磨理论的架构进行不同的演绎，少有突破现代波磨理论架构的研究工作的报道，严重阻碍了钢轨波磨理论的发展和钢轨波磨问题的解决。

本章研究钢轨波磨理论模型的验证方法，提出钢轨波磨理论模型验证的标准工况和钢轨波磨理论模型验证的一般方法，并提出一种精度很高的钢轨波磨快速预测方法。

11.1 钢轨波磨理论模型验证问题研究

11.1.1 现行的钢轨波磨理论模型的验证方法

现代钢轨波磨理论形成于 1990～2000 年，并在 2010 年前后获得了较大的发展。文献中的波磨理论模型有数十种，约 80%以上都是基于轮轨系统在钢轨表面粗糙度不平顺激励下的共振振动引起钢轨波磨的机理[9-21]，其余约 20%的波磨理论模型基于由轮轨蠕滑力-滑动速度负斜率引起的轮轨系统自激振动导致波磨的机理[22-26]。文献中波磨理论模型验证方法的具体步骤如下[2-5]：

(1)测量 3～5 次钢轨从无波磨到有波磨的演变过程中波磨的波长和波深的变化；

(2)建立波磨理论模型，模型的输入参数选自测量点的轮轨系统参数，这些参数包括轴箱载荷、轨型、轨道长度、轨枕间距、轨距、钢轨与轨枕之间的垂向和横向连接刚度与阻尼、轨枕与道床之间的垂向和横向连接刚度与阻尼、轮轨之间的摩擦系数等，大部分模型没有线路曲线半径这个输入参数；

(3)对波磨理论模型进行动力学仿真，计算轮轨系统在钢轨表面粗糙度不平顺激励下的共振振动，并根据 Archard 磨损公式和钢轨的磨损量与轮轨摩擦功成正比的关系，计算车轮通过表面粗糙度不平顺引起的钢轨磨损，形成钢轨表面新的粗糙度不平顺；

(4)计算在钢轨表面新的粗糙度不平顺激励下轮轨系统的共振振动和钢轨磨损，如此循环往复，计算出车轮通过数千次甚至数万次以后钢轨的不均匀磨耗，此不均匀磨耗即为钢轨的波磨；

(5)比较波磨的理论预测结果与实际测量结果，根据波磨的理论预测结果与实际测量结果的误差，即可判断波磨理论模型的正确性。

11.1.2 现行钢轨波磨理论模型验证方法的局限性

许多研究者根据 11.1.1 节的验证方法进行钢轨波磨理论模型的验证，并且都宣称他们的模型通过了验证[2-5]，但作者研究后发现，这些通过验证的理论模型用来预测小半径曲线内轨几乎百分之百发生波磨的工况才有一定的正确率，即只能对已经发生的波磨进行预测，但在设计阶段用来预测任何一条铁路钢轨将在何处发生波磨，以及出现波磨的钢轨长度等数据的正确率则偏低；对于已经开通的铁路线路，如果不提供该线路发生钢轨波磨的信息，用目前文献中的理论模型来预测该线路何处发生波磨，以及出现波磨的钢轨长度等数据，其正确率也偏低。各个研究者提出的波磨理论模型的侧重点有所不同，但基本上可以划分成两大类，即输入参数包括线路曲线半径的理论模型以及输入参数无线路曲线半径的理论模型，其中 70%～80%文献中发表的理论模型是后一种模型，就此来分析一下这种理论模型预测钢轨波磨的正确率。这些模型的输入参数主要包括轴箱载荷、轨型、轨道长度、轨枕间距、轨距、钢轨与轨枕之间的垂向和横向连接刚度与阻尼、轨枕与道床之间的垂向和横向连接刚度与阻尼、轮轨之间的摩擦系数等，作者注意到这些输入参数都是铁路系统小半径曲线、大半径曲线和直线线路的共有参数，不是特异性参数，使用这些共有参数就可以预测到钢轨波磨。根据 4.6.1 节北京地铁 5 号线的统计，北京地铁 5 号线线路全长 53.69km，假设每间隔 0.01km 就提取一组模型输入参数，则可以提取 5369 组模型输入参数，其中出现钢轨波磨的里程约为 6.41km，也就是约有 641 组参数是有波磨的。使用无线路曲线半径输入的模型对这 5369 组模型数据进行波磨预测，都会预测到钢轨波磨，预测的正确率仅为 11.94%，这说明使用输入参数无线路曲线半径的理论模型预测地铁线路钢轨波磨的正确率偏低。波磨研究领域一个有趣的现象是，研究人员建立的理论模型只能用来预测已经发生的钢轨波磨事件，尽管这种事件的发生率只有 3%～15%；而对发生率达到 85%～97% 的无钢轨波磨事件的预测却无意间予以忽视。无钢轨波磨事件的准确预测才是我们解决钢轨波磨问题的最终途径，目前对这方面的理论研究工作是欠缺的。这就是众多的波磨研究者花费了五年、十年时间研究波磨问题，但最后很难提出解决钢轨波磨问题的方法的原因。

同样，根据 4.6.2 节对某铁路局集团公司管辖内的干线铁路的统计，线路全长 10257km，假设每间隔 0.01km 就提取一组模型输入参数，总共可以提取 1025700 组模型输入参数，其中仅有 28000 组模型输入数据是有波磨的。使用无线路曲线半径的理论模型对这 1025700 组模型数据进行波磨预测，预测结果为 1025700 组模型数据均会出现钢轨波磨，预测的正确率仅为 2.73%，这说明使用无线路曲线半径的理论模型预测干线铁路钢轨波磨发生的正确率偏低。

11.1.3　现行钢轨波磨理论模型预测准确率偏低的原因研究

根据 4.6.1 节和 4.6.2 节的统计数据，如果仅提供轴箱载荷、轨型、轨道长度、轨枕间距、轨距、钢轨与轨枕之间的垂向和横向连接刚度与阻尼、轨枕与道床之间的垂向和横向连接刚度与阻尼、轮轨之间的摩擦系数等参数，但不说明该组参数对应的钢轨是否有波磨，则用文献中大部分模型都不能正确预测钢轨波磨的发生，也就是把大量无波磨的工况预测为波磨工况。作者认为造成这个问题的原因有两个，其一是钢轨波磨验证时选定的工况有失普遍性，例如，波磨理论模型就没有线路曲线半径这个输入参数，但却选用几乎百分之百发生波磨的小半径曲线内轨波磨的工况进行验证[2-5]，而对地铁线路约 85%、干线铁路约 97% 没有波磨的线路工况没有进行验证；其二是没有对新钢轨从无波磨到出现波磨的这个变化过程中钢轨的振动演变进行辨识，无法确认钢轨波磨是轮轨表面粗糙度不平顺激励的振动引起的，还是轮轨系统摩擦自激振动或者是其他原因的振动引起的。

对于实际线路已发生的肉眼可见的波磨，为何用文献中的理论模型却能比较准确地预测到这种波磨呢？这要从波磨发生的机理说来，作者认为钢轨波磨就是轮轨滚动接触摩擦功波动引起轨面的高低不均匀磨耗所致，所有理论模型都是波磨的频率模拟，文献上几乎所有的波磨理论模型的原理都是轮轨系统的共振振动的模拟，无论是钢轨滚动工作面的粗糙度不平顺引起轮轨系统的共振振动，或是轮轨纵向蠕滑力-蠕滑率负斜率引起的车轴扭转自激振动，还是轮轨系统摩擦耦合自激振动等波磨理论，原理上都是描述轮轨系统的共振振动引起钢轨波磨,只不过是引起轮轨系统共振振动的激励源不同而已。轮轨纵向蠕滑力-蠕滑率负斜率引起的车轴扭转自激振动的频率一般都比较低,小于 180Hz,局限性比较大,因此文献中对车轴扭转自激振动引起波磨的理论研究只占文献总数的 20%左右。对于某一条铁路线路,当钢轨型号、轨距、轨枕间距、扣件类型、轮轴尺寸、轮轨系统的材料特性等确定以后,轮轨系统的共振振动频率就基本确定了,因此无论用哪一种方法预测到的波磨频率都非常接近轮轨系统的某一阶共振频率,有的模型可能预测到这阶共振频率,有的模型可能预测到另一阶共振频率,但肯定都是轮轨系统的某一阶共振频率,所以现在文献上的波磨理论模型用于预测实际已经发生的钢轨波磨就会有一定的准确性,其预测到的钢轨波磨频率接近实际线路出现的钢轨波磨频率。

显然,任何波磨理论模型如果只能预测已经发生的波磨,但对处在设计阶段的铁路线路,以及在铁路线路实际发生波磨的信息保密的情况下,不能预测波磨将在线路的哪里发生以及发生波磨的轨道长度是多少。这样的波磨理论模型并没有反映真实的波磨发生机理。预测某一条铁路线路在哪里发生波磨的最可靠的方法是沿着铁路线路的长度方向,每隔一定距离(如 10m),就提取一次线路和车辆参数,用波磨理论模型来预测该处是否会发生波磨。如果用这种方法预测整条线路的波磨发生率与实际线路波磨发生率的误差小于20%,则认为所使用的波磨理论模型是正确的。如果误差高达 70%以上,则这个波磨理论模型显然是不正确的。

11.2　钢轨波磨理论模型的验证工况及验证步骤

前面提到,现行的钢轨波磨理论模型验证方法存在严重问题,不能保证通过验证的模型能够在公认的允许误差范围内预测实际线路波磨的发生情况。众所周知,加速度传感器使用前需要使用一个基准标定器进行现场标定,声传感器使用前也需要使用一个基准标定器进行现场标定。类似地,钢轨波磨理论模型最好用一个普遍接受的基准工况进行验证。考虑到国内外铁路发生的钢轨波磨的特点比较相似,如钢轨波磨大部分发生在小半径曲线内轨、直线或者大半径曲线很少发生钢轨波磨等。因此,作者提出一种钢轨波磨理论模型验证的基准工况,这个基准工况来自实际线路的统计和跟踪观察数据,它由宏观统计数据和微观跟踪观察数据组成。

11.2.1　钢轨波磨宏观统计数据

1. 地铁线路钢轨波磨的宏观统计数据及车辆和线路参数

在 4.6 节里,作者介绍了钢轨波磨的统计数据并得出:地铁线路全长 53.69km,其中6.41km 的线路出现钢轨波磨,钢轨波磨的发生率为 11.94%。作者在全国各地通过乘车感受波磨噪声的方法判断国内地铁线路波磨的发生率为 5%~10%,没有使用减振扣件的地铁线路的钢轨波磨发生率比使用减振扣件的地铁线路的钢轨波磨发生率更小一些。

地铁线路通常采用 CHN 60 钢轨，使用 DT 系列扣件、WJ 系列扣件、减振扣件等类型的扣件，其中单个 DT 系列扣件的垂向刚度为 20～40MN/m，垂向阻尼为 15～40kN·s/m；WJ 系列扣件的垂向刚度为 40～60MN/m，垂向阻尼为 15～40kN·s/m；减振扣件的垂向刚度为 8～12MN/m，垂向阻尼为 15～40kN·s/m。轨道板与路基垂向均布刚度为 67.8MN/m³，垂向均布阻尼为 100kN·s/m³；轨道板与路基横向均布刚度为 50MN/m³，垂向连接阻尼为 60kN·s/m³。地铁线路的轨枕间距一般为 580～650mm，轨底坡为 1/40，轴重为 9500～16000kg。实际线路的钢轨波磨发生规律表明，钢轨波磨发生的趋势与扣件的类型、轨底坡、轨枕间距和车辆轴重的关系不大，但波磨频率有变化。在没有实际线路和车辆的精确参数的前提下，可以用前面的线路和车辆数据对钢轨波磨进行理论预测。

2. 干线铁路钢轨波磨的宏观统计数据及车辆和线路参数

在 4.6 节里，作者介绍了干线铁路钢轨波磨的统计数据并得出：干线铁路全长 10257km，其中 280km 的线路出现钢轨波磨，钢轨波磨的发生率为 2.73%。

我国干线铁路通常采用 CHN 60 钢轨，干线铁路大部分为有砟轨道，高速铁路全部为无砟轨道。有砟轨道扣件垂向刚度为 70MN/m，垂向阻尼为 55kN·s/m；扣件横向刚度为 40MN/m，横向阻尼为 52kN·s/m；轨枕与路基垂向连接刚度为 51.2MN/m，垂向连接阻尼为 20.3kN·s/m；轨枕与路基横向连接刚度为 50MN/m，横向连接阻尼为 40kN·s/m。无砟轨道扣件的垂向刚度为 50MN/m，垂向阻尼为 60kN·s/m；扣件横向刚度为 30MN/m，横向阻尼为 50kN·s/m。轨道板与路基垂向均布刚度为 67.8MN/m³，垂向均布阻尼为 100kN·s/m³；轨道板与路基横向均布刚度为 50MN/m³，垂向连接阻尼为 60kN·s/m³。

干线铁路的轨枕间距一般为 545～620mm，轨底坡为 1/40，轴重为 12000～21000kg。实际线路的钢轨波磨发生规律表明，钢轨波磨发生的趋势与扣件的类型、轨底坡、轨枕间距和车辆轴重的关系不大，在没有实际线路和车辆的精确参数的前提下，可以用前面的线路和车辆数据对钢轨波磨进行理论预测。

11.2.2　钢轨波磨微观跟踪观察数据

第 4 章介绍了作者对成都地铁 6 号线比较有代表性的 2 个区间站钢轨波磨进行持续三年时间的跟踪观察，详细记录了几种不同形式的钢轨波磨发生以及发展的时间历程，具有一定的代表性。图 11-1 显示了成都地铁 6 号线西南交大站至西北桥站之间的线路参数以及标注了钢轨波磨发生的位置，其中 R=350m 曲线内轨波磨自该线路列车空载试运行 2 月时就可以肉眼观察到波磨，而曲线外轨波磨出现在该线路正式载客运行 1～1.5 年的时间段。R=600m 和 R=610m 曲线内轨基本无波磨，而曲线外轨波磨出现在该线路正式载客运行 1～1.5 年的时间段。从波磨出现的时间节点来看，R=350m 曲线内轨波磨在通车载客运行 1～2 个月就出现，而曲线外轨波磨则出现在通车载客运行 12～18 个月的时间段，明显曲线内轨波磨的发生机理与曲线外轨波磨的发生机理不尽相同，R=350m 曲线外轨波磨

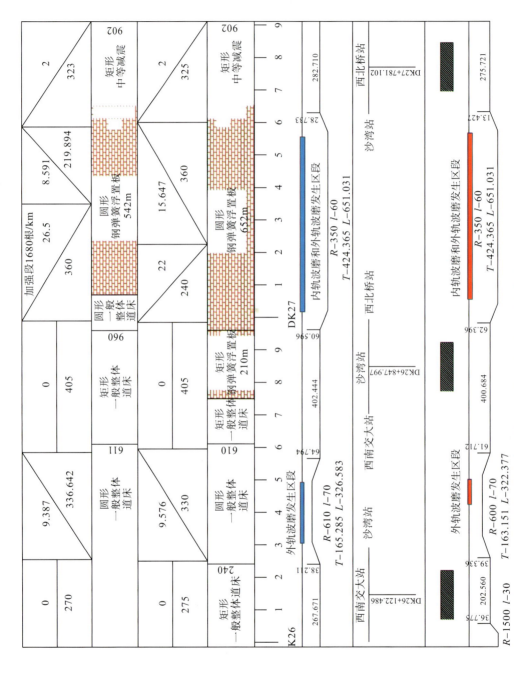

图11-1 成都地铁6号线区间线路状态和钢轨波磨发生位置（单位：m）

与 R=600m 曲线外轨波磨的发生时间节点比较靠近，因此我们认为这两条不同半径的曲线外轨波磨发生机理是类似的。

该线路铺设的钢轨型号为 CHN 60kg/m，材料为 60NU75V；线路轨距为 1435mm，轨枕间距为 600mm，采用 DTVI2 型扣件；车辆为 A 型车，6 辆编组，4 动车 2 拖车。DTVI2 型扣件的垂向刚度为 20～40MN/m，垂向阻尼为 15～40kN·s/m；轴重为 9500～16000kg。实际线路的钢轨波磨发生规律表明，钢轨波磨发生的趋势与扣件的类型、轨底坡、轨枕间距和车辆轴重的关系不大，在没有实际线路和车辆的精确参数的前提下，可以用前面的线路和车辆数据对钢轨波磨进行初步的理论预测。

11.2.3　钢轨波磨理论模型验证的基准工况及验证步骤

作者在第 10 章的研究认为，轮轨滑动(即轮轨蠕滑力等于摩擦力)是钢轨波磨发生的主要根源，而轮轨滑动又与线路曲线半径、列车是否惰行、牵引和制动等因素有着密切的关系，因此波磨理论模型验证的工况应该提供足够的模型输入参数。随着对钢轨波磨发生机理的深入认识，随之建立的波磨理论模型的输入参数会更多。只要是线路和车辆的物理参数，必要时都可以提供。

作者在这里提出钢轨波磨理论模型的验证工况包括钢轨波磨宏观统计数据的验证以及钢轨波磨微观观察数据的验证。建议验证步骤分别详述如下。

1. 钢轨波磨宏观统计数据的验证

根据 11.2.1 节北京地铁 5 号线钢轨波磨的统计，北京地铁 5 号线线路全长 53.69km，其中出现钢轨波磨的里程约为 6.41km。假设每间隔 0.01km 就提取一组模型输入参数，则可以提取 5369 组模型输入参数，其中约有 641 组参数有波磨。间隔 0.01km 是作者建议分组预测的轨道长度，可以根据不同的模型要求而改变。线路和车辆的有关参数见 11.2.1 节。

同样，根据 11.2.1 节对某铁路局集团公司管内的干线铁路钢轨波磨的统计，线路全长 10257km，假设每间隔 0.01km 就提取一组模型输入参数，总共可以提取 1025700 组模型输入参数，其中仅有 28000 组输入数据有波磨。

在总长为 53.69km 的地铁线路上要识别波磨发生在哪里、波磨钢轨的长度是多少，在总长为 10257km 的干线铁路上要识别波磨发生在哪里、波磨钢轨的长度是多少，最基本的要求是判断在整条铁路线路的哪些地方会出现波磨以及波磨钢轨的长度是多少，进一步的要求是不仅要判断波磨在整条线路的哪里出现以及波磨钢轨的长度是多少，而且还要判断波磨的波长是多少。这项波磨的识别工作是技术含量极高的工作，如果一个波磨理论模型反映了真实的波磨机理，则能够做出正确的判断，预测的波磨钢轨的长度与实际发生的波磨钢轨的长度的相对误差小于 20%。如果一个波磨理论模型没有反映真实的波磨机理，则不能做出正确的判断，预测的波磨钢轨的长度与实际发生的波磨钢轨的长度的相对误差远大于 20%，最高可达到 80%～90%。在 11.4 节里，我们将要介绍一种钢轨波磨的快速判断方法，其判断的准确度达到 80%～90%。

2. 钢轨波磨微观观察数据的验证

作者认为，钢轨波磨的产生主要与线路的曲线半径、列车惰行、牵引或者制动和车辆结构等参数或者工况有关，因此要精确判断钢轨波磨在哪里出现，以及波磨的波长是多少等参数，需要知道线路参数和车辆的运行参数，这是与传统波磨理论差别较大的地方。列车惰行、牵引或者制动工况可以通过采集图 10-5 的列车实际运行过程中受电弓电流来进行判断，在图 10-5 中，列车运行速度也同时测量出来，方便得到正确的波磨频率。当然，在实际线路上对列车速度和受电弓电流的测量需要有合适的机会，可惜直到作者撰写本书时，还没有合适的机会测量这些列车运行参数，只能待后面有机会时再进行测量。现阶段如果需要用到列车速度和列车惰行、牵引和制动工况的信息，可以对该区间的列车进行牵引计算，估计列车的运行速度和牵引或者制动力矩。

图 11-1 记录了成都地铁 6 号线自建成到正式通车运行 3 年的时间段里，西南交大站至西北桥站区间钢轨波磨发生的实际情况和详细的线路构造。记录的波磨具有代表性，除直线线路波磨没有出现外，地铁线路常见的其他各种类型的波磨基本都出现了。作者提出将图 11-1 所记录的波磨作为钢轨波磨理论的验证工况。利用本书第 6 章～第 10 章介绍的钢轨波磨理论仿真方法，可以比较准确地预测钢轨波磨的发生趋势，准确率高达 80%～90%。

11.3　摩擦自激振动引起钢轨波磨理论模型的验证

11.3.1　销-盘摩擦副摩擦自激振动引起波磨的试验研究

1. 试验研究简介

原理上用真实的轮对和钢轨进行摩擦自激振动试验，验证轮轨的摩擦自激振动是否能引起摩擦副的波磨是最有说服力的。代之，我们设计了销-盘摩擦副的摩擦自激振动试验，因为在干摩擦状态下，销-盘组成的摩擦系统很容易发生摩擦自激振动，因而可以研究摩擦自激振动对盘形试样磨痕轮廓的影响。

采用实际轮轨材料组成摩擦副，其中盘试件采用 U71Mn 型钢轨材料制作，其硬度为 288.3HV。将钢轨钢制作成片状，然后拼接连成一个平面，用沉头螺钉拧紧在试样盘上；销试件采用 CL60 型车轮钢，其硬度为 263.4HV，销试样的直径为 15mm。试验装置简图如图 11-2 所示，销-盘摩擦试验装置实物照片如图 11-3 所示，盘试件与销试件的磨痕直径为 270mm[27,28]。

设置了三组试验工况，其中法向载荷 F_n=200N，固定不变。工况一：盘试件的转速 n=90r/min；工况二：盘试件的转速 n=120r/min；工况三：盘试件的转速 n=150r/min。试验开始时，盘试件先低速与销试件跑合摩擦 600min，目的是在销、盘接触表面之间形成比较良好的接触状态，同时采集销试件的振动信号。然后，每转 120min 观察一次盘试件的磨痕，直至产生初始波磨。此后每隔 60min 观察一次盘试件磨痕，直至产生明显的波磨，之后停止摩擦试验。

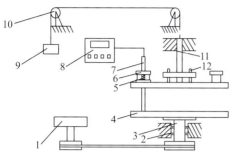

1-变频电动机；2-轴承；3-转动轴；4-盘试件；5-弹簧；
6-套筒夹具；7-销试件；8-数据采集仪；9-砝码；10-定滑轮；
11-导轨；12-铰接销

图 11-2　销-盘摩擦试验装置简图　　　　图 11-3　销-盘摩擦试验装置实物照片

2. 试验结果

在第一组盘试件转速 $n=90\text{r/min}$ 工况下，当盘试件转过 $N=378000$ 转时，其表面出现不明显的波磨磨痕。此后，每间隔 5400 转观察一次磨痕，发现盘试件上的波磨磨痕都比上一次明显。当盘试件转过 $N=432000$ 转时，盘试件摩擦面出现很明显的波磨。观察发现，在波磨出现的地方有明显的塑性变形和塑性流动，如图 11-4 所示。盘试件磨痕轮廓如图 11-5(a)所示，波磨的波长为 35.47mm，波深为 0.02mm。

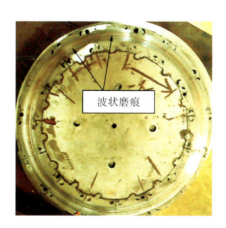

图 11-4　盘试件磨痕形貌照片

在第二组盘试件转速 $n=120\text{r/min}$ 工况下，当盘试件转过 $N=432000$ 转时，盘试件摩擦表面开始出现不明显的波磨磨痕。此后，随着试验的进行，盘试件摩擦表面的波磨越来越明显。当盘试件转过 $N=468000$ 转时，盘试件摩擦表面出现很明显的波磨。盘试件磨痕轮廓如图 11-5(b)所示，波磨的波长为 53.20mm，波深为 0.03mm。

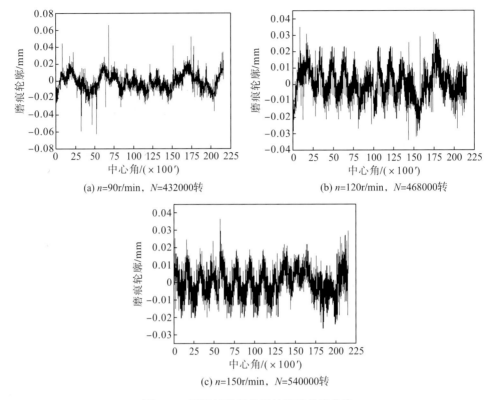

图 11-5 不同试验条件下的磨痕轮廓曲线

在第三组盘试件转速 n=150r/min 工况下，当盘试件转过 N=405000 转时，盘试件摩擦表面开始出现不明显的波磨磨痕。当盘试件转过 N=540000 转时，盘试件摩擦表面出现很明显的波磨。盘试件的磨痕轮廓如图 11-5(c) 所示，波磨的波长为 58.50mm，波深为 0.03mm。

为了更深入地研究摩擦自激振动对波磨的形成与发展的影响，我们对摩擦振动信号的时域特性和频域特性进行了分析。

图 11-6 给出了在盘试件转速 n=120r/min 工况下，盘试件摩擦表面没有发生波磨之前记录的销试件摩擦振动信号的时域波形。由图可以看出，随着盘试件摩擦表面没有出现波磨时，销试件就逐渐发生明显的周期性摩擦自激振动，如图 11-6(b) 所示，并且随着摩擦滑动时间的增加，这个周期性的摩擦自激振动始终存在，如图 11-6(c) 所示。由此说明，销-盘系统的摩擦自激振动是由滑动表面之间的摩擦引起的，不是摩擦表面的波磨磨痕引起的。当然，当摩擦表面的波磨磨痕形成以后，这个波状磨痕也会助长摩擦自激振动的幅度。

图 11-7 给出了不同试验条件下盘试件发生明显波磨磨痕时销试件摩擦自激振动信号的时域波形，由图可以看出，三种不同工况下试件的法向振动加速度均呈现不同程度的周期性变化，并随着转速的增大周期变短。由此可以看出，当盘试件以一定转速转动时，销-盘系统会发生不稳定的摩擦自激振动。

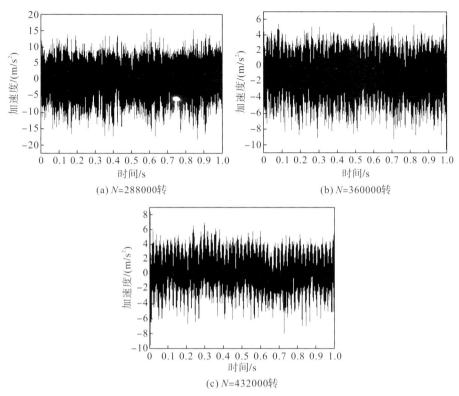

(a) N=288000转　　　　　　　　　(b) N=360000转

(c) N=432000转

图 11-6　在滑动摩擦不同时刻振动信号波形的演变(n=120r/min)

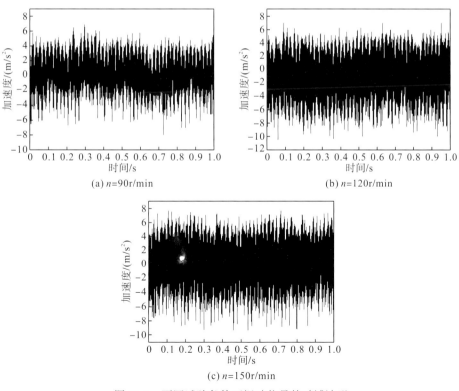

(a) n=90r/min　　　　　　　　　(b) n=120r/min

(c) n=150r/min

图 11-7　不同试验条件下振动信号的时域波形

为了求出系统的振动频率，对三组工况出现的摩擦振动进行了功率谱密度分析，结果如图 11-8 所示。由图可知，三组试验工况下均有相应的主频，其对应的系统振动频率分别为 29.61Hz、31.25Hz 和 32Hz。

波磨的波长与振动频率的关系由式(11-1)给出：

$$\lambda = vT = \frac{n\pi D}{60f} \tag{11-1}$$

式中，n 为盘试件转速(r/min)；D 为盘试件磨痕直径(mm)；f 为销-盘系统摩擦自激振动频率(Hz)；v 为盘试件转动的线速度(mm/s)；T 为摩擦自激振动周期(s)；λ 为波磨波长(mm)。实测盘试件磨痕直径 $D=244$mm，根据式(11-1)计算结果如下：当 $n=90$r/min 时，$\lambda=38.82$mm，与实测波长的误差为 8.6%；当 $n=120$r/min 时，$\lambda=49.03$mm，与实测波长的误差为 8.5%；当 $n=150$r/min 时，$\lambda=59.85$mm，与实测波长的误差为 2.3%。分析表明，盘试件磨痕的波磨频率与摩擦自激振动频率近似相等。

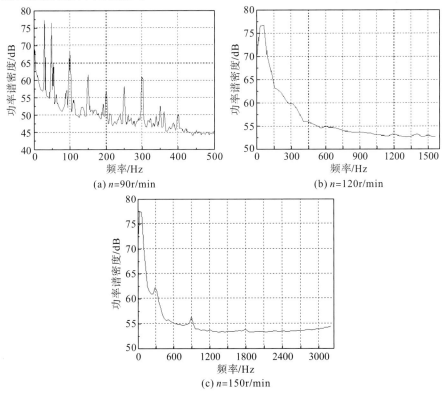

图 11-8　不同试验条件下的摩擦振动信号功率谱密度分析

11.3.2　实际钢轨波磨的测量与轮轨系统摩擦自激振动的预测

1. 实际钢轨波磨的测量

在北京地铁 4 号线，选择了三个测试点分别测量钢轨波磨的轮廓尺寸和钢轨振动，这三个测试点的线路参数如表 11-1 所示，使用压电加速度传感器测量钢轨和轨枕的振动，如图 11-9 所示。图 11-10 显示了使用轮轨粗糙度测量系统测量的三个测试点的钢轨波磨轮廓尺寸,可以看见明显的钢轨波磨轮廓[6]。图 11-11 显示了测量的钢轨振动波形,图 11-12 显示了测量的钢轨振动的功率谱密度分析结果。

表 11-1　钢轨波磨现场测量点的参数

测量场地	线路参数	扣件类型
1	$R=350$m,$h=120$mm	DTVI2
2	$R=350$m,$h=120$mm	DTIII2
3	直线	科隆蛋减振扣件

(a) 测量场地1的曲线内轨

(b) 测量场地2的曲线内轨

(c) 测量场地3的直线线路左轨

(d) 测量场地3的直线线路右轨

图 11-9　钢轨振动测量传感器的布置

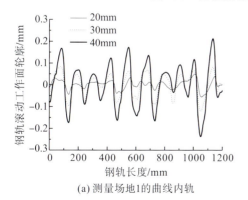

(a) 测量场地1的曲线内轨

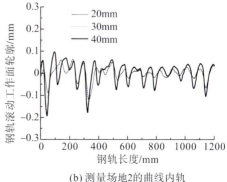

(b) 测量场地2的曲线内轨

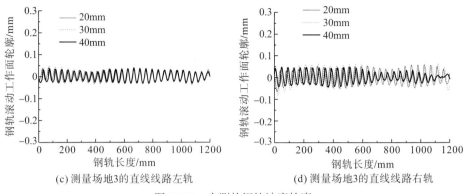

(c) 测量场地3的直线线路左轨　　　　　　　(d) 测量场地3的直线线路右轨

图 11-10　实测的钢轨波磨轮廓

钢轨振动包含钢轨振动频率的信息，对应于钢轨波磨的频率。图 11-11 显示了地铁列车通过测试点时的轨道振动测量结果。可以看出，在存在钢轨波磨的情况下，钢轨的垂直振动振幅达到 $200 \sim 600 \mathrm{m/s^2}$。图 11-12 显示了这些振动的功率谱密度分析结果。由图 11-12(a)可知，测量场地 1 钢轨振动的主要频率约为 80Hz。由图 11-12(b)可知，测量场地 2 钢轨振动的主要频率约为 134Hz。由图 11-12(c)、(d)可以看出，测量场地 3 左右钢轨振动的主要频率均在 320Hz 左右。

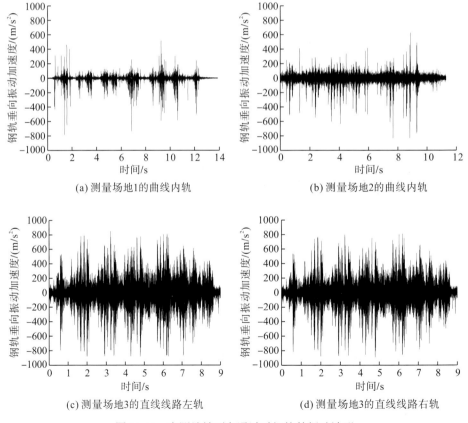

(a) 测量场地1的曲线内轨　　　　　　　　　(b) 测量场地2的曲线内轨

(c) 测量场地3的直线线路左轨　　　　　　　(d) 测量场地3的直线线路右轨

图 11-11　实测地铁列车通过时钢轨的振动波形

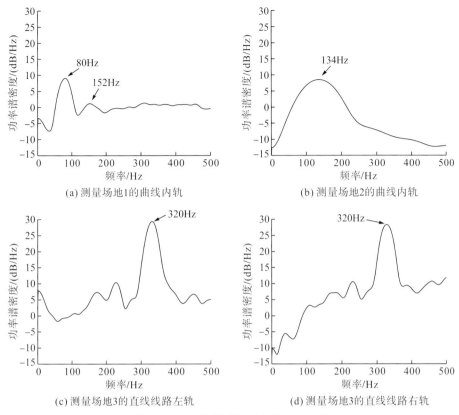

(a) 测量场地1的曲线内轨　　　　　　　　(b) 测量场地2的曲线内轨

(c) 测量场地3的直线线路左轨　　　　　　(d) 测量场地3的直线线路右轨

图 11-12　钢轨振动的功率谱密度分析

2. 轮轨系统摩擦自激振动引起钢轨波磨的理论验证

11.1.1 节介绍的传统波磨理论模型验证方法中最重要的环节是模型的频率验证，波磨频率确定以后，根据式 (11-1) 就可以确定钢轨波磨的波长。至于车轮多次通过波磨区域的模拟只会影响到波磨的波深，还有不同车轮通过时的微小相位滞后对波磨的初始形成并没有实质性的影响。因此，作者这里应用轮轨系统摩擦自激振动理论预测图 11-10 的钢轨波磨，仅限于波磨频率的验证。用有限元模型模拟车轮多次通过波磨区域的仿真需要大量的时间，计算一组就需要几个月，耗时太长。另外，传统波磨理论由于是离散质量模型，仿真速度较快，可以仿真车轮几万次、几十万次通过波磨区域时钢轨波磨轮廓的发展。作者注意到一点，这些模型仿真车轮几万次、几十万次通过波磨区域时钢轨波磨轮廓的发展并没有原则性的不同，也就是钢轨波磨的产生机理与车轮通过次数没有太大的关系，波磨的确定性因素是车轮通过时轮轨系统的共振振动频率。

建立与图 11-9 (a) 轮轨关系对应的模型如图 11-13 所示，与 11-9 (b) 轮轨关系对应的模型如图 11-14 所示，与图 11-9 (c)、(d) 轮轨关系对应的模型如图 11-15 所示[6]。

DTVI2 型扣件的垂直刚度 k_v=40.73kN/mm，扣件的垂直阻尼系数 c_v=99898.70N·s/m，扣件的横向刚度 k_l=8.79kN/mm，扣件的横向阻尼系数 c_l=1927.96N·s/m。DTIII2 型扣件的垂直刚度 k_v=18.28kN/mm，扣件的垂直阻尼系数 c_v=6631.29N·s/m，扣件的横向刚度 k_l=9.00kN/mm，扣件的横向阻尼系数 c_l=1830.22N·s/m。科隆蛋减振扣件的垂向刚度

k_v=12.07kN/mm，扣件的垂向阻尼系数 c_v=1361.12N·s/m，扣件的横向刚度 k_1=7.58kN/mm，扣件的垂向阻尼系数 c_1=974.27N·s/m。

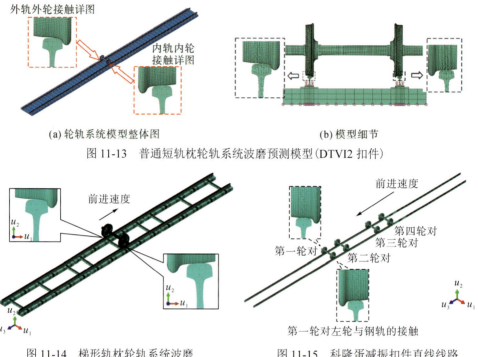

(a) 轮轨系统模型整体图   (b) 模型细节

图 11-13　普通短轨枕轮轨系统波磨预测模型（DTVI2 扣件）

图 11-14　梯形轨枕轮轨系统波磨
预测模型（DTIII2 扣件）

图 11-15　科隆蛋减振扣件直线线路
轮轨系统波磨预测模型

图 11-16 显示了使用图 11-13 模型获得的一个预测结果。从图 11-16（a）中可以看出，试验测量场地 1 轮对-轨道系统摩擦自激振动的两个最低频率分别约为 162.45Hz 和 518.64Hz。对应于 162.45Hz 的模式形状如图 11-16（b）所示。从振型可以看出，只有内轨和相应的车轮发生摩擦自激振动，表明只有曲线内轨出现钢轨波磨。图 11-17 显示了使用图 11-14 模型获得的一个预测结果。可以看出，轮对-梯形轨枕轨道系统摩擦自激振动的最小两个频率分别约为 152.68Hz 和 167.45Hz，152.68Hz 对应的振型如图 11-17（b）所示。

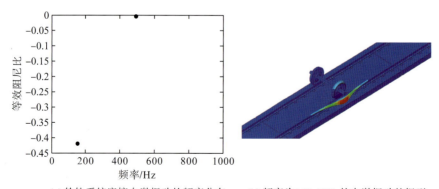

(a) 轮轨系统摩擦自激振动的频率分布　　（b) 频率为162.45Hz的自激振动的振型

图 11-16　轮对-轨道系统钢轨波磨预测结果

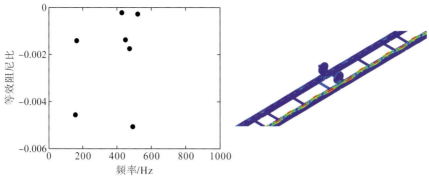

(a) 轮轨系统摩擦自激振动的频率分布　　(b) 频率为152.68 Hz的自激振动的振型

图 11-17　轮对-梯形轨枕轨道系统钢轨波磨预测结果

该振型可以看出，只有曲线内轨和相应的车轮发生了摩擦自激振动，表明只有曲线内轨会出现钢轨波磨。图 11-18 显示了使用图 11-15 模型获得的一个预测结果。从图 11-18(a)中可以看出，最小等效阻尼比对应于频率为 291.76Hz 的自激振动，相应的振型如图 11-18(b)和(c)所示。从振型形状可以看出，直线线路两根钢轨和两个车轮都发生了摩擦自激振动，表明直线线路的左侧和右侧钢轨都会产生波磨，且频率相近。

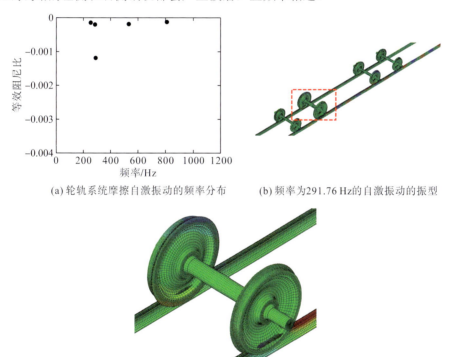

(a) 轮轨系统摩擦自激振动的频率分布　　　　　(b) 频率为291.76 Hz的自激振动的振型

(c) 频率为291.76 Hz不稳定模态的细节

图 11-18　轮对-科隆蛋减振扣件轨道系统钢轨波磨预测结果

在线路现场实测的波磨频率如图 11-12 所示，图 11-12(a)测量的波磨频率为 80Hz，图 11-12(b)测量的波磨频率为 134Hz，图 11-12(c)测量的波磨频率为 320Hz。在钢轨波磨预测结果中，对应图 11-12(a)的轮轨系统的波磨频率为 102.28Hz，对应图 11-12(b)的轮轨系统的波磨频率为 136.43Hz，对应图 11-12(c)、(d)的轮轨系统的波磨频率为 291.76Hz，相对误差分别为 27.85%、1.81%和 8.83%。值得注意的是，27.85%的相对误差较大，在后续的工作计划中，作者将对模型进行一些改进，以提高低频波磨的预测精度。图 11-13～图 11-15 的模型可以准确预测钢轨波磨发生的钢轨，如小半径曲线多为曲线内轨，直线线路则为左右两根钢轨。

11.4　钢轨波磨的快速预测方法

研究钢轨波磨的最终目的是能够在设计阶段准确预测所有新建铁路线的钢轨波磨将在何处出现，以及在钢轨波磨出现的信息保密的情况下，既有铁路线中哪些地方出现了钢轨波磨，哪些地方未出现钢轨波磨。一个熟练的研究人员建立一个如图 11-13 所示的波磨模型和仿真计算需要 1～3 个月的时间，因此通过建立图 11-13 模型的方法不方便铁路线路设计人员作为工具在设计阶段用来判断新设计的线路在哪里会出现钢轨波磨。根据研究进展，作者在第 10 章提出了车轮在钢轨上的滑动是引起钢轨波磨的根本原因，没有滑动，就不会出现钢轨波磨。无论是干线轨道还是地铁轨道，无论是小半径曲线轨道、大半径曲线轨道还是直线轨道，车轮在钢轨上滑动的轨道区段都有可能产生钢轨波磨，这是因为滑动摩擦会引起轮对-轨道系统的摩擦自激振动，这个自激振动引起钢轨波磨。作者根据这个原理提出了如下的快速预测钢轨波磨的方法：①使用 SIMPACK 仿真判断轮轨蠕滑力是否饱和，若不饱和，则可以判断钢轨不会出现波磨，否则可以判断钢轨出现波磨；②大半径曲线或者直线线路的轮轨蠕滑力一般不饱和，因此一般不会出现钢轨波磨。在牵引或者制动工况下，一般都经过轮轨滑动校核，要求牵引力或者制动力不能大到使轮轨发生滑动，因此在大半径曲线或者直线牵引或者制动区段，一般情况下是不会出现钢轨波磨的。但由于轮轨黏着系数变化的复杂性，在雨雪天气下轮轨蠕滑力可能偶有饱和，特别是采用地铁 ATO 模式的大半径曲线或者直线线路可能偶然会出现钢轨波磨。如果大半径曲线或者直线线路列车没有牵引或者制动工况，则基本可以判断该路段不会发生钢轨波磨。

钢轨波磨快速预测方法的准确率大于 90%。作为例子，我们对 4.6.1～4.6.2 节介绍的地铁和干线钢轨波磨进行快速预测。我国干线铁路的曲线半径一般大于 1000m，而在半径等于或者超过 650m 的曲线轨道上，没有牵引或者制动的情况下车轮不会在钢轨上滑动，可以粗略估计在半径等于或者超过 650m 的曲线轨道上钢轨波磨的发生率为零。在缺乏这条线路半径 $R \leqslant 400\text{m}$ 的曲线长度的准确资料的条件下，我们可以假设这条线路的曲线半径大于 650m，因此预估这条线路钢轨波磨的发生率为零。快速预测的波磨发生率与实际线路的波磨发生率的误差为 2.73% − 0=2.73%，预测准确率达到 97.27%。再举一个例子，我们使用钢轨波磨快速预测方法来预测 53.69km 地铁线路的波磨轨道的长度。我们知道，半径 $R \leqslant 400\text{m}$ 的小半径曲线轨道波磨累计长度为 4.18km。当地铁车辆通过半径 $R \leqslant 400\text{m}$ 的曲线轨道时，车轮会在轨道上滑动。由此，我们可以粗略估算出在这条地铁线路上钢轨波磨的发生率为 4.18/53.69=7.79%。快速预测方法预测的波磨发生率与实际线路的波磨发生率的误差为 11.94% – 7.79%=4.15%，预测准确率达到 95.85%。

　　虽然在地铁大半径（$R \geq 650\text{m}$）曲线轨道或者直线轨道上，钢轨波磨的发生率很小，不到 8%，但地铁线路在半径 $R \geq 650\text{m}$ 曲线轨道或者直线轨道上总会有少量的钢轨波磨，这主要由于较大的制动力和牵引力导致车轮和轨道之间的蠕滑力饱和（即轮轨滑动）。作者认为，如果牵引加速度或制动减速度小于或者等于 0.6m/s^2，则该线路段就不会发生钢轨波磨，否则该线路段很可能发生钢轨波磨。特别是当牵引加速度或制动减速度大于 1m/s^2 时，线路就容易产生钢轨波磨。当然，这个结论还需要进一步验证。

　　在新铁路线的设计阶段，车辆、轨道和列车运行的参数已经确定。因此，车辆-轨道系统的 SIMPACK 仿真可以得到轮轨接触角、轮轨接触法向力、作用在轴箱上的悬架力、轮轨蠕滑力等车辆动力学参数。基于这些车辆动力学参数，设计人员可以检查轮轨蠕滑力是否饱和，然后使用这里提出的钢轨波磨快速预测方法来判断新设计铁路线路在哪里会出现波磨。如上所述，钢轨波磨快速预测方法的预测准确率达到 80%～90%，甚至更高。

参 考 文 献

[1] Grassie S L. Rail corrugation: Characteristics, causes, and treatments. Proceedings of the Institution of Mechanical Engineers, Part F: Journal of Rail and Rapid Transit, 2009, 223(6): 581-596.

[2] Torstensson P T, Schilke M. Rail corrugation growth on small radius curves-measurements and validation of a numerical prediction model. Wear, 2013, 303(1-2): 381-396.

[3] Hiensch M, Nielsen J C O, Verheijen E. Rail corrugation in the Netherlands-measurements and simulations. Wear, 2002, 253(1-2): 140-149.

[4] Tassilly E, Vincent N. Rail corrugations: analytical model and field tests. Wear, 1991, 144(1-2): 163-178.

[5] Diana G, Cheli F, Bruni S, et al. Experimental and numerical investigation on subway short pitch corrugation. Vehicle System Dynamics, 1998, 29(sup1): 234-245.

[6] Chen G X, Zhang S, Wu B W, et al. Field measurement and model prediction of rail corrugation. Proceedings of the Institution of Mechanical Engineers, Part F: Journal of Rail and Rapid Transit, 2020, 234(4): 381-392.

[7] Chen G X. Friction-induced vibration of a railway wheelset-track system and its effect on rail corrugation. Lubricants, 2020, 8(2): 18.

[8] 陈光雄. 钢轨波磨预测模型验证工况的研究. 西南交通大学学报, 2022, 57(5): 1017-1023, 1054.

[9] Kalousek J, Johnson K L. An investigation of short pitch wheel and rail corrugations on the Vancouver mass transit system. Proceedings of the Institution of Mechanical Engineers, Part F: Journal of Rail and Rapid Transit, 1992, 206(2): 127-135.

[10] Nielsen J C O, Lundén R, Johansson A, et al. Train-track interaction and mechanisms of irregular wear on wheel and rail surfaces. Vehicle System Dynamics, 2003, 40(1-3): 43-54.

[11] Gómez J, Vadillo E G, Santamaría J. A comprehensive track model for the improvement of corrugation models. Journal of Sound and Vibration, 2006, 293(3-5): 522-534.

[12] Valdivia A R. A linear dynamic wear model to explain the initiating mechanism of corrugation. Vehicle System Dynamics, 1988, 17(sup1): 493-496.

[13] Tassilly E, Vincent N. A linear model for the corrugation of rails. Journal of Sound and Vibration, 1991, 150(1): 25-45.

［14］ Hempelmann K, Knothe K. An extended linear model for the prediction of short pitch corrugation. Wear, 1996, 191(1-2): 161-169.

［15］ Müller S. A linear wheel-rail model to investigate stability and corrugation on straight track. Wear, 2000, 243(1-2): 122-132.

［16］ Igeland A, Ilias H. Rail head corrugation growth predictions based on non-linear high frequency vehicle/track interaction. Wear, 1997, 213(1-2): 90-97.

［17］ Torstensson P T, Nielsen J C O. Simulation of dynamic vehicle-track interaction on small radius curves. Vehicle System Dynamics, 2011, 49(11): 1711-1732.

［18］ Meehan P A, Daniel W J T, Campey T. Prediction of the growth of wear-type rail corrugation. Wear, 2005, 258(7-8): 1001-1013.

［19］ Sheng X, Thompson D J, Jones C J C, et al. Simulations of roughness initiation and growth on railway rails. Journal of Sound and Vibration, 2006, 293(3-5): 819-829.

［20］ Correa N, Vadillo E G, Santamaria J, et al. A versatile method in the space domain to study short-wave rail undulatory wear caused by rail surface defects. Wear, 2016, 352-353: 196-208.

［21］ Robles R, Correa N, Vadillo E G, et al. Comprehensive efficient vertical and lateral track dynamic model to study the evolution of rail corrugation in sharp curves. Journal of Sound and Vibration, 2023, 545: 117448.

［22］ Brockley C A, Ko P L. An investigation of rail corrugation using friction-induced vibration theory. Wear, 1988, 128(1): 99-106.

［23］ Suda Y, Hanawa M, Okumura M, et al. Study on rail corrugation in sharp curves of commuter line. Wear, 2002, 253(1-2): 193-198.

［24］ Wu T X, Thompson D J. An investigation into rail corrugation due to micro-slip under multiple wheel/rail interactions. Wear, 2005, 258(7-8): 1115-1125.

［25］ Sun Y Q, Simson S. Wagon-track modelling and parametric study on rail corrugation initiation due to wheel stick-slip process on curved track. Wear, 2008, 265(9-10): 1193-1201.

［26］ Liu X G, Tang Y H, Wang P, et al. Forming process model of rail corrugation based on friction induced torsional vibration determined by vertical dynamics. Wear, 2022, 502-503: 204396.

［27］ 胡文萍. 摩擦自激振动引起波状磨耗的试验研究. 成都: 西南交通大学, 2014.

［28］ Hu W P, Wang P, Chen G X, etal. Experimental study on corrugation of a sliding surface caused by frictional self-excited vibration. Tribology Transactions, 2016, 59(1): 8-16.

［14］ Hempelmann K, Knothe K. An extended linear model for the prediction of short pitch corrugation. Wear, 1996, 191(1-2): 161-169.

［15］ Müller S. A linear wheel-rail model to investigate stability and corrugation on straight track. Wear, 2000, 243(1-2): 122-132.

［16］ Igeland A, Ilias H. Rail head corrugation growth predictions based on non-linear high frequency vehicle/track interaction. Wear, 1997, 213(1-2): 90-97.

［17］ Torstensson P T, Nielsen J C O. Simulation of dynamic vehicle-track interaction on small radius curves. Vehicle System Dynamics, 2011, 49(11): 1711-1732.

［18］ Meehan P A, Daniel W J T, Campey T. Prediction of the growth of wear-type rail corrugation. Wear, 2005, 258(7-8): 1001-1013.

［19］ Sheng X, Thompson D J, Jones C J C, et al. Simulations of roughness initiation and growth on railway rails. Journal of Sound and Vibration, 2006, 293(3-5): 819-829.

［20］ Correa N, Vadillo E G, Santamaria J, et al. A versatile method in the space domain to study short-wave rail undulatory wear caused by rail surface defects. Wear, 2016, 352-353: 196-208.

［21］ Robles R, Correa N, Vadillo E G, et al. Comprehensive efficient vertical and lateral track dynamic model to study the evolution of rail corrugation in sharp curves. Journal of Sound and Vibration, 2023, 545: 117448.

［22］ Brockley C A, Ko P L. An investigation of rail corrugation using friction-induced vibration theory. Wear, 1988, 128(1): 99-106.

［23］ Suda Y, Hanawa M, Okumura M, et al. Study on rail corrugation in sharp curves of commuter line. Wear, 2002, 253(1-2): 193-198.

［24］ Wu T X, Thompson D J. An investigation into rail corrugation due to micro-slip under multiple wheel/rail interactions. Wear, 2005, 258(7-8): 1115-1125.

［25］ Sun Y Q, Simson S. Wagon-track modelling and parametric study on rail corrugation initiation due to wheel stick-slip process on curved track. Wear, 2008, 265(9-10): 1193-1201.

［26］ Liu X G, Tang Y H, Wang P, et al. Forming process model of rail corrugation based on friction induced torsional vibration determined by vertical dynamics. Wear, 2022, 502-503: 204396.

［27］ 胡文萍. 摩擦自激振动引起波状磨耗的试验研究. 成都: 西南交通大学, 2014.

［28］ Hu W P, Wang P, Chen G X, etal. Experimental study on corrugation of a sliding surface caused by frictional self-excited vibration. Tribology Transactions, 2016, 59(1): 8-16.

生率的误差为 11.94% – 7.79%=4.15%，预测准确率达到 95.85%。

　　虽然在地铁大半径($R \geqslant 650\text{m}$)曲线轨道或者直线轨道上，钢轨波磨的发生率很小，不到 8%，但地铁线路在半径 $R \geqslant 650\text{m}$ 曲线轨道或者直线轨道上总会有少量的钢轨波磨，这主要由于较大的制动力和牵引力导致车轮和轨道之间的蠕滑力饱和（即轮轨滑动）。作者认为，如果牵引加速度或制动减速度小于或者等于 0.6m/s^2，则该线路段就不会发生钢轨波磨，否则该线路段很可能发生钢轨波磨。特别是当牵引加速度或制动减速度大于 1m/s^2 时，线路就容易产生钢轨波磨。当然，这个结论还需要进一步验证。

　　在新铁路线的设计阶段，车辆、轨道和列车运行的参数已经确定。因此，车辆-轨道系统的 SIMPACK 仿真可以得到轮轨接触角、轮轨接触法向力、作用在轴箱上的悬架力、轮轨蠕滑力等车辆动力学参数。基于这些车辆动力学参数，设计人员可以检查轮轨蠕滑力是否饱和，然后使用这里提出的钢轨波磨快速预测方法来判断新设计铁路线路在哪里会出现波磨。如上所述，钢轨波磨快速预测方法的预测准确率达到 80%～90%，甚至更高。

参 考 文 献

[1] Grassie S L. Rail corrugation: Characteristics, causes, and treatments. Proceedings of the Institution of Mechanical Engineers, Part F: Journal of Rail and Rapid Transit, 2009, 223(6): 581-596.

[2] Torstensson P T, Schilke M. Rail corrugation growth on small radius curves-measurements and validation of a numerical prediction model. Wear, 2013, 303(1-2): 381-396.

[3] Hiensch M, Nielsen J C O, Verheijen E. Rail corrugation in the Netherlands-measurements and simulations. Wear, 2002, 253(1-2): 140-149.

[4] Tassilly E, Vincent N. Rail corrugations: analytical model and field tests. Wear, 1991, 144(1-2): 163-178.

[5] Diana G, Cheli F, Bruni S, et al. Experimental and numerical investigation on subway short pitch corrugation. Vehicle System Dynamics, 1998, 29(sup1): 234-245.

[6] Chen G X, Zhang S, Wu B W, et al. Field measurement and model prediction of rail corrugation. Proceedings of the Institution of Mechanical Engineers, Part F: Journal of Rail and Rapid Transit, 2020, 234(4): 381-392.

[7] Chen G X. Friction-induced vibration of a railway wheelset-track system and its effect on rail corrugation. Lubricants, 2020, 8(2): 18.

[8] 陈光雄. 钢轨波磨预测模型验证工况的研究. 西南交通大学学报, 2022, 57(5): 1017-1023, 1054.

[9] Kalousek J, Johnson K L. An investigation of short pitch wheel and rail corrugations on the Vancouver mass transit system. Proceedings of the Institution of Mechanical Engineers, Part F: Journal of Rail and Rapid Transit, 1992, 206(2): 127-135.

[10] Nielsen J C O, Lundén R, Johansson A, et al. Train-track interaction and mechanisms of irregular wear on wheel and rail surfaces. Vehicle System Dynamics, 2003, 40(1-3): 43-54.

[11] Gómez J, Vadillo E G, Santamaría J. A comprehensive track model for the improvement of corrugation models. Journal of Sound and Vibration, 2006, 293(3-5): 522-534.

[12] Valdivia A R. A linear dynamic wear model to explain the initiating mechanism of corrugation. Vehicle System Dynamics, 1988, 17(sup1): 493-496.

[13] Tassilly E, Vincent N. A linear model for the corrugation of rails. Journal of Sound and Vibration, 1991, 150(1): 25-45.

12.1 铁路钢轨振动测量

12.1.1 地铁小半径线路钢轨振动测量

在北京地铁 4 号线某曲线半径 R=350m 圆曲线发生过波磨,在钢轨打磨过后不久,测量了该圆曲线的内轨和外轨在列车通过时钢轨的振动信号。该段曲线线路超高 h=120mm,列车通过速度可以根据测量的振动加速度推算出来。我们选取圆曲线中间位置附近作为测量点,在曲线的内、外轨的轨枕跨中间位置和轨枕位置都布置了垂向和横向振动加速度传感器,图 12-1 显示了测量点的振动加速度传感器的位置。这个测量点在钢轨打磨前内轨出现了波磨,但外轨没有肉眼可见的波磨。我们布置加速度传感器的时候测量了内、外轨的轨面轮廓,结果如图 6-2 所示。轨面轮廓的测量结果显示,轨面没有明显的波磨轮廓,因此测量的振动加速度特征与波磨无关,测点的振动更多地反映了列车通过时轮轨的原始振动。图 12-2 显示了列车通过时测量的钢轨振动加速度的时间历程曲线,可以看出无论是内轨还是外轨,列车通过时都有明显的振动。本节使用的信号测量系统为 B&K 公司的数据采集系统和加速度传感器。

(a) 内轨					(b) 外轨

图 12-1 R=350m 圆曲线的内、外轨垂向和横向振动加速度测量位置

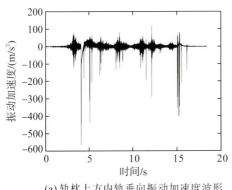
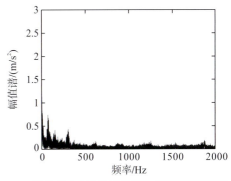

(a) 轨枕上方内轨垂向振动加速度波形			(b) 轨枕上方内轨垂向振动加速度的幅值谱

第12章 钢轨波磨基础理论的进一步研究

　　传统钢轨波磨的基础理论包括波长固定机理和材料损伤机理，前者确定钢轨波磨的波长，后者确定钢轨波磨的波谷是由钢轨材料的磨损或者塑性变形产生的。自20世纪90年代提出以来，研究者普遍都接受这个理论体系。国内外研究者基于这个理论体系进行了30多年的理论研究和现场试验，发表了数百篇研究论文和试验报告。然而，数十年过去了，钢轨波磨问题并没有得到根本解决，小半径曲线还是百分之百出现波磨。传统的波磨理论不能盲预测任何一条线路的钢轨波磨会在哪里发生，也不能解释任何一条线路的钢轨波磨发生率小于5%(干线铁路)和小于20%(地铁线路)的原因。在1.2.2节，作者介绍了钢轨表面粗糙度激励轮轨系统共振振动引起钢轨波磨的理论，在1.4节，提到这个理论看起来并没有明显的瑕疵，但是这个理论预测任何铁路直线线路几乎都百分之百发生波磨，与实际直线线路波磨发生率小于3%相差巨大，而且这个理论只能事后重现波磨，不能先知先觉预测波磨。实践是检验真理的唯一标准，一个正确的理论，应该能事先预测事件的发生，预测的准确性高达80%~90%。例如，材料力学的应力强度理论，对于受到静态轴向拉伸的金属圆杆，只要其在受力状态下危险截面的最大应力不超过材料的许用应力，则该杆件就不会发生塑性变形和断裂。任何人都可以用此来预测杆件的拉伸强度。如果杆件出现塑性变形和断裂，可以在加力之前就能预测在杆件的哪里会发生塑性变形或者断裂。然而，波磨研究的专家应用传统的波磨理论却不能较为准确地预测任何一条铁路哪里会发生波磨。传统波磨理论没有线路曲线半径这个输入参数，用这种理论很难准确地预测波磨在哪里发生。在第11章，作者详细介绍了这方面的研究结果。

　　传统波磨理论看起来并没有明显的瑕疵，但是这个理论为何不能用来预测任何一条铁路的波磨会在哪里发生？为何不能用来有效地解决波磨问题？作者对这个问题百思不得其解，在2017年，作者在澳大利亚召开的IAVSD(International Association for Vehicle System Dynamics)国际会议上发表了题目为 *Study on the vibration causing rail corrugation* 的研究论文[1]，提出了钢轨波磨基础理论除了波长固定机理和材料损伤机理，还应该包括振动相位固定机理(vibration phase fixing mechanism)。在2021年，Iwnicki等[2]提出了瞬时磨损深度和激励之间的相位是决定车轮不圆度向增长或者减少方向演变的关键指标，与作者提出的钢轨波磨基础理论应该包括振动相位固定机理有相似的意思。应用振动相位固定机理可以解释传统波磨理论的瑕疵所在。此外，作者在本章还提出了钢轨波磨连续激励机理，用于解释波磨不能无限发展的原因。

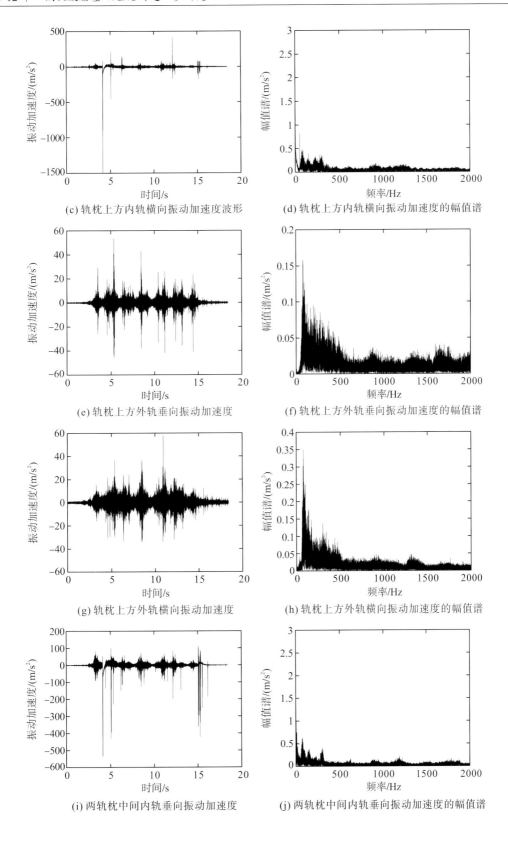

(c) 轨枕上方内轨横向振动加速度波形

(d) 轨枕上方内轨横向振动加速度的幅值谱

(e) 轨枕上方外轨垂向振动加速度

(f) 轨枕上方外轨垂向振动加速度的幅值谱

(g) 轨枕上方外轨横向振动加速度

(h) 轨枕上方外轨横向振动加速度的幅值谱

(i) 两轨枕中间内轨垂向振动加速度

(j) 两轨枕中间内轨垂向振动加速度的幅值谱

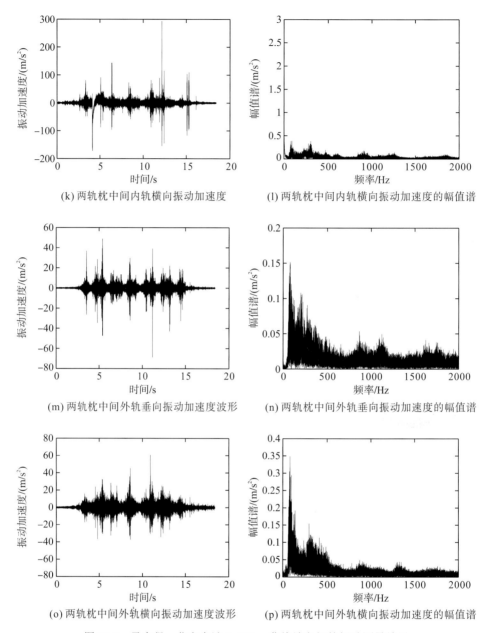

(k) 两轨枕中间内轨横向振动加速度   (l) 两轨枕中间内轨横向振动加速度的幅值谱

(m) 两轨枕中间外轨垂向振动加速度波形   (n) 两轨枕中间外轨垂向振动加速度的幅值谱

(o) 两轨枕中间外轨横向振动加速度波形   (p) 两轨枕中间外轨横向振动加速度的幅值谱

图 12-2　马家堡—北京南站 R=350m 曲线地段钢轨振动测量结果

12.1.2　地铁大半径线路钢轨振动测量

　　深圳地铁 1 号线后瑞站至机场东站之间靠近后瑞站的 K38+900 里程附近存在一段曲线半径 R=1100m、超高 h=40mm 位于高架桥上的线路，线路坡度为 12%，在后瑞站与机场东站往返方向的曲线内轨都存在钢轨波磨，如图 4-39 所示。波磨引起扣件弹簧和 T 型螺栓大量折断，严重影响地铁列车的安全运行。铁路运营管理部门为了解决钢轨波磨引起的扣件弹簧和 T 型螺栓断裂问题,在机场东站开往后瑞站方向原来存在波磨的地方进行钢轨打磨,然后安装调谐质量减振器,用以减缓该路段的钢轨波磨问题,打磨后测量了钢轨振动。由于该线路往返路段仅曲线内轨出现波磨,只测量曲线内轨的垂向和横向振动。图 12-3 显示了加速度传感器的安装位置。图 12-4 显示了一组载客列车正常通过时实测的内轨垂向和横向振动波形。可以明显看出,钢轨的垂向和横向振动存在频率为 366.02Hz、421.39Hz、730.52Hz 的振动成分。

 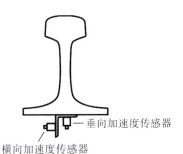

(a) 钢轨垂向和横向振动加速度传感器   (b) 垂向和横向振动加速度传感器位置示意图

图 12-3 深圳地铁 1 号线后瑞站附近曲线地段内轨振动加速度传感器安装位置

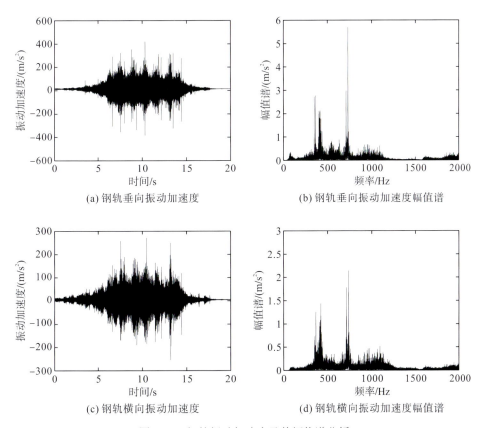

(a) 钢轨垂向振动加速度   (b) 钢轨垂向振动加速度幅值谱

(c) 钢轨横向振动加速度   (d) 钢轨横向振动加速度幅值谱

图 12-4 钢轨振动加速度及其幅值谱分析

12.1.3 干线铁路直线线路钢轨振动测量

干线铁路的曲线半径普遍较大,站与站之间的距离较长,制动加速度较小,轮轨不容易产生滑动,干线铁路很少发生钢轨波磨。我们选择成渝铁路某直线段进行钢轨振动测量,用于与地铁线路的钢轨振动进行比较研究。图 12-5 显示了振动测量传感器的布置,测量的线路是直线,两根钢轨都没有肉眼可见的波磨。本节使用的测量系统为德国 Muller-BBM 公司的数据采集系统和德国 Kistler 公司的加速度传感器。图中还给出了光电传感器,用于计算列车速度,并校正加速度传感器测量数据用于估算列车通过速度的精度。在地铁系统中,测量列车通过钢轨振动测量点的速度没有简单易行的方法,用测量的振动加速度信息估算列车通过速度的方法需要标定,这里进行简单的标定。图 12-6 显示了列车通过时测量的左右两根钢轨的垂向和横向加速度及其幅值谱分析,可见列车通过直线线路时,钢轨垂向和横向振动的频率是比较丰富的。图 12-6(i)、(j)显示了光电传感器测量车轮通过时的信号,可以明显分辨车轮通过信号,根据同一个转向架的两个车轮的通过时间差,可以估算列车的通过速度。本例中,车辆转向架两个车轮通过的时间差为 0.1012s,转向架的固定轴距为 2.4m,列车通过速度为 0.1012s/2.4m≈85.38km/h。

(a) 钢轨振动加速度传感器的位置   (b) 光电传感器的位置

图 12-5   干线铁路直线段钢轨垂向和横向振动测量传感器安装位置

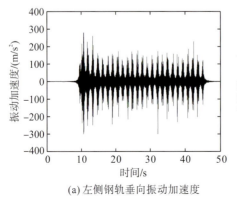 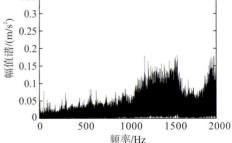

(a) 左侧钢轨垂向振动加速度   (b) 左侧钢轨垂向振动的幅值谱

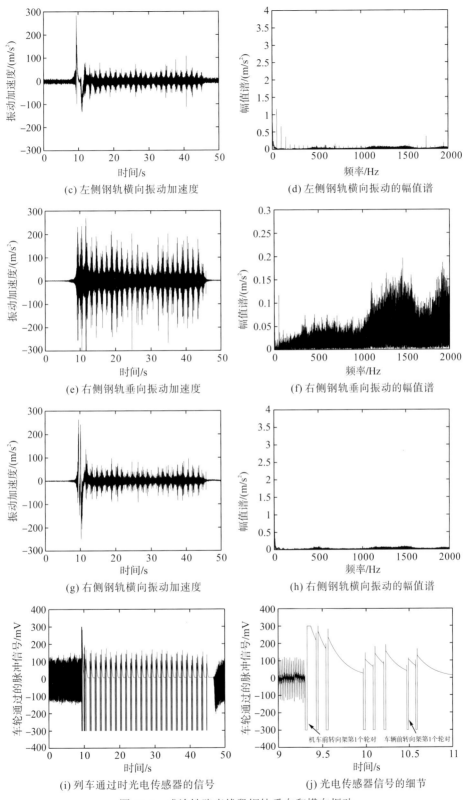

(c) 左侧钢轨横向振动加速度　　　　　　(d) 左侧钢轨横向振动的幅值谱

(e) 右侧钢轨垂向振动加速度　　　　　　(f) 右侧钢轨垂向振动的幅值谱

(g) 右侧钢轨横向振动加速度　　　　　　(h) 右侧钢轨横向振动的幅值谱

(i) 列车通过时光电传感器的信号　　　　(j) 光电传感器信号的细节

图 12-6　成渝铁路直线段钢轨垂向和横向振动

12.2 铁路钢轨波磨频段振动信号分析

12.2.1 铁路钢轨振动信号的分离技术

一般来说，振动信号的幅值谱或者功率谱密度分析基本上可以确定振动的频率成分，但钢轨振动成分比较复杂，高频和低频振动成分都存在，有时高频振动成分的功率谱会淹没低频振动成分的功率谱，影响低频振动成分的识别。另外，功率谱密度分析是振动信号的频域分析方法，分析结果缺乏时域信息。为了更好地认识哪个车轮引起的轮轨振动导致波磨，需要使用钢轨振动信号的时域波形来进行分析。本节介绍应用多模态信号分解方法——变分模态分解(variational mode decomposition，VMD)法。

Dragomiretskiy 在 2014 年提出了变分模态分解法，用于将多频信号分解成一系列谐波信号。VMD 法可以很好地抑制经验模态分解(empirical mode decomposition，EMD)法出现的模态混叠现象。VMD 分解方式不同于 EMD 分解方式，VMD 分解方式是利用迭代搜索变分模型最优解来确定每个分解的谐波分量中心频率及带宽，是一种完全非递归模型，该模型寻找模态分量的集合及其各自的中心频率，而每个模态在解调成基带之后是平滑的。Dragomiretskiy 通过试验结果证明，对于采样和噪声方面，该方法更具有鲁棒性。VMD 法是一种自适应、完全非递归的模态变分和信号处理的方法。该技术具有可以确定模态分解个数的优点，其自适应性表现在根据实际情况确定所给序列的模态分解个数，随后的搜索和求解过程中可以自适应地匹配每种模态的最佳中心频率和有限带宽，并且可以实现固有模态分量(intrinsic mode functions，IMF)的有效分离、信号的频域划分，进而得到给定信号的有效分解成分，最终获得变分问题的最优解。它解决了 EMD 法存在端点效应和模态分量混叠的问题，并且具有更坚实的数学理论基础，可以降低高复杂度和强非线性的时间序列非平稳性，分解获得包含多个不同频率尺度且相对平稳的子序列，适用于非平稳性的序列，VMD 的核心思想是构建和求解变分问题。

VMD 是一种比较成熟的信号分离技术，MATLAB 已经将其收录在信号处理工具箱，研究者可以使用 MATLAB 直接调用 VMD 指令进行有关分析。图 12-7(a)的第一个子图显示了一个复合信号，它由第二、第三、第四、第五子图的 4 个子信号相加而成，12-7(b)的第一个子图显示了 VMD 分量组成的重构信号与原始信号的比较，第二、第三、第四、第五个子图显示了 VMD 分解的分量，比较图 12-7(a)与图 12-7(b)可以看出，VMD 分解的分量与原始信号分量以及子信号分量比较近似。例子中的原始复合信号为

$$x(t) = 6t^2 + \cos(4\pi t + 10\pi t^2) + \begin{cases} \cos(60\pi t), & t \leqslant 0.5 \\ \cos(100\pi t - 10\pi), & t > 0.5 \end{cases} \tag{12-1}$$

式中，x 为复合信号；t 为时间(s)。

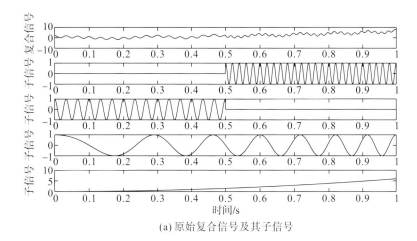

(a) 原始复合信号及其子信号

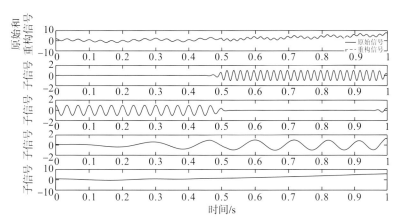

(b) 原始复合信号的VMD分解子信号与其重构信号

图 12-7　原始信号的 VMD 分析结果

12.2.2　铁路钢轨波磨频段振动信号的提取

传统钢轨波磨理论认为，轮轨振动引起轮轨接触力波动，轮轨接触摩擦功与接触力成正比，因而可以推知轮轨接触摩擦功也出现波动，在接触摩擦功大的地方钢轨磨耗就大一些，形成波磨的波谷；在接触摩擦功小的地方钢轨磨耗就小一些，形成波磨的波峰。波磨的频率为 20～1000Hz，因此我们需要提取列车通过时在这个频率范围内的钢轨振动信号。本节应用 VMD 法提取频率为 20～1000Hz 的钢轨振动信号。

1. 小半径曲线 R=350m 钢轨波磨频段振动信号的提取

12.1.1 节介绍了在小半径（R=350m）曲线内、外轨的钢轨振动测量结果，用 VMD 法对钢轨垂向和横向振动加速度信号进行谐波分解，图 12-8～图 12-13 显示了一组分解结果。由图 12-8（b）可以看出，轨枕处内轨有一个明显的频率为 325Hz 的振动分量；由图 12-8（d）可以看出，还有一个频率为 646Hz 的振动分量，其余振动分量的频率都大于 1000Hz。该

测量点位于 R=350m 曲线内轨，肯定会产生钢轨波磨（钢轨打磨前就存在波磨）。作者推测频率为 325Hz 的振动是引起该处钢轨波磨的主要激励源。由于实际条件的限制，没能跟踪测量该点钢轨的振动演变规律，若能跟踪测量该点钢轨的振动演变规律，经过分析以后，就能更好地认识钢轨波磨产生机理。该处频率为 325Hz 的振动不是钢轨的粗糙度引起的，在试验前我们测量了钢轨的表面粗糙度，结果如图 6-2 所示。从图 6-2 中，没有发现引起钢轨 325Hz 振动的激励。这个振动也不是车轮的粗糙度引起的。

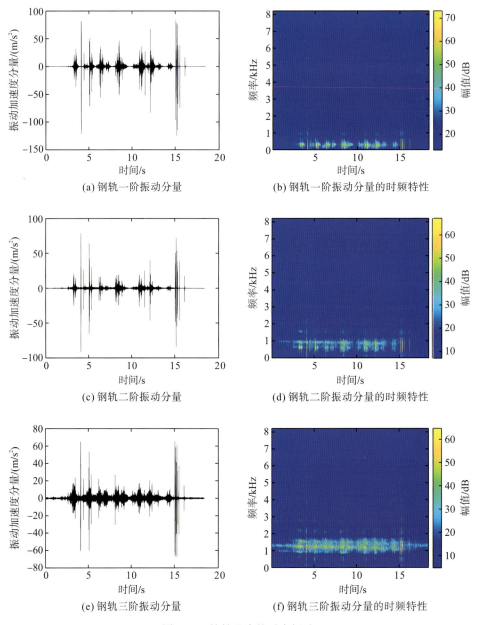

图 12-8 轨枕处内轨垂向振动

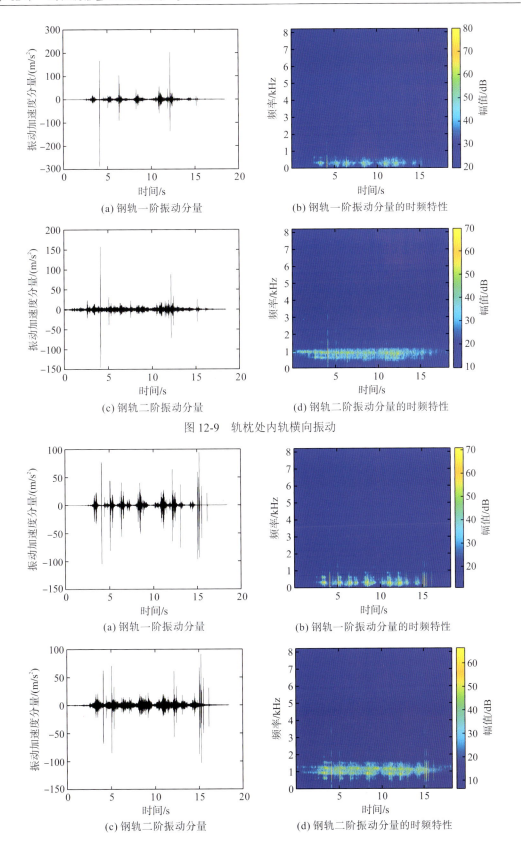

(a) 钢轨一阶振动分量

(b) 钢轨一阶振动分量的时频特性

(c) 钢轨二阶振动分量

(d) 钢轨二阶振动分量的时频特性

图 12-9 轨枕处内轨横向振动

(a) 钢轨一阶振动分量

(b) 钢轨一阶振动分量的时频特性

(c) 钢轨二阶振动分量

(d) 钢轨二阶振动分量的时频特性

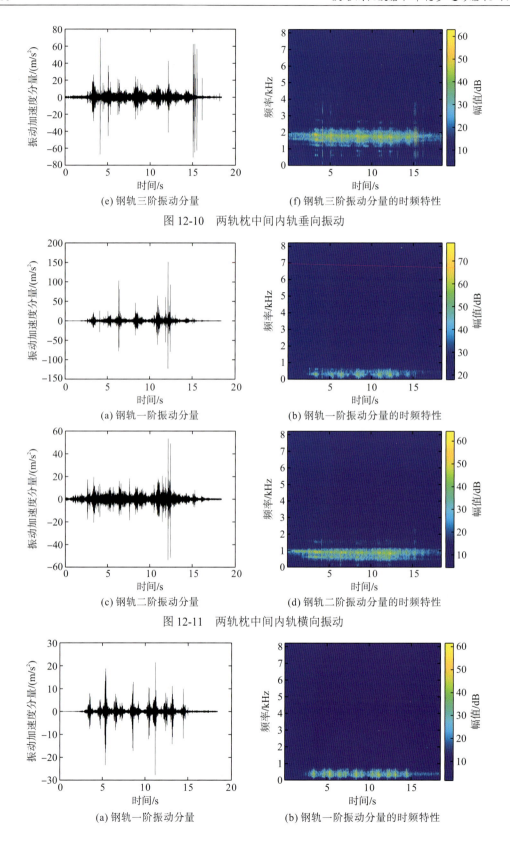

(e) 钢轨三阶振动分量　　　　　　　　　(f) 钢轨三阶振动分量的时频特性

图 12-10　两轨枕中间内轨垂向振动

(a) 钢轨一阶振动分量　　　　　　　　　(b) 钢轨一阶振动分量的时频特性

(c) 钢轨二阶振动分量　　　　　　　　　(d) 钢轨二阶振动分量的时频特性

图 12-11　两轨枕中间内轨横向振动

(a) 钢轨一阶振动分量　　　　　　　　　(b) 钢轨一阶振动分量的时频特性

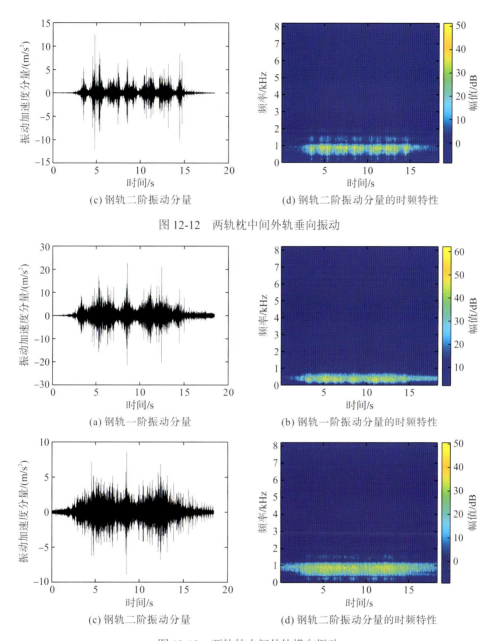

(c) 钢轨二阶振动分量　　　　　　　　(d) 钢轨二阶振动分量的时频特性

图 12-12　两轨枕中间外轨垂向振动

(a) 钢轨一阶振动分量　　　　　　　　(b) 钢轨一阶振动分量的时频特性

(c) 钢轨二阶振动分量　　　　　　　　(d) 钢轨二阶振动分量的时频特性

图 12-13　两轨枕中间外轨横向振动

2. 地铁大半径线路钢轨低频振动信号的提取

测量点位于 R=1100m 圆曲线内轨，该处钢轨打磨前出现波长 $\lambda \approx 50$mm 的波磨。对测量的钢轨垂向振动加速度进行 VMD 分析，获得各个谐波分量如图 12-14 和图 12-15 所示。由图 12-14(a) 可以看出列车编组为 6 辆，根据图 12-14(a) 的振动加速度分量可以估计列车的通过速度。在本例中，列车通过测量点的时间 t=14.2445-6.1240≈8.12s，地铁 A 型车 6 辆编组的最前面车轮和最后面车轮之间的距离 d=4×22.8+2×24.4-10.28+2.5=132.22m，列车通过速度 v=d/t=16.28m/s=58.61km/h。根据钢轨波磨的波长，计算得出波磨的频率

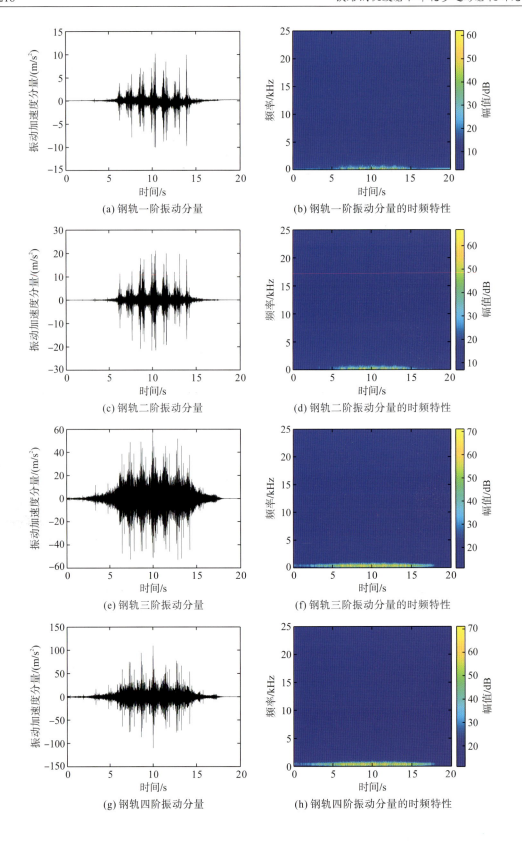

(a) 钢轨一阶振动分量

(b) 钢轨一阶振动分量的时频特性

(c) 钢轨二阶振动分量

(d) 钢轨二阶振动分量的时频特性

(e) 钢轨三阶振动分量

(f) 钢轨三阶振动分量的时频特性

(g) 钢轨四阶振动分量

(h) 钢轨四阶振动分量的时频特性

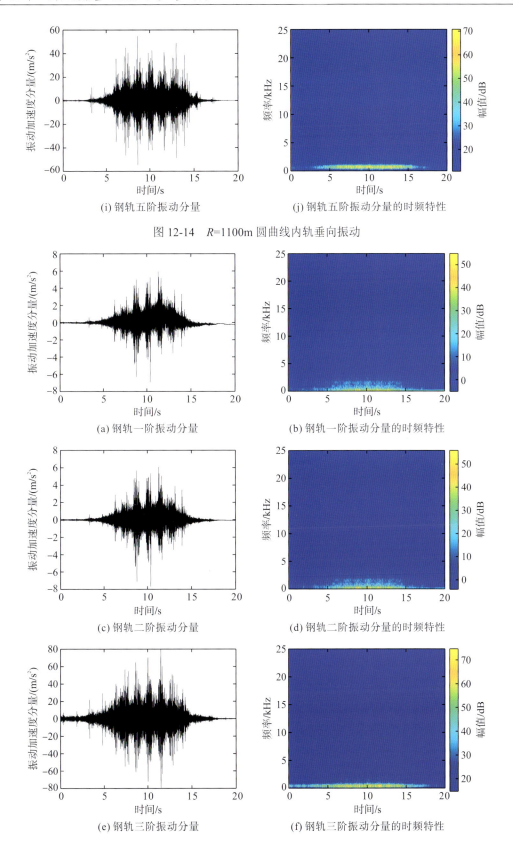

(i) 钢轨五阶振动分量　　　　　　　(j) 钢轨五阶振动分量的时频特性

图 12-14　R=1100m 圆曲线内轨垂向振动

(a) 钢轨一阶振动分量　　　　　　　(b) 钢轨一阶振动分量的时频特性

(c) 钢轨二阶振动分量　　　　　　　(d) 钢轨二阶振动分量的时频特性

(e) 钢轨三阶振动分量　　　　　　　(f) 钢轨三阶振动分量的时频特性

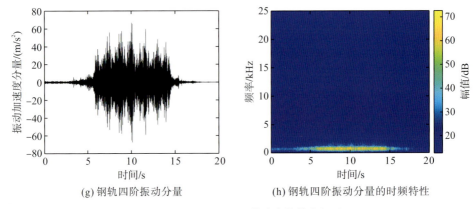

(g) 钢轨四阶振动分量   (h) 钢轨四阶振动分量的时频特性

图 12-15　R=1100m 圆曲线内轨横向振动

$f=v/\lambda=325.6$Hz。图 12-14(b)、(d)、(f)、(h)、(j)对应的频率分别为80.63Hz、163.64Hz、346.01Hz、419.22Hz、730.54Hz，可以看出图 12-14(f)分量对应的频率很接近钢轨波磨的频率。图 12-15(b)、(d)、(f)、(h)对应的频率分别为82.26Hz、159.18Hz、342.53Hz、732.85Hz。经过对几十组列车通过时曲线内轨的垂向和横向振动的分析，发现每组振动的 VMD 分量的频率成分基本相同，即 346.01Hz、419.22Hz、730.54Hz 的振动分量不是个别情况才出现，而是普遍存在。

3. 干线铁路直线线路钢轨低频振动信号的提取

测量点位于成渝干线铁路的直线段，该处钢轨已经使用十余年了，一直没有出现钢轨波磨问题。对测量的钢轨垂向振动加速度进行 VMD 分析，获得各个谐波分量如图 12-16～图 12-19 所示。从图 12-16 中可以看出，列车通过直线轨道时左轨存在频率 576.16Hz、862.94Hz 的垂向振动。从图 12-17 中可以看出，列车通过直线轨道时右轨存在频率为568.58Hz、853.16Hz 的横向振动。从图 12-18 中可以看出，列车通过直线轨道时右轨存在频率为 572.85Hz、859.54Hz 的垂向振动。从图 12-19 中可以看出，列车通过直线轨道时右轨存在频率为 573.23Hz、856.72Hz 的横向振动。经过对十几组列车通过测量点时直线线路左、右钢轨的垂向和横向振动的分析，发现每组振动的 VMD 分量的频率成分基本相同，即频率为 576.16Hz、862.94Hz 的振动分量不是在个别情况下才出现，而是普遍存在。

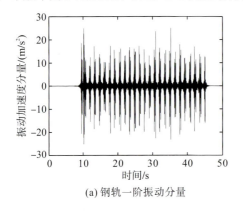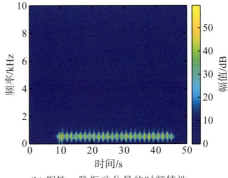

(a) 钢轨一阶振动分量   (b) 钢轨一阶振动分量的时频特性

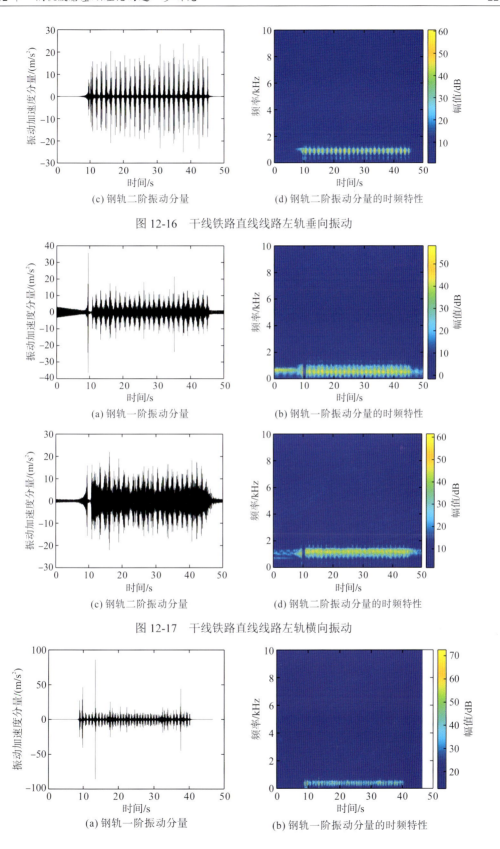

(c) 钢轨二阶振动分量

(d) 钢轨二阶振动分量的时频特性

图 12-16　干线铁路直线线路左轨垂向振动

(a) 钢轨一阶振动分量

(b) 钢轨一阶振动分量的时频特性

(c) 钢轨二阶振动分量

(d) 钢轨二阶振动分量的时频特性

图 12-17　干线铁路直线线路左轨横向振动

(a) 钢轨一阶振动分量

(b) 钢轨一阶振动分量的时频特性

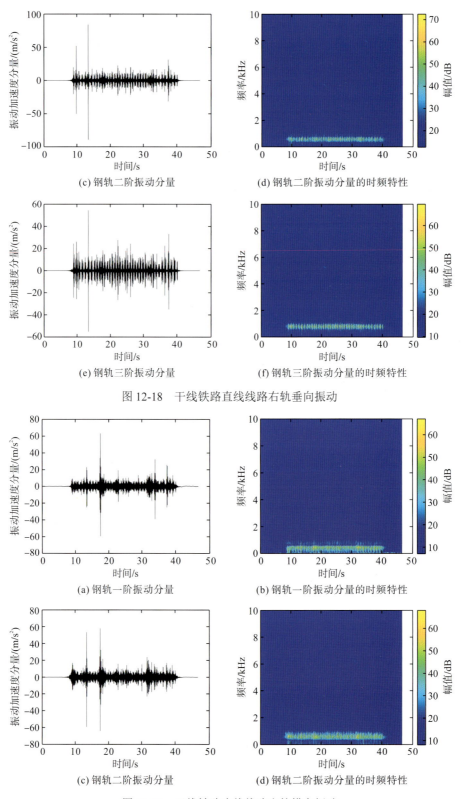

(c) 钢轨二阶振动分量

(d) 钢轨二阶振动分量的时频特性

(e) 钢轨三阶振动分量

(f) 钢轨三阶振动分量的时频特性

图 12-18　干线铁路直线线路右轨垂向振动

(a) 钢轨一阶振动分量

(b) 钢轨一阶振动分量的时频特性

(c) 钢轨二阶振动分量

(d) 钢轨二阶振动分量的时频特性

图 12-19　干线铁路直线线路右轨横向振动

12.3　钢轨波磨基础理论的再研究

12.3.1　问题的提出

在 1.4 节，作者指出基于钢轨表面粗糙度不平顺引起轮轨共振振动导致钢轨波磨理论表面上看是完美的，找不到瑕疵。然而，这个波磨理论的缺点也是明显的，例如，按这个理论推算，铁路线路的任何地方都会出现钢轨波磨，并且这个理论不能确定在什么条件下钢轨不会出现波磨。第 4 章已经介绍了钢轨波磨的发生规律性，即无论是干线铁路还是地铁线路，按现有设计规范设计建造出来的铁路线路(包括干线铁路和地铁线路)，钢轨波磨的发生率仅有 5%～15%，地铁线路的波磨发生率极少达到 30%，其中85%～95%的铁路线路没有钢轨波磨。由此可见，传统波磨理论的缺点是十分明显的。然而，从公式推导来看，传统波磨理论却没有明显的瑕疵。作者曾指出，钢轨表面粗糙度不平顺引起轮轨共振振动导致钢轨波磨理论、轮轴扭转自激振动引起波磨理论和轮轨系统摩擦自激振动引起波磨理论的实质都是轮轨系统的共振振动引起轮轨摩擦功的波动从而造成钢轨的波磨。作者对线路钢轨振动实测数据进行分析后认为，干线铁路、地铁线路的钢轨在列车通过时都会激发频率为 20～1000Hz 的低频振动，按照传统波磨理论的观点，这些频率振动就是引起波磨的原因。

图 12-5 显示的铁路钢轨 10 多年来就没有出现过波磨，测量各个班次的列车通过时钢轨总存在频率为 576.16Hz 的低频振动，根据列车的通过速度，钢轨波磨的波长计算为 $\lambda=v/f=85.38/576.16/3.6=0.041m=41mm$，这个波长的波磨是不会被轮轨接触滤波滤掉的。分析图 12-4 地铁大半径曲线钢轨的振动，可以看出频率为 360.53Hz 的振幅比频率为 732.85Hz 的振幅小，但为何振幅大的振动不能引起钢轨波磨，而是振幅较小的振动能引起钢轨波磨？

12.3.2　波磨振动相位固定机理的研究

经过研究以后，作者提出钢轨波磨理论除波长固定机理、材料损伤机理外，还应该包括振动相位固定机理。要产生波磨，需要满足振动相位固定机理，即对于钢轨上的任何一个接触点，不同列车通过时轮轨共振振动引起该点的振动相位都应该是近似不变的，这样在轮轨振动波谷对应的钢轨接触点就是波磨的波峰，轮轨振动波峰对应的钢轨接触点就是波磨的波谷，图 12-20 显示了钢轨波磨振动相位固定机理的示意图。如果钢轨上任何一个轮轨接触点不满足振动相位固定机理，则钢轨虽然存在可以引起波磨的轮轨共振振动，但钢轨仍然不会产生波磨。图 12-5 显示的钢轨，尽管每个班次的列车通过时都会引起测量点的轮轨共振振动，但这个共振振动的相位主要由轮轨接触表面粗糙度引起，是随机变化的，因此即使该线路钢轨已经使用 10 余年了，而且没有进行过钢轨打磨，但仍然不会出现肉眼可见的波磨。当应用钢轨表面粗糙度不平顺引起轮轨共振振动导致钢轨波磨理论仿真钢轨波磨进展时，一般都会假设钢轨存在幅值为 1μm 的波长与预测的波磨波长近似的粗糙度不平顺，然后仿真车轮通过此初始不平顺时的轮轨共振振动，计算数万、数十万次车轮通过时的钢轨磨损，就得到钢轨波磨。在这个波磨仿真模型中，实际上假设振动相位是固定的，即每次计算时输入模型的钢轨初始不平顺的起始点在轨长方向的位置都是固定不变的，如果每次计算时这个初始不平顺的起始点在轨长方向的位置是随机变化的，即振动相位随机变化，则难以仿真出钢轨波磨。文献中极少看到假设钢轨表面粗糙度不平顺是随机不平顺并仿真出波磨的报道，作者曾和一些波磨研究专家讨论过这个问题，作者认为在仿真中假设幅值为 1μm 的钢轨初始不平顺并非必要条件，因为任何不同钢厂生产的钢轨，如果铺设为半径 $R \leqslant 350m$ 曲线的内轨，则几乎百分之百发生波磨；如果铺设为直线或者大半径曲线线路的钢轨，则发生波磨的几率只有 3%～5%。显然，钢轨波磨与新钢轨的原始粗糙度不平顺并无直接的关系。轮轨系统摩擦自激振动理论不需要假设钢轨的原始粗糙度不平顺，对于光滑的摩擦接触表面组成的摩擦副，当发生材料滑动磨损时，就有可能发生摩擦自激振动，且摩擦自激振动的发生位置基本是固定不变的，如图 12-21 所示[3,4]。因此，作者提出的轮轨系统摩擦自激振动引起钢轨波磨理论实际上遵守了振动相位固定机理。在 1.4 节，作者指出基于钢轨表面粗糙度不平顺引起轮轨共振振动导致钢轨波磨理论可以推测铁路线路的任何地方都会出现钢轨波磨，这一点与实际线路的波磨发生情况大相径庭，造成这个问题的原因是钢轨波磨基础理论体系需要补充钢轨振动相位固定机理。

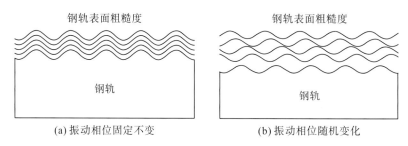

(a) 振动相位固定不变　　　(b) 振动相位随机变化

图 12-20　钢轨波磨振动相位固定机理示意图

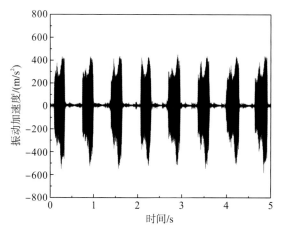

图 12-21　销-盘试验机滑动摩擦噪声试验测量的振动信号

　　近年来，研究车轮多边形磨耗的学者提出了车轮多边形磨耗形成的关键条件是振动的相位必须与多边形磨耗的相位对应，否则多边形磨耗就会逐渐减弱[2]。钢轨波磨和车轮多边形磨耗是同一摩擦副不均匀磨耗在钢轨和车轮踏面上的两种表现形式，形成机理基本相同，国外学者的观点可以部分说明钢轨波磨的振动相位固定机理对波磨形成的重要性影响。

12.3.3　钢轨波磨连续激励机理的研究

　　刘学毅等[5]提出了钢轨波磨发生的临界曲线半径的概念，指出当线路曲线半径大于临界值时，钢轨波磨就很少发生，例如，小半径曲线的圆曲线很容易出现波磨，但这个波磨绝大多数只扩展到圆曲线两端的缓和曲线的部分地段，不会无限扩展到缓和曲线入口和出口端的直线地段。第 4 章介绍了作者对成都地铁 6 号线西南交大站至西北桥站区间线路钢轨波磨的发生及演变情况进行了为期 3 年的跟踪调查工作，获得了地铁钢轨波磨一般性规律的认识。其中一个重要的规律是，半径 R=350m 曲线线路在地铁线路正式通车载客运行仅 2.5 个月钢轨波磨就非常明显，而且波磨扩展距离很长，如图 4-6(c)所示。而直线路段钢轨接头附近的波磨在地铁线路正式通车载客运行 24 个月后的波磨还十分轻微，且波磨扩展距离很短，如图 4-41 所示。小半径曲线波磨形成和发展迅速而直线钢轨接头附近波磨却发展缓慢的原因是什么？作者认为这是由于波磨连续激励源的作用，例如，小半径曲线的圆曲线在任何位置轮轨蠕滑力都是饱和的，即在小半径曲线的圆曲线段轮轨系统摩擦自激振动是连续发生的，其引起的钢轨波磨受到连续的激励，因而波磨发展迅速且几乎布满整个圆曲线。而直线线路钢轨接头附近的轮轨系统共振振动只是车轮通过钢轨接头时的P2 力共振引起的，这个共振振动由于受到轮轨系统阻尼的影响很快就衰减，因而在钢轨接头处的波磨发展缓慢且扩展距离非常有限。同理，直线线路疤痕擦伤、焊缝附近的钢轨即使存在波磨，也是轻微且扩展距离受限，如图 4-31 所示。为了解释钢轨波磨沿轨长方向是否快速扩展的现象，作者提出钢轨波磨的基础理论应包括钢轨波磨的连续激励机理。

参 考 文 献

［1］Chen G X, Wu Y F, Cui X L, et al. Study on the vibration causing rail corrugation. Proceedings of the 25th International Symposium on Dynamics of Vehicles on Roads and Tracks, Rockhampton, 2018: 971-976.

［2］Peng B, Iwnicki S, Shackleton P, et al. General conditions for railway wheel polygonal wear to evolve. Vehicle System Dynamics, 2021, 59(4): 568-587.

［3］陈光雄. 金属往复滑动摩擦噪声的研究. 成都: 西南交通大学, 2002.

［4］赵鹏鹏. 基于空调压缩机材料的销-盘摩擦噪声试验与仿真研究. 成都: 西南交通大学, 2023.

［5］刘学毅, 印洪. 钢轨波形磨耗的影响因素及减缓措施. 西南交通大学学报, 2002, (5): 483-487.

第13章 钢轨波磨的主动控制技术

钢轨波磨会引起严重的轮轨振动噪声、扣件系统损伤、轮轨关系恶化、钢轨寿命降低等，其中严重的扣件系统损伤将危及列车的运营安全。波磨研究人员百余年来不断接力开展波磨问题的研究，目的是抑制和消除波磨，从而显著地降低轮轨噪声和扣件系统的损伤。到目前为止，控制波磨的方法主要是钢轨打磨[1-3]、在钢轨表面涂抹摩擦调节剂[4]和改变列车通过速度[5]等三种方法，其中钢轨打磨是一种被动的波磨控制方法，打磨过后3~6个月又会出现新的波磨，而且这种方法打磨的钢轨型面轮廓尺寸发生了较大的变化，影响到轮轨接触几何关系，降低了钢轨的使用寿命。在钢轨表面涂抹摩擦调节剂可以减缓波磨的增长速度，甚至消除波磨，但涂抹摩擦调节剂需要定时定量将摩擦调节剂喷涂到钢轨表面，既增加了运营成本，又容易造成环境污染。地铁线路每两个相邻车站之间的距离一般是1km左右，很难不断改变列车的通过速度，改变列车通过速度的办法对地铁列车来说没有可行性，而且这种方法只能延缓波磨的增长，不能根本消除波磨。有一段时间研究者认为钢轨波磨是由轨枕对钢轨的离散支撑引起的，为此欧洲的研究者曾铺设了一段钢轨连续支撑的试验线来验证这个研究结果的正确性。据报道，即使钢轨采用连续支撑，仍然会出现波磨[6]。欧洲的研究者基于轮轴扭转自激振动引起波磨的机理，提出了一种抑制这种波磨的方法[7]。

作者经过十来年的潜心研究，从最初提出的轮轨系统摩擦自激振动引起波磨的机理，到提出轮轨滑动是钢轨波磨的主要根源，研究工作不断取得进展，本章介绍作者在钢轨波磨主动控制方面的研究成果。

13.1 小半径曲线钢轨波磨的主动控制

13.1.1 小半径曲线无波磨车轮构型

目前，我国地铁车轮结构主要有三种。在这三种地铁车轮结构中，大多数车轮以S形腹板为特征，如图13-1(a)所示；少数车轮以直腹板为特征，如图13-1(b)所示；有些车轮使用直腹板，外装制动盘，如图13-1(c)所示；欧洲目前在使用的地铁车轮结构如图13-1(d)所示。由图13-1可以看出，这四种地铁车轮构型各不相同，每种构型的车轮都得到了应用。我国使用的地铁车轮结构与欧洲使用的地铁车轮结构不同，世界范围内的地铁行业存在不同的车轮结构。在摩擦噪声(摩擦自激振动)研究领域，研究结果显示，通过改变摩擦系统的结构，可以消除一些频率的摩擦自激振动。Ouyang等[8]和Zarraga等[9]报道了摩擦系统的不同结构在某些情况下可以抑制或消除滑动系统的摩擦自激振动。作者经过试算，发现了一款车轮腹板构型，基于这种腹板构型的车轮压装组成的轮对，与钢轨组成的轮轨摩擦系统可以消除小半径曲线 20～1000Hz 范围内的摩擦自激振动，即这种腹板构型的轮对可以主动控制钢轨波磨，作者把这种车轮称为无波磨车轮[10, 11]。

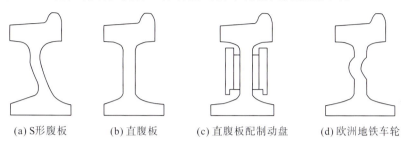

(a) S形腹板　　　(b) 直腹板　　　(c) 直腹板配制动盘　　　(d) 欧洲地铁车轮

图 13-1　四种地铁车轮构型

13.1.2　三种车轮构型的轮轨系统摩擦自激振动研究

1. S 形腹板车轮构型

S 形腹板车轮构型如图 13-2 所示，这是目前我国地铁系统使用量最大的一种车轮构型，S 形腹板车轮构型不仅使用在地铁车辆上，也使用在干线铁路的货车和普速客车上。前面几章涉及轮轨系统摩擦自激振动的模型都是使用 S 形腹板车轮。图 13-2 是 S 形腹板车轮组成的轮对的主要尺寸，图 13-3 是 S 形腹板车轮与钢轨组成的轮轨系统摩擦自激振动模型，轨距为 1435mm。

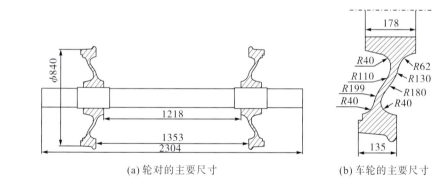

(a) 轮对的主要尺寸　　　　　　(b) 车轮的主要尺寸

图 13-2　S 形腹板车轮组成的轮对的主要尺寸(单位：mm)

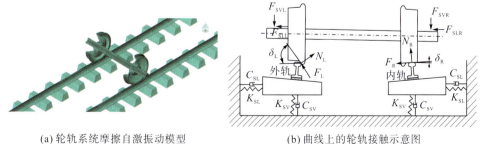

(a) 轮轨系统摩擦自激振动模型　　　(b) 曲线上的轮轨接触示意图

图 13-3　S 形腹板车轮与钢轨组成的轮轨系统摩擦自激振动模型

2. 直腹板车轮构型

直腹板车轮在地铁车辆上也得到一定程度的应用。图 13-4 是直腹板车轮组成的轮对的主要尺寸，图 13-5 是直腹板车轮与钢轨组成的轮轨系统摩擦自激振动模型，轨距为1435mm。

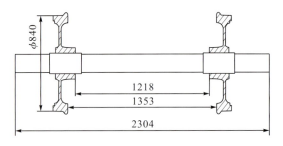

图 13-4　直腹板车轮组成的轮对的
主要尺寸(单位：mm)

图 13-5　直腹板车轮与钢轨组成的轮轨系统
摩擦自激振动模型

3. 无波磨车轮构型

无波磨车轮构型在尺寸上与目前地铁车辆上使用的 S 形腹板车轮构型相似，图 13-6 是无波磨车轮组成的轮对的主要尺寸，图 13-7 是无波磨车轮与钢轨组成的轮轨系统摩擦自激振动模型，轨距为 1435mm。

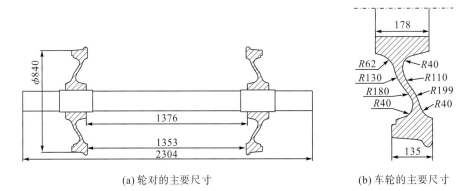

(a) 轮对的主要尺寸　　　　　　　　　　(b) 车轮的主要尺寸

图 13-6　无波磨车轮组成的轮对的主要尺寸(单位：mm)

图 13-7　无波磨车轮与钢轨组成的轮轨系统摩擦自激振动模型

13.1.3　三种车轮构型的轮轨系统摩擦自激振动参数敏感性分析

1. 车轮构型对轮轨系统摩擦自激振动的影响

当地铁车辆以 55km/h 的速度通过半径 R=350m、超高 h=120mm 的曲线轨道时，导向轮对的冲角约为 0.23°。导向轮对相对于轨道的横向滑动速度 V_r=(55000/3.6)×(0.23×3.14/180)=61.3mm/s。根据车辆通过曲线时的 SIMPACK 仿真可知轴箱悬挂力 F_{SVL}=61400N、F_{SLL}=1300N、F_{SVR}=57400N、F_{SVL}=16700N，轮对-轨道系统自激振动的频率分布如图 13-8 所示。从图 13-8(a)、(b)中可以看出，S 形腹板车轮和直腹板车轮组成的轮轨系统在 0～1000Hz 的频率各存在多个摩擦自激振动模态；从图 13-8(c)中可以看出，无波磨车轮组成的轮轨系统在 0～1000Hz 的频率内无摩擦振动模态[12]。这一组结果说明，当使用图 13-2 和图 13-4 的轮对结构时，在小半径曲线将出现波磨。图 13-9 显示了一些摩擦自激振动模态，可见波磨将主要出现在曲线轨道的内轨。

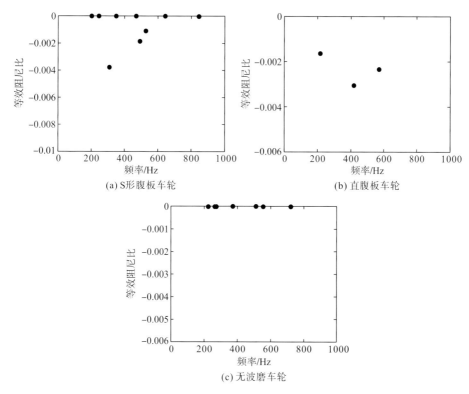

图 13-8　三种车轮构型组成的轮轨系统摩擦自激振动频率分布

无波磨车轮可以抑制或消除钢轨波磨，这是一个令人鼓舞的结果。在制动尖叫噪声研究领域，可以通过修改制动系统的结构来抑制或消除制动尖叫噪声，一些实际应用证明在抑制和消除制动尖叫噪声方面的成功[13]。本研究采用结构改进的方法来提高轮轨系统抑制波磨的能力。因此，从摩擦自激振动和尖叫噪声的角度来看，无波磨车轮能够抑制或者消除钢轨波磨的结果是合理的。需要注意的是，由于在车辆通过曲线的 SIMPACK 仿真中，轮对和钢轨被视为刚体，三种不同车轮构型的轮轨相互作用力，包括蠕滑力和法向力都相同。SIMPACK 仿真得到的法向力 N_L=46280N、N_R=55120N。通过图 13-3、图 13-5、图 13-7 轮对的有限元分析，法向力分别为 N_L=45350N、N_L=45580N、N_L=45920N、N_R=56270N、N_R=56550N、N_R=56850N。因此，不同的车轮结构产生的轮轨相互作用力大致接近，但不同车轮结构的疲劳强度可能不同[14]。不同车轮结构的疲劳强度计算超出了目前的研究范围，这里不涉及车轮的疲劳强度分析。

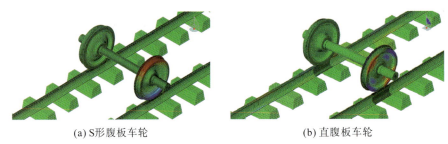

(a) S形腹板车轮   (b) 直腹板车轮

图 13-9　轮轨系统摩擦自激振动模态

2. 轨距对三种轮轨系统摩擦自激振动的影响

当车辆通过曲线时，外轨受到较大的轮轨横向力的作用，轨距一般都会增大。不同的轨距会改变车轮与钢轨接触点的位置，因而有可能会影响轮轨系统的摩擦自激振动。三种轮轨系统摩擦自激振动的数值分析结果如图 13-10 所示。

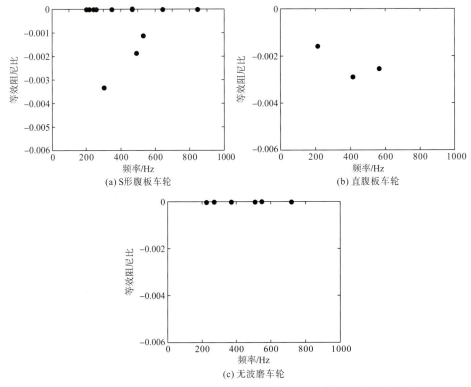

图 13-10　当轨距为 1450mm 时三种轮轨系统摩擦自激振动频率的分布

从图 13-10(a)、(b)中可以看出，当轨距从 1435mm 变为 1450mm 时，S 形腹板车轮和直腹板车轮组成的轮轨系统都存在摩擦自激振动模态。从图 13-10(c)中可以看出，无波磨车轮组成的轮轨系统在 0～1000Hz 的频率内没有摩擦自激振动，说明无波磨车轮组成的轮轨系统当轨距从 1435mm 逐步增大到 1450mm 时不会出现钢轨波磨。

3. 摩擦系数对三种轮轨系统摩擦自激振动的影响

滑动摩擦系统的摩擦自激振动发生趋势将随着摩擦系数的增加而增加[8]，也就是说，当摩擦系数达到最大可能取值时，摩擦系统的自激振动的负等效阻尼比的绝对值就越大，摩擦系统发生自激振动的趋势也就越大。在实际地铁线路中，轮轨界面处的摩擦系数在 0.25～0.6 变化。图 13-11 显示了摩擦系数对轮轨系统摩擦自激振动等效阻尼比的影响。从图 13-11(a)、(b)中可以看出，当轮轨界面处的摩擦系数等于 0.6 时，S 形腹板车轮和直腹板车轮组成的轮轨系统各自的负等效阻尼比的绝对值都比摩擦系数等于 0.4 时的负等效阻尼比的绝对值大，且多了一些摩擦自激振动模态，说明随着摩擦系数的增大，轮轨系统发生摩擦自激振动的趋势越大。从图 13-11(c)中可以看到，无波磨车轮即使轮轨摩擦系数达到 0.6 时，无波磨车轮组成的轮轨系统在 0～1000Hz 的频率内仍然没有摩擦自激振动模态。也就是说，在轮轨摩擦系数达到 0.6 的情况下，仍然不会出现钢轨波磨。

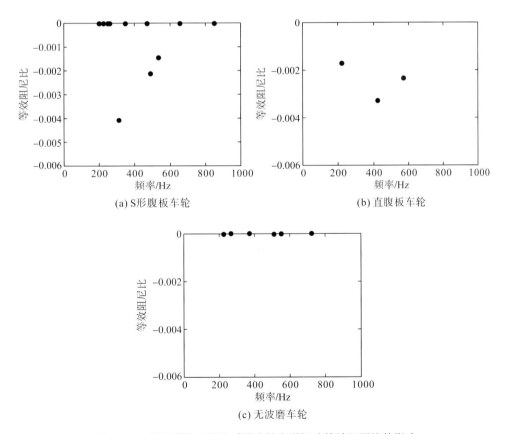

(a) S形腹板车轮

(b) 直腹板车轮

(c) 无波磨车轮

图 13-11　摩擦系数对轮轨系统摩擦自激振动等效阻尼比的影响

4. 轨底坡对三种轮轨系统摩擦自激振动的影响

我国现时地铁线路的轨底坡一般取 1/40，这是一个名义值，在实际的地铁线路中，钢轨的轨底坡可能会发生一些变化。假设轨底坡分别变化为 0 和 1/20，分别计算三种轮轨系统的摩擦自激振动的发生趋势。图 13-12 显示了轨底坡对三种轮轨系统摩擦自激振动的影响。从图 13-12(a)、(b) 中可以看出，当轨底坡等于 1/20 时，S 形腹板车轮和直腹板车轮组成的轮轨系统在 0~1000Hz 频率内都存在数量不等的摩擦自激振动模态，即在这种条件下这两种车轮构型组成的轮轨系统仍然会出现钢轨波磨。从图 13-12(c) 中可以看出，采用无波磨车轮构型的轮轨系统在 0~1000Hz 频率内没有摩擦自激振动模态，也就是说，在这种情况下不会出现钢轨波磨。进一步的仿真分析结果表明，当轨底坡等于 0 时，S 形腹板车轮和直腹板车轮组成的轮轨系统在 0~1000Hz 频率内都存在数量不等的摩擦自激振动模态，即在这种条件下这两种车轮构型组成的轮轨系统仍然会出现钢轨波磨。但当轨底坡等于 0 时，无波磨车轮组成的轮轨系统在 0~1000Hz 频率内没有摩擦自激振动模态，说明在轨底坡等于 0 的情况下使用无波磨车轮构型的轮轨系统不会出现钢轨波磨。

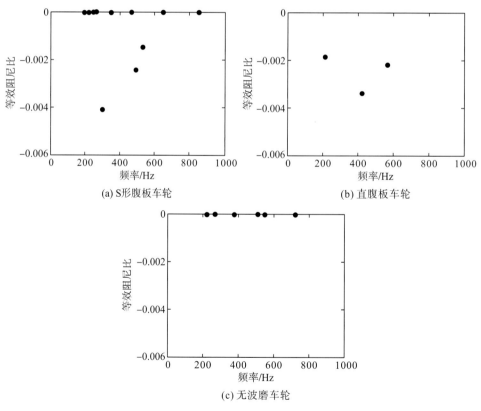

图 13-12　轨底坡对轮轨系统摩擦自激振动等效阻尼比的影响

5. 扣件类型对三种轮轨系统摩擦自激振动的影响

在我国的地铁线路中，应用了多种不同类型的扣件，不同类型的扣件的刚度和阻尼值都不相同，表 13-1 列出了三种扣件的刚度和阻尼值。图 13-13 显示了扣件类型对三种轮轨系统摩擦自激振动的影响。从图 13-13(a)、(b)中可以发现，当使用弹条型扣件时，S 形腹板车轮和直腹板车轮组成的轮轨系统在 0～1000Hz 的频率内存在多个摩擦自激振动模态，即在这种情况下轨道会出现钢轨波磨。从图 13-13(c)中可以发现，当使用弹条型扣件时，无波磨车轮组成的轮轨系统在 0～1000Hz 的频率内没有摩擦自激振动模态，即在这种情况下轨道不会出现钢轨波磨。更多的轮轨系统复特征值分析结果表明，当使用科隆蛋减振扣件时，S 形腹板车轮和直腹板车轮组成的轮轨系统在 0～1000Hz 的频率内存在多个摩擦自激振动模态，即在这种情况下轨道会出现钢轨波磨。但无波磨车轮组成的轮轨系统在 0～1000Hz 的频率内没有摩擦自激振动模态，即在使用科隆蛋减振扣件的情况下轨道不会出现钢轨波磨。

表 13-1　扣件的刚度和阻尼值

扣件类型	弹条型扣件	DTVI2 扣件	科隆蛋减振扣件
垂向刚度/(MN/m)	18.28	40.73	12.07
垂向阻尼/(N·s/m)	6361.29	9898.70	1361.12
横向刚度/(MN/m)	9.00	8.79	7.58
横向阻尼/(N·s/m)	1830.22	1927.96	974.27

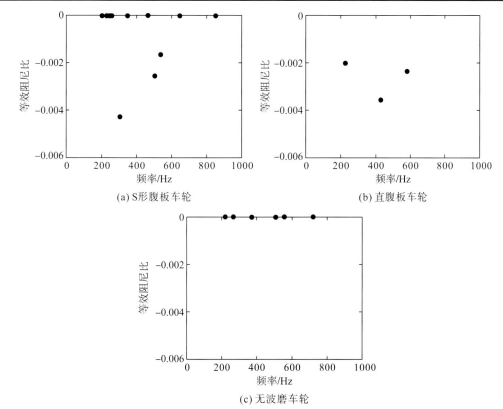

图 13-13　弹条型扣件对轮轨系统摩擦自激振动等效阻尼比的影响

6. 轨枕距离对三种轮轨系统摩擦自激振动的影响

在我国的地铁线路中，轨枕距离通常在580～625mm变化。模型仿真计算结果表明，轨枕距离对小半径曲线钢轨波磨的影响很小。图13-14显示了三种轮轨系统在580mm轨枕距离时的摩擦自激振动等效阻尼比的分布。从图13-14(a)、(b)中可以看出，由S形腹板车轮和直腹板车轮组成的轮轨系统在0～1000Hz频率内存在数量不等的摩擦自激振动模态，说明在这种情况下这两种车轮组成的轮轨系统会出现钢轨波磨。从图13-14(c)中可以看出，采用无波磨车轮组成的轮轨系统在0～1000Hz频率内没有摩擦自激振动模态，也就是说，在580mm的轨枕距离的条件下小半径曲线轨道不会出现钢轨波磨。

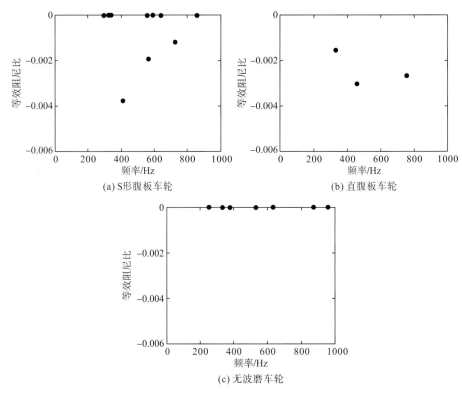

图13-14　580mm轨枕距离时轮轨系统摩擦自激振动等效阻尼比的变化

自上世纪初以来，研究人员一直在开发抑制和消除钢轨波磨的方法，先后提出了钢轨打磨、涂抹摩擦调节剂和改变通过速度等多种措施。实践证明，这些整治措施在抑制和消除钢轨波磨方面能起到一定的作用。然而，这些整治措施都是被动的措施，需要较高的后续维护成本。在本章的研究中，作者提出了一种主动控制小半径曲线波磨的方法，即用所提出的无波磨车轮代替S形腹板车轮和直腹板车轮，可以主动控制小半径曲线的波磨。这种方法不需要后续维护费用。参数敏感性分析表明，本研究提出无波磨车轮构型对防止钢轨波磨的发生具有很强的鲁棒性。这种主动控制波磨的方法不仅适用于新建的地铁线路，也适用于既有铁路。在既有铁路上应用时，所有车辆都应配备无波磨车轮构型，轨道需要完全彻底地把波磨打磨干净。在这种情况下，使用无波磨车轮有望获得小半径曲线钢轨波磨的有效控制，在理想情况下可以从源头消除波磨。

　　为什么无波磨车轮组成的轮轨系统能够抑制或消除钢轨波磨？根据摩擦引起的自激振动理论[8]，在界面没有摩擦的情况下，摩擦系统运动方程的刚度矩阵是对称矩阵。在这种情况下，特征值方程的所有特征值都不存在正实部，即摩擦系统不存在负的等效阻尼比。摩擦系统运动方程的刚度矩阵在接触界面处存在摩擦的情况下是非对称矩阵。当刚度矩阵的不对称性足够强时，摩擦系统运动方程的特征值中可能存在一个或多个正实部。也就是说，在这种情况下，摩擦系统可能存在一个或多个负等效阻尼比。作者认为，不同的轮对结构可以在一定程度上改变轮轨系统刚度矩阵的不对称性，当使用无波磨车轮时，轮轨系统刚度矩阵的不对称性变弱。在这种情况下，即使在界面处存在摩擦，无波磨车轮组成的轮轨系统在 0～1000Hz 频率内没有负等效阻尼比，不会发生摩擦自激振动，即不会发生钢轨波磨。

13.2　大半径曲线或者直线线路钢轨波磨的主动控制

　　大半径曲线或者直线线路钢轨波磨的发生率为 3%～8%，因此大半径曲线或者直线线路钢轨波磨不常见。第 10 章提出轮轨滑动是钢轨波磨根源的观点，只要轮轨没有摩擦学意义的滑动(即轮轨蠕滑力的合力小于滑动摩擦力)，就不会发生钢轨波磨。这个观点可用来抑制和消除大半径曲线和直线线路的钢轨波磨。地铁线路的大半径曲线和直线线路的波磨发生率比干线铁路的大半径曲线和直线线路的波磨发生率高，原因是地铁线路车站与车站之间的距离短，地铁列车的牵引加速度和制动减速度都比较大，地铁轮轨系统容易发生滑动。成都地铁 10 号线和 18 号线都是从市区到机场的地铁线路，这两条地铁线路的大半径曲线或者直线总有长短不等的线路出现波磨。作者认为，在大半径曲线或者直线线路出现波磨的地方改变牵引制动加速度，降低加速度的绝对值，即把牵引距离或者制动距离加大，这样可以避免轮轨滑动，从而抑制甚至消除钢轨波磨。大半径曲线或者直线线路的波磨在线路设计阶段或者线路运营前很难确定会在哪里发生，可以在出现波磨以后，对波磨区间进行钢轨打磨，完全消除钢轨的波磨轮廓，同时改变该区间的牵引或者制动加速度，同时采用两种措施就可能有效地抑制或者消除该区间的波磨。

　　对于市区到机场的地铁线路，在设计时可以要求曲线半径大于或者等于 650m，并且作者建议使用直线电机牵引模式的列车系统。直线电机牵引模式的列车系统可以极大地降低轮轨蠕滑力，使之难以达到饱和，从而消除轮轨滑动，也可能从根本上消除钢轨波磨。

13.3　地铁线路外轨波磨的主动控制

　　文献比较少见地铁线路外轨波磨的报道和研究，但这种波磨在我国现代地铁线路上却是一种比较常见的波磨形式，地铁外轨波磨不但在小半径($R=350m$) 曲线上发生，而且在 $R=400m$、$R=600m$ 曲线上也会发生。作者推测在更大半径的曲线上也会发生波磨。作者在全国各地乘坐地铁列车,通过一些大半径曲线时可以感受到一种声压级弱于小半径曲线波磨噪声的轮轨噪声,推测这种轮轨噪声就是大半径曲线外轨波磨引起的噪声。第9章研究了外轨波磨噪声的发生机理,认为车轮与外轨发生两点接触是引起外轨轨顶面波磨的主要原因,再结合我国现时干线铁路的外轨很少发生波磨这个事实,我们建议采取以下措施来抑制或者消除外轨波磨:

(1)经常性调整地铁列车的行车方向,使地铁列车在某个行车方向是轮对的 1 位车轴车轮和 2 位车轴车轮与外轨交替接触。这种轮轨接触类似于干线铁路,因为通过干线铁路的货运列车由全国范围的货车编组而成,每列车通过某曲线线路时都是不同车轮与曲线外轨接触,这种轮轨接触不容易产生共形磨耗和两点接触,因而不容易出现外轨波磨。

(2)曲线外轨扣件型号选用弹条刚度较低的扣件,使不同载重量的列车通过时外轨侧翻的角度不同,这样外轨与车轮的接触点不断改变,轮轨不容易产生共形磨耗和两点接触,因而不容易出现外轨波磨,如图 4-32 所示。

参 考 文 献

[1] Grassie S L, Rail corrugation. Wheel-rail Interface Handbook. CRC Press, 2009, 349-376.

[2] Sato Y, Matsumoto A, Knothe K. Review on rail corrugation studies. Wear, 2002, 253(1-2): 130-139.

[3] Oostermeijer K H. Review on short pitch rail corrugation studies. Wear, 2008, 265(9-10): 1231-1237.

[4] Eadie D T, Kalousek J, Chiddick K C. The role of high positive friction(HPF) modifier in the control of short pitch corrugations and related phenomena. Wear, 2002, 253(1-2): 185-192.

[5] Meehan P A, Bellette P A, Batten R D, et al. A case study of wear-type rail corrugation prediction and control using speed variation. Journal of Sound and Vibration, 2009, 325(1-2): 85-105.

[6] Oostermeijer K H. Causation of rail corrugation and contributing factors. WCRR 2003, Edinburgh, 2003.

[7] Collette C, Horodinca M, Preumont A. Rotational vibration absorber for the mitigation of rail rutting corrugation. Vehicle System Dynamics, 2009, 47(6): 641-659.

[8] Ouyang H J, Nack W, Yuan Y B, et al. Numerical analysis of automotive disc brake squeal: A review. International Journal of Vehicle Noise and Vibration, 2005, 1(3-4): 207-231.

[9] Zarraga O, Ulacia I, Abete J M, et al. Receptance based structural modification in a simple brake-clutch model for squeal noise suppression. Mechanical Systems and Signal Processing, 2017, 90: 222-233.

[10] 闫硕. 小曲线半径轨道钢轨波磨产生机理及抑制措施研究. 成都: 西南交通大学, 2018.

[11] 陈光雄, 陈若茜, 闫硕, 等. 一种能明显减少钢轨波磨的铁路车轮: 中国, CN201710493041.2. 2020-05-15.

[12] Mei G M, Chen G X, Yan S, et al. Study on a heuristic wheelset structure without rail corrugation on sharply curved tracks. Shock and Vibration, 2021, 21(5): 1-14.

[13] Massi F, Baillet L, Culla A. Structural modifications for squeal noise reduction: Numerical and experimental validation. International Journal of Vehicle Design, 2009, 51(1-2): 168-189.

[14] 常勇. 无波磨车轮疲劳强度及疲劳寿命研究. 成都: 西南交通大学, 2024.

第14章 高速列车车轮多边形磨耗机理研究

14.1 车轮多边形磨耗现象及其影响

车轮非圆磨耗(out-of-roundness of wheels)是指新造或镟修后的车轮在运营一段时间后，在车轮踏面圆周方向出现的不均匀磨损现象，也称为车轮多边形磨耗(wheel polygonal wear)。作者在2008年就观察到广州地铁4号线的车轮多边形磨耗问题，该地铁线的列车使用直线电机驱动，配备盘形制动系统，无车轮踏面制动系统，如图10-14所示。当时国内很少见到车轮多边形磨耗问题的报道，测量车轮多边形磨耗的仪器更少。作者在列车不落轮镟床上看到车轮多边形磨耗，当时看到车轮踏面已经被镟削了一定的深度，但车轮踏面每隔一定的周长就出现了一块没有被镟削到的踏面表面，这是地铁车轮多边形磨耗造成的，在车轮多边形磨耗波峰处的踏面材料被镟削而形成新的切削面，在波谷处的踏面材料没有被镟削而留下一块没有被镟削的踏面表面。在世界各地铁线路运营的高速列车、地铁列车以及货物列车上均出现不同程度的车轮多边形磨耗现象，车轮多边形磨耗实物照片如图14-1所示，车轮多边形磨耗的测量数据如图14-2所示。

(a) 多边形例子[1]　　　　(b) 多边形磨耗例子[2]

图14-1　车轮多边形磨耗

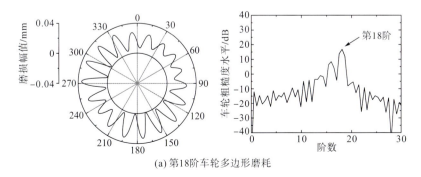

(a) 第18阶车轮多边形磨耗

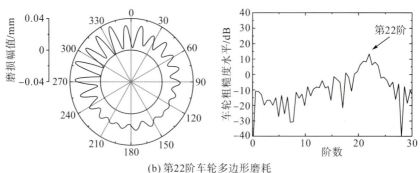

(b) 第22阶车轮多边形磨耗

图 14-2　车轮多边形磨耗的测量数据[3]

在列车运营过程中，车轮多边形磨耗会引起轮轨强迫振动和噪声。当强迫振动频率接近列车零部件的固有频率时，会产生共振，降低车轴、齿轮箱、转向架构架、轴箱盖螺栓、扣件弹条等车辆-轨道系统中零部件的使用寿命。由车轮多边形磨耗引起的零部件失效现象时有发生，如图 14-3、图 14-4 所示。在车轮非圆磨耗的治理方面，运营公司普遍采用镟修的方法来消除车轮不圆轮廓。但研究发现，由于镟修工艺限制以及镟床精度较差，车轮上的某些不圆轮廓无法被完全消除，即镟修后的车轮仍存在初始不圆轮廓。此外，车轮镟修不仅会缩短车轮寿命、增加运营成本，而且镟修后的车轮在投入使用一段时间后，仍会出现非圆磨耗现象。只有充分认识车轮非圆磨耗的形成机理及其影响因素，才能从根本上解决该问题。因此，研究车轮不圆轮廓的形成机理及其对车辆-轨道系统中零部件失效的影响，具有重要的理论和经济意义。

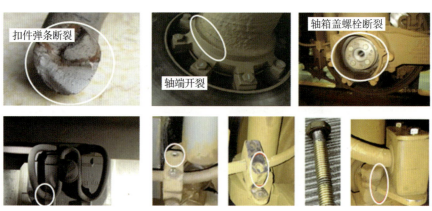

图 14-3　车轮多边形磨耗引起的零部件失效[4]

图 14-4　齿轮箱的疲劳损伤[5]

14.2　车轮多边形磨耗机理研究现状

14.2.1　国外研究现状

欧洲在 1995~2005 年的十年时间曾积极开展了车轮多边形磨耗问题的理论和试验研究，Brommundt[6]基于车轮初始不圆顺与转动惯量共同作用导致车轮多边形磨耗的观点，采用 2 自由度的简单模型及摄动技术分析了车轮磨损方式，研究发现，车辆速度越快，车轮非圆浪涌低次谐波形成越快。Meinke 等[7]建立了 40 自由度的高速轮对动力学模型，将轮对等效为转子，轮轨接触等效为滚柱轴承接触，研究了静态、动态不平衡对车轮踏面磨耗的影响，结果表明，轮对动态不平衡会导致车轮踏面 2 阶多边形磨耗，随着车轮运营里程的增加，逐渐形成 2 阶、4 阶多边形车轮。Morys[8]建立了由转动弹簧阻尼单元连接、8 个刚体组成的 ICE-1 型客车轮对模型，研究了车轮初始不圆顺轮廓的形成和发展情况，并通过建立磨损模型模拟了车辆长期运行中轮径差的演化过程。研究结果显示，车辆在刚度较大的轨道上高速运行时，车轮初始不圆顺会导致轮轨法向接触力的剧烈变化，激励车轴的弯曲振动模态，引起车轮横向滑移和材料磨损，最终形成多边形车轮。Meywerk[9]在研究中也发现了类似的结论，并且还发现了轮对左右车轮轮廓面的多边形相位差越大，多边形车轮形成越快；轮对的第 1 阶和第 2 阶弯曲振动模态对车轮多边形磨耗有重要影响。Meinders 等[10]建立了轮对-钢轨弹性系统接触模型，使用车轮磨损循环反馈关系将初始模型推广为长期磨损模型，研究了高速列车车轮初始不圆顺和轮对失衡对车轮多边形磨耗的影响，发现初始 2 阶和 2 阶以上的车轮多边形相对稳定，静态、动态不平衡对车轮多边形磨耗的发展影响较小。Snyder 等[11]对车轮扁疤、车轮不圆顺的形成和发展进行试验研究，发现车轮的脱层和剥离是车轮不圆顺形成的主因。当车轮无踏面损伤时，偏心车轮在长期运营后也会出现不圆顺。另外，季节和制动系统均对车轮扁疤的形成有重要影响。Nielsen 等[12]从高频车辆-轨道相互作用和钢轨表面不均匀磨损的角度出发，对直线及大半径曲线轨道上的短波波磨、踏面制动引起的车轮不均匀磨耗以及车轮多边形现象进行研究，并提出了解决措施以减轻此类现象。Johansson 和 Andersson[13]建立了多体系统模型，对轮轨间的相互作用进行仿真，在时域中采用迭代方法将轮轨相互作用与长期磨损模型进行反馈耦合，提出了一种车轮多边形磨耗的预测方法。研究发现，40Hz 左右的轮轨系统垂向共振、P2 共振和 165Hz 的垂向轨道反共振振动导致初始车轮多边形磨耗的进一步发展。在进一步的研究中，Johansson[14]对瑞典铁路所使用的 99 种运营里程超过 100000km 的车轮进行不圆顺实测，发现客车、货车、通勤车和地铁车辆均出现了不同程度的车轮多边形磨耗，其中高速客车最为严重。并且，在加工过程中三角卡盘固定不当会导致部分地铁车轮形成初始多边形。调查还发现了大量车轮存在质心偏心，其中货车车轮最为严重。Dekker[15]采用车辆-轨道系统柔性振动模型对车轮多边形化和钢轨波磨现象的产生机理进行研究，发现车轮摩擦自激振动的增强导致了车轮多边形磨耗和钢轨波磨现象的发生，车辆重量的增加可以抑制这类现象。除铁路车轮出现多边形磨耗外，钢厂轧机的轧辊也会出现多边形磨耗。Matsuzaki[16]建立轧辊系统动力学模型，提出轧辊系统黏-滑振动引起轧辊多边形磨耗的机理，并指出采用阻尼器消除轧辊系统的黏-滑振动可从根本上消除轧辊多边形磨耗。Fröhling 等[17]和 Spangenberg[18]通过调查发现南非某重载线路上运营的货车车轮存在严重的 16～22 阶多边形轮廓，通过研究发现轮轨自激黏-滑振动以及牵引电机俯仰运动均可激励车轴扭转共振，导致车轮高阶多边形磨耗。

总结起来，国外学者提出的车轮多边形磨耗机理包括：①轮轨黏-滑振动机理[19]；②热弹性失稳机理[20,21]。

14.2.2　国内研究现状

我国首条高速铁路京津城际高速铁路于 2008 年开通运营，后来陆陆续续开通了京沪高速铁路、武广高速铁路等多条高速铁路，截至 2022 年底，我国高速铁路的总里程已经超过42000km。车轮多边形磨耗是我国高速铁路运营以来表现出的最为严重的技术问题之一，而且较长时间没有得到根本解决，因而近年来我国许多铁路研究机构都围绕高速列车车轮多边形磨耗问题开展了长时间大跨度的研究工作，仅西南交通大学就有 7～8 个独立课题组开展车轮多边形磨耗问题的研究。在 21 世纪初期，我国学者就开始研究车轮多边形磨耗问题。罗仁等[22]基于磨耗仿真，研究了车轮不圆顺的发展及其对车辆系统动力学性能的影响，发现车轮多边形阶数越高、车速越快，车轮不圆顺形貌发展越快。Jin 等[23]进行了大量的现场测试和试验模拟，结合数值计算研究了地铁车轮多边形磨耗的形成机理，发现 72Hz 左右的轮对 1 阶弯曲共振导致了地铁车轮 9 阶多边形磨耗。陈光雄等[24]基于轮轨系统摩擦自激振动理论研究了地铁车轮多边形磨耗机理。Zhai 等[25]通过大量的现场调查和仿真模拟，研究了高速铁路轮轨系统的不均匀磨损，将轮轨纵向不均匀磨损现象分为车轮多边形磨耗和钢轨波磨两大类。现场调查发现，我国高速列车车轮典型多边形阶数为 1 阶、4～6 阶、10～13 阶、18～23 阶。其中，不同车轮直径、不同车型、不同车速是导致高阶车轮多边形磨耗阶数在 18～23 阶变化的主要原因。研究表明，初始低阶车轮多边形磨耗的成因主要与镟修车床的驱动轮偏心相关；高阶车轮多边形磨耗的形成主要与车辆的特征模态相关，尤其是转向架和轮对。进一步通过现场测试和仿真研究，发现高阶车轮多边形磨耗形貌迅速形成的必要条件为：引起车轮多边形磨耗的特征模态被有效激励；磨耗波长整分车轮周长。车辆变速运行可以有效抑制高阶车轮多边形磨耗，减小镟修驱动轮轨距可以改善车轮多边形的镟修效果。Tao 等[26]通过试验与数值模型仿真对地铁车辆车轮多边形磨耗机理进行研究，发现 P2 共振是导致车轮 5～8 阶多边形磨耗的原因，Tao 等[27]还发现特定波长的钢轨波磨激励的轮对 1 阶弯曲共振会导致车轮形成高阶多边形磨耗。Peng 等[28]研究了初始车轮多边形激励与瞬时磨损相位差对多边形磨耗发展的影响，总结了车轮多边形进一步增长的条件。研究发现，当相位差为 90°～270°时，初始车轮多边形才会继续增长，据此获得在特定车速和初始激励影响下，多边形磨耗幅值随车轮转动圈增长或减小的对应阶数。同时，对比垂向钢轨不平顺和车轮初始多边形激励对轮轨接触参数相位的影响。李大地等[29]基于线路测试，分析了高速列车高阶车轮多边形磨耗引起的轴箱垂向振动，进一步对钢轨模态进行数值计算，发现两轮对间钢轨的 3 阶弯曲模态频率与高阶车轮多边形磨耗的通过频率接近。

最近，国际著名车辆动力学专家 Iwnicki 等[30]对近年来车轮多边形磨耗问题的研究进展进行了综合评述，大篇幅介绍了中国在车轮多边形磨耗方面所做的研究工作，特别介绍了中国学者提出的三个比较有影响的高速列车车轮多边形磨耗机理：①金学松提出的高速列车运行期间转向架部件(如构架、车轴)的共振振动是车轮多边形磨耗的机理，指出车轮踏面周长是车轮多边形边长的整数倍是车轮多边形形成和发展的一个重要因素[31]。②戴焕云提出的转向架轴距约束下的钢轨弯曲共振振动是车轮多边形磨耗的机理[32]。③陈光雄提出的轮轨系统摩擦自激振动是车轮多边形磨耗的机理[24]。

作者认为，车轮多边形磨耗与钢轨波磨密切相关，两者都是轮轨摩擦副相互磨损后在车轮和钢轨滚动接触面上留下的痕迹，在车轮踏面上留下的痕迹就是车轮多边形磨耗，在钢轨工作面上留下的痕迹就是波磨。我国 300km/h 高速铁路波磨的通过频率约为 530Hz、640Hz[33]，高速列车的车轮多边形磨耗的通过频率约为 580Hz[34]，两者的频率几乎相等，基本可以说明高速列车车轮多边形磨耗和高速铁路钢轨波磨是轮轨摩擦副相互磨损后在车轮和钢轨滚动接触面上留下的痕迹。地铁车轮踏面硬度为 HRC 28～HRC 34，地铁钢轨U75V 的硬度为 HRC 36～HRC 42，车轮踏面硬度比钢轨踏面硬度略低一些，因而当钢轨磨出波磨轮廓时，车轮应该更早一些就磨出多边形了。有波磨的线路就有车轮多边形磨耗，以前车辆多使用车轮踏面制动，制动闸片与车轮踏面的相互作用抑制了车轮多边形的发展，即使用踏面制动的铁道车辆不容易产生车轮多边形磨耗，但使用盘形制动系统的铁道车辆容易产生车轮多边形磨耗，例如，使用盘形制动系统的直线电机驱动的地铁车辆和高速铁路车辆就比较容易产生车轮多边形磨耗。

作者认为，反映车轮和钢轨滚动接触相互作用的多边形磨耗机理能更真实地反映车轮多边形磨耗的实际机制。作者在 2010 年和 2011 年提出的轮轨系统摩擦自激振动是钢轨波磨和车轮多边形磨耗的机理，既解释了车轮的多边形磨耗机制，又解释了钢轨波磨机制，与实际情况比较一致。

14.2.3　车轮多边形磨耗的特点

我国高速铁路实测车轮多边形磨耗引起的轮对轴箱振动幅值最大可达到 3000m/s²，如此强烈的振动将会引起轮对轴箱端盖的脱落，以及转向架构架上管卡的松脱掉落，有可能造成重大行车安全事故。同时，车轮多边形磨耗引起的强迫振动给轴承、车轴、车轮和钢轨都施加了一个极大的动态附加力，长此以往，势必对车辆轴承、车轴、车轮和钢轨的使用寿命产生不利影响。我国高速列车车轮多边形磨耗具有以下特点：①全列车无论是动车还是拖车，8 辆编组时整列车共有 64 个车轮，每个车轮都会出现形状类似的车轮多边形磨耗，但动车车轮的多边形磨耗相对拖车车轮要严重一些；②低速铁路如我国的碎石道床铁路和地下铁路，其车轮多边形磨耗发生的概率很低，偶有发生也是个别车轮发生而非整列车的所有车轮都发生；③高速列车车轮多边形磨耗对应的振动频率为 550～600Hz。

图 14-5 显示了某动车轮对的车轮踏面镟修后的不圆顺测量结果，可以看到车轮踏面几乎没有车轮多边形磨耗。图 14-6 显示了高速列车运行时该轮对轴箱的振动测量结果，在列车速度达到 303km/h 时，无多边形磨耗的轮对轴箱垂向振动加速度幅值最大约为

200m/s²，振动主要频率约为601.5Hz。当车轮存在多边形磨耗时，轮对轴箱的振动加速度幅值最大约为1000m/s²，振动主要频率约为564.4Hz、597.6Hz。比较图14-6和图14-7可以看出，有多边形磨耗的轮对轴箱的振动加速度幅值是无多边形磨耗的轮对轴箱振动加速度幅值的5倍左右。

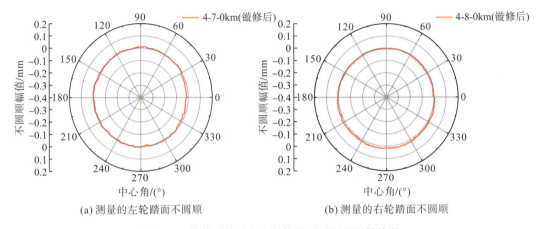

(a) 测量的左轮踏面不圆顺　　　　　　(b) 测量的右轮踏面不圆顺

图 14-5　镟修后轮对左右车轮踏面不圆顺测量结果

4-7-0km 指第 4 轮对 7 位车轮，镟修后运行 0km；4-8-0km 指第 4 轮对 8 位车轮镟修后运行 0km

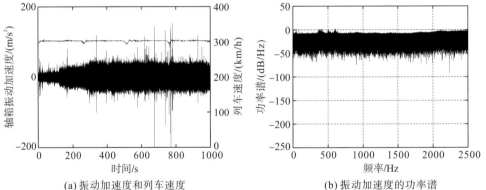

(a) 振动加速度和列车速度　　　　　　(b) 振动加速度的功率谱

图 14-6　镟修后轮对轴箱振动测量结果

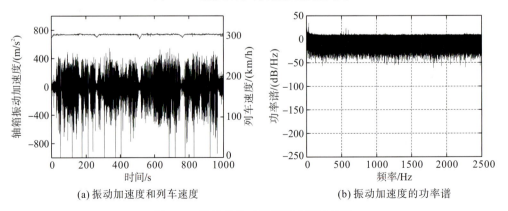

(a) 振动加速度和列车速度　　　　　　(b) 振动加速度的功率谱

图 14-7　镟修前轮对轴箱振动测量结果

14.3　车轮多边形磨耗理论模拟

14.3.1　高速列车车轮多边形磨耗模型

　　作者基于高速列车车轮多边形磨耗和高速铁路钢轨波磨是高速铁路轮轨摩擦副相互磨损在各自工作面留下的磨痕的观点，先来分析高速铁路钢轨波磨发生的规律性。我国研究人员总结了高速铁路钢轨波磨发生的规律性[35]：①波磨多出现在曲线段及缓和曲线段。曲线半径越小，波磨出现和发展的速率越快。目前曲线半径小于 7000m 的线路上多发现存在波磨，相对而言，直线段钢轨波磨出现时间较晚，发展速率也较慢。②列车制动地段钢轨的波磨较为严重。列车在牵引、制动、黏着的运行状况下均会产生波磨。通过比较直线段钢轨波磨的分布，发现钢轨波磨主要取决于列车的运行工况。在距离车站较近的同一区段，上下行线路波磨分布情况有很大差异，列车制动地段钢轨的波磨更加容易发生，波磨恶化程度也更加严重。

　　高速铁路钢轨波磨的规律性说明，制动地段的波磨更容易发生，波磨恶化程度也更加严重。作者认为，高速列车在行驶过程中，为满足区段设定的速度要求，需要不断地牵引加速和制动减速。同时，高速列车的制动力完全来自轮轨间的黏着力，随着速度的提高，轮轨间的黏着系数会降低，加之一些雨雪恶劣气候，黏着系数会进一步降低，容易发生轮轨滑动。根据轮轨系统摩擦自激振动导致车轮多边形磨耗的观点认为，当轮轨间蠕滑力趋于饱和状态时，容易引发轮轨系统摩擦自激振动，从而导致车轮多边形磨耗的产生[24]。本节根据实际线路运行参数建立高速列车轮轨系统有限元分析模型，分析高速列车轮轨系统的运动稳定性[36-41]。

　　因为高速铁路线路通常为直线轨道或大半径($R \geqslant 6000$m)曲线轨道，轮对的横向位移很小，所以其左右轮轨的接触状态近乎一致。轮对与钢轨间的接触模型如图 14-8 所示，根据该接触模型可以了解到轮轨系统的接触位置、受力分布以及轨道支撑结构的相关细节。图中，δ_L 和 δ_R 分别为左右车轮与钢轨之间的接触角。对于轮轨系统的受力分布，轮对两端轴箱处受到了由于车辆上部载荷作用的垂向悬挂力 F_{SVL} 和 F_{SVR}。当车轮从轨道上滚过时，轮轨间分别产生了法向接触力 N_L、N_R 和蠕滑力 F_L、F_R。对于轨道板支撑结构，在钢轨和预埋式轨枕之间采用弹条 WJ 型分开式扣件连接，该扣件采用弹簧和阻尼单元进行模拟，其垂向支撑刚度和阻尼分别为 K_V 和 C_V，横向支撑刚度和阻尼分别为 K_L 和 C_L。道床对轨道板的支撑刚度和阻尼同样采用弹簧和阻尼单元进行模拟，其垂向支撑刚度和阻尼分别为 K_{SV} 和 C_{SV}，横向支撑刚度和阻尼分别为 K_{SL} 和 C_{SL}。

　　轮轨系统模型几何尺寸都按照零部件实际尺寸大小建模。在实际线路中钢轨长度是无限长的，为了避免模型计算结果受到较大影响，钢轨长度取为 36m，选用 60kg/m 钢轨。车轴为空心车轴，车轮采用整体车轮，车轮和车轴之间采用过盈压装方式配合，车轮直径为 920mm，可磨耗半径为 40mm，踏面形式为 LMA 型磨耗型踏面，轮对内侧距为 1353mm。轮轨系统有限元模型材料参数如表 14-1 所示。

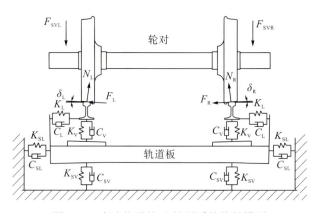

图 14-8　高速轨道轮对-轨道系统接触模型

表 14-1　轮轨系统有限元模型材料参数

零部件	密度/(kg/m³)	弹性模量/GPa	泊松比
车轮	7.8×10^3	210	0.3
车轴	7.8×10^3	206	0.29
钢轨	7.8×10^3	210	0.3
轨枕	2.5×10^3	35	0.2
轨道板	1.75×10^3	26.5	0.167

　　轮轨系统有限元模型如图 14-9 所示，整个模型包括 1 根轮对、2 根 CHN 60 钢轨和混凝土整体道床。模型采用 C3D8I 非协调六面体单元划分网格，模型节点总数为 844904 个，单元总数为 220128 个。轨道板的结构相对简单，采用结构化划分网格技术，其他均采用扫掠的方式划分网格，车轮与钢轨以及车轮与车轴接触部分单元网格进行精细划分。钢轨由 58 对预埋式轨枕及扣件系统离散支撑，钢轨支撑结构和轨道板支撑结构分别通过点对点类型的弹簧阻尼单元组和点对地类型的弹簧阻尼单元组模拟，预埋式轨枕与轨道板之间采用绑定约束连接。轮轨系统有限元模型中轨下支撑结构的参数如表 14-2 所示。

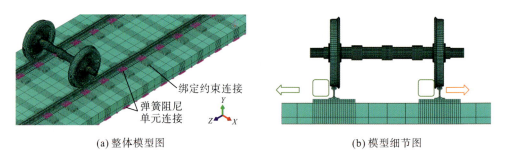

(a) 整体模型图　　　　　　　　　　　　　　(b) 模型细节图

图 14-9　高速轮轨系统有限元模型

表 14-2　高速轮轨系统有限元模型中轨下支撑结构参数

参数名称	符号	数值	参数名称	符号	数值
轨底坡	α	1/40	扣件纵向阻尼/(N·s/m)	C_{L2}	1830.22
摩擦系数	μ	0.4	轨道板支撑横向刚度/(kN/mm)	K_{SL1}	50
轨枕间距/mm	l_s	650	轨道板支撑垂向刚度/(kN/mm)	K_{SV}	170
车轮滚动圆直径/mm	d	920	轨道板支撑纵向刚度/(kN/mm)	K_{SL2}	50
扣件横向刚度/(kN/mm)	K_{L1}	9	轨道板支撑横向阻尼/(kN·s/m)	C_{SL1}	40
扣件垂向刚度/(kN/mm)	K_V	50	轨道板支撑垂向阻尼/(kN·s/m)	C_{SV}	310
扣件纵向刚度/(kN/mm)	K_{L2}	9	轨道板支撑纵向阻尼/(kN·s/m)	C_{SL2}	40
扣件横向阻尼/(N·s/m)	C_{L1}	1830.22	左端垂向悬挂力/N	F_{SVL}	60000
扣件垂向阻尼/(kN·s/m)	C_V	20	右端垂向悬挂力/N	F_{SVR}	60000

在有限元模型中，车轮与车轴之间以及车轮与钢轨之间的接触方式为面-面接触，两侧车轮内表面与车轮中心以及轴端两侧中心点与轴端回转面间分别建立耦合约束关系，在耦合点上施加模型中边界条件及载荷。在边界条件的设置方面，钢轨采用的是端部固定边界条件，即铰支约束(pinned)，轨道板与之相同，车轮采用的是位移和旋转边界条件，即固定指定的自由度。模拟轮轨蠕滑力饱和则通过在模型生成文件中添加稳态滑移语句实现。有限元模型整个计算过程分为五步，计算过程中的分析步定义如下：

(1)设置轮轴过盈配合参数，使轮毂轮座在合理的应力情况下配合；

(2)选择静力学类型分析步，施加垂向悬挂力，计算轮轨接触力及应力、应变；

(3)选择静力学类型分析步，添加稳态滑移，计算轮轨接触力及应力、应变；

(4)选择线性摄动类型分析步，计算蠕滑力饱和状态下系统自然频率及模态；

(5)选择线性摄动类型分析步，计算蠕滑力饱和状态下系统复频率及模态。

根据我国某高铁线路区间实地现场测量，部分动车组车轮存在 18 阶多边形磨耗，当列车以 280～300km/h 速度高速运行时，其相应的通过频率为 485～520Hz。因此，在高铁线路上 500Hz 左右的摩擦自激振动频率是引起高速列车车轮多边形磨耗的主要频率。

首先，采用复特征值分析法研究高速线路轮轨系统的稳定性。图 14-10(a)显示了当轮轨间蠕滑力饱和时轮轨系统摩擦自激振动的频率分布，从图中可以看出当 f=495.21Hz 时，对应的等效阻尼比出现小于零的情况，根据复特征值分析理论，此时的轮轨系统可能发生摩擦自激振动。对应的摩擦自激振动模态如图 14-10(b)所示，从图中可以看出，车轮踏面出现了摩擦自激振动形态。根据车辆运行速度可以计算多边形磨耗的阶数，该摩擦自激振动频率对应动车组轮对产生 18 阶多边形磨耗的通过频率，这与实际线路测量数据基本一致。说明车轮多边形磨耗可能是由轮轨间蠕滑力饱和导致轮轨系统产生摩擦自激振动引起的。高速列车普遍装备了轮对防滑装置来尽量避免由于各种外界因素影响而出现的轮轨接触滑动问题。

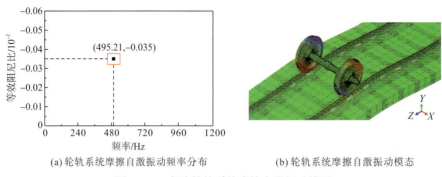

(a) 轮轨系统摩擦自激振动频率分布   (b) 轮轨系统摩擦自激振动模态

图 14-10　高速轮轨系统摩擦自激振动模型

14.3.2　高速轮轨系统摩擦自激振动的参数敏感度研究

1. 钢轨扣件参数对轮轨系统摩擦振动的影响

我国高速铁路无砟轨道扣件一般采用 WJ-7、WJ-8 等型号，垂向刚度 $K_V \approx 50\mathrm{MN/m}$，垂向阻尼 $C_V \approx 20\mathrm{kN \cdot s/m}$，为了分析扣件参数对轮轨系统摩擦振动的影响，本节取 $K_V=30 \sim 70\mathrm{MN/m}$ 和 $C_V=20 \sim 35\mathrm{kN \cdot s/m}$ 进行分析。由图 14-11(a) 可以看出，当 $K_V=30\mathrm{MN/m}$、$K_V=40\mathrm{MN/m}$、$K_V=50\mathrm{MN/m}$、$K_V=60\mathrm{MN/m}$、$K_V=70\mathrm{MN/m}$ 时，计算得出两个基本相同的摩擦自激振动频率，分别为 $f=495.20\mathrm{Hz}$ 和 $f=495.01\mathrm{Hz}$，得到对应的等效阻尼比如图 14-11(a) 所示。综合图 14-11(a) 和 14-11(b) 可以看出随着垂向刚度的增大，对应等效阻尼比的数值有轻微变化，但变化较小，说明钢轨扣件垂向刚度对轮轨系统摩擦自激振动的影响较小，仅通过改变钢轨扣件垂向刚度不能减缓轮轨系统出现的摩擦自激振动，即不能抑制车轮多边形磨耗的发生。

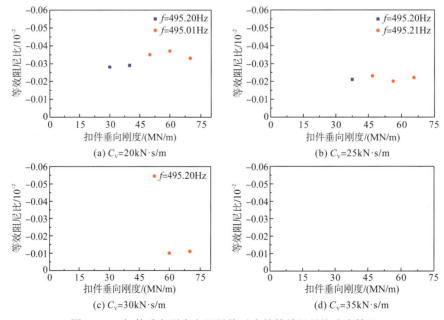

图 14-11　扣件垂向刚度和阻尼值对应的等效阻尼比分布情况

取 C_V=20kN·s/m、C_V=25kN·s/m、C_V=30kN·s/m、C_V=35kN·s/m 分别计算轮轨系统摩擦自激振动的发生趋势,以此研判扣件参数对车轮多边形磨耗的影响,计算结果如图 14-11 所示。从图中可以看出,随着垂向阻尼的增大,出现的摩擦自激振动频率以及其对应的负等效阻尼比的绝对值都在相应的减小,即摩擦自激振动发生的趋势越来越小,而且当 C_V=35kN·s/m 时,轮轨系统没有出现等效阻尼比小于零的情况。计算结果说明,在一定范围内增加扣件垂向阻尼可以有效减缓轮轨系统摩擦自激振动的发生趋势,即达到抑制车轮多边形磨耗发生的目的。特别是,当扣件阻尼大于 35kN·s/m 时,轮轨系统摩擦自激振动消失,即轮轨系统不会出现车轮多边形磨耗。

2. 摩擦系数对轮轨系统摩擦自激振动的影响

轮轨摩擦受到环境和天气等外界因素的影响,在干燥和清洁的环境下摩擦系数 μ 的取值为 0.3~0.5,但在轮轨遭受雨雪或油污污染时,摩擦系数 μ 有所下降,取值为 0.05~0.2,甚至更低[42]。本节将分析摩擦系数对摩擦自激振动发生趋势的影响。当摩擦系数 μ=0.25、μ=0.3、μ=0.35、μ=0.4、μ=0.45、μ=0.5 时,对轮轨系统进行复特征值分析,其他参数值如表 14-1 和表 14-2 所示,计算得到的轮轨系统等效阻尼比分布如图 14-12 所示。

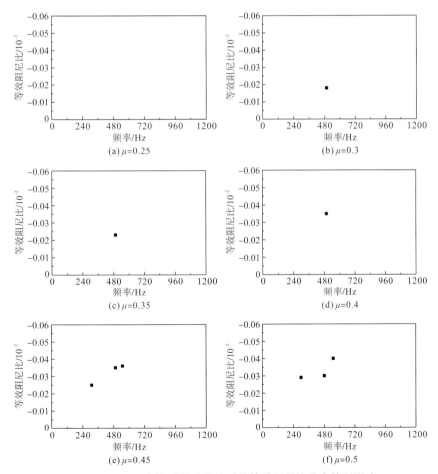

图 14-12　不同摩擦系数对轮轨系统等效阻尼比分布情况影响

从图 14-12 中可以看出，当 $\mu=0.25$ 时，复特征值分析结果中没有出现负的等效阻尼比，说明此情况下轮轨系统不会发生摩擦自激振动。当 $\mu=0.3$ 时，复特征值分析结果中出现了一个摩擦自激振动频率对应的等效阻尼比小于零的情况。随着摩擦系数的增大，摩擦自激振动频率出现的个数增多，且对应频率的等效阻尼比的绝对值有增大趋势。图 14-13为在不同摩擦系数下，对应等效阻尼比绝对值的最大值变化趋势，从图中可以看出，随着摩擦系数的增大，等效阻尼比绝对值的最大值也在增大，即轮轨系统发生摩擦自激振动的趋势在增强。由于干燥天气的轮轨摩擦系数比雨雪天气大，高速列车长时间在干燥天气行驶会比在雨雪天气行驶更容易出现车轮多边形磨耗现象。

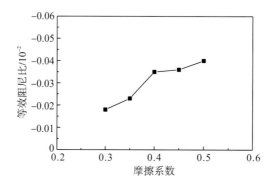

图 14-13　轮轨系统等效阻尼比绝对值的最大值相对于摩擦系数的变化

3. 一系悬挂力对轮轨系统摩擦自激振动的影响

一系悬挂力为高速列车的车辆所有载荷通过一系悬挂系统传递到列车轮对轴箱的作用力，本节通过改变有限元模型中垂向悬挂力 F_{SVL} 和 F_{SVR} 来计算分析一系悬挂力对轮轨系统摩擦自激振动的影响。由于在直线或是大半径曲线线路上，F_{SVL} 和 F_{SVR} 几乎相等，在下面计算过程中可以仅通过 F_{SVL} 的大小来代表。图 14-14 展现了不同垂向悬挂力作用下轮轨系统负等效阻尼比频率分布。当 $F_{SVL}=50$kN 时，轮轨系统出现了两个摩擦自激振动频率，根据摩擦自激振动理论可知，对应负等效阻尼比绝对值较大的频率在对系统摩擦自激振动趋势上占主导地位，即 $f=495.01$Hz 时，轮轨系统最有可能发生摩擦自激振动。当 $F_{SVL}=80$kN 时，轮轨系统发生摩擦自激振动趋势的主导频率为 $f=503.22$Hz。图 14-15展现了不同垂向悬挂力作用下，轮轨系统在主导频率处摩擦自激振动趋势变化曲线。从图中可以看出，轮轨系统摩擦自激振动主导频率变化不大，且当 $F_{SVL}=60$kN 时，对应的负等

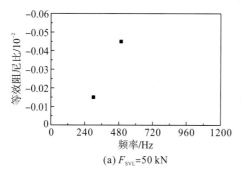

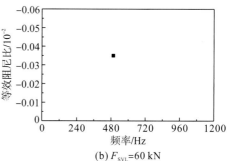

(a) $F_{SVL}=50$ kN　　　　　　　　　　　(b) $F_{SVL}=60$ kN

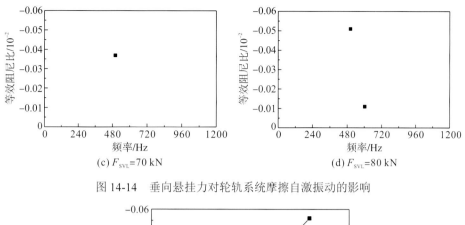

(c) F_{SVL}=70 kN　　　　　(d) F_{SVL}=80 kN

图 14-14　垂向悬挂力对轮轨系统摩擦自激振动的影响

图 14-15　轮轨系统摩擦自激振动相对于垂向悬挂力的变化

效阻尼比的绝对值最小，即轮轨系统发生摩擦自激振动的可能性最小。随着垂向悬挂力的增大和减小，摩擦自激振动频率对应的负等效阻尼比的绝对值出现了不同程度的增大现象，即摩擦自激振动趋势在增强。因此，可以说明，通过单独改变垂向悬挂力并不能很好地降低轮轨系统摩擦自激振动趋势，即不能达到抑制车轮多边形磨耗产生的目的。

4. 轮轴过盈量对轮轨系统摩擦自激振动的影响

压装工艺的好坏很大程度上决定了车辆运行品质的好坏，本节从轮轴过盈量的角度分析压装过程对轮轨系统摩擦自激振动的影响。从结合面强度的角度来说，轮轴的合理过盈量 $\delta_Y \approx 0.1584\sim0.297$mm，因此取 δ_Y=0.16mm、δ_Y=0.20mm、δ_Y=0.24mm、δ_Y=0.28mm 分别进行计算，图 14-16 显示了计算结果。从图中可以看出，轮轴过盈量对轮轨系统摩擦自激振动的影响较小，选取轮轴过盈量时主要考虑其结合强度的要求。

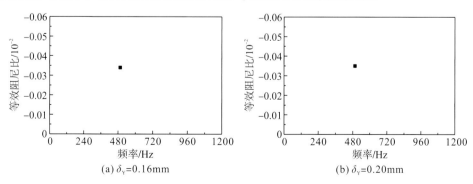

(a) δ_Y=0.16mm　　　　　(b) δ_Y=0.20mm

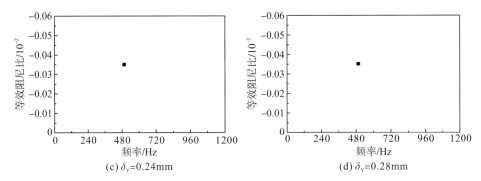

(c) δ_Y=0.24mm   (d) δ_Y=0.28mm

图 14-16   不同轮轴过盈量下轮轨系统等效阻尼比的分布

参 考 文 献

[1] 陶功权. 和谐型电力机车车轮多边形磨耗形成机理研究. 成都: 西南交通大学, 2018.

[2] 金学松, 吴越, 梁树林, 等. 车轮非圆化磨耗问题研究进展. 西南交通大学学报, 2018, 53(1): 1-14.

[3] Wu X W, Rakheja S, Cai W B, et al. A study of formation of high order wheel polygonalization. Wear, 2019, 424-425: 1-14.

[4] 金学松, 吴越, 梁树林, 等. 高速列车车轮多边形磨耗、机理、影响和对策分析. 机械工程学报, 2020, 56(16): 118-136.

[5] 朱海燕. 高速动车组齿轮箱箱体振动特性及疲劳失效研究. 成都: 西南交通大学, 2019.

[6] Brommundt E. A simple mechanism for the polygonalization of railway wheels by wear. Mechanics Research Communications, 1997, 24(4): 435-442.

[7] Meinke P, Meinke S. Polygonalization of wheel treads caused by static and dynamic imbalances. Journal of Sound and Vibration, 1999, 227(5): 979-986.

[8] Morys B. Enlargement of out-of-round wheel profiles on high speed trains. Journal of Sound and Vibration, 1999, 227(5): 965-978.

[9] Meywerk M. Polygonalization of railway wheels. Archive of Applied Mechanics, 1999, 69(2): 105-120.

[10] Meinders T, Meinke P. Rotor dynamics and irregular wear of elastic wheelsets. System Dynamics and Long-Term Behaviour of Railway Vehicles, Berlin, 2003: 133-152.

[11] Snyder T, Stone D H, Kristan J. Wheel flat and out-of round formation and growth. Proceedings of the 2003 IEEE/ASME Joint Railroad Conference, Chicago, 2003: 143-148.

[12] Nielsen J C O, Lund N R, Johansson A, et al. Train-track interaction and mechanisms of irregular wear on wheel and rail surfaces, Vehicle System Dynamics, 2003, 40(1-3): 3-54.

[13] Johansson A, Andersson C. Out-of-round railway wheels—A study of wheel polygonalization through simulation of three-dimensional wheel-rail interaction and wear. Vehicle System Dynamics, 2005, 43(8): 539-559.

[14] Johansson A. Out-of-round railway wheels—Assessment of wheel tread irregularities in train traffic. Journal of Sound and Vibration, 2006, 293(3-5): 795-806.

[15] Dekker H. Vibrational resonances of nonrigid vehicles: Polygonization and ripple patterns. Applied Mathematical Modelling, 2009, 33(3): 1349-1355.

[16] Matsuzaki K, Sueoka A, Ryu T, et al. Generation mechanism of polygonal wear of work rolls in a hot leveler and a countermeasure by dynamic absorbers. International Journal of Machine Tools and Manufacture, 2008, 48(9): 983-993.

[17] Fröhling R, Spangenberg U, Reitmann E. Root cause analysis of locomotive wheel tread polygonisation. Wear, 2019, 432-433: 102911.

[18] Spangenberg U. Variable frequency drive harmonics and interharmonics exciting axle torsional vibration resulting in railway wheel polygonisation. Vehicle System Dynamics, 2020, 58(3): 404-424.

[19] Kalousek J, Johnson K L. An investigation of short pitch wheel and rail corrugations on the Vancouver mass transit system. Proceedings of the Institution of Mechanical Engineers, Part F: Journal of Rail and Rapid Transit, 1992, 206(2): 127-135.

[20] Vernersson T. Thermally induced roughness of tread-braked railway wheels: Part 1: Brake rig experiments. Wear, 1999, 236(1-2): 96-105.

[21] Vernersson T. Thermally induced roughness of tread braked railway wheels: Part 2: Modelling and field measurements. Wear, 1999, 236(1-2): 106-116.

[22] 罗仁, 曾京, 邬平波, 等. 高速列车车轮不圆顺磨耗仿真及分析. 铁道学报, 2010, 32(5): 30-35.

[23] Jin X S, Wu L, Fang J Y, et al. An investigation into the mechanism of the polygonal wear of metro train wheels and its effect on the dynamic behaviour of a wheel/rail system. Vehicle System Dynamics, 2012, 50(12): 1817-1834.

[24] 陈光雄, 金学松, 邬平波, 等. 车轮多边形磨耗机理的有限元研究. 铁道学报, 2011, 33(1): 14-18.

[25] Zhai W M, Jin X S, Wen Z F, et al. Wear problems of high-speed wheel/rail systems: observations, causes, and countermeasures in China. Applied Mechanics Reviews, 2020, 72(6): 060801.

[26] Tao G Q, Wen Z F, Liang X R, et al. An investigation into the mechanism of the out-of-round wheels of metro train and its mitigation measures. Vehicle System Dynamics, 2019, 57(1): 1-16.

[27] Tao G Q, Xie C X, Wang H Y, et al. An investigation into the mechanism of high-order polygonal wear of metro train wheels and its mitigation measures. Vehicle System Dynamics, 2021, 59(10): 1557-1572.

[28] Peng B, Iwnicki S, Shackleton P, et al. General conditions for railway wheel polygonal wear to evolve. Vehicle System Dynamics, 2021, 59(4): 568-587.

[29] 李大地, 戴焕云. 基于钢轨模态振动的车轮高阶多边形研究. 机车电传动, 2018, (2): 61-66.

[30] Iwnicki S, Nielsen J C O, Tao G Q. Out-of-round railway wheels and polygonisation. Vehicle System Dynamics, 2023, 61(7): 1787-1830.

[31] Wu Y, Jin X S, Cai W B, et al. Key factors of the initiation and development of polygonal wear in the wheels of a high-speed train. Applied Sciences, 2020, 10(17): 5880.

[32] Dai H Y, Li D, Zhuang S. Study on the mechanism of high order out of round and wear of high-speed railway train's wheel. Proceedings of 25th International Symposium of the International Association of Vehicle System Dynamics on Dynamics of Vehicles on Roads and Tracks, Rockhampton, 2018: 1321-1327.

[33] 姜子清, 司道林, 李伟, 等. 高速铁路钢轨波磨研究. 中国铁道科学, 2014, 35(4): 9-14.

[34] Wu Y, Du X, Zhang H J, et al. Experimental analysis of the mechanism of high-order polygonal wear of wheels of a high-speed train. Journal of Zhejiang University: Science A, 2017, 18(8): 579-592.

[35] 王立乾. 铁路钢轨波磨研究及其治理. 铁道建筑技术, 2013, (12): 101-104, 117.

[36] Zhao X N, Chen G X, Huang Z Y, et al. Study on the different effects of power and trailer wheelsets on wheel polygonal wear. Shock and Vibration, 2020, 2020(11): 1-12.

[37] Zhao X N, Chen G X, Lü J Z, et al. Study on the mechanism for the wheel polygonal wear of high-speed trains in terms of the frictional self-excited vibration theory. Wear, 2019, 426-427: 1820-1827.

[38] Wu B W, Qiao Q F, Chen G X, et al. Effect of the unstable vibration of the disc brake system of high-speed trains on wheel polygonalization. Proceedings of the Institution of Mechanical Engineers, Part F: Journal of Rail and Rapid Transit, 2020, 234(1): 80-95.

[39] 陈光雄, 崔晓璐, 王科. 高速列车车轮踏面非圆磨耗机理. 西南交通大学学报, 2016, 51(2): 244-250.

[40] 吴波文. 制动对车轮多边形磨耗和钢轨波磨影响的研究. 成都: 西南交通大学, 2020.

[41] 赵晓男. 基于轮轨滑动的高速列车车轮多边形磨耗形成机理研究. 成都: 西南交通大学, 2022.

[42] Buckley-Johnstone L, Trummer G, Voltr P, et al. Full-scale testing of low adhesion effects with small amounts of water in the wheel/rail interface. Tribology International, 2020, 141: 105907.

第15章 高速列车轮对质量偏心引起车轮多边形磨耗的研究

由于材料质量、加工和镟修工艺等，铁路列车的轮对通常存在质量偏心，质心与旋转中心发生偏离[1]。当车轮高速转动时，微小的质量偏心会导致方向周期性变化的离心力，引起轮轨振动和噪声，降低乘坐舒适性。当振动频率与一些部件的固有频率相同或具有整倍数关系时，将导致共振，从而引起严重的安全隐患[2]，如车轴、轴承、轨枕失效等。同时，轮对质量偏心引起离心力会导致轮轨法向接触力发生周期性波动，造成轮轨非均匀磨耗。随着高速列车运行速度的不断提高，轮对质量偏心引起的冲击振动逐渐增强，导致车轮非圆轮廓的形成速度越来越快，从而大幅增加列车安全运行风险和维修成本。通常，为了避免轮对质量偏心，在车轮和制动盘的加工、装配和使用过程中，都会进行静、动平衡检测和校正，使其残余静不平衡量满足允许限值，但在世界各地的铁路列车实际运行中，仍会出现由偏心引起的车轮1阶不圆现象[3, 4]。虽然1阶不圆车轮引起的振动频率较低，但随着偏心车轮的多次转动，该振动的高频谐频振动容易被激励，可能与模态频率分布密集的车辆-轨道系统零部件发生共振，从而引起车轮更高阶的多边形磨耗。并且，研究发现由于不落轮对镟床的镟修定位问题，车轮1阶不圆几乎不能通过镟修被消除[2]。目前，对于该问题仍没有有效且经济的解决方案。

本章从某线路上高速动车组列车拖车的运行速度和轮对轴箱体的振动加速度测量结果出发，分析了轮对偏心引起的振动。根据现场测试和多体动力学仿真获得的数据，建立了拖车轮对-钢轨系统有限元模型。通过改变特定区域的材料密度来模拟车轮和制动盘的残余静不平衡量，计算了当轮对高速转动时其产生的力偶矩。根据瞬时动态分析获得的轮轨间法向接触力来分析车轮踏面磨耗，研究了轮对运行速度、车轮和制动盘残余静不平衡量及其之间的相位差对轮轨间法向接触力的影响，并提出了抑制轮对质量偏心引起的车轮1阶不圆磨耗的理论措施。同时，通过重新编译有限元模型的节点坐标来模拟偏心磨耗后的车轮理想踏面，研究了车轮1阶不圆的发展。

15.1 质量偏心轮对-钢轨系统有限元模型

15.1.1 高速列车拖车轴箱体振动加速度的现场测试

现场调查表明，在我国运行的最高速度为 250km/h 的高速列车车轮存在严重的不圆磨耗。在测试的车轮中，有96%的车轮存在不同程度的1阶不圆磨耗[2]。车轮表面粗糙度的典型测试结果如图15-1(a)所示，测试车轮不圆阶次的统计结果如图15-1(b)所示[5]。从图15-1中可知，该型列车车轮上存在明显的1阶偏心磨耗、12~15阶、21~24阶多边形磨耗。

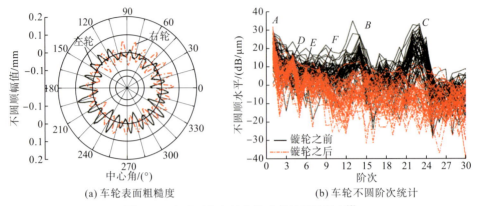

(a) 车轮表面粗糙度　　　　　　　　(b) 车轮不圆阶次统计

图15-1　高速列车车轮多边形磨耗现场调查[5]

对某线路上一辆高速列车的实际运行速度进行记录，并测试该列车4车(拖车)2位轴箱体的横向振动加速度，如图15-2所示。由图可知，该列车在0~200s先牵引加速，在200~600s保持匀速运行，在600~800s进行制动减速。通过计算可知，该列车在匀速运行区间内的平均车速约为237km/h。为了保证分析准确性，对该列车匀速运行区间内的轴箱体横向振动加速度进行功率谱密度分析，结果如图15-3所示。由图可知，轴箱体横向振动加速度在频率为25Hz、297Hz、594Hz左右处存在明显的振动峰值。线路跟踪测试结果表明[6]，当车轮踏面不存在多边形磨耗时，列车运行过程中轴箱体振动加速度无明显振动主要频率。因此，频率为25Hz、297Hz、594Hz左右的轴箱体振动是由车轮不圆磨耗所激励的。当车轮滚动圆半径为0.43m时，这些振动频率对应的车轮不圆阶数 n 可通过式(15-1)计算：

$$n = f \frac{2\pi R}{v/3.6} \tag{15-1}$$

由式(15-1)可知，25Hz、297Hz、594Hz的轴箱体振动频率分别对应1阶、12~13阶、24~25阶车轮不圆的通过频率。这与图15-1(b)统计结果的车轮不圆主阶数基本一致。

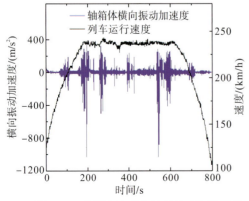

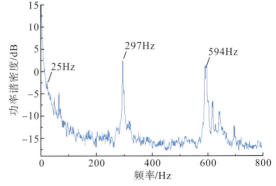

图15-2　实测高速列车运行速度和轴箱体　　　　图15-3　匀速运行区间列车轴箱体横向

横向振动加速度　　　　　　　　　　　　　　　振动加速度功率谱密度分析

15.1.2　高速列车质量偏心拖车轮对-钢轨系统有限元建模

在轮对静平衡检测中，常发现车轮和轴装式制动盘均可能存在残余静不平衡量[7,8]。轮对残余静不平衡量可通过静平衡测试获得，其计算公式如下：

$$|U| = m_e \times r_e \tag{15-2}$$

式中，$|U|$ 为轮对静不平衡量；m_e 为轮对偏心质量；r_e 为轮对偏心质量与转动中心之间的距离。在列车运行过程中，残余静不平衡量引起的离心力 F_c 的大小为

$$F_c = m_e \times r_e \times w_e^2 = |U| \times w_e^2 \tag{15-3}$$

式中，w_e 为轮对角速度。由式(15-3)可知，轮对转速对离心力大小具有重要影响。假设列车车轮在运行中与钢轨之间的接触关系为纯滚动接触，轮对角速度可通过式(15-4)计算：

$$w_e = \frac{v/3.6}{R} \tag{15-4}$$

由图 15-2 可知，在列车匀速运行区间内平均车速 v 约为 237km/h，车轮滚动圆半径 R 约为 0.43m。根据式(15-4)的计算结果，将有限元模型中轮对角速度设定为 153.101rad/s。

许多国家和组织为铁路轮对制定的验收标准[7-9]规定：当车速大于 200km/h 时，车轮残余静不平衡量应小于或等于 50g·m；在轮对安装时，两个车轮之间、两个制动盘之间的残余静不平衡量相位差为 180°。由于轮对运行速度为 237km/h，将车轮和制动盘残余静不平衡量的初始值均取为 50g·m。进一步建立质量偏心拖车轮对-钢轨系统有限元模型，通过增大车轮辐板上特定区域 Z 和制动盘上特定区域 Y 的材料密度来模拟偏心质量，如图 15-4 所示。车轮辐板上特定区域 Z 的材料密度 ρ_Z 计算公式为

$$\rho_Z = \frac{|U_W|/1000r_Z + \rho_{WR} \times V_Z}{V_Z} \tag{15-5}$$

式中，$|U_W|$ 为车轮残余静不平衡量；r_Z 为区域 Z 与轮对的中心距；ρ_{WR} 为轮对的材料密度；V_Z 为区域 Z 的体积。同理，制动盘上特定区域 Y 的材料密度 ρ_Y 计算公式为

$$\rho_Y = \frac{|U_D|/1000r_Y + \rho_{WR} \times V_Y}{V_Y} \tag{15-6}$$

式中，$|U_D|$ 为制动盘残余静不平衡量；r_Y 为区域 Y 与轮对的中心距；V_Y 为区域 Y 的体积。

车轮踏面类型为 LMA，钢轨类型为 CHN60kg/m。为保证仿真结果准确性，对轮轨接触区的钢轨轨头进行网格细化，采用弹簧和阻尼单元模拟钢轨扣件的等效刚度和阻尼，如图 15-4(a)所示。轮对在钢轨上仿真运行的总长度约为 10m，如图 15-4(b)所示。其中，前 2m 为动态松弛区域 AB，在该区域内轮轨接触状态由静到动，并逐渐趋于稳定。剩余 8m 为仿真关注区域 BC，该区域的仿真结果被进一步分析。有限元模型中网格单元(C3D8I)共有 288684 个，节点共有 391520 个。在 UM 软件中建立刚柔耦合车辆-轨道系统多体动力学仿真模型，如图 15-4(c)所示。该模型中车辆为刚性体，以 237km/h 的车速运行在柔性体直线轨道上，支撑轨枕共有 800 个。在动力学仿真中添加了抗蛇形减振器，该模型主要参数如表 15-1 所示。有限元模型中垂向悬挂力等参数来自车体动力学模型前转向架导向轮对的仿真结果，模型具体参数如表 15-2 所示。在仿真中均未考虑轮轨初始不圆顺的影响。

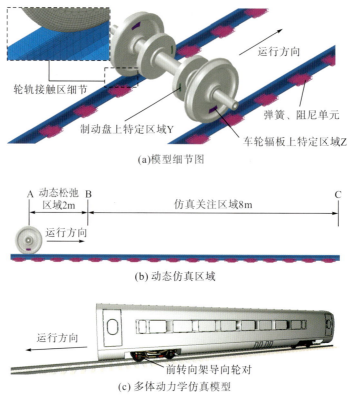

(a)模型细节图

(b) 动态仿真区域

(c) 多体动力学仿真模型

图 15-4 质量偏心拖车轮对-钢轨系统有限元建模

表 15-1 车辆-轨道系统多体动力学仿真模型具体参数

参数名称	数值	参数名称	数值
车体质量 m_c/kg	26100	一系悬挂横向刚度 K_{py}/(kN/m)	980
车体侧滚转动惯量 I_{cx}/(kg·m²)	84560	一系悬挂垂向刚度 K_{pz}/(kN/m)	1176
车体点头转动惯量 I_{cy}/(kg·m²)	1278900	一系悬挂垂向阻尼 C_{pz}/(kN·s/m)	19.6
车体摇头转动惯量 I_{cz}/(kg·m²)	1102730	二系悬挂纵向刚度 K_{sx}/(kN/m)	158.76
转向架构架质量 m_b/kg	2600	二系悬挂横向刚度 K_{sy}/(kN/m)	158.76
构架侧滚转动惯量 I_{bx}/(kg·m²)	2106	二系悬挂垂向刚度 K_{sz}/(kN/m)	189.14
构架点头转动惯量 I_{by}/(kg·m²)	1424	二系悬挂横向阻尼 C_{sy}/(kN·s/m)	58.8
构架摇头转动惯量 I_{bz}/(kg·m²)	2600	二系悬挂垂向阻尼 C_{sz}/(kN·s/m)	40
轮对质量 m_w/kg	2100	轮轨材料弹性模量 E/MPa	210000
轮对侧滚转动惯量 I_{wx}/(kg·m²)	756	轮轨材料泊松比 ν	0.3
轮对点头转动惯量 I_{wy}/(kg·m²)	84	轮轨间摩擦系数 μ	0.23
轮对摇头转动惯量 I_{wz}/(kg·m²)	1029	车轮滚动圆横向跨距 D/m	1.493
一系悬挂纵向刚度 K_{px}/(kN/m)	980	轨道总长度 L_T/m	502.571

表 15-2　质量偏心轮对-钢轨有限元模型具体参数

参数名称	数值	参数名称	数值
轮对左右两侧垂向悬挂力 F_{SV}/kN	68.358	轨枕间距 L_S/m	0.629
轮对左右两侧横向悬挂力 F_{SL}/kN	0	钢轨长度 L/m	36
区域 Y 的体积 V_Y/m³	0.000314	轮对和钢轨的材料密度 ρ_{WR}/(kg/m³)	7800
区域 Y 的材料密度 ρ_Y/(kg/m³)	8435.23	轮对和钢轨的弹性模量 E/MPa	210000
区域 Y 与轮对的中心距 r_Y/m	0.25	轮对和钢轨的泊松比 ν	0.3
区域 Z 的体积 V_Z/m³	0.000169	扣件垂向刚度 K_V/(MN/m)	50
区域 Z 的材料密度 ρ_Z/(kg/m³)	8834.633	扣件横向刚度 K_L/(MN/m)	28
区域 Z 与轮对的中心距 r_Z/m	0.290256	扣件垂向阻尼 C_V/(N·s/m)	30
轮轨间摩擦系数 μ	0.23	扣件横向阻尼 C_L/(N·s/m)	20

15.1.3　轮轨法向接触力波动引起的车轮踏面磨耗分析

轮轨表面的磨耗通常被认为是由轮轨间摩擦功变化导致的，Brockley[10]提出的磨损公式为

$$W = K \times (H - C) \tag{15-7}$$

式中，W 为单位时间内的磨损量；K 为磨损常数；H 为摩擦功；C 为长时摩擦功常数。根据式(15-7)可知，单位时间内轮轨的磨损量主要由摩擦功 H 决定，它可以通过式(15-8)计算：

$$H = T\Delta V = \frac{Fb\Delta V^2}{e^{d\Delta V}} \tag{15-8}$$

式中，T 为轮轨间蠕滑力；F 为轮轨间法向接触力；ΔV 为轮轨间相对滑移速度；b、d 可通过牵引-滑移率试验曲线获得，均为常数。假设轮轨纵向蠕滑力和相对滑移速度恒定，由式(15-8)可知，轮轨间法向接触力 F 的周期性波动会导致摩擦功 H 以相同的频率发生周期性变化，进而导致车轮踏面发生非均匀磨耗。因此，可通过轮轨间法向接触力的周期性波动规律来研究车轮踏面磨耗情况。

当高速转动的轮对存在残余静不平衡量时，轮轨接触模型如图 15-5 所示。在直线线路上同一轮对左右车轮与钢轨的接触状态基本相同，因此图中仅呈现了左轮-钢轨系统的接触模型。图中 F_c' 为轮对偏心质量引起的轮轨间法向接触力波动量。

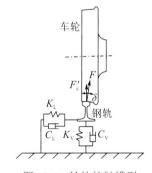

图 15-5　轮轨接触模型

为了便于分析，假设 F 为轮轨系统在不存在任何干扰时理想状态下的轮轨间法向接触力常量。δ 为 F_c' 和 F 之间的夹角。因此，轮对偏心作用下的轮轨间法向接触力 F' 为

$$F' = F + F_c' \times \cos\delta \tag{15-9}$$

F_c' 的计算公式为

$$F_c' = |U| \times w^2 \times \cos\left(\frac{180wt}{\pi} + \varphi_0\right) \tag{15-10}$$

式中，t 为车轮运行时间。φ_0 为轮对残余静不平衡量的初始相位，与轮对偏心质量的位置有关。将式(15-10)代入式(15-9)中，可得

$$F'(t) = F + |U| \times w^2 \times \cos\left(\frac{180wt}{\pi} + \varphi_0\right) \times \cos\delta \tag{15-11}$$

因此，F' 为周期函数，周期为车轮转动一周所用的时间。根据前面分析，周期性变化的轮轨间法向接触力会引起摩擦功的周期性变化，从而导致车轮踏面非均匀磨耗。

15.1.4 高速列车车轮偏心磨耗的形成

当轮对高速转动时，左右车轮或制动盘的残余静不平衡量会产生两个方向相反的交变离心力，形成力偶矩。该力偶矩会导致轮对对偶不平衡，如图15-6所示。

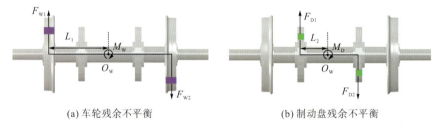

(a) 车轮残余不平衡   (b) 制动盘残余不平衡

图15-6 残余静不平衡量引起的轮对对偶不平衡

图中，F_{W1} 和 F_{W2}、F_{D1} 和 F_{D2} 分别为左右车轮、制动盘残余不平衡量引起的离心力，根据式(15-2)计算可得

$$F_{W1} = F_{W2} = F_{D1} = F_{D2} = |U_W| \times w^2 = |U_D| \times w^2 = 1171.992\text{N} \tag{15-12}$$

车轮与车轴中心点 O_W 的距离 L_1 为 0.744m，制动盘与车轴中心点 O_W 的距离 L_2 为 0.345m。左右车轮、制动盘残余静不平衡量分别引起的力偶矩 M_W、M_D 分别为

$$M_W = F_{W1} \times L_1 = 871.962\text{N}\cdot\text{m} \tag{15-13}$$

$$M_D = F_{D1} \times L_2 = 404.337\text{N}\cdot\text{m} \tag{15-14}$$

由于车轮残余静不平衡量引起的交变离心力的周期等于车轮转动一周所用的时间，以车轮转动一周所用的时间作为单位时间，可以完整地模拟一个周期内轮对偏心对轮轨法向接触力的影响，从而得到更准确的仿真结果。考虑到有限元瞬时动态仿真计算的时间成本较高，计算了轮对转动 3 圈的轮轨法向接触力。由于模型中轮对在直线轨道上运行，左右车轮与钢轨的接触状态几乎完全相同。因此，仅左侧轮轨法向接触力被呈现。图15-7(a)～(c)分别为轮对无残余静不平衡量($|U_W| = |U_D| = 0\text{g}\cdot\text{m}$)、仅左右车轮存在残余静不平衡量($|U_W| = 50\text{g}\cdot\text{m}$)、仅左右制动盘存在残余静不平衡量($|U_D| = 50\text{g}\cdot\text{m}$)时的左侧轮轨法向接触力。对该接触力进行功率谱密度分析，结果如图15-7(d)所示。由图可知，当 $|U_W| = 50\text{g}\cdot\text{m}$ 时，频率为 24Hz 左右的振动幅值最大。由图15-3和式(15-1)可知，该振动频率与现场测试中车轮 1 阶不圆的通过频率 25Hz 非常接近。因此，当轮轨法向接触力和摩擦功以该频率持

续周期性波动时，车轮踏面将产生 1 阶不圆磨耗。当 $|U_{\mathrm{D}}| = 50\mathrm{g \cdot m}$ 时，24Hz 左右的振动幅值显著减小。这是由于力偶矩 M_{W} 比 M_{D} 的 2 倍还大，M_{W} 引起的轮轨冲击振动强度更大。当轮对不存在质量偏心时，24Hz 左右的振动消失，此时车轮不会形成 1 阶不圆磨耗。

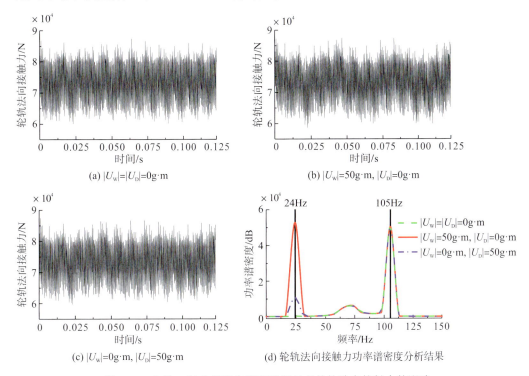

图 15-7　车轮、制动盘残余静不平衡量对轮轨法向接触力的影响

由图 15-7(d) 可知，轮轨法向接触力均存在一个 105Hz 左右的振动主频。模型中轨枕间距 L_{S} 为 0.629m，轨枕离散支撑激励的轮轨振动频率 f_{S} 为

$$f_{\mathrm{S}} = \frac{v/3.6}{L_{\mathrm{S}}} \approx 104.663 \text{ Hz} \tag{15-15}$$

因此，频率为 105Hz 左右的振动是由轨枕离散支撑所激励的。虽然该振动在轮对运行过程中持续存在，但只有在特定车轮半径的情况下，才会引起车轮多边形磨耗。图 15-8(a)、(b) 分别为车轮滚动圆半径为 0.43m、0.4m 时，在车轮两次转动过程中轨枕离散支撑所激励的振动引起的车轮踏面周向磨耗。图中蓝色和红色虚线箭头所指的位置分别为车轮在第一次转动和第二次转动过程中踏面的磨耗位置。当车轮滚动圆半径为 0.43m 时，在车轮两次转动过程中轨枕离散支撑所激励的振动引起的车轮踏面周向磨耗的位置不同，如图 15-8(a) 所示。在车轮长期运行过程中，该振动引起的踏面磨耗逐渐分布均匀，很难导致车轮不圆磨耗[11]。然而，当车轮滚动圆半径为 0.4m 时，轨枕离散支撑所激励的振动引起的车轮踏面周向磨耗位置几乎完全相同，如图 15-8(b) 所示。车轮长期运行后，该振动可能导致的多边形磨耗阶数 n 为

$$n = \frac{2\pi R}{L_{\mathrm{S}}} \approx 4 \tag{15-16}$$

由于该车轮正常使用的滚动圆半径为 0.395～0.43m。由式(15-16)可知，除车轮滚动圆半径为 0.4m 外的其他半径，轨枕离散支撑所激励的振动不会引起多边形车轮的形成。而轮对质量偏心引起的车轮踏面磨耗位置基本不变，因此 1 阶不圆车轮在车辆长期运行中更容易形成。

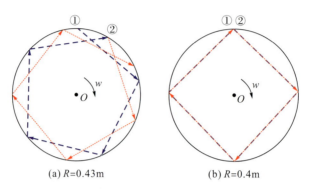

(a) $R=0.43$m   (b) $R=0.4$m

图 15-8   不同车轮滚动圆半径下轨枕离散支撑所激励的振动引起的车轮踏面周向磨耗

15.1.5   高速列车车轮偏心磨耗的发展

随着高速列车运营里程的增加，在轮对质量偏心的长期作用下，车轮踏面 1 阶不圆磨耗量会不断增大。为了研究车轮偏心磨耗的发展，对车轮有限元模型节点坐标进行重新编译，模拟磨耗后车轮踏面的真实几何轮廓。首先，在三维建模软件 Solidworks 中建立高速车轮模型。为了便于有限元网格划分，未对车轮上的倒角、圆角进行建模。其次，将车轮三维模型导入有限元软件 ABAQUS 中并进行网格划分，导出包含车轮节点具体信息的 INP 文件。利用 PYTHON 命令抓取踏面滚动圆及左右相邻的圆轮廓线上所有的节点坐标，并输入数值分析软件 MATLAB 中。假设"玫瑰线"方程为车轮踏面多边形磨耗量的理想方程，车轮偏心磨耗后的理想轮廓曲线极坐标方程 $\rho(\theta)$ 为

$$\rho(\theta) = \begin{cases} R - A \times (\cos(2\theta) + 1) \times 0.5, & \dfrac{\pi}{2} \leqslant \theta \leqslant \dfrac{3\pi}{2} \\ R, & 0 \leqslant \theta \leqslant \dfrac{\pi}{2} \text{或} \dfrac{3\pi}{2} \leqslant \theta \leqslant 2\pi \end{cases} \tag{15-17}$$

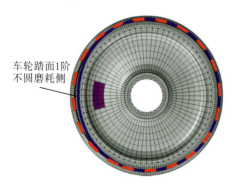

车轮踏面1阶
不圆磨耗侧

图 15-9   1 阶不圆车轮有限元模型

式中，R 为未磨耗时的车轮踏面轮廓线的半径；A 为磨耗后车轮踏面的最大径跳值，它的初始值根据车轮踏面初始不平顺测量结果[4]，取值约为 0.009375mm，随后每次增大 2 倍，直到增大至我国高速车轮镟修径跳限值 0.3mm。根据式(15-17)修正车轮踏面滚动圆及左右相邻圆轮廓线的节点坐标。最后，将修正后的节点坐标替换车轮有限元模型中对应的节点坐标，生成 1 阶不圆车轮有限元模型，如图 15-9 所示。图中车轮质量偏心侧为车轮踏面 1 阶不圆磨耗侧，红色虚线为未磨耗

时的车轮踏面圆轮廓线，蓝色实线为磨耗后的 1 阶不圆车轮踏面轮廓线。

　　仿真计算了不同偏心磨耗量的左轮与钢轨之间的法向接触力，如图 15-10(a)～(f)所示。从图中可以看出，随着车轮 1 阶不圆磨耗量的增大，轮轨间法向接触力波动逐渐加剧。轮轨法向接触力功率谱密度分析结果如图 15-11 所示。频率为 24Hz 左右的振动强度缓慢增长，频率为 48Hz、72Hz 左右的振动强度显著增强，轨枕离散支撑所激励的频率为 105Hz 左右的振动强度基本保持不变。根据式(15-1)计算可知，轮轨系统 48Hz、72Hz 左右的振动可导致车轮发生 2 阶、3 阶多边形磨耗。当磨耗后车轮踏面的最大径跳值 A 大于 0.15mm 时，72Hz 左右的振动强度最大。该振动会导致车轮 3 阶多边形磨耗迅速发展，这与我国高速列车早期运营时出现的车轮典型低阶多边形磨耗现象基本一致[5]。

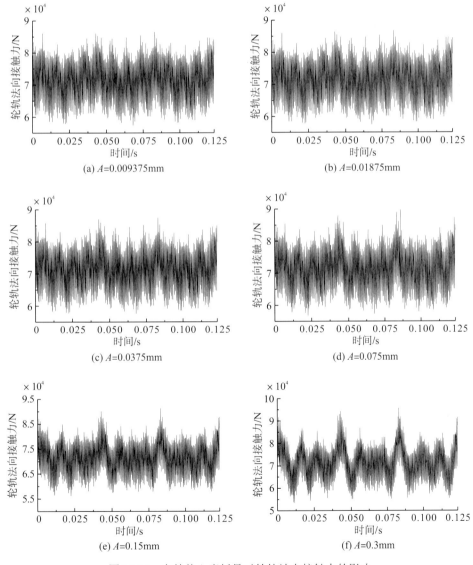

图 15-10　车轮偏心磨耗量对轮轨法向接触力的影响

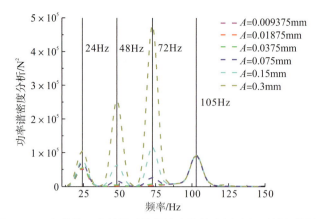

图 15-11　车轮偏心磨耗量对轮轨法向接触力振动主要频率的影响

15.2　高速列车轮对几何偏心对车轮高阶多边形磨耗的影响研究

　　铁路列车车轮几何偏心是指轮的几何中心线与旋转中心线不重合，它们之间的最短距离定义为几何偏心量。在车轮转动中，几何偏心方向随车轮滚动角周期性变化，如图 15-12 所示。

　　现场跟踪测试表明，最高限速为 250km/h 的高速列车车轮同时存在偏心和 24～25 阶多边形磨耗[6]，如图 15-13 所示。轮对几何偏心和质量偏心通常被认为是车轮 1 阶不圆磨耗(偏心磨耗)的主要原因之一，但车轮高阶多边形磨耗的形成机理尚不明确。关于车轮高阶多边形磨耗的形成条件[12]，以下两个观点获得了学者们的认可：①频率固定机理，即车辆、轨道系统的结构模态(如转向架、轮对、钢轨等)被激励源(如轮轨初始不平顺、轨枕离散支撑等)激发，并且被激励的振动频率基本不变；②相位固定机理[13]，即被激励的振动引起的瞬时磨损相位基本不变，从而保证车轮踏面的不均匀磨耗在车辆长期运行中不断累积。以上两个机理的共同作用，导致车轮在长期运行过程中逐渐形成多边形轮廓。现场调查发现，一些轮对左右车轮多边形磨耗存在明显的相位差[12]。根据相位固定机理可知，引起这些轮对左右车轮多边形磨耗的振动长期存在一定的相位差。目前，对该现象的研究较少。

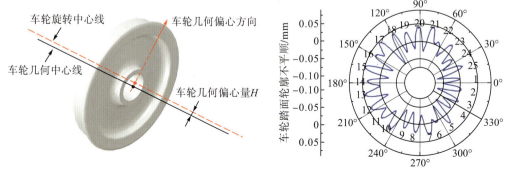

图 15-12　车轮几何偏心　　　图 15-13　某线路高速列车的典型车轮踏面测试结果[6]

内圈数据指多边形磨耗的阶数

本章建立了轮对-钢轨系统刚柔耦合有限元模型,将轮对几何偏心作为该模型的唯一激扰源,通过瞬时动态仿真计算轮对在钢轨上运行时轮轨间蠕滑力的变化情况。假设轮轨饱和蠕滑力引起的摩擦自激振动为车轮高阶多边形磨耗的频率固定机理,讨论了对应的相位固定机理,并研究了车轮几何偏心方向和几何偏心量对车轮 24～25 阶多边形磨耗的影响。

15.2.1　高速列车几何偏心轮对-钢轨系统有限元模型

在 ABAQUS 中,建立轮对-钢轨系统模型,如图 15-14 所示。研究表明[14],在仿真模型中使用刚性轮对替换柔性轮对,对分析车轮高阶多边形磨耗形成过程的影响较小。为了降低网格数量并减少计算时间,将轮对建立为刚性体,其单元类型为 R3D4,不考虑轮对变形的影响。在轮对-钢轨系统模型中,将轮对旋转中心线从几何中心线上偏移一定距离来模拟几何偏心,偏移距离为几何偏心量 H,初始值为 1mm。定义轮对的几何偏心方向为几何中心线指向旋转中心线的方向,该模型中轮对左右车轮的几何偏心方向相同。轮对两侧的垂向悬挂力为 71.34kN,由于在直线区段运行时轮对两侧轴箱受到的横向悬挂力较小,在仿真中不考虑横向悬挂力的影响。钢轨为柔性体,长度约为 36m,其单元类型为 C3D8I。轨下结构的支撑刚度、阻尼分别由弹簧、阻尼单元模拟,轮轨间的摩擦系数为 0.23。车轮滚动圆半径约为 0.43m,轮对平移速度为 237km/h,转动速度为 153.101rad/s。瞬时动态仿真的计算时间约为 0.153s,轮对在钢轨上的总运行距离约为 10m,包括 2m 左右的动态松弛区域。剩余 8m 左右的区域为轮对在钢轨上滚动 3 圈经过的距离,该区域的仿真结果将被重点关注和分析。

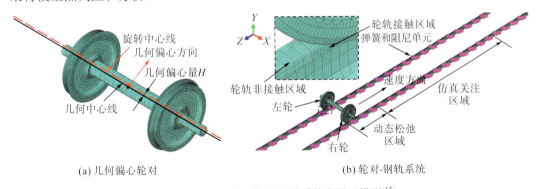

(a) 几何偏心轮对　　　　　　　　　(b) 轮对-钢轨系统

图 15-14　几何偏心轮对-钢轨系统有限元模型[15]

15.2.2　轮对几何偏心对车轮不圆磨耗的影响分析

1. 轮对几何偏心对车轮偏心磨耗的影响

由于轮对在直线轨道上运行,轮轨间横向蠕滑率近似为 0,并且可以不考虑自旋蠕滑率的影响。当轮对在钢轨上纯滚动时,轮轨间纵向蠕滑率近似为 0,纵向蠕滑力很小。当轮对在钢轨上发生滑动时,纵向蠕滑力趋于饱和状态,约为轮轨法向接触力乘以摩擦系数,即最大静摩擦力(以下称为摩擦力)。采用瞬时动态仿真对轮对无几何偏心时轮轨间蠕滑力和摩擦力进行计算,如图 15-15 所示。图中横坐标为车轮滚动角,这样可以更加清楚地表示车轮每转一圈的蠕滑力变化情况。从图中可以看出,左右轮轨间蠕滑力和摩擦力基本保持不变。蠕滑力的平均值约为 5460N,而摩擦力的平均值约为 16409N。因此,当轮对无几何偏心时,轮轨间蠕滑力远远未达到饱和状态。

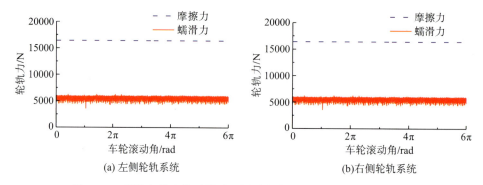

图 15-15　无几何偏心轮对转动 3 圈过程中轮轨间的蠕滑力和摩擦力

根据 15.2.1 节的方法,对轮对几何偏心进行模拟。通过瞬时动态仿真,计算了轮对在 1mm 几何偏心状态下轮轨蠕滑力和摩擦力的变化情况,如图 15-16 所示。从图中可以看出,左右轮轨间蠕滑力变化剧烈,最大值达到了 16407N。摩擦力基本保持不变,平均值约为 16410N。因此,最大蠕滑力与摩擦力非常接近,即蠕滑力达到饱和状态。并且,相邻蠕滑力饱和状态之间的车轮滚动角相差约为 360°。这表明几何偏心车轮在多周转动中,当车轮踏面圆周方向上的某个固定位置与钢轨接触时,轮轨蠕滑力达到饱和状态。由式 (15-8)可知,轮轨蠕滑力周期性变化会导致轮轨摩擦功和磨损率同频率的变化。因此,车轮每转一圈、蠕滑力饱和一次会引起车轮偏心磨耗的形成。通过对比图 15-16(a) 和图 15-16(b)可知,左右轮轨蠕滑力饱和状态的相位基本相同,即左右车轮偏心磨耗沿车轮圆周方向的位置基本相同。

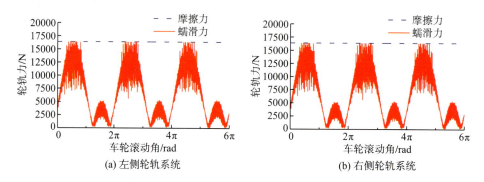

图 15-16　带有 1mm 几何偏心量的轮对转动 3 圈过程中轮轨间的蠕滑力和摩擦力

从仿真结果中提取蠕滑力饱和时的轮轨接触图,如图 15-17 所示。由图可知,当车轮几何偏心方向沿 Y 轴正方向时,即车轮瞬时滚动半径达到最大时,轮轨间蠕滑力达到饱和状态。

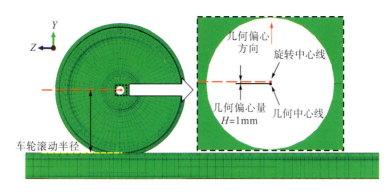

图 15-17　轮轨蠕滑力饱和时的轮轨接触位置

轮轨蠕滑力由横向蠕滑力和纵向蠕滑力组成，其计算公式为

$$T = \sqrt{T_x^2 + T_z^2} \tag{15-18}$$

式中，T_x 为横向蠕滑力；T_z 为纵向蠕滑力。分别提取左右轮轨间横向与纵向蠕滑力的变化情况，如图 15-18 所示。从图中可以看出，横向蠕滑力相对较小，而纵向蠕滑力变化剧烈，其大小与轮轨蠕滑力合力接近。值得注意的是，纵向蠕滑力的正负号代表它的方向，这导致蠕滑力合力与纵向蠕滑力的变化曲线有一定差异。以上分析表明，轮对 1mm 的几何偏心主要引起轮轨间纵向蠕滑力趋于饱和状态。

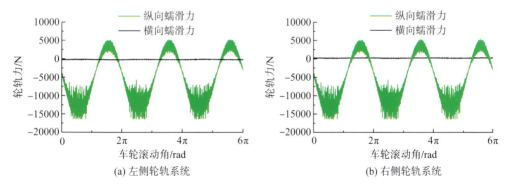

图 15-18　带有 1mm 几何偏心量的轮对转动 3 圈过程中轮轨间的横向和纵向蠕滑力

2. 轮对几何偏心对车轮高阶多边形磨耗的影响

数值仿真和现场测试表明，轮轨间的饱和蠕滑力会引起轮轨系统的摩擦自激振动，导致轮轨摩擦功的波动，造成轮轨不均匀磨耗现象。为了进一步研究轮对几何偏心引起的饱和纵向蠕滑力对车轮高阶多边形磨耗的影响，建立了单侧轮轨系统有限元模型，模型中车轮和钢轨均为柔性体，即轮轨模型的网格单元类型均为 C3D8I。采用复特征值法对轮轨间纵向蠕滑力饱和时系统的稳定性进行分析，预测得到轮轨系统不稳定振动在频域上的分布，如图 15-19(a) 所示。从图中可以看出，在频率为 0~5000Hz 时，共有 6 个等效阻尼比为负的不稳定振动。其中，频率为 605Hz 的振动等效阻尼比最小。因而该频率的不稳定振动发生趋势最强。该振动的模态如图 15-19(b) 所示，车轮踏面处的变形最为严重。根据式 (15-1) 计算可知，当列车运行速度为 237km/h 时，605Hz 的不稳定振动会引起轮轨间

摩擦功以同频率波动，导致 24～25 阶车轮多边形磨耗的发生。由图 15-18 可知，几何偏心轮对在多周转动过程中，轮轨间的纵向蠕滑力在车轮最大瞬时滚动半径对应的踏面处达到饱和。假设不稳定振动相位与该振动引起的瞬时磨损相位一致，图 15-19(c) 展示了几何偏心车轮转动两周过程中，不稳定振动引起的车轮踏面不均匀磨损情况。图中，黑色圆曲线为车轮踏面无磨耗时的理想轮廓，蓝色圆曲线为带有不均匀磨耗的车轮踏面轮廓。绿色曲线展示了轮轨摩擦功沿车轮圆周方向的波动情况，该曲线与车轮几何中心之间的距离越长，对应方向上车轮踏面处的磨损量越大。由图可知，在车轮两周转动中，不稳定振动引起的不均匀磨耗在车轮踏面圆周方向上的多个位置处累积。因此，可以推断，经过车轮多周转动，踏面磨耗处将逐渐成为波谷，非磨耗处成为波峰，最终导致 24～25 阶车轮多边形轮廓的形成。以上分析表明，在车轮多周转动中，一定量的车轮几何偏心导致轮轨间纵向蠕滑力在车轮圆周方向的固定位置处周期性饱和，这可能是车轮 24～25 阶多边形磨耗的相位固定机理。进一步对车轮有限元模型进行模态分析，发现它在 599Hz 处存在一个固有频率，振动模态如图 15-19(d) 所示。由图 15-13 可知，当列车运行速度为 237km/h 时，车轮 599Hz 的固有频率与 24～25 阶车轮多边形的通过频率 594Hz 非常接近。因此，带有 24～25 阶多边形轮廓的车轮在运行过程中可能激励车轮固有模态，导致磨耗进一步加深，加速 24～25 阶多边形车轮的形成。

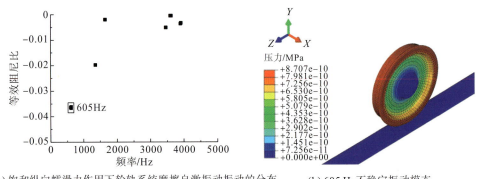

(a) 饱和纵向蠕滑力作用下轮轨系统摩擦自激振动振动的分布   (b) 605 Hz不稳定振动模态

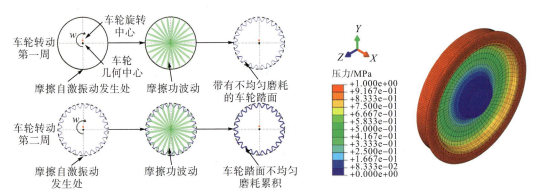

(c) 车轮两周转动中605Hz不稳定振动引起的不均匀磨耗   (d) 车轮599Hz固有频率对应的模态

图 15-19   车轮 24～25 阶多边形磨耗的形成机理

参 考 文 献

［1］ 朱海燕, 胡华涛, 尹必超, 等. 轨道车辆车轮多边形研究进展. 交通运输工程学报, 2020, 20(1): 102-119.

［2］ 金学松, 吴越, 梁树林, 等. 高速列车车轮多边形磨耗、机理、影响和对策分析. 机械工程学报, 2020, 56(16): 118-136.

［3］ 陶功权, 温泽峰, 金学松. 铁道车辆车轮非圆化磨耗形成机理及控制措施研究进展. 机械工程学报, 2021, 57(6): 106-120.

［4］ Johansson A. Out-of-round railway wheels-assessment of wheel tread irregularities in train traffic. Journal of Sound and Vibration, 2006, 293(3-5): 795-806.

［5］ Wu Y, Du X, Zhang H J, et al. Experimental analysis of the mechanism of high-order polygonal wear of wheels of a high-speed train. Journal of Zhejiang University: Science A, 2017, 18(8): 579-592.

［6］ Cai W B, Chi M R, Wu X W, et al. A long-term tracking test of high-speed train with wheel polygonal wear. Vehicle System Dynamics: International Journal of Vehicle Mechanics and Mobility, 2021, 59(10-12): 1735-1758.

［7］ 郭有仁, 张洪民. 车轮、制动盘残余静不平衡量对轮对动平衡的影响. 铁道车辆, 2007, 45(1): 40.

［8］ 国家铁路局. 机车车辆轮对组装 第 2 部分: 车辆. TB/T 1718.2—2017. 北京: 中国铁道出版社, 2017.

［9］ Wang Y, Kang H J, Song X W, et al. Influence of dynamic unbalance of wheelsets on the dynamic performance of high-speed cars. Journal of Modern Transportation, 2011, 19(3): 147-153.

［10］ Brockley C A, Ko P L. An investigation of rail corrugation using friction-induced vibration theory. Wear, 1988, 128(1): 99-106.

［11］ Wu Y, Jin X S, Cai W B, et al. Key factors of the initiation and development of polygonal wear in the wheels of a high-speed train. Applied Sciences, 2020, 10(17): 5880.

［12］ Zhai W M, Jin X S, Wen Z F, et al. Wear problems of high-speed wheel/rail systems: Observations, causes, and countermeasures in China. Applied Mechanics Reviews, 2020, 72(6): 060801.

［13］ Peng B, Iwnicki S, Shackleton P, et al. General conditions for railway wheel polygonal wear to evolve. Vehicle System Dynamics, 2021, 59(4): 568-587.

［14］ Cai W B, Chi M R, Wu X W, et al. Experimental and numerical analysis of the polygonal wear of high-speed trains. Wear, 2019, 440-441: 203079.

［15］ 康熙. 轮对偏心引起铁路车轮非圆化的形成机制及其影响研究. 成都: 西南交通大学, 2022.

第16章　地铁车轮多边形磨耗的机理研究

随着我国城镇化建设高度发展，城市人口不断增多，交通问题日益加剧。地铁以绿色环保、准时快捷等优点，成为人们日常出行的最佳选择之一。近些年来，我国许多城市规划并建设了新的地铁线路。与此同时，由于地铁线路的复杂性和列车运营环境的多样性，车轮非圆化磨耗问题愈发严重。统计结果显示，地铁车轮主要存在 5~9 阶的低阶多边形磨耗[1]，在部分线路上运营的列车车轮还存在 12~13 阶高阶多边形磨耗[2-4]，其形成机理目前尚不明确。

对某地铁线路(线路 A)运营车辆的车轮不圆顺进行调查[3]发现，右轮多边形磨耗率高于左轮，如图 16-1(a)所示，并且车轮主要存在 10 阶以下的低阶不圆磨耗。该线路(线路 A)上曲线轨道长度占总长度的 37.2%，右曲线轨道的长度约为左曲线轨道的 1.66 倍，并且车辆运行方向不会改变。此外，通过现场调查发现[2]，在另一条地铁线路(线路 B)上运营的列车车轮存在严重的高阶多边形磨耗，并且同一轮对左右车轮以及车轮踏面不同横向位置处的多边形磨耗幅值存在显著差异，如图 16-1(b)所示，车轮主要存在 10 阶以上的高阶多边形磨耗。测试轮对左右车轮整体磨损深度如图 16-1(c)所示。从图 16-1(b)、(c)中可以看出，右轮多边形磨损比左轮更加严重，左轮踏面轮缘处的磨损比右轮严重；在车轮踏面横向位置的 4 个磨损测点中，距离轮背 110mm 测点处的整体磨损最小，但多边形磨耗幅值最大，这表明车轮的不均匀磨损主要发生在该测点附近。该线路(线路 B)上曲线轨道的统计结果如图 16-1(d)所示，右曲线轨道总长度比左曲线轨道长，半径为 350m 和 400m 的小半径左右曲线轨道长度的差异更为显著。当轮对通过小半径右曲线区段时，右轮与内轨的接触位置通常处于车轮踏面尾部，与距离轮背 110mm 测点的位置非常接近。因此，可以推断，车轮踏面的高阶多边形磨耗主要发生在该地铁线路(线路 B)的小半径曲线区段。以上分析表明，地铁小半径曲线轨道和车轮多边形磨耗之间具有较强的相关性，而地铁小半径曲线极易产生波磨，从这一点看，我们用钢轨波磨的理论模型研究轮轨不均匀磨耗是正确的，车轮踏面不均匀磨耗就形成多边形磨耗，钢轨不均匀磨耗就形成波磨，把轮轨摩擦副作为一个有机整体进行波磨和车轮多边形磨耗研究具有先进性。本节低频振动引起的车轮 5~9 阶多边形磨耗对应的钢轨波磨波长为 150~400mm，这种长波波磨在地铁线路上不常见，地铁钢轨更常见的波长为 20~80mm 的短波波磨。为何短波波磨不能产生对应的车轮多边形磨耗？要回答这个问题，作者需要更多的现场调研工作才能进行回答。作者认为车轮多边形磨耗的相位固定机理、车轮踏面制动都会影响到车轮多边形磨耗的形成。

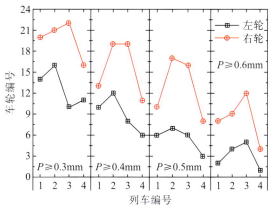

(a) 线路A上运营的列车车轮径跳值（P）统计

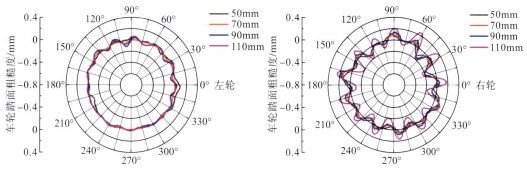

(b) 线路B上某列车同一轮对左右车轮在踏面不同横向位置处的多边形轮廓测试结果

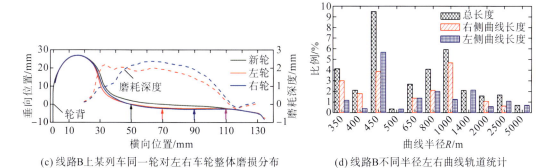

(c) 线路B上某列车同一轮对左右车轮整体磨损分布　　　(d) 线路B不同半径左右曲线轨道统计

图 16-1　地铁车轮多边形磨耗测试结果[2,3]

　　由于地铁两个相邻站点之间的距离相对较短，有时在线路设计中无法避免采用小半径曲线轨道区段。当列车通过该区段时，轮轨间的蠕滑力趋于饱和状态[5]，会引起轮轨系统摩擦自激振动，导致轮轨表面接触区发生不均匀磨耗。

　　本章建立了地铁轮对-轨道系统有限元模型，通过复特征值分析和瞬时动态分析预测了轮轨饱和蠕滑力作用下系统的不稳定振动。结果表明，当轮对通过小半径曲线轨道时，内轮-内轨系统中的不稳定振动强度比外轮-外轨系统高，导致内轮踏面的不均匀磨耗量比外轮多；左右曲线轨道长度的不同导致了左右车轮不圆磨耗率的差异。

16.1   地铁车轮多边形磨耗的数值模型

16.1.1   地铁轮对-轨道系统的接触模型

在小半径右曲线轨道上运行的地铁车轮与钢轨的接触状态如图 16-2 所示,图中 F_{SVL}、F_{SVR} 分别为作用在左、右侧轴箱上的垂向悬挂力,F_{SLL}、F_{SLR} 分别为作用在左、右侧轴箱上的横向悬挂力,N_L、N_R 分别为左、右车轮与钢轨之间的法向接触力,F_L、F_R 分别为左、右车轮与钢轨之间的蠕滑力,δ_L、δ_R 分别为左、右车轮与钢轨之间的接触角。在轮对通过小半径右曲线区段时,左轮作为外轮与外轨接触,右轮作为内轮与内轨接触。DTVI2 扣件将钢轨固定在混凝土轨枕上,K_V、K_L 分别为扣件的垂向、横向刚度,C_V、C_L 分别为扣件的垂向、横向阻尼。在模型中建立扣件铁垫板的实体模型,铁垫板与轨枕之间采用螺栓连接固定。K_F、C_F 分别为地基对轨道板的支撑刚度和阻尼。

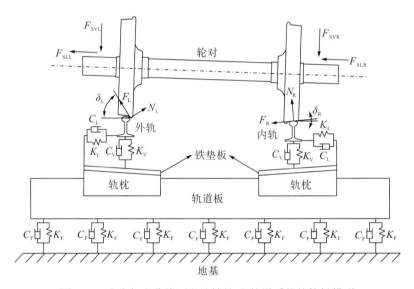

图 16-2   小半径右曲线区段地铁轮对-轨道系统的接触模型

16.1.2   地铁轮对-轨道系统的有限元模型

图 16-3 为地铁轮对-轨道系统有限元模型,该模型主要包括轮对、钢轨、轨道板、铁垫板和轨枕模型。车轮采用 LM 型磨耗踏面,钢轨型号为 CHN60。扣件铁垫板与轨枕之间的螺栓连接采用绑定约束模拟,扣件和地基的支撑刚度、阻尼分别采用弹簧、阻尼单元模拟。模型中共有 379320 个 C3D8I 单元、565977 个节点。表 16-1 为模型的具体参数,其中轴箱悬挂力、轮轨接触角、轮对横移量等参数来源于 SIMPACK 多体动力学仿真中地铁列车前转向架导向轮对的输出参数。

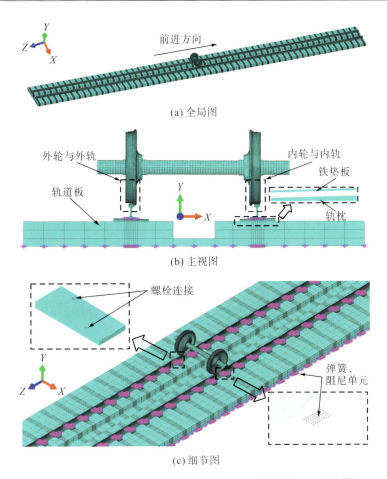

(a) 全局图

(b) 主视图

(c) 细节图

图 16-3 小半径右曲线区段地铁轮对-轨道系统的有限元模型[6]

表 16-1 地铁轮对-轨道系统的有限元模型参数

参数名称	数值	参数名称	数值
左侧轴箱垂向悬挂力 F_{SVL}/N	53680.7	曲线轨道半径 R_T/m	350
右侧轴箱垂向悬挂力 F_{SVR}/N	49163.9	钢轨长度 L/m	36
左侧轴箱横向悬挂力 F_{SLL}/N	232.8	轨枕间距 L_S/m	0.625
右侧轴箱横向悬挂力 F_{SLR}/N	204.2	铁垫板与轨枕间摩擦系数	0.75
左轮与钢轨间接触角 δ_L/(°)	32.9	轨枕、轨道板材料密度 ρ_2/(kg/m³)	2400
右轮与钢轨间接触角 δ_R/(°)	2.6	轨枕、轨道板材料弹性模量 E_2/(N/m²)	3.25×10^{10}
轮对横移量 S_L/mm	9.11	轨枕、轨道板材料泊松比 v_2	0.24
轮轨间摩擦系数 μ_1	0.4	DTVI2 扣件支撑横向刚度 K_L/(MN/m)	8.79
轮轨、铁垫板材料密度 ρ_1/(kg/m³)	7790	DTVI2 扣件支撑垂向刚度 K_V/(MN/m)	40.73
轮轨、铁垫板材料弹性模量 E_1/(N/m²)	2.059×10^{11}	DTVI2 扣件支撑横向阻尼 C_L/(N·s/m)	1927.96
轮轨、铁垫板材料泊松比 v_1	0.3	DTVI2 扣件支撑垂向阻尼 C_V/(N·s/m)	9898.70
车轮滚动圆半径 R_W/m	0.42	地基支撑刚度 K_F/(MN/m)	491.39
轨底坡 α	1/40	地基阻尼 C_F/(N·s/m)	89607.03

16.2　仿真结果分析

16.2.1　地铁轮对-轨道系统的不稳定振动对车轮多边形磨耗的影响

现场测试表明，地铁车轮 5~9 阶多边形磨耗的波长为 0.2~0.53m，地铁车辆在小半径曲线轨道上的运行速度通常为 45~55km/h[2,4]。因此，可能导致地铁车轮 5~9 阶多边形磨耗的振动频率范围为

$$f=\frac{V}{\lambda}=\frac{(45\sim55)\text{km/h}}{(0.2\sim0.53)\text{m}}\approx(24\sim76)\text{Hz} \tag{16-1}$$

在仿真中，假设轮轨间蠕滑力等于法向接触力乘以动摩擦系数，即蠕滑力达到饱和状态。由于引起地铁多边形磨耗的振动频率通常小于 1200Hz，将仿真中频率计算范围设定为 0~1200Hz。根据复特征值分析，可计算出轮轨系统不稳定振动在频域上的分布情况，如图 16-4 所示。从图中可以看出，共有 5 个等效阻尼比为负的不稳定振动。在这些振动中，频率为 497Hz 和 517Hz 的振动可能与钢轨波磨的形成有关。频率为 51Hz、60Hz、69Hz 左右的振动可导致车轮 5~9 阶多边形磨耗。

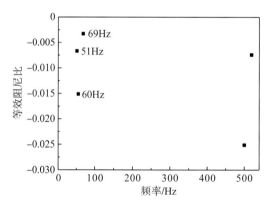

图 16-4　轮轨系统等效阻尼比的分布

在一辆地铁列车动车(未镟轮)转向架的动力学试验中，记录了该车通过直线轨道和小半径曲线(半径为 340m)轨道时某位轴箱的垂向振动加速度，并进行了功率谱密度分析，如图 16-5 所示[1]。通过对比图 16-5(a) 和 16-5(b)，可以看出在小半径曲线轨道上轴箱垂向振动比直线轨道更加剧烈，并且新出现了 49Hz 左右的不稳定振动。进一步研究发现，轴箱 56Hz 和 86.5Hz 的振动可能与轮轨系统 P2 力振动和车轮不圆有关。测试轨道上钢轨波磨的通过频率约为 440Hz，不会激励 49Hz 左右的振动。研究表明[5]，当地铁列车通过半径小于 350m 的曲线轨道时，轮轨间饱和蠕滑力容易引起摩擦自激振动。根据图 16-4 可知，饱和蠕滑力会引起 51Hz 左右的不稳定振动，与动力学试验中轴箱 49Hz 的振动频率相对误差约为 4.1%。因此，49Hz 的振动可能是由轮轨间饱和蠕滑力引起的。以上的试验结果分析在一定程度上验证了有限元仿真结果的正确性。

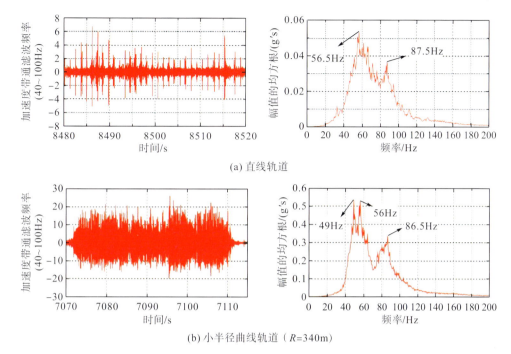

(a) 直线轨道

(b) 小半径曲线轨道（R=340m）

图 16-5　动力学试验采集的轴箱垂向振动加速度[1]

　　轮轨系统 51Hz、60Hz、69Hz 左右的不稳定振动模态分别如图 16-6(a)～(c)所示。为了便于观察，仅呈现了轮对和钢轨的变形情况。图中红色箭头所指的方向为有限元模型中节点的运动方向，箭头的长度代表节点位移的大小。从图中可以看出，内轨均发生了横向变形，而外轨、车轮几乎不发生变形。因此，这些不稳定振动仅发生在内轮-内轨系统中。图 16-6(d)描述了内轨的变形情况，从图中可以看出，当不稳定振动发生时，内轮踏面与内轨轨头之间发生了周期性的横向滑动，导致内轮踏面发生不均匀磨耗。此外，由小半径曲线线路上轮轨接触位置可知，内轮踏面尾部与内轨轨头相接触，即车轮多边形磨耗主要形成在内轮踏面尾部附近，这与图 16-1 现场测试结果一致。

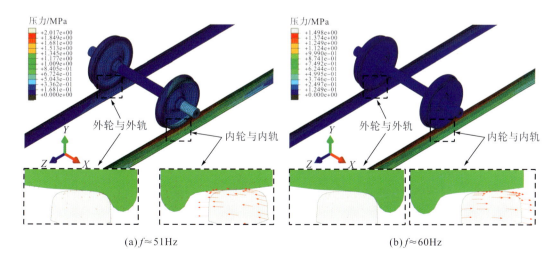

(a) $f \approx 51$Hz　　　　　　　　　　　　　　(b) $f \approx 60$Hz

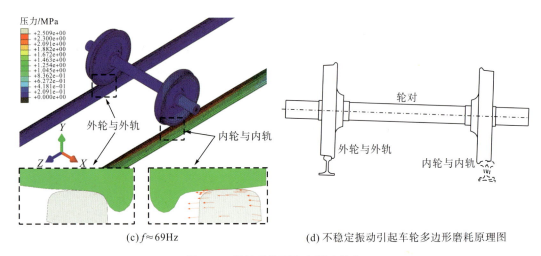

(c) $f \approx 69\text{Hz}$ (d) 不稳定振动引起车轮多边形磨耗原理图

图 16-6   轮轨系统不稳定振动模态

进一步采用瞬时动态仿真计算车速为 50km/h 时的轮轨间法向接触力，如图 16-7(a)所示。图 16-7(b)为轮轨间法向接触力的功率谱密度分析结果，由图可知，虽然外轮-外轨系统和内轮-内轨系统均存在 59~68Hz 的频率峰值，但内轮-内轨系统中该频率峰值的振动强度超过外轮-外轨系统中的两倍，导致内轮踏面上不均匀磨耗多于外轮。由模态分析可知，51~69Hz 的不稳定振动仅发生在内轮-内轨系统中。因此，外轮-外轨系统中该频率的振动是从内轮-内轨系统通过车轴传递来的。此外，由于求解方式不同，通过复特征值分析和瞬时动态分析获得的不稳定振动频率之间存在 5.8% 的相对误差。

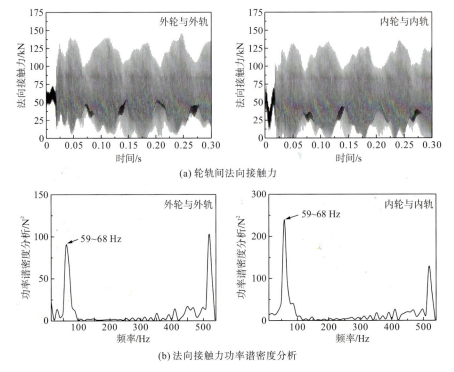

(a) 轮轨间法向接触力

(b) 法向接触力功率谱密度分析

图 16-7   轮轨间的法向接触力

以上分析表明，当轮对运行在小半径曲线轨道上时，内轮踏面上的多边形磨耗量多于外轮。由于在该地铁线路 A 上运营的列车运行方向保持不变[3]，并且该线路上右曲线轨道比左曲线轨道长，列车右轮作为内轮，与内轨相互作用更加频繁。经过车辆的长期运营，最终导致右轮的多边形磨损率高于左轮。

16.2.2　轮轨摩擦系数对车轮多边形磨耗的影响

由于地铁车辆运营环境的复杂性，轮轨接触面上可能存在水油等污染物，轮轨间摩擦系数发生变化。一般情况下，摩擦系数越大，摩擦自激振动的发生趋势越强[5,7]。为了研究轮轨间摩擦系数对车轮多边形磨耗的影响，分别计算了摩擦系数从 0.2 增加至 0.5 时系统不稳定振动的分布。前面分析表明，引起地铁车轮 5～9 阶多边形磨耗的不稳定振动频率为 20～100Hz，因此仅列出该频率范围内的不稳定振动，如图 16-8 所示。从图中可以看出，当摩擦系数为 0.2 时，系统中无不稳定振动发生。当摩擦系数为 0.3 时，系统中出现了 51Hz 的不稳定振动。当摩擦系数为 0.4 时，系统中出现了 60Hz 和 69Hz 的不稳定振动。并且，51Hz 的不稳定振动对应的等效阻尼比减小。当摩擦系数增大到 0.5 时，这三个不稳定振动对应的等效阻尼比均发生减小。因此，随着摩擦系数的不断增大，不稳定振动的数量和发生趋势不断上升，导致车轮多边形磨耗更易发生。

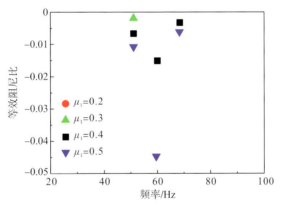

图 16-8　轮轨间摩擦系数的影响

16.2.3　轨下垫板刚度对车轮多边形磨耗的影响

轨下垫板的支撑刚度对轮轨相互作用有重要影响，振动频率和幅值、温度以及材料老化等因素会导致刚度值发生变化[8]。为了研究轨下垫板刚度对车轮多边形磨耗的影响，分别计算了垫板不同垂向刚度和横向刚度情况下系统的稳定性。当垂向刚度从 20MN/m 增大到 60MN/m 时，横向刚度保持 8.79MN/m 不变。当横向刚度从 10MN/m 增大到 30MN/m 时，垂向刚度保持 40.73MN/m 不变。

轨下垫板不同垂向刚度下轮对-轨道系统中不稳定振动分布如图 16-9 所示。当垂向刚度为 20MN/m 时，系统中不稳定振动的数量最少，并且最小等效阻尼比的值最大。因此，降低内轨下垫板垂向刚度有助于减少车轮多边形磨耗。该仿真结果与现场测试分析结果[3]基本一致，在一定程度上验证了预测模型和理论观点的有效性。此外，当垂向刚度为 60MN/m 时，系统中出现了频率为 85Hz 的不稳定振动，显然该不稳定振动不会引起车轮 5～9 阶多边形磨耗，但它可能引起更高阶的多边形磨耗。

　　图 16-10 显示了轨下垫板不同横向刚度下轮对-轨道系统不稳定振动的分布情况。当横向刚度从 10MN/m 增大到 20MN/m 时，系统中不稳定振动对应的最小等效阻尼比增大。而当横向刚度继续增大到 30MN/m 时，最小等效阻尼比减小。因此，轨下垫板横向刚度过大或过小都会导致轮轨系统不稳定性增强。在 10～30MN/m 的刚度时，当横向刚度为 20MN/m 时，系统中不稳定振动的发生趋势最小，车轮多边形磨耗的发生率最低。

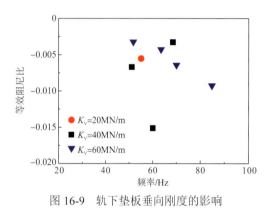
图 16-9　轨下垫板垂向刚度的影响

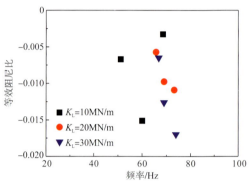
图 16-10　轨下垫板横向刚度的影响

参 考 文 献

[1] 陈龙. 地铁车轮不圆形成机理研究. 成都: 西南交通大学, 2019.

[2] Tao G Q, Xie C X, Wang H Y, et al. An investigation into the mechanism of high-order polygonal wear of metro train wheels and its mitigation measures. Vehicle System Dynamics, 2021, 59(10): 1557-1572.

[3] Tao G Q, Wen Z F, Liang X R, et al. An investigation into the mechanism of the out-of-round wheels of metro train and its mitigation measures. Vehicle System Dynamics, 2019, 57(1,3): 1-16.

[4] Jin X S, Wu L, Fang J Y, et al. An investigation into the mechanism of the polygonal wear of metro train wheels and its effect on the dynamic behaviour of a wheel/rail system. Vehicle System Dynamics, 2012, 50(12): 1817-1834.

[5] Cui X L, Chen G X, Ouyang H. Study on the effect of track curve radius on friction-induced oscillation of a wheelset-track system. Tribology Transactions, 2019, 62(4): 688-700.

[6] 康熙. 轮对偏心引起铁路车轮非圆化的形成机制及其影响研究. 成都: 西南交通大学, 2022.

[7] Wu B W, Qiao Q F, Chen G X, et al. Effect of the unstable vibration of the disc brake system of high-speed trains on wheel polygonalization. Proceedings of the Institution of Mechanical Engineers, Part F: Journal of Rail and Rapid Transit, 2020, 234(1): 80-95.

[8] 韦凯, 张攀, 豆银玲, 等. 高速铁路无砟轨道扣件系统弹性垫板力学性能的温变试验. 铁道学报, 2016, 38(7): 98-104.